LYDIA CABRERA

La Lengua Sagrada de los Ñáñigos

Colección del Chicherekú
en el exilio

COLECCIÓN DEL CHICHEREKÚ
EN EL EXILIO

COLECCIÓN DEL CHICHEREKÚ
EN EL EXILIO

Copyright © 1988 by Lydia Cabrera

Primera edición, 1988
Colección del Chicherekú en el exilio

EDICIONES UNIVERSAL
P.O. Box 450353 (Shenandoah Station)
Miami, FL 33245-0353. USA
e-mail: ediciones@ediciones.com
http://www.ediciones.com

ISBN: 978-0-89729-488-1

Todos los derechos
son reservados. Ninguna parte de
este libro puede ser reproducida o transmitida
en ninguna forma o por ningún medio electrónico o mecánico,
incluyendo fotocopiadoras, grabadoras o sistemas computarizados,
sin el permiso por escrito del autor, excepto en el caso de
breves citas incorporadas en artículos críticos o en
revistas. Para obtener información diríjase a
Ediciones Universal.

A Mercedes Murledas,
que tanto me ha ayudado
en mis investigaciones

LIMINAR

Los portugueses fueron los primeros traficantes de esclavos africanos. Muy temprano instalaron para su venta sus barracones o depósitos de negros en las márgenes de los ríos del nuevo y viejo Calabar. Cuba, desde el siglo XVI recibió carabalíes, "piezas del Calabar". A toda esta región en que se encontraba Boni, Adoni, Calabar y Efik se dio el nombre de Calabar y a sus pobladores de carabalíes. (De Kalabarry, voz inglesa o de Calabarra, portuguesa) (1).

Ñáñigos ancianos de ascendencia carabalí que fueron responsables de la redacción de **La Sociedad Secreta Abakuá narrada por viejos adeptos** (2) de la que este volumen es tardía continuación, insistían en señalar que la antigua denominación de brícamo, como nombre genérico que comprende a muchas naciones situadas en aquellas comarcas tan favorecidas por el tráfico de ébano, es sinónimo, "equivale a decir carabalí."

Los ñáñigos más versados en la historia de su confraternidad consideran también carabalíes a los ibo, -"algo parientes de los lucumís, medio lucumís"- que ocupan el este del Niger, con las siguientes subtribus: abaya, según ellos numerosos en Cuba, aro, oyofia, oyosara, otansa, eda, ishielu, eché, asiana, iyé, iyiesa, ikuo, ika, ikueri, isu, isuachi, ndoki, nku, koba, onisha oka, ututú, orata, orú -Orú, nombre que aún ostentan ramas -filiales- de la Potencia, "juego" o agrupación Orú- y varias de Ubani (Obane-Efik). A los iyo, en el país de Brass, -los brassi, dicen en Cuba los ñáñigos, "los de la sal", es decir, traficantes que ocupaban la delta del río y vendían sal. (Talbot ha subdividido a los brassi en varias subtribus: karabarí, nembe, ogbinia y kué. Wari, atisia, mimi.)

Los Ekoi y los ibibío, o bibí como se les llama corrientemente en Cuba, se hallan entre el río Calabar y el río de la Cruz (Cross River) y son continuamente aludidos por nuestros abakuás; los ekoi, "los antepasados", considerados por ellos como los creadores de Abakuá, los que "dueños del secreto" de Ekue lo dieron a las otras tribus.

Abuán, bafumbún, banso, bokí, ekurí, los adkunakua, que nos describen nuestros informantes instalados en las márgenes del río sagrado, -nbembe, iyala, yuché, ododó, ori, uyanga, son también semi-bantús, mientras los bantús, -"los congos eras vecinos de los carabalíes y participaron del Secreto." Se considera congo al primer hechicero, Nasakó, que con su arte mágico hizo hablar al Misterio y consagró la primera Potencia, y a Ekueñón, el verdugo de la misma. Entre el río de la Cruz y el río del Rey, tenemos a los Ngolo, balundu, bakuiri, mbongue, bakundu.

Son estos carabalíes, (semi-bantús) bríkamos, kuévanos, abaya, otá, olugo, isuama, mini, bibí, efik, isieke, etc., que a pesar de su fama de fieros abundaron en Cuba, los que fundaron en el pueblecito de Regla, en el puerto de La Habana, la primera Potencia o sociedad Secreta cuya organización calcaba, en la medida de lo posible, la de su país natal.

Los precedentes de las Sociedades de ñáñigos que con funciones internas, -judicial, legislativa y religiosa- conservarían las creencias, la música, la lengua y literatura oral de los antepasados y las transmitirían a los suyos en el seno de la Orden, los tenemos pues, en las de la Nigeria del Sur. En la gran Potencia Egbo, de la que nos dice Thompson, se considera descendiente la de Ekkpó, -esto es, la de nuestro Ekue- que tuvo una enorme influencia en los Efik e Ibibíos -bibí- en la sociedad Ekkpe Nyoyo.

Una de aquellas sociedades, la de Ekppe Nyoyo, escribe el citado autor, fue fundada por una mujer, cuyo poder era tan grande, que todos los habitantes del país se consideraban sus esclavos. Recuerdan a las Orúmiga, las Akuareña Apapa de que nos hablan los ñáñigos. Son harto numerosas las referencias que conservan los Abakuás de mujeres "grandes", terribles "nasakolas", que poseían el Secreto, "tenían yú-yú".

Egbo, (3) la sociedad del Leopardo, la más importante y sus filiales igualmente en las de akinakua, adoni, ebó, ekoi, ibani, en las ibo, ibibío (4) -los bibí, "que comían gente", se decía en Cuba- en geduma, kukurukú y otros pueblos de Nigeria y del Dahome, y en tribus del Congo y en Camarones.

De acuerdo con el mismo autor, otra sociedad, la de Ngbe, que influencia a los Ekoi, -en Cuba siempre evocados como lejanos fundadores de la sociedad y a cuyos manes se rinde culto- se considera originalmente Egbó.

¿Qué ñáñigo no reconocería en la sociedad Ibiog, de aristócratas, a la Uriabón criolla, de "condes y gente rica"?

Los esclavos venidos del Calabar al transplantarlas en su nuevo medio, dieron a estas sociedades el mismo carácter mítico, y como fin, el de protección y ayuda mutua que algunas tenían en su país de origen, como la de Ekppe, poderosa en los comienzos del pasado siglo.

La organización jerárquica de las Potencias en Cuba, con sus numerosas Plazas o dignidades, jefes principales que las gobiernan, y auxiliares encargados de los ritos, purificaciones y sacrificios, de la administración de los fondos, pues todos los miembros, como en el Calabar, deben pagar una cuota; de aplicar las justicia por medio de acusadores, abogados y jueces cuando los okobios faltan a sus juramentos o incurren en delitos menores o graves, así como el importante papel que en ellas representan la magia, la música, las oraciones, la danza y símbolos, es fiel, a pesar de ciertas intromisiones católicas, al modelo africano que copiaron los fundadores bríkamos.

La Sociedad Abakuá a semejanza también de todas las de la costa occidental africana posee un lenguage cifrado para el ritual. Rezos, plegarias, relatos, máximas, cantos inseparables de los ritos, se expresan en este idioma esotérico que aprenden y hablan entre sí los cofrades, cuando por medio de la iniciación, "del juramento" quedan unidos al Secreto y a sus hermanos en religión. Y cuanto más hablan, -nkaman- los oficiantes en sus "plantes" más estimados son en sus Potencias.

Los nkames, -oraciones, relatos- que aquellos ñáñigos versados en la historia y en la lengua secreta de su confraternidad nos han clarificado, cuando no podían traducir palabra por palabra, revelan un lenguaje elaborado en el que se alude invariablemente al Ser sobrenatural que adoran, a su materialización en el tambor sagrado que sólo contemplan los altos iniciados, a la sangre indispensable del sacrificio y a la técnica mágica que produce el sonido divino concentrando las fuerzas espirituales en el parche del cuero de chivo, sustituto este animal de la víctima humana.

En las voces aquí recogidas, muchas profanas han debido deslizarse, pues más de un viejo Abakuá consultado nos señaló que unas eran Efik o Bibí, "porque los Efik y los Bibí hablaban igual"; otras son akuá -un pueblecito Bibí de la costa"- otras Orú y Otá, dialecto que se habló mucho en la provincia de Matanzas, y muchos Isuama, "que allá en Guinea estaban pegados a los Ibo, medio lucumís, y que hablaban muy bien", sin contar las Efor-Ekoi.

Aunque este vocabulario está muy lejos de ser exhaustivo, basta para demostrar que el lenguaje de los ñáñigos no representa solamente una jerga de presidiarios, ya que éstos llenaron por décadas las cárceles coloniales, y bastará para dar razón al adepto que nos define su parla sagrada como "una lengua para hablar en la Potencia de lo sagrado y de lo que pasó en un tiempo."

Nos hizo ilusión pensar que acaso, como el **Vocabulario Congo** y el lucumí **Anagó : el yoruba que se habla en Cuba** que publicamos sin consultar deliberadamente diccionarios yorubas -como tampoco consultamos ningún diccionario Efik mientras recogíamos estas voces- un vocabulario de la lengua sagrada de nuestros ñáñigos podría interesar a algún africanista. ¿Sería posible que los relatos de tradiciones, la liturgia y el lenguaje que los descendientes de carabalíes conservaron en Cuba, único país esclavista en que este tipo de sociedad emanada de la lejana Ekppe se ha desarrollado, ofrecieran algún interés al estudio de las viejas sociedades que sobreviven en la Costa, ya amenazadas, según nos dicen de desaparecer? Quién sabe si lo que se ha perdido allá por influencias extrañas aún se conserva en Cuba. Y también pensamos en algún futuro escudriñador de nuestras cosas, interesado por estos apuntes, que armándose de paciencia y con mayores facilidades para penetrar en el interior de la Potencia, cuyo acceso está vedado a las mujeres, continúe en terreno poco explotado y rico aún, las búsquedas iniciadas a principios de siglo por el sociólogo español Don Rafael Salillas, en un artículo inconcluso publicado en Madrid, y luego por Don Fernando Ortiz.

Para estos posible investigadores y para allanar el camino, muy fatigoso en los comienzos, a futuros estudiantes cubanos de las culturas africanas que no se han extinguido en nuestra Isla desventurada, nos habíamos dedicado a anotar fielmente los informes que nos daban los que sin recelos nos permitieron penetrar en su mundo religioso.

Repito aquí las gracias a los que en días felices sin odios ni miserias fueron mis colaboradores cordiales, y en primer término al viejo Saibeké, ya desaparecido, y a los altos dignatarios de Potencias que me autorizaron a publicar este libro.

Notas

(1) Aparece por primera vez en mapas holandeses del siglo XVII y se cree que esta voz que no es de origen Efik, se le aplicase primero al río del Nuevo Calabar, llamado así por los Kalabarri Iyo, que vivían a lo largo de sus riberas.

(2) Ediciones C.R. Habana, 1959.

(3) En Egbó, la sociedad del Leopardo, escribe un etnólogo inglés, "tal como se practica probablemente sólo hallamos el ritual adaptado de una creencia más temprana y bárbara; pero sea como sea, no hay aldea en el país Efik o Ekoi en el que una casa de Egbono posea en éstos el lugar más prominente.

(4) Divertirá saber a algún lector cubano iniciado en el ñáñiguismo que el nombre de estos carabalíes deriva de una forma duplicada de la raíz del verbo bío; cortando una cabeza. Cuentan los Abakuá bien documentados que los ibibío les gustaba cortar cabezas.

Abafione: navaja.

Abairemo afomiremo kúkoro makabuyo kúkoro mafonkamo abairemo afomiremo kúkoro mafonkuiremo aluá obonekue ndibó makoteró ndibó ñampe: "Soy caballero de sotana y ustedes tienen que arrodillarse cuando yo presente el Sese Eribó." Frase que dice el Isué, el obispo de una Potencia, como le llaman los Ñáñigos.

Abairemo afoiremo weri beyui bayuaka mbori taibó añagandé: "Con el que sabe no se juega."

Abakankubia: Ara, altar.

Abakankubia Batamú: Los objetos sagrados en el altar.

Abakeñón: Iniciado que desempeña un cargo en la Potencia o agrupación.

Abakesón: Iniciado.

Abakua: Sociedad secreta mágico religiosa, exclusivamente integrada por hombres, con ritos esotéricos e iniciados que por el tributo de un gallo y de un chivo a Ekue, la entidad misteriosa que adoran y por su capacidad y méritos pueden llegar a desempeñar en ella distintos cargos. Deberán observar hacia sus padres y cofrades una conducta irreprochable. Guardar el secreto que los une y defenderlo hasta la muerte. Esta sociedad corrientemente llamada de Ñáñigos, fue introducida en Cuba por esclavos del Calabar, que tenían su cabildo, (Karabali Brikamo) a comienzos del siglo XIX, y fundaron el primer grupo, "Partido", "Tierra", "Juego", "Nación" o "Potencia", Akua Butón, Efik Buton en el pueblo de Regla, a la que consideran cuantos forman parte de esta confraternidad, la cuna Abakuá en Cuba. Históricamente es cierto. Aquellos ñáñigos del primer tercio del pasado siglo, ya organizados en el pequeño pueblo de Regla, eran esclavos de nobles familias habaneras, que al prestarles calor y dar amparo a sus "juegos", tuvieron de cierto modo, alguna responsabilidad en la extraordinaria difusión del ñañiguismo.

La Sociedad Abakuá es un transplante de las sociedades secretas que existían y aún existen en el sur de Nigeria, como la de Ekkpe, -un vástago de Egbó- poderosa en aquel tiempo, y a la que pertenecieron sus introductores en la Isla, importados como esclavos. Si aquí no pudieron actuar como en el Calabar, los individuos de la Sociedad Abakuá mantuvieron en ella el espíritu, las ideas y tradiciones del país natal, la lengua y la liturgia, exceptuando por imposición imperativa del nuevo medio, los sacrificios humanos, que pese a la vigilancia y exigencia de los ingleses, aún practicaban contemporáneamente en el Calabar. Hasta mediados del siglo parece que no se infiltró en las Potencias o agrupaciones de ñáñigos el sincretismo que había de contaminarlas, al menos en apariencia, cuando consintieron algunos africanos en admitir en ellas a negros criollos, a mulatos y finalmente a blancos, a través del famoso mestizo Andres Petit, considerado traidor por unos y venerado por otros. A partir de esa fecha las agrupaciones Abakuá se distinguieron por sus crímenes y rivalidades sangrientas, sobre todo al desaparecer los viejos aristocráticos y puntillosos esclavos que tenían a orgullo mantener el orden en sus "Juegos" e impedían que se juramentase a hombres indeseables por su género de vida maleante. Durante muchos años las Potencias ñáñigas fueron refugio de delincuentes, y para el pueblo en los últimos tiempos de la colonia el nombre de ñáñigo se convirtió en sinónimo de hampón.

Un fondo común, producto de las cuotas que se comprometen a pagar los Moninas o iniciados, se aplica a costear los gastos de desempleo, enfermedades, entierros, y a los auxilios en aquellos casos en que un cofrade u okobio carece de recursos.

Las sociedades son regidas por un rey, el

Obón Iyamba, custodio de Ekue y que preside los tribunales; por el Mokongo, "jefe militar", representante del Poder Absoluto; por el Isué, el Poder Religioso; Isunekue, Guardián de la Voz Divina, y por otros dignatarios que desempeñan diversas funciones en el gobierno y en la liturgia de cada "Nación". Estos se llaman Mpegó, Ekueñón, Nasakó, Mosongo, Abasongo, Nkóboro, Nkríkamo, Moruá Yuansa, Eribangandó, Mbákara, Nkanima, Aberisún, Aberiñán, Mboko, Kundiabón, Fambaroko o Fambayín, Kufoumbre o Akanawán, Koifán, Abasí, Anamanguí, Muní Bonkó. La Sociedad Abakuá, que en el pasado contó con tantos prosélitos y que ayudó notablemente a la causa de la independencia de Cuba, no ha decaído a pesar del despotismo comunista, que combaten valerosamente, el número de afiliados ha aumentado, calculándose en algunos miles sus adeptos, repartidos entre La Habana, los pueblos de Regla y Guanabacoa, Matanzas y Cárdenas. La Sociedad no había florecido en el resto de las provincias, ni existió en ningún otro país esclavista del Nuevo Mundo.

Abakuá: "Iniciación en el cuero." Iniciado.

Abakuá Efor: Potencia habanera.

Abakuá Efor: La religión de los Abakuá tuvo su origen en la tribu de los Efor-Eko, por tanto, es de Efor.

Abakuá efor erendió abasí bomé mokongo tanfión makondondó kufón manfoko bongó mofé: "Mokongo tomó el Pez y le extrajo la sangre para que pudiera tener Voz el Bongó o tambor sagrado.

Abakuá erobé siene: El iniciado que se está consagrando, cuando está hincado de rodillas sobre el cuero del chivo.

Abakuá kufón batumo efietete: Llegando al templo del Efietete hay que descubrirse.

Abakuá mantererema: "Madre pariendo al hijo." Se refiere al momento de la iniciación en que se suena el Ekue sobre la cabeza del neófito.

Abakuá nsenisén akanawán: "Saco de henequén." Traje con que baila el Ireme o Diablito en los plantes y ceremonias de las Potencias.

Abakuá Orú: Potencia habanera.

Abakuá sanga kosindó: El iniciado ante el Misterio (ante Ekue). Se dice cuando el neófito, después de consagrado por el Sese Eribó, pasa a ser confirmado por el Ekue.

Abakuá tenefión asumé bongó yuansa: Dice Moruá cuando Ekueñón va a sacrificar el gallo para ofrendarle la sangre a Ekue.

Abán: Iniciación.

Abanekue: El hombre consagrado, (iniciado) en el cuero del tambor. **Abá,** iniciación. **Ekue,** el tambor sagrado.

Abanekue abasí akanamerurú: Cofrades, hermanos en la religión Abakuá de la rama Efik, que se purifican con albahaca.

Abanekue bera akanawán o abanekue bera kanagrán atereñón: "Me visto bonito para lucir en mi Potencia." Se refiere al traje litúrgico que reviste el obonekue y que lo convierte en Ireme o espíritu. El "saco akanawán".

¿Abanekue bijurá kamborí eribó echitubé?: ¿Qué significa jurar en el parche de chivo del Eribó? Se responde: **Waseroni keserendá muto, Abakuá kenefión usa bongó asere.** El abanekue jura por la sangre de Sikán convertida en la sangre del chivo sacrificado.

Abanekue yumba: Se dice al trazársele con sangre al neófito una cruz en la frente y en el pecho.

Abanga ñoé: Mucho tengo.

Abanga ñoé abanga ño ibeko: "Tanto tiene tanto vale."

Abanga ñoé eforisisi beko: "Mucho tienes mucho vales."

Abaniké: Lagartija.

Abarakó: Loma.

Abarankó: loma pequeña.

Abarankonó: loma grande, montaña.

Abarankonó: cumbre solitaria donde se celebraban los ritos en el Calabar.

Abarikondó Efor: nacimiento místico de Efor.

Abarokó: pueblecito de Efik, y en Cuba Potencia de rama Efik. Existen dos con este nombre: Abarokó I y Abarokó II.

Abaronguinatao: primer Bongó de Efik.

¿Abarorí konboto sanga jeyei?: Diga, ¿Cómo está el Fundamento?

Abarorí ntre efón Ekue isunekue sankobio baroko emae baroko Ekue: momento en que el neófito bebe la mokuba, bebida litúrgica, que le ofrece el Işué y queda consagrado obonekue.

Abaroró (Abarorí) konboto sanga ¡Jeyei!: ¡Qué bien suena Ekue, escuche!

Abasamesón: noche.

Abasún ata prosaribangá Ekue: Adiós, hasta que nos volvamos a ver.

Abasekeñongo Ekue: el iniciado, el que ha sido consagrado en el culto de Ekue.

Abasé Kesongo, abasé keñongo: cuando el neófito ha jurado y recibido la confirmación de Ekue puede decir que es Abasé kesongo o Abasé keñongo, que está consagrado y confirmado.

Abasé kisongo abasé kiñongo obisoriñongo: lo que no se puede hacer hoy lo dejaremos para mañana.

Abasemene, abasemené: gracias.

Abasemeñón, Abasemeñongo: día.

Abasemesongo: noche.

Abasesón, abaseñón: el neófito que después de ser consagrado por el Sese, pasa a ser confirmado y bebe la mokuba.

Abasí: Dios Supremo de los Ibibíos y los Efik. Hay dos Abasí. "Uno que está más alto y es mejor." Este no se alimenta (no recibe sacrificios), "es como Olorun, el Ser Supremo de los lucumí -yorubas- y el Nzambi de los congos."

Abasí: plaza o cargo representativo que tienen actualmente las Potencias ñáñigas (Abasí konetambre) creada en Cuba por los criollos y que según los ñáñigos viejos jamás existió en el Calabar. ¡Erendió Abasí Bomé! decían, es Dios Todopoderoso ¿cómo es posible que lo encarne un hombre? Este título honorífico se concedió en Cuba a algunos obonekues por sus méritos personales y sus servicios a la Potencia. El cargo de Abasí y el sacrificio de un carnero, son admitidos en la Potencia en casos puramente circunstanciales.

Abasí: Adorar.

Abasí afoserediké monbán: Dios bendiga a este hombre.

Abasí akoririón paná: "Dios está ahí dentro." (en en el Butame, simbolizado por el Ekue).

Abasí akualilú: la cabeza de Sikán. (Símbolo, "recuerdo de Sikán").

Abasí akuá umbelamo kisún: Dios lo dispone todo.

Abasí añonobón okambo: Abasí, el dignatario que recibe el honor de este título es hombre viejo.

Abasí arominán: "Dios santo bendito", el Santísimo, el Creador.

Abasí asanseno: La Divina Majestad.

Abasí ayaga naitión amayin mefé akamba nene iyamba efo kaneo mbara itá mosongo muna ituá: palabras que se pronunciaron al serle entregado al Iyamba la caña de Castilla (Saekue), con la que por fricción se hace sonar el Ekue, para que la guardase dentro del sagrado cetro de Mosongo.

Abasí beromo beromo ntayo: la procesión sale a la calle. Según Saibeke "está mal dicho", se debe decir: **Ebión beromo wanekón ntayo.** La procesión sale por la calle al sol.

Abasí bomé: Dios, "El Altísimo."

Abasí bomé mpablo mblagamo: ¡Alabado sea Dios, que gran verdad!

Abasí bumó: "este Abasí maneja fuego, manda truenos."

Abasí emal: en gracia de Dios.

Abasieromo Tafi: gran saludo a Abasí, el Todopoderoso.

Abasí erú kamá: con la fe de Dios. Con la palabra de Dios.

Abasí etambre efori muti muti ororo berisún: "Alborada y Palma del misterio divino."

Abasí irén bongo: Ekue es Dios.

Abasí iriondá: Potencia habanera.

Abasí itia mogó: muerto por la voluntad de Dios.

Abasí juano: Dios te maldiga o mal rayo te parta.

Abasí kesongo: noche.

Abasí Lorí kama añene ekoi Ekue aberomo indiabakuá: estas palabras dijo Nasakó cuando se escuchó la Voz en el tambor.

Abasí makofino: ¡mal rayo te parta!

Abasí makofurá o mayofurá: un rufián, un desvergonzado.

Abasime: gracias.

Abasí mendó kairán mbori aterina Ekue: con la gracia de Dios y la del chivo estoy consagrado.

Abasí mendó okairán mbori atererina Ekue: el obonekue consagrado Abasí.

Abasí mendó kairán mbori atererí ma Ekue: el chivo vivo en el que en illo tempore pusieron sus manos los Jefes.

Abasí menguame: Dios me guarde.

Abasí menguane: Dios lo guarde.

Abasí menwamán tereré eforí musa aroko ubiara sanga yorongó amamabó anamabó: palabras del canto que levanta Moruá en el rito de purificación -de la Potencia- que practica Nasakó después que éste y Ekueñón han preparado la wemba o agua lustral. Esta se prepara con todas las hierbas mágicas, aguardiente, vino seco, agua bendita de la Iglesia - o de coco - y dos huevos, que se colocan dentro de la tina que contiene este líquido y que recibe también el nombre de **Eremomío**.

Abasí meñon: la noche.

Abasí mesón: el día.

Abasí mipé umón awanekón: agua sagrada del secreto.

Abasí moto anagana Itón: el palo o Cetro de Mosongo, símbolo de la omnipotencia de Ekue, que contiene la esencia mágica del Fundamento y la Vida de los iniciados. "Guarda el juramento del obonekue y su aliento. Si traiciona a Ekue, Mosongo lo aniquila."

Abasí mpawo: las doce del día.

Abasí ndeme buo ereme kufón Abasí: "el Fambá, cuarto del misterio, es la iglesia de Dios."

¿Abasí nupé keawan Ikón?: ¿Cómo Tanse, siendo un pez, se convirtió en chivo? (Pregunta cantada).

Abasí paño o abasí pano: medio día.

Abasí prokurí Itiá mogo: Dios nos mata y nos mete dentro de la tierra.

Abasí riri unyenirén kamaroró sanga nini sanga nine umón akanamerú: oración que se canta en el acto de purificar la Potencia, cuando un obonekue que auxilia a Nasakó, le alcanza el agua bendita. "El agua bendita y después el incienso, limpian la Potencia, la santifican; pero no se puede santificar lo que no está completamente limpio."

Abasí seri Ekue maya beko: el sonido del Bongó es la voz de Abasí. "En el tambor habla Abasí."

Abasí tenité: se dice para pedir permiso a Dios y cortar las hierbas que se emplean en los ritos.

Abasí teni tebi umbonini: Dios, el Ser Supremo.

Abasí uná poropó: "Sólo Dios nos arrancará la cabeza."

Abasí usagaró: Dios se lo llevó. (Se llevó el cadáver a Usagaré, a la tierra de los Mayores, los antepasados).

Abasí usagaró: el más allá y el camposanto.

Abasí yimikón: el dios de la Enfermedad, se identifica con Babalu Ayé de los lucumíes (yorubas), catolizado San Lázaro.

Abasí yeremomo seme motoflé: Dios, el Santísimo, es lo más grande.

Abasonga o Abasongo: uno de los dignatarios de la sociedad Abakuá. Es el depositario del cetro o Itón que representa el gobierno de una nación. Auxiliar de Iyamba, advierte al neófito en el acto de prestar juramento, que si traiciona la palabra de fidelidad empeñada a Ekue y a la Sociedad, pagará con su vida. El primer Abasonga de tierra Efik se llamó Otowá Mbeke. Fue preso por los hombres de Efor, que lo iniciaron y le dieron el título de Abasongo, cargo que exige un alto concepto del deber y de la justicia. Fue consagrado con el Sese Ndibó. Con la consagración de Otawa Mbeke cesó la guerra que sostenían los Efor y los Efik, que anhelaban obtener el gran secreto de los Efor. Abasongo fue en Obane (Efik) "la madre del culto a Ekue."

Abasongo: hermano de Nkóboro en la tribu Unembre Merinsún.

Abasongo Afememe: un título del dignatario Abasongo.

Abasongo Amoringuí: Abasongo en el acto de tañer a Ekue.

Abasongo añua: Abasongo retuerce el pescuezo del gallo.

Abasongo añuá makaterereré: Abasongo sacrifica el gallo en tierra Efik.

Abasongo añuá makaterereré ireme otawá otowañemamba Efik. Efik efiméremo aroko fimba amaniyé otowá mamba mamba erimbé: oración que se reza al poner el saco (el traje) de Ireme sobre los hombros del obonekue que se consagra Abasongo.

Abasongo barindí: Título de Abasongo.

Abasongo baringuí fabaka: Abasongo fricando el Ekue.

Abasongo Ero Iyamba: Abasongo es inseparable de Iyamba.

Abasongo Inuá Itón: el cetro de Abasonga. El Itón, atributo de la mayoría de edad de una Potencia, insignia de sus merecimientos y de su independencia. Un juego o Potencia no es mayor de edad hasta que tiene por lo menos veinticinco años de fundada. El Itón de Abasonga "no puede forrarse como los itones de Mosongo y Mokongo, con piel de leopardo, porque Abasongo era cazador de leopardos."

Abasongo ñuá: Abasongo retuerce.

Abasongo Otowañe: Abasongo fue un rey que, forzado por la guerra que sostenía Efietete con Efik Efi Méremo, se ocultó en el monte, en Ñongo Kabia.

Abasongo Otawañe Efiméremo ororó awán fumio Ñuaka makaterereré efori sisi Iyamba: Abasongo guarda la caña que contiene el Secreto de Iyamba.

Abasongo tete añón akuá: Abasonga en tierra Efik en el instante de sacrificar el gallo, que se estrangula.

Abasongo unembre merí insún: Abasonga era hermano de Nkóboro.

Abatabá: comer (en Bríkamo).

Abatiyá o Abatiyaya: arrodillado, de rodillas. Arrodíllate.

Abaunsené ata prosaribangá Ekue: ¡Adiós Ekue, hasta que nos volvamos a ver!

Abaya: una tribu. "Los abaya era muy parecidos -afines- a los lucumí.

Abayaká o Abayuka: para siempre, por la eternidad.

Abere: mellizos.

Abere Aberisún y Aberiñan: "Eran dos mellizos de tierra Ekerewá, vecina de la tierra en que vivía Sikán. Mokuire, padre de Sikan, les confió la vigilancia del camino que debía recorrer su hija cuando regresara del río, ya en posesión de Tanse, que se había introducido en su güira, y los mellizos purificaron el camino."

Abereflón: sangre.

Aberekacho: oye, atiende.

Aberekacho aguana mokoko: "el que me ensucia no me limpia." Según el informante Saibeke esta frase significa: Oye, escucha a la Potencia Mokoko que está sonando su Ekue."

Abereñón: plátano.

Aberí kacho: no entiendo. Incomprensible.

Aberí kamaundiogo: la sombrereta del Ireme.

Aberiñán ñañareké: Aberiñán, el sustituto de Ekueñón, que ejecuta los sacrificios en la Potencia. Algunos ñáñigos le llaman también Ireme Chukumbia.

Aberiñán sanga bekondo molopo afokó tentén Ekueñón ara mufé Ireme Aberiñán: Aberiñán fue al lugar secreto, del sacrificio, allí se le autorizó para matar sustituyendo al verdugo, a Ekueñón.

Aberisún inúa momi akuá ñene newe uriampo momí: "Aberisún, al ir a matar (al chivo) preguntó donde estaba la comida (las ofrendas). No fue Aberisún, auxiliar de Ekueñón, sino Moko, quien mató a Sikán. Ekueñón, (Moko), no volvió a matar; ya solamente sale a buscar el espíritu de la Sikanekue, y quien mata al chivo es Aberisún."

Aberisún namboriké amanakuá erube kefan: Chivo que rompe tambor con su pellejo paga.

Aberitámbre: pueblo de los Nyemiyá.

Aberitámbre bongó nyemiyá (o nyimiyí): el primer Bongó -Ekue- que sonó en Obane, en la ribera del río Aberitámbre, de los Nyemiya.

Aberitán: pueblo del Calabar.

Aberitán sune: pueblo pequeño.

Aberoñón: plátano.

Aberuñandió: "derecho", tributo.

Aberuñandió aberuñande moteke añakiñongo awantete efotanko eribó abarorí Ekoi asukurúkuantiyén añongobia itia mukere abasí nandubia Efor. Asuku bakariongo Efik Butón ñongo aiereré efor yufaba ngomo munarobia ngomo nitén bonsiro awanaliansa asukurú bakariongo. Mpegó mogobión Ekue ereniyó ñansuaka bongó amana yin besuaka umpón munanga mbori beromo otán. "En Cuba cuando se reconoció el Bakariongo -estandarte- se marcaron los signos en el chivo a la par que en los hombres para respeto de la nación. Sobre esa pieza sagrada Iyamba, el rey de Efor, obligó al de Efik a jurar el pacto por el que éste último se obligaba a intensificar el culto a Ekue y a compartir con los Efor las responsabilidades y deberes de la Sociedad."

Abesundi mbori: las hierbas con que Ekueñón realiza la limpieza del chivo, Purificación del chivo.

Abiaga umón: "una reina muy guerrera del Calabar. Guerreaba por el río en su canoa."

Abianké: la carne del Pez Tanse Ndibó.

Abisoró nantún: la cabeza del chivo.

Abisumbi mbori: la hierba con que se purifica al chivo.

Abisumbi mbori abirokai asukuara kuanyogo asanga wanekón: se dice cuando Nasakó introduce las manos entre las patas del chivo para purificarle los testículos con las hierbas mágicas.

Abisundi: el chivo del sacrificio ya purificado con las hierbas mágicas.

Abogaisi: majá (en lengua de Isuama).

Abotañé. Borone: pobre, despreciado.

¿Aborike ñene nkanima erubé berekondó unkorán atere munanbiro musagaré?: ¿Qué rumbo tomó Abasongo. Fue andando por la orilla del río que se llama Musagaré?

Aboró: pederasta.

Aborobó: se fue, se va.

Aborobó: dar vuelta volver.

Aborobó aborobó: se va lo malo. Se dice después que Nasakó hace explotar la pólvora de una limpieza.

¿Aborokambre unké isunekue?: ¿Es usted Isunekue?

Aborokié: virar.

Aborotafia: ir andando y volver atrás.

¿Abotisunme? (en Otano): ¿Qué cosa es? ¿Qué dice?

Abuán: Carabalí abuán, "vivían en la orilla del río, como los akunakuá."

Aburú: reunión (de abakuás).

Abusariongo umpabio umpabio abusariongo: "te enseñé y quieres saber más que yo.

Abuyaka: para siempre.

Achababá: "era una día grande para los Carabalí Oro." Se refiere al día de Reyes, que salían a la calle con todos sus trajes, o al día en que "plantaban."

Achababá moina nandibá menankó akuá kukón negüe ekón mifé menankó: la sangre de una jutía que se ofrenda a Tanse y a Sikán en el río, en el rito fúnebre.

¿Achaba moina sakuara benforo?: ¿Cuál fue el primer partido (congregación de obonekues) que vertió la mokuba en el mar? Se responde: el primer partido fue Eta Fabareke Toiba, con los Oro Bandumá Efor, Efikebia Etá, Enamé Fanandugo. ("Según los datos de los ñáñigos viejos.").

Achabaké: acabó, terminó.

Achabaké (en Otano): plantar, celebrar los ritos Abakuá.

Achabiaka mokongo: se canta mientras Mpegó, ya limpio de toda mácula el okobio, procede a trazar el emblema de Mokongo con el que éste autoriza los ritos que van a practicarse. Dibuja este emblema con yeso amarillo y después, ligeramente, lo repasa con el yeso blanco. Al emplear Mpegó el yeso blanco se canta: **Unarobia sanga narobia.** Y se pulveriza el emblema con aguardiente y vino seco.

Achángana: tragedia, discusión acalorada, trifulca.

Achángana ka ku kue kiwi eñón suaka ntiberó ekún berefión: tus ofrendas y sacrificios han hecho grande tu título.

Achecheré: plumero que se emplea para adornar los tambores de Mpegó, Ekueñón y Nkríkamo.

Achecheré: los plumeros de los cuatro jefes Iyamba, Mokongo, Isué e Isunekue que se ponen en el Sese Eribó. En total son siete y simbolizan los espíritus de los siete fundadores de la Sociedad Abakuá.

Achecheré Erikondó: nombre del plumero que adorna el tambor de Nkríkamo.

Achecheré Isún: plumero que adorna el tambor de Isué.

Achecheré mbomipó: plumero blanco. En el Fundamento (Ekue) que tenga cumplidos más de veinticinco años de consagrado, debe ponerse un plumero blanco.

Achecheré muna: nombre del plumero de Mpego que adorna su tambor.

Achecheré utaria: el plumero o muñón de Ekueñón.

¿Achene Morua?: ¿Por qué eres Moruá? Respuesta: **Obán Moruá ngomo abini riama nsaire ngomo amigarasa.** Porque soy un hombre grande con el título que me dieron los de Obane. (Incorrecto, según una autoridad consultada).

Acherín kayo o senenkayo: no te entiendo, incomprensión.

¿Achitube akanirión itiá nyenisón?: ¿Cómo se llamó nuestro Rey en Africa? Se responde: **Olame Sesemí Obame.**

¿Achokawa nangobia obane añunatemio ngomo? ¿Qué firma -signo- se trazó en el Bongó de Obane? Se responde: **Ñanguiriri mañón Sikán ndimawó.** La misma que Sikán trajo del río en su cabeza. (La marca circular que dejó en la cabeza de Sikán la tinajuela que llevaba llena de agua.)

Achoko amana Efik amana nyuayo Efik bondá afokanko Ekue kusón kusón menonpabia: "Tener paciencia, que todo llega en este mundo."

Achokororó makuá isún: la cara.

Achonko nombira mosongo: "recuerdo a la familia", (mítica).

Afagarónsu uso: sol poniente.

Afagarónsu uso: con el sol detrás.

Afanaró: robar.

Afanene amomí: niño pequeño.

Afanipá mukarará besón wanefón: licencia, permiso para "plantar", celebrar los ritos. (La da el Municipio).

Afaní: para.

Afaní afañiké: no sirve para nada. Lo que no se puede usar por deteriorado.

Afañiké afañikó umbelakayé kusón kusón monina ó: "se acabó tu existencia en este planeta." Se dice en cualquier momento durante el Ñankue (exequias de un adepto).

Afaramandisé: se dice al arrancarle la lengua al gallo que inmediatamente después se sacrifica.

Afaruká: "fragayar", fricar la caña de Castilla con la que se produce el sonido de Ekue.

Afasibielú: nombre de una cueva en la que el Iyamba mítico mandó a encerrar a Ekueñón después de consagrado.

Afatanbán: salado.

Afausaré: gracias.

Afé: negro, oscuridad, oscuro.

Afemené: derecho.

Afenipá: papel.

Afeñipá mukarará besán guanekón: papel, -permiso, licencia que se pide por un oficio a las autoridades-. En tiempos de la Colonia sin este papel no podía salir la Potencia a la calle. El permiso se pide a la alcaldía "para celebrar una reunión familiar."

Aferebó: mulato (en Otamo).

Aferemayé: reina.

Afia: asiático.

Afia: blanco.

Afia Efik Efiméremo ekrúkoro itiá Abasí aromiñán sankantión manantión ará okobio ñene usagaré: el rey de Efik, Efimeremo, y los miembros de su tribu. arrodillados adoran el Fundamento que acaban de recibir de Efor.

Afiáfia: guerrero.

Afiaforama: no iniciado. "El judío". El neófito antes de entrar al Fambá Ndibó o cuarto del Misterio.

¡Afiaforama!: "¡A buscar judíos"! Se les dice a los que van a prestar juramento cuando se les lleva al Fambá.

Afiaforamo: judío, no sacramentado en Abakuá. Profano.

Afiakankomo: signo que se inscribe en la palma real.

Afia muñón mbara mugo: los plumeros -checheré o muñón- de los siete Grandes de la Potencia. (Iyamba, Mokongo, Isunekue, Isué, Mpegó, Ekueñón y Nkríkamo).

Afiana meró: guardia rural.

Afiambori borokí ñangué: no tengo miedo.

Afiambori borokí ñansuá: poco me importa.

Afianga ngomo ndafia Abasí obón chángana kakuekué ndeme efor ndeme Efik ndeme Efor: los deberes de Iyamba son los mismos en Efor que en Efik.

Afiaroró: el mundo oyó la Voz de Ekue.

Afia wanafia afia warlonga borobuto inuá: "Vamos a hablar a ver quien sabe más" (del misterio).

Afiá warambele (en Bibí): pene.

Afigueremo aserendé erikuá: "te conocí porque me hablaste."

Afimeremo changa kerobia: el Rey de Africa. Ekueñón.

Aflogokí: limpieza. Purificación (en Otamo).

Afogorá: ir, irse, se va.

Afogorá: relámpago.

Afogoró: aire.

Afogoté: tragar.

Afogoté araní: tragar la sangre, (beber la mokuba o bebida sacramental.

Afogoté mokuba: beber la mokuba.

Afogoté umón: beber agua.

Afogotó: sueño.

Afogotó: beber.

Afoimeke esisí abarakó Ekue Mbemoró: Efik Barakó pagó un gran tributo a Mbemoró para llegar a Pitinaroko.

¿Afokandé nanchiro?: ¿A qué Potencia pertenece usted? Se le pregunta al iniciado y éste responde: el nombre de la Potencia en que haya sido juramentado: Ekue Biabanga, Ekue Efikondoete, etc.

Afokandiré: alguien ha muerto.

Afokangoró: tambien moriré.

Afokí: limpieza, purificación.

¡Afokominuá erobé efión keumbre!: ¡Qué bien habla ese hombre!

Afokondó: embarcadero de Usageré.

Afokondó: el río de Usagaré.

Afokondó: el río -sagrado- que cruza por Ibondá.

Afokondó kamá: Esto se dijo cuando Moní Bonkó arrancó el primer sonido al Bonkó.

Afokondó kamá: el río habla.

Afokotentén moropo chenén kayo: persona inteligente, de talento.

Afomasere, afamosere: buenos días.

Afomasere momí bondá: buenos días hermanos míos.

Afomireme: "saco". Ropa del Diablito.

Afondondibo Ekue usagaré: el primer embarcadero que se encontraba en el río, en Usagaré.

Afonetí: bien.

Afonó: bueno.

Afontabia baroko munankibia musagaré: el gallo de la primera limpieza que se lanzó vivo al monte, en el primer Baroko.

Afoñí: lo que no tiene valor. No vale.

Aforama Bondá Chángana fión achenebión achenerí: están guerreando el sol y la luna.

Aforitón kaitía añongobé neburia kefé: el árbol caído nadie lo levanta.

Aforó: quitar.

Aforó etán: quítate el sombrero.

Afotabán: calzoncillo.

Afotabia: sucio.

Afotambán awarimé chú: calzoncillo sucio, cualquier ropa sucia.

Afotán Ekue akarakisón: el que pega a su madre no puede ser mi monima, (cofrade). Moral ñáñiga.

¿Afotán éreme erumandórañé bongó ufanangué Ekueñón tankoñikó?: ¿Dónde está Ekueñón para que marque el Fundamento? En estos momentos han de estar juntos Isunekue y Ekueñón). Respuesta: **Bongó Ekueñón eroko fembe yansi yangomo bongó mofé:** "Estoy al lado de Iyamba para dar fe como su mayordomo."

¿Afotán jeyei ndibó Obane mbemoró Aberitambre bongó Nyemiyá?: ¿En qué lugar de Obane se oyó la Voz por primera vez? En Aberitambre, pueblo de Nyemiyá. Algunos dicen Nyemiyí.

Afotán koneyó: unión.

Afotan koneyó: el neófito que va a unirse con sus hermanos en religión. El que va a ser obonekue, un iniciado.

Afotán konomi: el neófito purificado por Nasakó y marcado por Mpegó, ya preparado para jurar ante el Fundamento.

Afotán mbiá afotán konomí awana bongó Ekue o Afotán mbia afotán konomia awana bongó mofé: mi madre es el Bongó -Ekue.

Afotoíto: "transmisión del Espíritu al coco." En este caso el coco simboliza a Ekue.

Afoú seré: gracias.

Afoú seré krúkoro: buenos días.

Afouseré sabianaka manarofo chemenkai pomponó ntomiñán sanga abakuá: A esto se responde: **Nomi otabafón miaserendá Abasi me.** Estoy bien, en gracia de Dios.

Afouseré Yarina Ibondá: saludo a la virgen de la Caridad del Cobre.

Afouseré Yarina Itiakandé: saludo a la Virgen de Regla.

Afragayá: preparar.

Afremené: bueno.

Afuañe: quitar.

Afunikén: canilla, tibia.

Afunikene: canillas, tibias.

Agankuka: jutía.

Agañán bisorio akamá mboko Ekueñón koibá: momento en que Ekueñón trae la cabeza del chivo sacrificado y la coloca sobre su tambor, que en este momento se llama Bongó koibá.

Agaragatindé: título del Adivino (Nasakó) que anunció la aparición del Pez Tanse.

Agaragá tindé oboserón: Majestad Divina.

Agredó: sal.

Agronó tete: pescado fresco.

¿Aguagamío nkiko mongobión eforí atongobé?: ¿Para qué sirve el gallo en Abakuá? Se refiere al gallo que se coloca debajo del Fundamento.

Aguaké, Aguaké momi: mi padrino.

Aguanabairemo nkuara: rezar.

Aguana kerombia: nombre de un rey del Congo. El que había de convertirse en el Mutié o verdugo de Sikán.

Aguañusongo o awañusongo: las hierbas rituales de Nasakó.

Aguarapá ndina Mokuire: echar la sangre del gallo en un recipiente para preparar la Mokuba o bebida Sacramental.

Aguaroñafa Eñesuá: pata izquierda del chivo que le pertenece al Isunekue. Cuando este dignatario muere se lleva al cementerio la pata del chivo que se sacrifica en la ceremonia fúnebre que celebra el okobio para despedir su espíritu.

Airo mberukuié mberemitón Isué: "En Africa, el único que usa patilla es Isué."

Aitierón: carnero.

Akabanba yenirén: el viejo siempre es viejo.

Akabiandé: primer nombre de Isunekue en la consagración.

Akabiotán butón tansene emumí ekobo bomiá asesé kondó erogo betán asere mumio kondó: palabras que dijo el Iyamba cuando escuchó el sonido de Ekue, a la salida del sol. Sometida esta ficha a la autoridad de un anciano Abakuá, éste me informa que no es correcto, que se trata de una "ñangaliana", es decir, de una jerga disparatada compuesta por los ñáñigos de Guanabacoa y llamada despectivamente ñangaliana por los Abakuá serios.

Akaguanboko nkrimafión erimatete: el redaño -de la víctima- fortalece a Ekue.

Akaibiandé: Isunekue.

Akaibiotán: confirmación. El iniciado podrá llamarse obonekue después de consagrado por el Sese Eribó, tambor en forma de copa que no emite ningún sonido. El Isué lo sostiene sobre su cabeza mientras jura cumplir los mandamientos de la Orden. La confirmación la realiza el Ekue, que se tañe tres veces también sobre su cabeza.

Akaitierón: vendedor de carneros.
Akakureko; casa.
Akamanantubia: caimán.
Akamanibá: bendito sea Dios.
¡Akamánibakuá!: ¡Maldita sea la muerte!
Akamanibá tiambori akanarán eriete: dos personas que pelean y se están ofendiendo. "Mentándose la madre."
¡Akamanibayé!: ¡Maldito sea! "Maldita la muerte que se llevó al Obonekue."
Akamantubia: cocodrilo.
Aká manyeré: acércate.
Akamaribó: más despacio, muy lentamente.
Akamaribó Eforí kamá: lo que hace hablar a Ekue es la Brujería.
Akamaribondá: madre de Efik.
Akamaró: río de Efor.
Akamaroró: un río del Calabar.
Akamaroró kufón banaria chene moto: laguna de Efor. "Laguna de la consagración."
Akamba munango Ekue Bongó akuano okobio Irondó Akuaramina nouro aborokibia ekoko munandiaga: el Bongó viejo trasmite al Bongó nuevo de Irondó la Voz divina.
¿Akamba munanga Ekue kurefor nyenisón itiá ororó?: ¿Con qué se selló el primer Ekue en Efor?
Respuesta: **Manga manga Tanse Bongó metá.** Con la piel del Pez Tanse.
Akamba yenirén akamba yene Efor: soy viejo en tierra Efor.
Akambo makainibo: obispo.
Akambo yenirén: "el viejo es siempre viejo... y sabe más que el joven."

Akanabión bengué isán isán awanañongo awaña kokó kokobiga sosó arokororó burutafia yambumbé Sikán Efue Efor: Sikán dijo: juro por mi hermano Akanabion, que saqué la güira llena de agua. Volví andando por el medio del camino y oí aquel ruido. Esto respondió Sikán cuando le preguntaron qué le había ocurrido en el río.

Akanabión Isún: hermano de Sikán.

Akana bionké: la hija de Isún Bengué y de Sitiabón, la Sikuanekae. La mujer que habló en el río al Pez divino.

Akanabionké Sikán Eforí: la Sikanekua. "La de la brujería."

Akanamén: jengibre.

Akanameroró: albahaca.

Akanameroró brandi: albahaca fresca.

Akanamuto: hierba anamú (o hedionda), muy valiosa para purificar el Fambá y para la brujería pues sirve para contrarrestar el daño que haya lanzado un brujo. Para arrancarla debe el Nasakó pagarle siete centavos. Se arranca de raíz y en el hoyo que queda se depositan las siete monedas.

Akanansúa baroko obón abakuá: la sangre de los cuatro obones en el Eribó. Se les extrae un poco de sangre del pecho y se guarda dentro del Sese Eribó.

Akanarán: madre. Sikán. El Sese Eribó.

Akanarán brán: madre. Madre del viejo Fundamento.

Akanarán Efor okobio: Potencia que dio participación a los hombres blancos en la religión de Ekue. "Ahijada del glorioso Eñón Bakukó Aguanamokokó Efor y madrina de Ekorio Efor Mosongo."

Akanarán konipio: "saco", traje del Ireme o Diablito, que pertenece a Nkanima.

Akanarán momí: mi madre.

Akanarugatindé: nombre de un congo que fue sacrificado al Fundamento.

Akanawán: el traje de Ireme o Diablito. Hay potencias que poseen hasta veintiséis sacos de todos tamaños. Antaño sólo había tres, por lo regular, pero hoy no hay restricción. Cada saco se coloca a un pie del Fundamento. "Para evitar líos, cada Ireme baila solo." Cuando termina su baile le entrega el cinturón con los cencerros al otro para que baile. "Con un cinturón bailan tres y así no hay disgustos."

Akanawán: la ropa de Sikán. **Akanawá akuá:** la ropa de la mujer que mataron.

Akanawán: el sastre de las Potencias, porque hace trajes de Diablitos.

Akanawán boribó mbori mboriñé bakongo fimba. Ngomo yuansa ntuabe ngomo yuansa anumbirán abisumbi mbori ñanguirirí Iyamba ñanguirirí mosongo eroko mboko bongó mofé sese Irondá ñankibirí: oración que se dice para pedir permiso al Isué.

Akanawán efiméremo. Akanawán yoyambio Ireme amako biko akanawán dibé efiméremo bakondondón: un espíritu (Ireme) que se escondió en la palma y presenció lo que se hacía al Fundamento. El Espíritu fue visto por Iyamba en el instante en que Ekuñón decía; **Akanawán yoyambio,** y se le dio este nombre.

Akawawán konipio: traje completo del Ireme o Diablito.

Akanawan noíno: primer efomiremo o saco-traje- que se hizo en Bekura con las fibras de la palmera.

Akanawan yoyambio: Saco que pertenece a Eribangandó.

Akangüe afaba Isún aguarionkemo nsuekeriké ereye añangabó ereyo mebiso ereyo echekemé echenabó echekebó akorotán ñanke osán wañe osán akuanoba efó begoñé utamo baroní bekusé nkayibá ñanga anabuta aguara miñongo bakefume ñankue: el muerto se va para no volver. (De un canto fúnebre).

Akanibó: pito.

Akaniká: campana.

Akaniká loribá: los cencerros o campanas del cinturón del Ireme.

Akaniká, Nkaniká: cencerros que llevan los Iremes o Diablitos en el cinturón.

Akunamán o akunamán kuarí: cocodrilo (Briche). Lo veneraban los Oro. Las viejas Potencias fundadas por Oros (como la de Biabanga, que fue la primera Potencia de Matanzas) conservaban en recuerdo de sus orígenes un cocodrilo embalsamado.

Akarawaso: el Sese Eribó.

Akara musé ntogoyó: arrancarle la cabeza al gallo.

Akarause: vino seco.

Akarí: nombre de un pueblecito Carabalí cuyos habitantes iban a trabajar a Irondó, donde había una mina. Akari, Itá Bekó, Semí, Nongó, Mambira, Uruana, Otán, Konomí, Iyimiyí, son nombres de otras aldehuelas. Sus moradores, como los de Akarí, iban a trabajar a Irondó.

Akaribó abasí: nombre del Isué antes del sacrificio de Sikán.

Akariká: sonido de la campana.

Akarina makuá: ofensa. Significa haber ofendido al Fundamento, a la Madre Mística. Es uno de los pecados más graves y que no perdona a sus miembros la Sociedad Abakuá.

¿Akakeriké miñá Ekue?: ¿Dónde nació Ekue?

Akerefión o akereké efión: la oreja ensangrentada del chivo.

Akereké: fuerte.

Akereké: oreja.

Akereké mambeke: la esponja de Nasakó y la pluma del pavo real.

¿Akereké ungobia añonfembe?: ¿A quien llamó Nasakó cuando estaba adivinando? Respuesta: Nasakó muñón ubia burañe. "Nasakó en su cueva adivinó lo que Isunekue llevaba. Llevaba brujería de lechuza, pues con la sangre de la lechuza se hacen muchos embrujamientos."

Akókomerenoi: guapo, un hombre guapo (valiente).

Akokuá: nación Carabalí.

Akondó akaidé beromo eribangandó okobiana mafimba Efor Nasakó afababetó Iyamba asereni Bonkó: cuando llegaron con el Bonkó a tierra de Usagaré Ibondá, Okobiana recibió el Bonkó e Iyamba lo tocó para honrarlo.

Akondó akaibé beromo okubiana mafimba Efor Nasakó afabetó Iyamba asere mi Bonkó: los de Efik llegamos a Usagaré Ibondá con el Bonkó. Nos recibieron Nasakó e Iyamba.

Akondometa: Abasongo.

Akón Eriero ayarantan erubé Efor: Akón Eriero es el nombre que los Carabalíes dieron a la Potencia Eforí Ntoki, de la rama de Eforinsún. Ntoki es padrino de los Erube Efor, que pertenece a la rama de Wanabekura Mendó, "Madre de todas las Potencias."

Akoria Nfún Baroko Nansao: la cabeza del gallo en el momento en que se lleva a la boca de los que están consagrándose en el baroko.

Akóroberifá baroko nansáo: la güira sagrada en el baroko o consagración de los Cuatro Grandes Jefes. (Iyamba, Mokongo, Isué, Isunekue).

Akorobia: aguardiente de corojo.

Akorofó o akoropó: cabeza.

Akoromayo abarí kambá Efik Mokongo eribón sene ekerefón boko ñongo fembe. Mokongo meta eriongo meta obonekue meta: se dijo en el momento en que el Mokongo de tierra Efik recibió su cetro de manos del Nasakó de Efor.

Akoropó awana nsenune: se canta después que el Isué, en el rito de la iniciación, ha descansado el Sese en la cabeza del neófito, toma un pedacito de cascarilla y recita la oración que comienza: **Yuansa baroko yuansa...etc.**

Akrimé (en Otamo): vamos.

Aku: aceite.

Akuá: un pueblo o tribu de la costa.

Akuá: matar, matada.

Akuá akuá abakuá: cuando Moko -Ekueñón- el verdugo que ejecutó la sentencia de Sikán fue a darle cuenta al Tribunal de su muerte, dijo esas palabras, que quieren decir: Maté porque la Ley Abakuá lo ordenó.

Akuá abakuá iria mbario: la comida de comunión de los Efik.

Akuá berá kanawán awantí beró ikuriwana mpabio ngobia chángana echenefión echenemerí íreme aborobó: Diablito, sal bravo que te esperan para la guerra, no le temas a la brujería ni al cuchillo: dice el Moruá llamando al Diablito. Moruá es el mismo Nkríkamo.

Akuá berino nandokié atotobé Iyamba sanga eribó moruá Nasakó na murumbá tiyo ñansuaka monina akué akué abasí anandokié yamba kekeré atere mi ubani abasonga tete wana Eribó: oración que pronuncia Isué al salir la procesión a la calle.

Akuaberitán: matar por necesidad. "Lo que sea, a un hombre."

Akuaberitán moto: necesidad, necesario.

Akua erobé menanko erobé: se dice cuando se sacrifica la jutía que se ofrenda a los muertos, y se canta, **¡Menanko erobé, erobé, menanko erobé!** Estamos matando la jutía... "Erobé llamó Nasakó al pellejo de la jutía."

Akua erobiyo eso iro ibondá ekrúkoro abakuá irensé obonekue anakobiko: abre los ojos y mira a tu enemigo. Ten cuidado, te llamo la atención sobre los enemigos que tienes.

Akua erobiyo soiro ibondá makobikó: abre los ojos y contempla a tu enemigo.

¿Akuairo?: ¿Qué hay?

Akuakaro Iyamba Bemundi Efor: río en que fue consagrado el Iyamba de tierra Efor.

Akua kobeñán obane Efik Mokondó: la gente de Obane, Efik, cazaba tigres y leopardos para hacer trajes de Iremes.

Akuakuá: la ley manda (matar).

Akua kukón kendén yuao umón anikeré: ¡Cómo se derrana en las aguas del río la sangre de la jutía! Canto para el sacrificio de la jutía en el río. Este sacrificio propiciatorio para los Espíritus de Sikán y de Tanse es indispensable en la constitución de una nueva "tierra" Agrupación. Es el derecho o tributo obligatorio, indispensable que se le paga a los muertos. La jutía no se puede matar en la tierra y la sacrifica un Ireme metido en el río. Es menester que este rito se practique cada vez que se crea una nueva Potencia.

Akua mbori boro kinangué: no tengas miedo.

Akua mbori borokiñán suá: poco importa.

Akua menankó: matar una jutía. La jutía que se sacrifica para los muertos en el río, se mata de un golpe en la naríz.

Akua miro nsuaero: pata trasera derecha del chivo que se sacrifica en el Ñampe o Ñankue. Le pertenece a Iyamba.

Akuamikó: mono.

Akua mokoró amiyensún amiyikuá: cortar la güira y prepararla.

Akua muriantán nuria kisongo sina kiñongo sinayantán: dice el obonekue que lleva la simbólica tinaja en la procesión que acompaña el cadáver de un Monina en el momento en que la levanta y la arroja hacia atrás, sin volverse. Al quebrarse la tinaja se libera al difunto de su juramento. A este rito se llama "romper la palabra."

Akuana (en Otamo): bonito, de buen ver.

Akuanana: bonita (en Otamo).

Akuandikó: lo que suena. El tambor sonando.

Akuandikó: caracola o fotuto que se suena. Antaño lo usaban en la Potencia sustituyendo a Ekue. La caracola y el Ekón -campana- transmitieron los Espíritus de Tanse y Sikán al coco de los Efik Butón.

¿Akuandikó Neri Efor?: ¿Dónde nace el río de Efor Neri? Se responde: **Biokonifó nagurupá Akuandikó.** Nace en un ojo de agua, en un manantial. Nos advierte una autoridad Abakuá que esta pregunta es tan incorrecta como la respuesta . Debe decir: **Ubio konifó nangurupá akuandikó?** ¿Cómo nació en Cuba Efik Butón? Y se contesta: **Nyurubeke Nyúnsene Moruá.** En un coco que se cubrió con un parche de chivo sonó la Voz.

Akuaneko: las orejas.

Akuankiko aborí iñangué ekoriabakuá: el primer gallo que se mata para formar una Agrupación Abakuá.

¿Akuankiko achenofión mokuba: se mata el gallo para llenar de sangre la cazuelita que por asociación recibe también el nombre de Mokuba.

Akuankiko boraki ñangué: el gallo al morir dejó su voz, su alma, en el Fundamento.

Akuankiko efión ororó Iyamba: palabras que acompañan el acto de arrancar Ekueñón la cabeza del gallo. Cuidará de sostener el pescuezo vuelto hacia arriba para que no se coagule la sangre.

Akuan kuaramina: Espíritu divino.

Akuan kuaramina kaitierón: el Espíritu en el cuero del carnero. Cuando Uyo (el Espíritu) se materializó en el parche de este animal no le dio a Nasakó el resultado que deseaba. "No obtuvo la sonoridad."

Akuan kuaramina kaitierón baroko ninyao: "la imagen del Espíritu de Sikán en la consagración. "En el Baroko, en Ibondá, el fantasma de Sikán se mostró y desapareció a las doce del día.

Akua nyogo: matar diablo.

Akua ñangansiro mofé: el Itón o cetro de Mokongo en el acto de su consagración.

Akuara: vela de una "cachucha" o barquilla de pescador.

Akuara manbión: gran consagración (de altos dignatarios).

Akuaramina: Espíritu (de la Sikuanekue).

Akuaramina: Espíritu que apareció a las doce del día, a pleno sol, en la loma de Ibondá. Se buscó y no se pudo encontrar. Era el espectro de Sikán.

Akuaramina bunké bunkené: Espíritu del Pez Sagrado Tanse.

Akuaramina bunké munansa amunansi: Espíritu de Sikán en la transmisión de los cueros.

Akuaramina congo atere bongó iyá urana mamá bondá pón keanapón ndike unpón ndike mañón moto umbríkamo mañón: Salutación. Se dice cuando el obonekue penetra en el Fambá de la Potencia que celebra un plante o alguna festividad, aniversario, fundación de "Tierra", etc.

Akuaraminando tete bobariyén o akuaraminandó teterañe: vendiste a tu hermano a cambio de bebida.

Akuaramina tete mbori mboriyé: el Fundamento, el Sese se debe a Sikanekue.

Akuaraminangó mengon o manglón materaré bríkamo mbó kerén: el Diablito en Africa es público y respetado, y aquí es un desprestigio.

Akuaranabión: gran consagración de altos dignatarios o Plazas.

Akuarateme obane mbaune, mamba Efik mbemoró, Efik efiméremo: estos tres son los hijos de Obane, del viejo rey de tierra Efik, Ofé Obane.

Akuari kondó efiremo itía komuñene Eforí: ha llegado el rey de mi Potencia.

Akuarobeña: la loma donde se juró el primer Juego o Potencia en tierra Usagaré, y se llamó Usagaré Nandió.

Akuarobeña: matar en una loma.

Akuarobeña kaniká: el presidio.

Akuaro beñan asoiro ibondá asoiro umpabio aromiñan boko ororó aproikamá ñene ibondá ñene bibi nkerumia abakuá umpón erorí Ekue: "se reunieron en la loma de Ibondá todos los jefes esperando oir lo que les diría Nasakó, el Adivino, sobre el modo de lograr que hablase Ekue."

Akuaro kamá mokarará Ibondá: literalmente significa, **akuaro,** matar; **kamá,** conversación; **mukarará Ibondá,** blanca loma.

Akua tugón tugón abasaromá oñonita asereté akondó ke abogoró mañenirén uriampo nabejeyé asoruma bejeye je giamo erón eroumé: ¡Mira qué buena está la comida y yo no puedo comerla porque me faltan los dientes!

Akua uroña akua umberoko: lugar donde se ejecuta la sentencia de muerte. (El sacrificio de Sikán en los comienzos de la historia Abakuá; y actualmente el del chivo, que representa o sustituye a Sikán).

Akua uroña akua umberoko chokoguanabia: La Voz Misteriosa del Espíritu que suena oculto en el rincón del batamú.

Akua yeremómo o yeremó: purificar a los hermanos que han asistido y oficiado en los ritos fúnebres.

Akuerilú abasí akuarilú: recuerdo de Sikán sacrificada.

Akukumbika emumio sanga kefe epa isún: el sonido de Ekue transmitido a un nuevo Ekue, (de tierra Oru).

Akuna mabia abasí moruá asere mukanda Efor úbia kini baroko Ekue ngomo bakué keno baroko femre mutanga Efor akaribongó abasí: Nasakó reconocio a Moruá el derecho de trazar, junto con Mpegó los signos del baroko. Moruá fue a tierra Mukanda y pidió a Mpegó los yesos sacramentales.

Akunamankuari: cocodrilo que preparó mágicamente el Nasakó de Efor y lo devolvió al río para impedir que los Efik lo cruzasen. Esto fue cuando Efik y Efor se hacían la guerra.

Akuna wán: poco a poco.

Akuniñón: tierra de Abakuá.

Akunisé aserenda: "Nos mataron un hermano."

Akuri wantete tata oboniyamba ndike bongó afragayá marikó afragayá erome asángana kerepó arakankubia ubiatongoró pompón naberetó saguaka aguerieri: hoy murió un maestro.

Akuri longo beko: meter el cadáver del Obonekue dentro del ataud.

Akuri mikó: caña de Castilla para que Iyamba "haga hablar" a Ekue (suene a Ekue). Este fue el tributo que llevó Abasonga para su consagración en Usagaré.

Akurina makuá: se dice de un lugar en que ocurrió una desgracia. Un lugar aciago.

Akurina makuá: Sacerdotisa que predecía las guerras y las calamidades. Véase **Kuri Namakuá.**

Akurina makuá akuri tenewán: ofensa, injuria. Se dice del que traiciona o profana a la Madre (Akanarán).

¿Akuri nandibá nandibá fisi ororo pá nanfoko?: ¿Sonó en la orilla, donde no crece la hierba o en la parte en que hay maleza?

¿Akurini mefé nyuguere kunabia ntifia akuri butame eroko mboko nagueriero ntifia?: ¿Qué representa la leña dentro del butame? Un tributo, "derecho".

Akurin mbonipó nyerimá: viene un blanco a caballo.

Akuri nangansene: quieto. Quedarse inmóvil.

Akuri tenewán: lugar en que la Sikanekue recogió su güiro sumergido en la "casimba" o posa en la orilla del río sagrado.

Akuri tinewán: representación de Sikán.

Akuri wana tete tatabui yamba ndike bongó afragayá marikó afragayá erome asanganá kerepó arakankubia ubiatangaró pompón naberetó sawaka aweri: Que venga el Iyampa a tocar el bongó para despedir al hermano que ha. muerto. Ya no está en Arakankubia, en el Sese. Tenemos que despedirlo del Ekue.

Akurí wantete tata obón Iyamba ndiké bongó afragayá marikó afragayá erome aságana kerepó arakankubia ubiatongoró pompón naberetó sanguaka awerieri: murió el maestro y lo lloró el Bongó porque se va de este mundo, se va al cementerio con los espíritus.

Akurí wanima anamutu fembe: está en la sabana trabajando bien. Es la respuesta a la pregunta: **¿Newe un enemio nomi?** ¿Dónde está mi hermano?

Akurumina: fantasma o Espíritu que recibe en el río los derechos, es decir, los restos de todas las ofrendas. Un Ireme las lleva en una jícara y las arroja en el río.

Akurumina Ekue Ekue Isunekue Mosongo Mbrachimán: con el poder de Mosongo y la virtud de la sangre, Isunekue produjo la Voz en el parche del tambor. Ese poder se lo dio Nasakó al Bongó con su magia: **Ndibo muna Ekue otán buramba Ekue amanayin Nasakó umpabio paro akanapán ndike umpón ndike mañón moto bríkamo Usagaré.**

Akurumina gongo atere gongo iyao urana bondá paro akanapán ndike mañón moto bríkamo Usagaré: el Espíritu que se hallaba en el monte llamado Urana, y tan pronto estaba en el monte como en el embarcadero de Usagaré.

Akurumina mendó: el espíritu del Rey.

Akurumina nandó atolobre Usagaré: primera confraternidad de Abakuás en Usagaré.

Akurumina tembán: loma en tierra de Efor.

Akusundaria: Ireme o fantasma de un cojo que se manifestó en la primera consagración de Obane, Efik, cuando juramentaron a Efiméremo. "A este espectro lo siguieron por el camino de Mbemoró, pero se desvaneció en él."

Akusundaria: Nkóboro de Efí Kondó. Ireme.

Alamamba: Espíritu del agua.

Alamamba Ekue: otro nombre del tambor Ekue, en recuerdo de Sikán.

Alamiñán: obligación.

Alamiñán bongó afón eriero: cumplida la obligación de darle sangre a Ekue, "que por eso suena bien."

Alamoriri yamoriró: vas por mal camino.

Alebe kuañe etielú erielu asuku ámbia erielu: el Todopoderoso y Eribó te den salud y vida, (en Olugo).

Amabión: gallo.

Amabión: Potencia habanera.

Amakachao manankoleo: invertido. "La maldición de una madre."

Amako: mirar.

Amako chui chi chi nainá: "Mira cómo están cantando los pajaritos."

Amako erifán unkuena: mira hacia los pies.

Amako Ireme: "Mira, Diablito." Mirada del Diablito. Ojos.

Amako kene robikán nyogo: "Mira por dónde viene el Diablito."

Amako manbera akanawán akuá efokotemio temio eforí motemio tuta mituta amana teni iyá babaí yenebón aprosemitón abasi yenekibá oru ápapa oruna eribé chanko eriero berón beromo sese omokuta tisún ñangué najabisoro mbara kunabra: "Mira la ropa de aquella mujer (Sikán), que perteneció a este mundo y la mataron. El Espíritu que estaba en su güira fue trasladado a la madera sagrada (al tambor), en el santuario. Los Oru Apapas lo llevaron en procesión al templo, y se oyó cómo sonaba."

Amako nkendo kene robikán nyogo: "Mira, por ahí viene el Diablito."

Amako ñene nkanima sanga baroko fambá: "Contempla a nuestra Madre. La llevan al Fambá."

Amako obiane: está mirando. Ojos que miran.

Amalogrí: el agua que estaba dentro de la tinajuela, o exactamente, dentro de la calabaza o güiro de Sikán, con el Pez sobrenatural. "El agua estaba saturada del Poder de Tanse y con ella fueron bautizados los primeros obonekues."

Amalogró kurite newán añanga: (Sikán) metió su metió su güira vacía en la casimba (posa) y retiró otra que estaba llena. Era costumbre de las mujeres en el Calabar, dejar en la casimba una güira vacía que se iba llenando de agua.

Amana impaira: coger la comida.

Amananbá amananbé: la mano que avanza y retrocede sobre una tela a manera de plancha. "Mi abuela carabalí, que era lavandera, nos explicaba que en su tierra no había plancha y se planchaba con la mano."

Amanangoró: Ireme de tierra Efik (como el Nyógoro de tierra Efor.)

¿Amanansiro Ekue betongó?: ¿Quién es la madre de Betongó? Se responde: **Kanarán Biokondó Oru.** La Potencia Biokondó Oru, que la creó.

¿Amanansiro Ekue Betongó?: ¿Quién es la madre de Betongó? Se responde: **Tanse Akanarán Betongó Itón Itongobé.** "La madera en que se puso el Parche, que era la piel del Pez, fue la Madre de Betongó."

Amanarofo: persona que sabe mucho.

Amanawá: "judío", profano. No juramentado.

Amandió amandiorubé asokomiro nunekué asoko miri nkaño amanantión besuá beromo: hincarse de rodillas, contemplar el cielo y pedirle salud y la bendición.

Amandió amanyurubé asokomiro nunkué amanantión ara: "Gracias a Dios y a la naturaleza todo nos ha salido bien." Dando gracias después del Plante.

Amandió amanyurubé sokomiro nunkue sokomiro nkaño ke amanatión dirá: "Ireme, mira al cielo, preséntale las ramas y salúdalo."
Amandió amán yurubé: al día sigue la noche.
Amandió amán yurubé: anochece, declina el día.
Amaniriongo: oculto (en Briche).
Amanisón: criollo, profano. "Judío, no iniciado."
Amanyurubé: naturaleza.
Amán yurubé Ireme subuso ke mabikán Ireme mbagará komo ibón brumé: llegó la noche, ya no quieren más ñáñigos.
Ambá: espina.
Ambanbarandán Ekayé: sangre cayendo sobre el Ekue.
Ambia: coterráneos, personas nacidas en una misma tribu, o espiritualmente de una agrupación Abakuá.
Ambian kuniñón: "dos personas nacidas en un mismo pueblo."
Amiabón: embarcadero de Uriabón.
Amikeré: las vísceras del Pez.
Aminiguá: un árbol de güira de un lugar llamado Mokoro Fembe, en la tribu de Efik Abarakó, que produce grandes güiros. Se utilizaron para depositar la Mokuba y recoger la sangre en el sacrificio.
Aminangué: majá, guardián de las brujerías de Nasakó.
Amiñikuá: las hojas del árbol de güira.
Amiñinsún: la güira colgando de la rama.
Amiyikuá: güira (en Briche).
Amiyinsún: "Origen de todos los de Obane."
Amogoró: el güiro sagrado que contuvo a Ekue.
Amogoró Efik Efik butón okransio Apapa brikamo mañe Efor: en tierra de Usagaré los Efor iniciaron a los Efik.

Amogoró Efik Efik butón Bongó okransio Apapa brikamo mañene Efor: "Allí autorizó Efor a Efik y le dio título. Los Efor, como remembranza de Ekue les dieron una cabeza de pescado."

Amogoró tindé: "El Ireme -Nkóboro- que estaba en la cueva en que se consagraron los Jefes de Efik. Era una cueva santuario junto al río."

Amogoró tindé: se dice del que ya ostenta los signos Abakuá, que "ya está rayado."

¿Amogoró tindé aguana yuansa Efor kisongo Efik kiñongo Ekue eñene Efor anagüé aguanariongo?: ¿En qué lugar inició Efor a Efik? ¿En qué lugar le entregó el Fundamento? Se responde: **Amoró butón Usagaré ntuari isoro mundiaga Efor.** En Usagaré, en un lugar que se llama Amogoró -una cueva- en la que Efor inició a los hombres de Efik.

Amonachu: rico.

Amoringi irión kambembe Ekue amoringui: Enlutar el cuarto sagrado para que Ekue llore al obonekue que ha muerto.

Amugarará: los tributos, derechos u ofrendas de Nasakó. **Su Amugará Umpabio** -los huesos- y demás componentes de su magia.

¿Amugarosa beromo bia korio miñán tele abakuá nkrimensoro awanán soro obane aborinkene? "el que vio salir al Pez en Obane, ¿dijo si era de día o de noche? "Fue de día, es bien sabido, pero la lengua no la comprendo. Esto es jerga, arreglo de Regla. ¡Ñangaliana!" Opina el informante con quien consultamos esta ficha.

Amugoró: lugar de Usagaré. Allí la Potencia de los Efor consagró a los Efik y les transmitió la Voz de su Fundamento.

Amugaró: calabaza.

Amunanbán akurimina tembán: loma donde se manifestó el fantasma de la Sikanekue, en Efor.

Amunara bomé o aminará bomé: nombre del hombre que más tarde recibió el cargo de Mpegó en la Potencia.

Amurián Isún: uno de los siete Espíritus de Antepasados que acompañan a Ekue.

Amuriansún: Espíritu del primer Mosongo, invisible junto a Ekue.

Anaberumia: la Caña de Castilla -el Yin o Saekue- que en Cuba llaman güin, y se emplea en el rito para hacer sonar a Ekue. Por fricción produce el impresionante sonido que los ñáñigos llaman la Voz Divina.

Anabiaka, nabiaka: junto, unidos.

Anabisún: la cabeza del chivo del sacrificio.

Anabusi: silla, taburete.

Anaforuana: símbolo, trazo mágico, recordación, evocación.

Anafré: izquierda.

¿Anagüé o enewe akanarán efó Ekue?: ¿Cuál fue la madre de todos los Bongó? Se responde: **Munandibá Asere Batañeri kuré.** El tambor de Usagaré, de Efor.

Anagué akanarán efó Ekue. Munandibá asere batamú kuré: Munandibá, la Madre de todos los Fundamentos (los tambores sagrados Ekue y Bongó Eribó) es de los Efor, de Usagaré.

¿Anagüé Baroko Sese?: ¿Qué representa el aro o circunferencia del Sese? Se responde: **Sese baroko ntiniabón.** El círculo de la calabaza -o la tinaja de Sikán- en que penetró el Poder Misterioso, o bien, el rodete que Sikán se colocó en la cabeza para sostener la calabaza en que penetró Ekue.

¿Anagüé ese Ninyáo?: ¿Qué representa el Sese en el Baroko Ninyao -círculo en el que se reúnen y consagran todas las Plazas o dignatarios. (Representa la cabeza de la Sikanekue en la jícara del Nasakó), o el rodete que Sikán se colocó en la cabeza para sostener la calabaza en que penetró el Pez, Ekue.

Analiká eforí mi Bongó: "hoy te consagro para que mañana me sustituyas. (Que en el futuro podrá alcanzar tambien una alta jerarquía en la Potencia). Palabras que le dice el Mokongo al Obonekue cuando éste se consagra o inicia.

Anamabó, anamabó: se dice al purificar al cofrade con un mazo de hierbas.

Anamafimba: en lo más profundo. Tanse, el pez en el que se encarnaba el Espíritu cuando se hallaba en el fondo del río.

Anamafimba: hondura, misterio.

Anamambé: más cerca, más próximo aún.

Anamanguí: Espíritu del más allá. "Criado de Nkairán, rey de los Muertos." En la ceremonia fúnebre es el que cuida del cadáver del obonekue. Lo afeita, lo limpia, lo viste, (atribución exclusiva del Ireme Anamanguí).

Anamanguí: título que se da al miembro de la sociedad que se ocupa de las funciones fúnebres. Esta plaza no se jura. "Es un Espíritu que viene del monte."

Anamanguí besuao beromo: el que funge de Anamanguí revestido con el traje de Ireme.

Anamanguí epai: el Ireme que oficia en los funerales.

Anamanguí yiromo nbrúkamo besuá nkeniken ñankusá kiko ndimá muto akerepó nyugué asesirán ñankue kuso meñón pabio: oración que reza Ekueñón en la ceremonia fúnebre, al presentar el gallo a Anamanguí para que luego Aseriñán lo sacrifique.

Anamanguí emba uria akeri nangué: aquí se dice el nombre y jerarquía del dignatario desaparecido. **Aweri mañón serán monina aweri yuria isán itiá uria ñampe eta iria isán.** Dice Nkandembo o Mpegó, el ordenador de las ceremonias, cuando la comida fúnebre va a ser colocada sobre el emblema del extinto. Permanecerá allí hasta que sea enviada al cementerio antes de salir el cadáver de la casa mortuoria.

Ananbioko makondo amanabia anabioko: "en un río de Obán te ordenarán Iyamba."

Anambori: Isunekue.

Anamé: dame.

Anamenbara: antebrazo.

Anamendó: nombre del yeso rojizo con que marcaron a Mpegó. **(Mpegó anamendó Anara Mbiñán).**

Anameró: arrancado. (Las plumas de un ave).

Anameró anemeró: se canta mientras, dentro del Foekue, Ekueñón le arranca al gallo algunas plumas del pescuezo que coloca sobre el parche de Ekue. También se canta en este momento: **Ekueñón Nkiko awana Tinde Bongó.**

Anameró anameró fembe: palabras que pronuncia Ekueñón en el acto del sacrificio al arrancar las plumas al gallo, y que se repiten en coro.

Anamero fembe: plumas bajeras del gallo.

Anamieto biaña irá akurumina: cuando todos los grandes hombres de la tribu de Efik decidieron reunirse para celebrar al Baroko -los ritos de la consagración- delegaron en el rey de Efik Kunakua para que hiciese venir el Bonkó de Nchemiyá, la tierra donde se fabricaban los tambores. Cumplida su misión el Bonkó le fue entregado a Mokongo. Comenzaron las ceremonias y a la hora de la consagración Mokongo vio una paloma blanca que bajaba del cielo y preguntó si sería un espíritu que venía a tomar parte en los ritos. Ekueñón pidió a Nasakó que adivinase qué significaba aquella aparición. Nasakó, después de consultar su oráculo dijo que no era el espíritu de un muerto, sino la manifestación de Abasí, del Espíritu Santo. Ekueñón tomó la paloma y la presentó al Secreto diciéndole que era de tierra Oru, enviada por Abasí. Ekue sonó quedamente tres veces sobre ella "y todos la contemplaron cuando, rumbo al palacio del rey de Besundi, desfilaron en procesión los Obones de Efor con el príncipe Yembeke y Nyegueyé que llevaban el Fundamento."

Anamusi: silla.

Anamutu: escribir, "trabajar con la cabeza."

Ananabión: el primer obonekue confirmado por el Fundamento (Tambor) que los Efor le consagraron a los Efik.

Ananarikué nyuao umón anikeré: palabras que se cantan al chivo cuando se le conduce en procesión al río para ser sacrificado. Si no se le puede realmente conducir a un río, se le lleva al signo que lo simboliza.

Ananarikué nyuáo umón anariké: se le canta a la cabeza decapitada del chivo. "Como se le canto a la cabeza de Sikán en la jícara y a la de Tanse, en el güiro, cuando la llevaban a Nandibá -a la orilla del río."

Ana Nasakó afonó Nasakó nawenbán Nasakó kundimayé okanko eribó mokuba mekré abayasi nakondó sese eribó ayobinó afokando kuri mañongo pabio: se refiere a la operación mágica que realizó el Nasakó con su Prenda Mañongo Pabio para salvar a nuestro hermano difunto y que fue inútil. No pudo librarlo de la muerte, de la voluntad de Dios. (Se dice en las ceremonias fúnebres).

Anandibá: orilla del río.

Anandibá anandibá ekón bekondó afia ororó ñene bibí ndure ñene nitán Ekue nteme ororó awana fimba yugué yugué naberefión kanko oru

oru Apapa Apapa Efik Bongó basaroko otán obán efó brandi Mosongo: En Bibi, en tierra de Oru Apapa, se hizo una ceremonia y se le pagó al rey en el río Bibiokondó un derecho de sangre para pasar a Obane e ir a Bondá Efor. Allí trazaron el signo que se llama **Obane Umpamoto yugué aberefión.**

Anandibá fisi ntre kuri ñene Ibondá arani kurí fisi yansé abalabá efión: cuando Sikán lavó sus paños en la orilla del río, el Pez bebió la sangre menstrual que contenían.

Anandibó anandibó: se canta mientras Nasakó echa las hierbas profilácticas -albahaca, abrojo, incienso de costa, escoba amarga- y un huevo en un recipiente con agua traída del río, para lavar en ella, asistido por Ekueñón e Iyamba, los objetos sagrados.

Anandio: un rey. El primero que saboreó la primera comida de comunión Abakuá.

Anandokié: título de Iyamba.

Anangando: lo que se va.

Anangrú Efor: aldea, caserío de tierra Efor.

Ananiké gandó mbara nansuaka Ekón aberitiá Ireme okám kobiao ota fokanko ¡Jeyei!: van a llevar a Ekue al río para ofrecerle sus derechos.

Anankoberó inuá Iyamba: estas palabras le fueron dichas al primer Iyamba cuando, enterado de que había habido un sacrificio humano, mandó a prender a Nasakó, Mokongo, a Ekueñón y a Mpegó; si hablas, Iyamba, morirás víctima de la brujería.

Anankuema: invención, falsedad. Se dice de los falsos relatos o inexactitudes que ñáñigos poco escrupulosos de la tradición introducen en sus Potencias. Sinónimo de Ñangaliana, que se aplica a la lengua y a los signos que no responden a la tradición.

Ananúnkue: La Habana, la capital de la tierra de los blancos, de Itiá Mbomipó.

Anañimotán: consagración.

Anapijawa: "comida del Ekue", ofrendas que se le tributan. Las substancias que componen la comida de comunión de los obonekues.

¿Anariké odán efí sierón umón itiá kakoiká?: ¿Quién se bautizó primero (qué Potencia es más antigua) Odán o Sierón? A lo que se responde: **Ngomo Sierón Odán kufón akairiondaño.** Sierón plantó primero a la orilla del río.

Anariki fotán kobiyó: no eres como yo. Vendiste un gallo y una jutía destinadas a la limpieza. (Puya).

Anariki odán Efik: una comarca o tierra de Efik.

Anariki odán efí sese irión umón idón sierón akarawaso: Odán fue el primer río de tierra Abakuá. Se refiere a que Odán Efik consagró con su Sese a los de Sierón. En Cuba también la Potencia Odán Efik bautizó a la de Sierón.

Anariñán ngomo: yeso (se usa para trazar los signos o gandós y para marcar al chivo con los signos de la consagración -iniciación- que son los mismos que se le dibujan al neófito).

Anarufié: izquierda.

Anarukié: izquierda.

Anarukié: nombre de una tribu y de una Potencia.

Anarukié umón mbugará: va a llover.

Anasabiana: madre de Mokongo.

Anasabiana amana rofo chemenkai mponponón ntemeñón sanga Abakuá: Así le decían a la madre de Mokuire, que era una mujer muy sabia y que conocía a fondo la religión Abakuá. ("Había en el Calabar muchas mujeres versadas en la religión y muy importantes").

Anasaina pondó: las hierbas con que purificaron al Pez.

Anasakó sako sako anasakó laweremba efiméremo taiba asende Ekún: se dice para extender la pólvora sobre el símbolo Oruna Akua o en el ñon sambaka gando Erikuá, para purificarlo.

Anasakó umpabio borina Ekue añonbogia itén mbara ibiokoko narobia apanga maniyé ngomo abakesongo ereniyó musa kaitía kamán ñene efobenkama obé: Nasakó recita estas palabras después de decir la oración con que se inician los ritos de purificación de la Potencia, que los Obonekues eschuchan de rodillas. Al tomar Nasakó la teja en que se quema el incienso, todos se ponen de pie. Entonces se traza el signo sagrado en la teja que sirve de pebetero y todos cantan: **Ngomo musa ayere musa.**

Anaterirón: nombre que se da al chivo cuando los sacerdotes lo presentan a Ekue.

Anatometo: el sol quema.

Anawanaka anawa mbori: el chivo en el patíbulo.

Anawe ("suele decirse emewe"): ¿Dónde Qué?

Anawe akambanbán Ekue kuri eforí nyenisón itía nangobián?: ¿De qué clase de piel era el parche del tambor viejo de Ekue en Africa? Se responde: **Manga manga Tanse Bongó meta.** Era de la piel del Pez. (**Anawe**, quién, cómo cuándo?; **akambanbán**, viejo; **kuri eforí**, meter la brujería ; **nyenisón itía,** en tierra africana; **nangobián Efor,** brujo, adivino de Efor. **Manga manga Tanse Bongó meta:** poner el Bongó o Ekue dentro de una tina con agua. También se dice: **Manga manga Bongó mofé. Manga manga,** lo que viene tambaleándose, - **Bongó mofé,** colocar el Bongó que quede seguro.

Andibá o nandibá: orilla del río.

Anemi erensuá afomandikeno: yo fui a Guinea y vi (puedo hablar autorizadamente).

Anglón: laguna de Eforisún.

Angogomá o angogomomo: manca perro. Especie de ciempiés que se emplea en muchos maleficios. Segrega un líquido hediondo. (Zool. F Intilidue, esp. Spirobolus Grandis).

Angogomó: grillo.

Angoró: llorar.

Anipáo: Sikán.

Anirión kene irosa sese eyorasa: nombre del río en que se consagró el Sese de Efik.

Ankomo: tambor.

Antiberó: autorización.

Antroboró: malo.

Antrogó o antrogofó: los Cuatro Vientos. La línea horizontal que al cruzarse con otra vertical forman una cruz.

Antrogofó: el viento del Este.

Antrogofoko amakoirén Abasi bomé: oración para presentar de noche el Ekue a Dios, a los astros del firmamento y a los cuatro horizontes.

Antrogoró makoirén: viento.

Anumbirán: costado izquierdo del chivo. Mpegó traza el signo sagrado en sus flancos para ser consagrado y sacrificado a Ekue.

Anyere: ven acá.

Añágara un ka: no desprecio a mi madre.

Añangaitia: aquí en esta tierra.

Añanguiriri: el Ekue que se consagra para una nueva tierra o Potencia que se crea. El sonido de Ekue.

Añanguiriri: dar el pecho al recién nacido. Se dice metafóricamente cuando el tambor de una Plaza o dignatario recibe sangre.

Añan kueruma: historia, lengua y noticias falsas sobre la Sociedad Abakuá adulteradas o inventadas por los adeptos criollos y no conformes a la tradición y a las enseñanzas de los carabalíes. Pretenden algunos ancianos consultados que éstas se forjaron en Guanabacoa después de la guerra de Independencia.

Añariñán: yeso destinado a marcar el chivo del sacrificio. Se le dibujan los mismos signos que al neófito.

Añajiro: la cara del chivo.

Añene ekoi barayín bión kamá: el momento en que el obonekue que va a ser consagrado Iyamba se arrodilla al pie del árbol sagrado, la Ceiba, antes que se le tracen los signos.

Añene mi sankemio antrogofó makoirén odán efí ñankuko waneribé moruá: Fui al río a buscar agua, sentí un ruido y no supe si era del río o del viento. Este le dijo Sikán a su padre y a Nasakó, después de hallar a Tanse.

Añene misón: hoy en Africa.

Añenisón: Africa.

Añogó: fango.

Añón fembe: calidad de bueno, buena, por ejemplo: **Ungobia añón fembe.** Medicina buena.

Añongobiá: Sacramento. El Primer Baroko.

Añongobiá: "chillar -Ekue- en el monte." La Voz divina.

Añongobiá erumé kakibión itún kifé mapa nkenerí asoko mumio Bongó waririampo: "La Voz chillará en el monte, trasladémonos del pueblo al monte para que Ekue beba sangre. Colocaremos sobre el Bongó la cabeza de la víctima decapitada. (**Añongó;** en el monte. **Bia;** chillar. **Erumé ;** voz. **Kakibión;** trasladarse de un lugar a otro, "del pueblo al monte." **Itún;**

cabeza. **Kifé;** poner, depositar. **Mapá;** matar, decapitar. **Nkenerí;** agua con sangre. **Asoko;** arrimar, acercar. **Bongó;** tambor -Ekue-. **Waririampo;** comer).

¿Añongo bía iyá beromo?: ¿Dónde está la grandeza, el poder del Pez? Se responde: **Tanse Iyá serirán Abasi ñongo bía beromo Efor.** El poder de Abasí residía en el Pez que murió y se perpetúa en el chivo.

Añongobía keatongobía: consagración, juramento que va a prestarse en otro territorio.

Añongobí kuá beromo Efor Tanse Aserikán Abasi nongobía beromo Efor: La grandeza de Efor está en Tanse, en el Pez Divino. Murió y hoy es adorado.

Añongobión: Primer Obón.

Añongorima biantán erumé mañongo pabio: Oid la Voz de Ekue llamando a sus hijos, vamos a saludarlo.

¿Añongo suako nabiroko ñongo úyo enewe boko?: ¿Dónde está el Fundamento de caña brava? (Con el tronco de caña brava se reprodujo la Voz Sagrada).

Añonguí Ireme kambito birakumia kisongo Ekue: Vela y coco fueron los tributos que el Ireme llevó a Ekue.

Añónguirapá: pata derecha delantera del chivo sacrificado en la ceremonia fúnebre. Le pertenece a Mokongo. Un informante objeta que esto es falso. "El chivo en esta ceremonia no se despedaza ni se come."

Añonotamo asogabia Ekueñón mokabia mekondó afanaró: Iyamba espera a que Ekueñón realice el sacrificio para hacer sonar a Ekue, con sangre y la caña de Castilla colocada sobre el Parche.

Añoré kimia murasi añongrí umbrasi Ireme: palabras que dice Nasakó cuando purifica el "saco" (traje ritual).

Añoremio: nombre que recibe la Mokuba de Ireme.

Añua: retorcer.

Añuma: la cabeza del Pez.

Añuma: espinazo.

Añumaré bomé irión kawa asemeñongo Bongó mofé bondá Efor moto brikamo mu mu lorí lorí mbori Nasakó umpabio abasi nkanima erumé Abakuá borokibia tansi mosongo mbarumabia: Al comunicarle Nasakó a los Jefes que Tanse había muerto, estos le reclamaron su vida. Nasakó consultó con su Prenda y les dijo que con su magia captaría la Voz del Pez, que para ello era necesario un chivo, pues a su cuero llevaría la Voz y se escucharía en toda su magnitud. Entonces fueron al río y le hicieron un sacrificio a Tanse y a Sikán.

Añuma Tanse: espinazo del Pez Sagrado, Tanse.

Apampaná musa: la cabeza del chivo sacrificado puesta sobre el Bongó.

Apana: cantar (en Otamo).

Apanai (Mpanai): príncipe, personaje.

Apanakanaserende: las plumas del pavo real.

Apanapá: Mago (en Otamo).

Apanpaná muña: nombre que recibe la cabeza decapitada del chivo cuando está colocada sobre el Ekue.

Apapa aprokuri fandugo Ekue cheneché: vamos a tratar de los Misterios de Ekue.

Apapa brikamo iyá beromo: "Los brikamos, habitantes del Calabar fundaron la Sociedad Abakuá y su religión. Llevaron en procesión el cuero del Pez Sagrado que encontró la Sikanekue." (**Iyá,** madre -el Pez Divino- **Beromo,** procesión, fundador).

Apapa Efik: La tribu de Efí recibe el apelativo de Apapa cuando se une a los Apapa Efor, que los iniciaron en los misterios de su religión y los autorizaron para que a su vez iniciaran y formaran nuevas agrupaciones religiosas en su propio territorio.

Apapa Efik: "Capitanía del territorio de Efik con sus siete tribus." Nos dice un viejo informante: "La capital de los Efik era Obutón. Luego fue Kritón." Se refiere a Greed Town, que la pronunciación defectuosa convierte en Kritón.

Apapa Efor: territorio habitado por la tribu Efor.

Apapa Ekue Ekoi: "Eran los dueños del Secreto, pues Ekue era de la tribu Ekoi."

Apapa Efor fonó bekombre boko aforuka abakuá ñene: los Apapa encontraron a Ekue. Yo soy Efor y tengo permiso para sonarlo y alegrar a sus hijos, a los iniciados.

Apapa erensua Ekoi: "una tribu familia de la tribu de los Ekoi."

Apapa ifonó bekombre boko aforuka ñene abakuá Ekue: las buenas ofrendas que los Apapas le ofrecieron al Fundamento para que sonara.

Apapa karabalí naberomo Ekue naberomo abasí: Apapa Carabalí, los generadores de la religión Abakuá. "Los más grandes de todos los Carabalíes, los que tienen el poder de Dios y de Ekue."

Apapa ñañaito: los creadores de Abakuá. "Apapa es título de los Efor, aunque también se les dijo Apapa a los Efik después de recibir a Ekue y autorizados por Efor, a quien se lo deben todo. A su jefe lo llaman Efiméremo Obón de Efor, Iyamba, porque el Iyamba consagró a su Jefe."

Apapa ñonotamo aborokisa akaitierón: palabras que aluden al momento en que el Ireme o espíritu ancestral fue con los obones a buscar el carnero para la consagración.

Apapa Oru akamábioko nkuko eru amon kawa: nombre del gallo con el cual purificaron a Ekue en tierra de Oru.

Apapa Oru akanabión nkiko erú amón kabia: el ave con que purificaron a Ekue en tierra Oru.

Apaparemo: capataz.

Apaparina nbeke sere pomia perina: tengo una loma enfrente para pelear.

Apapa umón: Potencia habanera.

Apapiro: estrella.

Apoitentén: un camino.

Apoitié: trillo, senderito a campo traviesa.

Apoitié ntiero asanga ñon: poner en el lugar sagrado la comida de los muertos.

¿Apondé chireme aborosón Efik?: ¿Estás consagrado en Efik?

¿Apondó niruka niruka Sese?: ¿Cómo se mete la carga mágica en el Sese?

Aporomeko: vaso ritual.

Apotacho eribó lori butame ngomo Mpegó: palabras del canto que entonó Moruá cuando Mpegó trazó por primera vez los signos sacramentales en el butame.

Apotacho eribó Mokongo Abasí nankisibi efiméremo ña Nasakó nawerembán asere ntimaó itia mañonwere Nasakó umpabio Nasakó bokairán Nasakó anisoso agamusoso Nasakó amugará umón Abasí yin mofé saekue eribó Mosongo mutekefe meritamo isongoé mosongo umbara mi ekuena efori umkeno Mosongo Otán kifé efori sisi Iyamba Abasí amosún ombarika saekue eribó emai awanañongo nkombre bongó nansuaka mana erubé efó yin mofé sambeke muto mbara saekue Iyamba mosoko ya morinwí: palabras que se dicen al entregársele el güin o caña de Castilla a Iyamba. Se refiere a la operación mágica por medio de la cual se obtuvo el sonido.

Apotacho ndibó mosongo ekón Ireme, Ireme meta Ekue yambaó: jurar por lo más sagrado.

Apotacho ndibó ngomo: jurar el obonekue trazando una cruz con el yeso amarillo del nacimiento y de la vida, sobre el parche de Ekue.

Apatacho riba riba riba wana kiko kuri mapa mosongo anandokié Iyamba nkiko wana moto nkiko aboroki ñangue okobio ñene abakuá: palabras que pronuncia Ekueñón en el acto del sacrificio, al poner el gallo sobre su cabeza.

Apote bereñana: tranquilízate Diablito, le dice Moruá a Nkríkamo cuando éste amenaza pegar con la caña que siempre lleva en la mano.

Aprocheribanga: leche.

¿Aprofán ngomo aprofán kiko amako konkeno iruá?: ya eres un iniciado, dime lo que has visto...

¿Aprofán ngomo aprofán nkiko amakón iruá?: ¿Desde que juraste qué has visto en la religión Abakuá?

Aprofaña: nariz.

Aprofinafia nkiko Mokuba yanyaribó mekeré mbiá abereñon ndochán moto iyá kondondó: palabras del canto que acompaña la preparación de la Mokuba, mientras se machacan las especies en un mortero con agua bendita, manzanilla y vino seco.

Aproitén tiero eromí ñangabión ña Nasakó seme seme ntiero: en el suelo, Nasakó hace brujeria con un majá.

Aprokaká: acércate.

Aprokaká mendo: tribu a la que decía pertenecer Tata Ichano, viejo carabalí famoso en la provincia de Matanzas.

Aprokanamba sese: se le llama al Itón de Mosongo. El palo, vara o cetro "más antiguo y sagrado."

Aprokandiká chi chi naina afokán lloro etié souso masere ngomo taibó beromo ñankue: se canta en la ceremonia fúnebre mientras se dibujan los signos en el cadáver del obonekue.

Aprosaibá: poco a poco.

Aprosemí akua yerenda Ekue usagaré efor mafimba amana fimba itá baroko roko maefor Ekue Usagaré erendió: Usagaré es el amo de Ekue porque éste apareció en su tierra.

Aprosemí idiá tongo kuna ñene bibi: la comida de Ekue en la playa.

Aprosemisén ndiminuá ndó kairán ndó kanawane korikó nteme taroroko erón Efik mukarará: los primeros hombres que vieron a Tanse en Guinea le llamaron Ntaroroko Ekue.

Aprosemitón: madera sagrada de ceiba, palma o guamá (Lanchocarpia Latifolius, Wild H. B. K.) árbol muy venerado también por los ñáñigos.

Aprosemitón Abasí: madera divina de Dios (la ceiba).

Ara: sacrificar -lo mismo un gallo que un chivo.

Arafa: coger.

Arafa: robar.

Arafantogoyó: apretar el pescuezo, estrangular.

¿Arafá nyene?: ¿Dónde robaron a la mujer? (a Sikán). Se responde: Miwé akoropó isán isán Mañongo Pabio ndibó Ekue nteme Taroroko Indiaobane: "La robaron, la llevaron al monte y la sacrificaron. Luego fueron a la orilla del mar, en tierra de Obane, para consagrarse. (Arafá: robar. Nyene: mujer. Akoropó: cabeza. Isán isán: caminando. Mañongo: monte. Mañongo Pabio: el poder mágico de Nasakó. Ndibó: poderoso. Ekue: Pez Sagrado. Nteme: cercano a la superficie, "a flor de agua." Taroroko: agarrar. Indiaobane: territorio de Obane).

Arafarafá: el que se apodera de las cosas sin pedir permiso.

Arafembe: buen sacrificio.

Arafembe: título de Ekueñón.

Arafembe: guapo.

Aragasigamá aragasigamá: el mundo de los fuertes, de los robustos. (De los ñáñigos).

Araika (jaraiba): jicotea.

Arakakuba akuá Ekueñón akuá nkiko: ya Ekueñón ha matado el gallo, dice Moruá en el rito del sacrificio.

Arakakuba akuá Ekueñón O! efión nkiko Ekue eforisisi Iyamba: Dice Ekueñón cuando vierte la sangre del gallo en una jícara para ponerla junto a Ekue. Después en otra jícara derrama más sangre, que se llamará Mokuba Yanyeribó.

Arakankuma: hueso.

Arakasuaba baniñampe: el signo que se dibuja en la cabeza del cadáver de un obonekue.

Arakasuaka: círculo que simboliza el fondo de la tinaja que contenía a Tanse, el Pez sobrenatural hallado por Sikán. Círculo mágico. Emblema de Mokongo.

Arakasuaka: "La redondez del mundo, la perfecta concentración de los espíritus." (En el parche del tambor).

Arakasuaka: "Autorización." Este signo lo traza Mpegó para comenzar los ritos y como constancia de que Mokongo los autoriza.

Arakasuaka ya butame: Se canta cuando Mpegó ha trazado el signo Arakasuaka con yeso amarillo en la cabeza del neófito que será consagrado después por el Isué con el Sese Eribó.

¿Arakubanawá beromo ekoko bonoñe?: ¿Por qué Isué Eribó en la procesión lleva la cabeza del gallo sacrificado en la boca? Respuesta: **Ngomo saroroko Isué Eribó kona Seseribó.** "Para rayar", -trazar- su firma.

¿Arama botidé (en Otamo): ¿Qué dices?

¿Arama butí de? (en Otamo): ¿Qué es lo que dices?

Aranani arakakuba akuá aranani arakakuba Ekue: Ya la sangre se derrama sobre Ekue, dice Moruá cuando Ekue recibe en su parche la sangre del gallo. En este momento se canta: **Nyugué nyugué Efik Butón O! Efik Butón.**

Aranani: sangre (efión).

Aranani kakuba: el gallo después de sacrificado.

Arán arán Efik abeson kaño nyugue afeñipa makaro ngomo: la gente de Efik mandó escrita (trazados los signos) en un papel blanco "la declaración de guerra."

Arani: sacrificio.

Arani: sangre.

Arani efion: sangre consagrada.

Arani kakuba: cuando el gallo está limpio, marcado con las cruces y se le arranca la cabeza, se le llama Arani, al gallo limpio, y kakuba a la sangre, sangre ya purificada.

Arani kakuba Bongó ororó: la sangre del sacrificio que cae en medio del parche del Tambor.

¿Arani kakubia Bongó Ororó newe nandokié?: Cuando se le pone la sangre al Bongó ¿a quién se le paga este derecho? (A Tanse, a Sikán y al río Bokondó).

Arankankuma yene gafia nabisoro nantún: la cabeza de Sikán en la cazuela mágica de Nasakó.

¿Arani kankubia sese newe Eribó?: ¿Cómo se llama la piedra sobre la cual marcaron el Eribó? Se responde: **Itia Oru ngomo Sese Eribó.** La piedra sobre la cual marcaron con yeso al Sese Eribó estaba en tierra Oru. Según un ñáñigo viejo debe decirse, **Arani kankuba Bongó ororó newe nandokié.** Que significa: la sangre del gallo cae en el centro del Bongó y de allí sale la Voz fortalecida por la sangre. ¡Por eso se le da sangre al Ekue!

Arankón: lugar en el río.

Aransene: la cantidad de sangre que se destina para que el Iyamba humedezca en ella sus manos y produzca el sonido. Se le llama también Eforí semia. (Mokuba Arensene).

Araokón: brazo de mar donde estuvo Tanse, el Pez Sagrado.

Araokón Efor: nombre de una Potencia de Matanzas.

Ararafia: tierra.

Ararisún: se le dice a Ekueñón porque tiene que permanecer en el Fambá todo el tiempo que dure el "Plante" o fiesta Abakuá. Aun si ésta dure dieciocho horas, él tendrá que permanecer en el templo cuidando la Voz Divina que trajo del monte.

Araukón: lugar en el río.

Araukón amanabia: "Ojo de agua del que salió el Pez y nadó por el río hasta Araukón, que está cerca de Efor. La corriente del río lo llevó a la calabaza de Sikán.

Aremá: los ojos del Pez.

Areniyén: rico.

Areniyó: ojos.

Arobensina erobé siene: venado. (El Isunekue debe pagar un tributo a Ekue, consistente en el sacrificio de un venado. Ya no se practica este sacrificio).

Aroboyín eretoyin: arencón.

Arogaré: malo.

Arogaré: vista, ojo.

Arogobiobio: el nuevo tambor que en el rito de la Transmisión de la Voz Divina, la recibe de Ekue, que hace sonar el Iyamba. El Ekue se coloca encima de los tambores que se sacramentan.

Aroko bibión kene arakankibio: nombre de una de las flechas del signo o firma de Iyamba. Representa su poderío en la guerra. Es la flecha, a la derecha, que atraviesa la vertical del centro. La horizontal se llama Eforí.

Aroko mboko aroriñanwe: exhaló el chivo su último aliento ante el Ekue.

Aroko mene aroko sene: cuatro óvalos que se dibujan en el parche de Ekue y en algunos de los signos simbólicos fundamentales de los Abakuá. Representan los ojos del Pez Tanse y los de Sikán, y son distintivo de Efor. En las ramas de Efik, alternan con las cruces que los representan.

Aroko nkiko awana Sese Eribó: dice Ekueñón ante el Sese Eribó cuando éste tiene sobre el parche, la cabeza del gallo sacrificado.

Aroko nyuá: lugar cercano al territorio de Mbemoró por el que cruza el río sagrado Odán, que se llama allí Nuirán.

Aroko Nyuao: nombre del lugar donde se consagró el primer cuero de chivo en la orilla del río de tierra Efik y donde se consagró también el primer Iyamba de tierra Efik. **Efik Aroko Nyuao Tanse Tanse Efiméremo.**

Aroko Sese: dos pequeños óvalos, de los cuatro que se dibujan en el parche de Ekue y demás tambores sagrados, así como en muchos trazos simbólicos de la Sociedad Abakuá. Cuando aparecen en la parte superior, en las "firmas" de Efor, representan los ojos de Tanse, y en la inferior, los de Sikán.

Aroko Sisi: autorización (del Iyamba).

Aroko Sisi: Rey de Efor, segundo Iyamba de la época en que se constituyó la Sociedad Abakuá, cuyos orígenes pretende Alejandro Ntomiñán, Isué de la Potencia Uriabón Efik, remontan al siglo XVIII. (Dato difícil de comprobar).

Aroko Utamaré: Iyamba de Bakokó.

Aromeñán: sagrado, Santísimo.

Aromeñán Ekue Efor: Adoramos al Santísimo Ekue de Efor.

Aromiñán: adoración, lo santo, lo que se adora.

Aromiñán: juramento.

Aroropá: Continente. ("Potencia con muchas filiales).

Arosobi: el parche de cuero de chivo.

Arurupé: venado.

Arurupé Nkanima: venado en el monte.

Asafrá monoño mo safra ñajekue namoniñón karabalí wuaririampo asokoro ñene bibi krúkoro ñene kamba: Alude a la historia del congo que sacrificaron los Bibí para con su piel sellar el tambor, "y a la raíz del árbol se le pagó un tributo."

Asaiyoruba ikoirogandó: tierra de cementerio y colmillo de tigre, son parte de las materias que se introducen en el Sese y contribuyen a su "carga" o fuerza.

Asamanga: aldea del Calabar (?)

Asanga: ir, voy, andar.

Asanga awapa: el cementerio.

Asanga baroko bekusé baroko chiprún mbiasagá: Limpieza de la Prenda o "Poder de Nasakó. (Con cuatro hierbas blancas, después de purificada con las "Siete Hierbas de Nasakó).

Asanga bekondó: el lugar escondido y profundo adonde llevaron la cabeza de la víctima.

Asanga Ekue: Voy adonde está la Voz de Ekue.

Asanga Ekue Efik san kewe erumé kondó: "La Voz del Espíritu que encarnó entre los Efik."

¿Asanga ibekondó Efori mañongo Ekue?: ¿Cómo Ekue, siendo africano, suena también en Cuba? Se responde: **Erensuá asanga itia Mbonipó.** Porque los africanos lo trajeron a esta tierra de los blancos.

Asanga minikuá: lugar donde fue consagrado Ekueñón.

Asángana kunsúnsuna amanakúnforí efión kubion mariba kaká Ekue akérepón mundi abaniremo nkaniran: Ekue lo mismo está en una parte que en otra, lo llevan de un lado a otro para "Plantar". (Practicar los ritos de la Sociedad).

Asanga unarobia: Se dice al morir un abanekue. La cruz que se traza con yeso blanco, que simboliza la muerte, en el interior del parche del Mpegó.

Asango weri ñampe: los ritos fúnebres.

Asáparapá nyogo Ireme Mboko amakó ntiniabón: Ireme Mboko, que mire la tinaja.

Asarawá: las escamas del Pez (Tanse).

Asaroré: sonando.

Asarorí: sonar, suena.

Asene mana kamba inuá kende agamé: "Si no sabes hablar no te metas."

Asene mana kamba moruá kémbriagamo: viejo que no sabe lo que habla. Se le dice a los porfiados y discutidores. (Sátira de los viejos).

Asere: santiguarse, persignarse.

Asere: saludar lo divino.

Asere abakuá erubé siene ndibó múnaé: Venerado, bendecido. Cuero del Pez poderoso. Palabras que se cantan en el momento en que Aberiñán mata al chivo de un palazo en medio de la cabeza, el Isué lo bendice y se le presentan los atributos Sagrados. Todos se arrodillan y le rinden homenaje.

Asere Abasi yaberomo ita maribá ndié ekúkoro: Dios nos ampara a todos con su gran poder. O, cuando el sol sale, sale para todo el mundo.

Asere arakankubia muñón okobio ñene Indiabakuá: saludo de reverencia al altar donde están colocados los objetos sagrados de la Potencia.

Asere asere ebión ndayo: se canta en la procesión que se presenta a la puerta del Fambá al romper el día, para saludar el sol naciente.

Asere asere kiko une: se dice haciendo la cruz en el gallo, para despojar de impurezas a un individuo de la Sociedad.

Asere Bongó Iyamba: saludo al Bongó y al Iyamba.

Asere ebión beromo ita maribá ndié ekrúkoro: cuando sale el sol alumbra a todo el mundo.

Asere ebión itia maribá ndié krúkoro: Saludo, bendigo al sol, a la tierra al mar y a todos.

Asere ebión ndayo: saludo de reverencia al sol. Palabras que dice Ekueñón al presentar al sol la cabeza del chivo sacrificado.

Asere ekón asere ekón abasi kisongo asere ekón abasí kiñongo: palabras que se pronuncian para comenzar la fiesta abakuá, después del rezo habitual y de dar tres golpes con el ekón.

Asere ekón mife: Sonido del Ekón.

Asere fambá akaríbongó: saludo, reverencia ante el Ekue en el Fambá.

Asere fambaroko obón Indiabón obonekue eromiñán okrúkoro asere ndáo batamú yumbáo ekón abasí beromo arakankúbia muñón asere efí butón obón señe mofé Ekue obo Iyamba ndafia guereke abasí nankóboro: saludo reverente a todos los indiabones que están reunidos en el Fambá, al altar, a Iyamba y a Ekue.

Asere fambaroko otemeroko fambá: saludo a Fambaroko, el portero del Fambá, y le pido permiso para entrar.

Asere fokondó uyo ekofondó ndibó mañongo sanga bekondó asere umón oneri Efor akurumina tembán asere munambán erendió awán mikere Efor. Erí Tanse erí tansi moruá pomponó. Eseribé Sese kondó erendió abasi bomé akanabión bengué nteñenebón efiméremo iyá kondondón abakuá Sikán Ekue odán awán maribá nkopo muña mbógo konetambre tero makotere esúkubakariongo aparasi mo Usagaré betán betán awananiké nyuáo umón nikere mbara nansuaka Ireme okankobiro abiritiá mifontanko najeyei. Owañe konkai. Afiá afiá afi ororó sanga mañón sanga kondó nandibá baroko urafión tikoniko itia mafimba Ekue Usagaré nandió: al llegar la procesión al río Fokondó o al "gandó" (el signo que lo simboliza), se dice esta oración que evoca el gran acontecimiento místico que fue el hallazgo de Tanse y el nacimiento de la confraternidad Abakuá.

Asere gumán Sikanekue Efor: saludo a Sikán al pasar ésta por el territorio Gumán.

Asere kaúyo kambre etié kisón ita nanumbre antrogofó makoirén Ekueñón arafembe kiko nambiere Ekueñón ítamo bierebe mamboko otairo efión ñanguirirí Iyamba kiko ere kiko amanán yurubé abasi ñankiribí: palabras que pronuncia Ekueñón cuando después de purificar el gallo con la wemba (agua lustral) y marcarlo ante el Foekue, sale del Fambá y lo alza presentándolo al cielo y a los cuatro puntos cardinales.

Asere krúkoroo abakuá obón eribón mañene obón. Asere obón kaúyo kambre. Etié kisón etié kiñón afanson yugué antrogo mokoirén asúkuarakuán tiyé borina Ekue umpabio bondá añongobiá beromo abasi nseniyén. Ntiyén Mpegó mogobión amogoró tindé arakasuaka akarawaso eribó ublánsene añakiñongo un barino achabiaka mokongo muchángana Ekón

Abasí beromo mokongo bekonsi mokongo machébere: Después que todo el okobio se ha purificado, Mpegó, detrás de la cortina, traza el emblema de Mokongo con yeso amarillo, en tanto se canta: **Achabiaka Mokongo Machébere.**

Asere kufón améfémbe: saludo de reverencia ante al Fambá.

Asere meñón: buenas tardes.

Asere mí: buenos días.

Asere miñán ibi abasi akamba ndeme Efik: el Bonkó era el primer dios de Efik.

Aseremiyá abakuá: poniente. Hora en que termina el rito Abakuá.

Aseremiyán abakuá: viento del poniente.

Aseremiyán otón: viento del naciente.

Asere miyán otón asere miyán abakuá antrofogó makoirén krúkoro andiobón añenemí Isunekue mpanai mpana moto akuniñón sanga abakúa atara yuga kiko atara yuga kondo efión kima nyuguere suaka besuaka eñón suaka awana gobia amogoró tindé kunán yuáo nandiba fisinandibá baroko Efik butón asororí akaraguaso eribó mbara bembe awanbana awán borí pompón mañón seseribó ndafia adereké abasí obón Efik: Ekueñón recita esta oración para que Aberiñán ejecute a Mbori, el chivo del sacrificio, sobre el signo patibulario Eñón Suaka. Cesan los tambores (nkomos).

Asere miyán otón Ekueñón ararisún akuá abakuá ayerenda aberiñán bafiene Ekueñón asosorí makuá: palabras que pronuncia Ekueñón presentando al cielo la cabeza decapitada del chivo que ha matado de un palazo Aberiñán.

Aseremiyá otón: oriente. "La salida del sol."

Aseremiyán otón: pidiendo permiso a la Madre Naturaleza.

Asere Mokongo keñón ekón abasi yambugará ekún sanga eroiba: cuando Mokongo entró en la capitanía fue saludado con una salva de cañonazos.

Aserendá: buenas tardes.

Aserende abonikan: máquina de ferrocarril (en Bibí).

Asere ngomo abisikiñongo: se dice en el momento de trazar con el yeso litúrgico --ngomo- los signos en el altar del Batamú.

Asere ngomo abasi kiñongo mosongo asukurukuantiyen ekon abasi beromo ebome Mpego mogobion Sese mogobion emuña pitinaroko akarawaso ndibo. Batanga mbere batanga baronga aprokuri ngomo ntiyen iten abaranten ngomo. Jeyei bariba bakongo. Apotacho obo lyamba apotacho ndibo ngomo apotacho ndibo mosonga nkiko añongobia lyamba eribo lyamba baribo lyamba lyankre ayagaraga meta ngobia niten lyamba amaina iten akondafia Sese eribo eroko mboko eña efia eñene sisi abarikondo asarori esise ñene itureke enewe abatabia lyamba odankere ndubitan efotambia baroko basindo faba asukuru nandiba emae nandiba baroko ntuaba eforisisi lyamba erendio abasi bome obonekue ngomo asarori: oración del Mpegó cuando presenta al cielo y a los astros el yeso amarillo, ya consagrado -**Obonekue Ngomo barikondó asarorí**- con que se marcan los objetos del culto, los neófitos y los diagramas, "planteamientos", que se dibujan en el suelo.

Asere nkiko une otobonoñane seme seme ntiero yene ayeremi ifán eriero: Al Ave María saluda el gallo, y yo le doy gracias a Dios que me dejó llegar al nuevo día con salud.

Asere ntiñón mbanurán afagabio ibondá umón abasi inisuka eribó brandi mosongo asakuárakuantiyé: santiguar con albahaca y asperjar con agua bendita.

Asere obo Iyamba indiabakuá eriongo meta otete yeripongó mbairán abasí nkirimá efión ekoi ntongoñé eriongo meta: oración que recita Ekueñón para que Iyamba le de entrada al Foekue.

Asere yerekami: buenos días, amigo.

¿Asese awanañongo únkue ntarime barakondó?: ¿A qué lugar fue Isué a buscar su Eribó? Se responde: **Mosongo Miñanaró okoromawá ntumirosa ekoi bonekue.** A la orilla del río que se llama Miñanaró, en tierra Oru.

Asiama o asiame: la linea orizontal que representa el "primer viento" en el trazo de la cruz que simboliza los "cuatro vientos" o puntos cardinales.

Asiama asiame: se canta cuando se traza la cruz en el parche del Bongó.

Asikarawa asikarawa amureké: saludo a todos los que se hallan presentes. Saludo de un abanekue de alta jerarquía al okobio. Se dice también: **Sikarawá yamba amureké.**

Asisarikuá isún kanibó: vaya a pelarse.

Asoato ito ito: dice Ekueñón cuando coloca los tributos ante el Bongó.

Asoato ato ito iría irián bario: se dice cantando cuando se frota el parche de Ekue con una ofrenda de comida.

Asobia teremban: caminar hacia atrás, (marchando como el cangrejo).

Asofromiñene: Madre mía.

Asoga itiaba: la piedra que ocultaba la entrada de la cueva Akuaberoñe.

Asogo erú kembán: piedra que cubrió la entrada de la cueva donde -según los Efik- estuvo el Fundamento.

Asoiro: transmisión de la Voz Divina.

Asoiro Ibondá eforí brandi mosongo: lugar en Ibondá donde se hizo la primera operación mágica que produjo la Voz -el sonido de Ekue- y se mezcló la albahaca al agua sagrada.

Asoiro makondondó tébere ketén abanekue meta afomasere yamba: He visto a mi Madre reunida con mis hermanos, gozando de salud. En sentido figurado, El Fundamento y los adeptos.

Asoiro mugo Ekue betán betán: traslado de Ekue del agua a la tierra.

Asokawa nangobia ubane añonotamo biokoko erukanko akanarán eritén enewe Efik unwentón: "firma" o signo que se estampó en el Bongó en tierra de Ubane -Efik-. Estas palabras se dicen cuando Mpegó u otro dignatario, en una Potencia de Efik, traza el signo sobre el Bonkó, ya purificado. Si es Mpegó quien lo traza, otro abanekue sostiene el tambor, pues Mpegó es el "Escribano" de la Potencia y tiene la obligación de trazar los signos sagrados en los objetos del culto.

Asoka manibá tiambori akanarán eriete: ¡Su madre! Aquél a quien va dirigido este insulto responde: **Aprokaká nimi efó kominuá efori...** Acércate para hablar así.

Asoko: arrimar, poner.

¿Asoko awanangobia obane añonotamo biokoko brukanko akanarán eritén erufia efi unwetón? trazo, nombre de la "firma" o emblema del Bonkó de Obane.

¿Asoko bani Iyamba soko nkinerón?: ¿Dónde fue enterrado Iyamba? Respuesta: **Un frisa Efor sito Wanebekura bani bani Iyamba.** En el cementerio, en tierra de Wanebekura. (Bani, bani, significa murió, muerto).

Asokobia biate biate mbori: Algún día nos encontraremos.

Asoko biro mután Ekue: Acto de ofrecer la sangre del chivo sacrificado al Fundamento -tambor sagrado.

Asokobó: acércate, cerca.

Asokobó: nombre que incorrectamente dan algunos a Jicotea.

Asokobó: poner.

Asokobó asokobó: acércate más.

¿Asokobón Iyamba Efor eribó nakiviromi?: ¿Dónde murió Iyamba, dónde lo enterraron? Se responde: **Oru Nfrisa Efor.** Murió y lo enterraron en tierra Oru. (Se refiere "al Iyamba de tierra Oru.")

Asoko motié ndirá asoko motiebá tangarikó: Se refiere al congo cuya sangre se ofrendó al primer Bongó. "Asokomotié era el nombre de aquel congo."

Asoko nairo pondó: la cabeza del chivo -decapitada- y puesta sobre el Bongó, Ekue.

Asokonó: ojos.

Asokonó: ¡Ojo!, cuidado.

Asokoró makuá Abasi bongó arakasuaka ntiyá berome: Me presento a Abasí y al Bongó Omnipotente. "Saludando a los Sagrados atributos."

Asoropá: muerto.

Asoropá: territorio. Continente. "Se dice a una gran extensión de tierra. Potencia con muchas filiales. Cuando una Potencia ha fundado otras cuatro, se dice que posee un continente.

Asororí o asororú: sonar.

Asosoiro iro mañón mpabio jewemio Abasi abomé ifán tereré esuko eribó umpón obón Iyamba amoringuí foekue wara kasike bongó isán aborobó wanekón: ¡Diablito, escucha!, da rama -purificar- al Isué, luego al Foekue donde está Iyamba con el Bongó, y sal después a la calle.

Asotoiriongo meta kanidiongo kani Bongó Abasí kankubia Efor: Ireme, saluda a todos los Atributos que están en el altar.

Asúgama: la lengua del gallo, que simboliza la de la de la víctima original —Sikán- "Se le arranca porque Sikán habló."

Asugo ndorañe: juramentado, "rayado", iniciado en Efor y en Efik.

Asugo ndorañé: Ya estoy marcado, iniciado.

Asukiabé maribó besuaka: Nuestra Madre se va a limpiar, canta Ekueñón al proceder Iyamba, en el rito de la purificación de los Atributos Sagrados, a lavar el tambor -Ekue-, en la tina con el agua lustral preparada por Nasakó.

Asuko akua mbiaga ororó enekambó Abasí mpanaté Bongó arakambembe makambembe sene muñón aterembao Iyamba iyá amoringuí yuyu beroko. Ekue angoró kiwama sinayantán Ekue mantuyén: se canta en la ceremonia fúnebre, mientras Mpegó coloca en la tinaja el Muñón o las plumas del dignatario fallecido.

Asuko aromiñán asuko ereniyi: Dijo Nasakó al transmitir la Voz Divina al tambor Mpegó.

Asuko eriero asuko mbara Seseribó eroko Mboko Sese Mongobión Amogoró Tindé miña piti Baroko akanansuá Abakuá Afansón yugué abarakó antrogofó makoirén erekitan ebión ndayo ebión birama Ekue umpabio Ibondá arakankubia muñón Eku añongobia Mosongo nandibá soro Uyo Mifontanko Eribó Akanawán Abakuá Ñongo krúkoro ñongué maribá abarorí nkaño Abanekue ekoko amana mana Ekue atongobia esi ki mai eforitongo Bongó mofé Obo Iyamba Efiméremo Obonekue Efor bekonsi mbán marénkue obatiyaya nandibá Mosongo nandibá mayé Mañongo pabio Efitún Efenafitún bariyé antrogofó makoirén baroko nansao. Ekue amokabia itamafión Mbori Mbori anabisún

anamanboko Yamba yambumbe atotobé Bongó yansere añongobia boromo Abasí nseniyen Obo Iyamba Eforisisi arokobión eñón makotero Obonekue meta Obonekue meta kanirión siro mutu Abakuá kerefión Obonekue unwario **Eforisisi Iyamba Ekue Bonkó yansina Sese Yamba afemene Bongó erima ita baroko Efor abatakó uñá uñá Uramana Ibondá, Mañongopablo Mañón Usagaré ñene Ibondá maribá koibá mboriñe mbori nansene Aromiñán akuá erobeña Boko Eroko Boko Abasí siaramo Abasí Nankóboró emai etomiremo mofé Mosongo añongobé Yamba Mosongo esoiro beko beko Esisi bayabaya Esisi barikondó antrogofó makoirén Ngomo basaroko Ngomo eruje obatiyá Kiñongo obansene itamafié kondondó Mbori anabisún Abasí Mendokairán Ekokobiongé Apotacho Ndibó Mosongo Ndibó munae Eforisisi ayágera iria Mokuba ñongo Mokuba Ndibó Sese añongobia Mokuba aransene yuké erebetó efión tete amana tete Ekue ñangué isun ñangué Ekuenisún asoko mbanikué beromo keatongobia Obo Iyamba Obonekue Sabianaka Arakawaso Eribó Amogoró Tindé obatiyaya nandibá Mosongo Urabakesongo:** Esta larga oración la declama Isué o Isunekue después de trazar los signos sagrados en la Ceiba. Al terminar elevará el Eribó y retrocederá dos pasos "para que los envidiosos no le hagan daño." (De un Isunekue de la ciudad de Matanzas).

Asuko isué ñairo pondó: La cabeza del chivo en el Bongó.

Asuko nakairán sanga kirama eribó: Se refiere a la introducción de las sustancias que constituyen el "Secreto" o "carga" mágica del Sese Eribó.

Asuko ndibó barakondibó mofé: el Sese nos bendice a todos.

Asukuá kuara kuán tiyén: Santísimo Sacramento.
Asukurú kuán ntiyén: Todopoderoso.
¿Asukurúkunabia?: ¿Dónde nació Ekue, el Pez?
Asukurú nandibá emaé: Abrojo del río donde apareció Tanse. "Con esa hierba se cubrió la boca del güiro en que Sikán se llevó el Pez del río." O se adornó, según otros ñáñigos.
Ataó: Se acabó. Suelen decir los ñáñigos para poner fin a alguna discusión acalorada.
Atara atarafiana: lindero. Límite de Efik y de Efor, "donde había dos palmas, **Atara tarafina Efor Koreñón,** que marcaban el límite del territorio de Efor."
Atara yugué Bongó kanko Usagaré: ofrendas que recibió el Fundamento en Usagaré.
Atara yugué yara nkiko nkiko yugué tara kondó ekrúkoro abanekue yasigamá Ekue sarori yansi romino abasí etete weri fembe ekrúkoro yenisón efiguéremo akondondó isunekue bijuraka juraka mundi: fórmula para congratular a un Isunekue que acaba de consagrarse.
Atataribé benkamá erusuñé erikundi Ireme akondorama nandibá Ekue neri neri okawanbóko. Nasakó arominán: palabras que recuerdan el momento en que Nasakó, después de purificar a Abasongo, se lo presenta al Iyamba con todos sus atributos.
Atatén boni yamba benkamá kuririongo dugón dugón: según dice un viejo Iyamba era un muchacho.
Ataún bongó yansi yansirere nkalú eforí sisi Iyamba: palabras que dice Iyamba al encender la vela que arde en el Foekue.
Ataúm mañón atamanene Efor otáurio wata mañón efirméremo sanga kondó nkanima Ekue nkóboro: "Efor le dijo a Efik: ten cuidado que me la pagarás." Esto le dijo Andrés Kimbisa a los Bakokó cuando inició a los blancos, y los negros pretendieron castigarlo alegando que

había traicionado el Secreto. Andrés Petit, llamado también Andrés Kimbisa, porque fundó la secta de este nombre, permitió que los hombres de raza blanca participaran en los misterios Abakuá, a mediados del siglo pasado.

Ataúyo ndubo aprokandiké chichínaina afokánkoro: ¡A qué tanto orgullo si le debemos a la tierra nuestra vida!

Atayugué: "Derecho de sangre", sacrificio de gallo o de chivo.

Atayugué mbarán konó yugué mbara kaune ibiorá barankonó abasí ibrikamá kobio Usagaré: Fue en tierra de Usagaré donde se le ofreció el "primer derecho" -ofrenda- al Fundamento, y esta ofrenda fue la sangre de Sikán.

Atebe kuane etielo eriché ambiá eriché: Dios y Eribó te concedan vida y salud.

Atébere inuá ke mbiagamú: si no sabe, cállese la boca, no se meta.

Atenibié o atenite: matar, mataron, (en Otamo).

Atenubié: matar, matado, (en Otamo).

Atereré: fuerte, imperecedero.

¿Atereré moruá ekufón situguariansa?: ¿En qué colegio -templo- aprendiste a hablar? "Ñangaliana", rectifica un sabio obonekue, "en vez de **situguariansa** debe decirse, **echitube Wanariansa.**"

Atere yere Efor amunankabia: Efor es el dueño de Ekue, lo que tiene Efik lo recibió de los Efor.

Atete nyegó moto mafimba yuansa: consagración. "Profundo misterio del Bakariongo," estandarte de la Potencia.

Atiaka atakiaká aguara kandiké: "Limpia bien la tierra no sea que te dañe."

Atiaka ifán: limpiar con escoba el interior del Fambá. "Despojar" con las hierbas sagradas que se utilizan para limpiar de malas influencias, la habitación, los atributos y a los cofrades.

Atiyereba atiyereba yeremi osairo osariro nanfokó makará makaró: para matar al chivo sólo se le puede dar un golpe. Si no pierde el conocimiento, "por mandato de Dios hay que dejarlo libre en el monte." El golpe se descarga en la frente. En las ceremonias fúnebres lo recibe en la nuca.

Atótobé: cierta manera de llamar con el sonido de Ekue, a algún dignatario.

Atotoró negui: trazar un signo en un tambor, en el suelo o en la cortina del Fambá.

Atotoró negui ngomo Mokongo: trazar la firma de Mokongo.

Atuere mbara: dame la mano.

Au: tú, ustedes.

Aún belamo kisún: partir al país de la sombra.

Aurianá: la cola del Pez.

Ausemé: es, ser, tú eres.

Autama: la boca del pez.

Awabenawán ke moribó akuri waratemio mpabio ungabia echenifión echene leré Ireme aborobó: Nkame del Moruá para obligar al Ireme o Diablito a salir del Fambá.

Awagarapa dina mokirén: Quitar las impurezas -"lo malo"- del cuerpo del obonekue por medio de pases que se le hacen con el gallo, después de haberlo purificado con las hierbas de Nasakó.

Awagarapá ndina mokiré: ofrecer la mokuba, la sangre del gallo. Un viejo obonekue nos rectifica esta ficha. "Se dice **asaparapá y no awagarapá. Asaparapá ndina mokiré,** no es ofrecer sangre, es arrancar daño, malas influencias, enfermedades, maldiciones, desgracias. Cuando queremos que se vaya una persona que tiene ojos malos (aojador), que es malvado, criminal, decimos ¡**asaparapá**

nyogo! Significa: ¡que se vaya ese malvado que tiene parte con el Diablo!

Awá kananeto: rama, filial de Oru. Rama o "hija" de Efor o de Efik.

Awamambó: purificación, limpieza.

Awambaná o awambana... awan borobo: significa que están ajusticiando al chivo, que representa a Sikán.

Awana: aquí o allá.

Awana: poner, colocar aquí o allá.

Awanabasina mendó á á á abasí mamendoé é é ¡Jeyei Ñánkue!: se le canta al cadáver en la ceremonia fúnebre del "despido." "Este hermano ha muerto; desaparece, se va al otro mundo de Abasí."

Awana bekura mendó: "Río de la tribu vieja, fundadora."

Awana bekura mendó: loma elevada e importante de la tribu de Efor.

Awana benunbero umpón maserendá: "No van lejos los de alante si los de atrás corren bien." (Ñangaliana).

Awana biga: llegar de un lugar a otro.

Awana chikiriongo: palangana, lebrillo que se coloca en el Fambá.

Awana chikiriongo: lugar donde está el Secreto.

Awana chikiriongo awana morere Bongo: canta Moruá para llevar a Ekue en procesión, después de purificado, al Iriongo o Fambayín.

Awana chukurukú kendeke ñongo: el Guardián del Río Sagrado. Es un espíritu selvático que no se acerca al poblado, como Nkanima, el dueño del Monte.

Awana eforí gumán inuá abakuá inuá kefiokemo: "Nosotros los Eforí Gumán (de la Potencia Eforí Gumán) hablamos de Abakuá porque sabemos."

Awanaká: palma.

Awana kamá seniyén moruá eribó oroña kamba Iyá kondonkó: el Moruá le habla a la naturaleza, a Iyá (Sikán), y a las fuerzas sobrenaturales.

Awanakuniñón kunankuna urianabón anabón ereniyó: "Se vio lo que hicieron en Kunankuna con la mujer." "Creían que estaban ocultos en el monte, pero un urianabón los estaba mirando. Se escondió y presenció lo que era un acto indecente. Las carabalíes eran mujeres muy libres, y muchas iban a la orilla del río a encontrarse con los hombres."

¿Awana kuriñón bakurafá bakoraso?: ¿Por qué rayan a los hombres antes de consagrarlos? "Porque así fue instituído. Porque si no se marca al iniciado con el signo sagrado de la religión, no pertenece a ella, no tiene contacto ni se le liga a lo sagrado, y más tarde no se le puede castigar si comete una falta. Sería como si no tuviese nombre ni madre. Sería como un judío cualquiera.

Awanalianza: hedor, pestilencia.

Awana lorián poma: "Cuando se lleva una imagen en procesión y se avanza presentándola a la izquierda y a la derecha." Lo mismo se hace con el Ekue dentro del Fambá.

Awana lorín sángana: presentar un atributo sagrado hacia la derecha y hacia la izquierda.

Awana luma moropó: la cabeza de Sikán, (la del gallo y la del chivo en el sacrificio).

Awananbiro ekubón Ekueñón ekubón kiko abasí: "A Ekueñón que traiga un gallo para el Bongó."

Awananbiro fimba butón: alude al acto de ser soltado el cocodrilo marcado Biobiokón para buscar a Tanse, el Pez, que se había ido a aguas de tierra Efor. De Oru. "Todas las tribus querían pescar a Tanse, y ya Tanse estaba en manos de los Efor."

Awanambiro fimba doka: cocodrilo, -con el signo trazado.

Awananbiro fimba doka (Briche): "Cuando se soltó el cocodrilo que llevó el signo de Efor a la tierra de Efik." Se cuenta que Nasakó embrujó un cocodrilo y le pintó el signo de Mokongo en el vientre, con el fin de que al montar sobre otro cocodrilo se lo estampase en el lomo. Nasakó hizo esto para probar si su magia actuaba lo mismo en tierra que en agua. El cocodrilo en vez de montar sobre otro cocodrilo montó sobre una jicotea y le dejó impreso en el carapacho el signo Arakasuaka, de Mokongo. De ahí que muchas Potencias ostenten carapachos de jicotea en sus Plantes o tengan una viva en su Fambá, con el signo de Mokongo. Estas andan por todos los rincones del Fambá, salen al patio y vuelven al Foekue. "Se dan cuenta de lo que hacen y cumplen su misión como una persona. He dejado una en el Iriongo, la he visto salir al patio, llegar a la música y volver al Iriongo. Esa jicotea se devuelve viva al río con parte de todas las ofrendas.

Awanamokoko: personaje y nombre de una tierra africana.

Awanana Mpegó narobia awán boribó: Mpegó fue rayado al pie de Ukano Bekonsí (la ceiba sagrada).

Awana naito: castillo de Mbumán Efor, en el territorio de Efor Gumán. Recibe también el nombre de Ubiaté. El rey está enterrado en ese castillo, frente a un altar.

Awanangobia: sacramento.

Awanangobia: trazar, "rayar" los signos simbólicos de Abakuá con el yeso consagrado.

Awanangobia: loma sagrada donde estaba la Ceiba bajo la cual sacrificaron a Sikán. Otros pretenden que fue muerta bajo una palmera y otros en una cueva, "como era costumbre allá en tierra de bríkamos."

Awananiké: el agua.

Awana nikéngandó mbara Ñansuaka: el Eribó fuera del Batamú, en la procesión, al atardecer. (Cuando desfilan los ñaítos con los atributos sagrados por la calle).

Awana nikéngandó mbara ñansuaka ekón aberitiá Ireme okankombiro atafokanko ¡Jeyei!: se dice en los ritos, cuando se depositan los "derechos" de los espíritus.

Awana nike nyuao maribá koibá nansene namborí osairo Ibondá namborí moto namborí moto obanifán moreré nansundi asukurukú nandibá emaé sabiaka umón kendugué anasakó efori unfarana murumba efión anamutu abirokae ñanguiriri nambiero moto owandocha nkríkamo bongó otowá mamba otowá maribá nansude asukurú nandibá Ekue acheré kawambokó: oración que dice Mpegó para dibujar el diagrama del Baroko.

Awananiké ngando mbara nansuaka ekón abereitia mi fontanko nageyei oguañe konkai afiá roro bokobebá: el Secreto está en el agua. "El güín surtió efecto transmitiendo la voz con el Ekón. La magia de Nasakó es buena y el mundo oyó la Voz de Ekue, que estaba en la cueva Bokobeba.

Awananike nyuáo umón nikeré: río de agua dulce.

Awanansoro: fiesta diurna.

Awanantrí o wanantrí: Africa.

Awana nyemi Abasí Bonkó: el Bonkó de los Efik cuando le fue transmitida la Voz Divina del tambor -Ekue- de los Efor.

Awana ñongo ekoúmbre wana moreré: la primera comida que recibió Ekue.

Awana ñongo ekoúmbre awana moreré: colocar las ofrendas de comida para Ekue, que deben aportar los que van a iniciarse y que custodia el Ireme Ekoumbre.

Awana ñongo sanga bekondó: "No hay Dios sin Ekue ni Ekue sin Dios."

Awana ñongo sanga mómio: Monte donde mataron al congo que sacrificaron en Efik para darle su sangre al primer Bongó.

Awana ñongo umpón: cuando aparece Abasonga en el monte con los derechos para Ekue. (Aporta la caña de Castilla, el güin que recibirá al sacramentarse el nombre de Saekue).

Awanaramo Efor ekókonaramo Efik: Efik guerreaba con Efor.

Awanariongo: secreto, oculto en el monte.

Awana sanga Efiméremo yamba sanga Efimerémo ndeme Efik ayeneká ekobio: Se refiere a Efiméremo, jefe de la Potencia de Efik, consagrado por el Iyamba de Efik.

Awana teni tenitén: Nasakó dijo que las mujeres no podían ver a Ekue.

Awana tete sabianaka: Saber en qué consiste la iniciación (en la Sociedad Abakuá). Conocimiento de lo oculto.

Awaniró nsuaeró: pata derecha posterior del chivo sacrificado en la ceremonia fúnebre. Pertenece, según la liturgia Abakuá, al Iyamba. "Error", nos advierte un viejo informante, "esto se refiere al "llanto" o ceremonia fúnebre de Isunekue, alto jefe de la Potencia, y no a Iyamba." El chivo que se sacrifica en el ñampe, es asfixiado, no se despedaza ni lo comen los iniciados.

Awanké awanké no mi: un hierro corta otro hierro.

Awán nkare: uno de los personajes que se ocupa en Efor, del ritual de la comida de comunión que tiene lugar después del sacrificio y de la iniciación.

Awantété otán moruá obonekue ndokisón ndokiñan: el primer obonekue que se juramentó con la Voz de Ekue, en la tierra de Efor. Este fue el padre de Sikán, Mokongo, llamado también **Obonekue Kankán Akarambó Naubioko kutón.**

Awanusongó: zumo de las hierbas litúrgicas.

Awanusóso: extraer el zumo de las hierbas de Nasakó, el brujo de la Potencia. Machacar las hierbas de Nasakó.

Awapá: cementerio.

Awara: lugar.

Awaráka: cascarilla de huevo.

Awará kandiké: captar, coger y poner (traer el Espíritu al Ekue).

Awara kandiké awara kandiyú: Ekueñón, el verdugo de la Potencia, al presentarle el gallo vivo a los Astros. Todas las víctimas se le presentan al cielo antes de sacrificarlas.

Awara kantindé awara kandiré abasi kiko Ekueñón Apotié tié tié akuá mokité: palabras que pronuncia Ekueñón sosteniendo el gallo vivo sobre el Fundamento "para que el Bongó sienta latir su corazón." Y se canta: **Ifán kiki kiko motoriongo.**

Awayamayo: Ireme Nkóboro de tierra Efikondó.

Awaramayo Efik kondó: el Ireme Nkórobo de Efor en tierra de Efik.

Awara miñongo bakefume ñankue: el muerto se va para no volver.

Awaramitón o waramitón: naranja.

Awarandaria: Nkóboro de tierra Efor.

Awarandaria y akusundaria: los Iremes que oficiaron en la consagración de Usagaré.

Awarandaria akusundaria awaremí: "Al amigo lo trato como amigo y al enemigo como enemigo." En sentido figurado: "Papá Awarandaria era cojo; Papá Akusundaria era manco y Awaremí, esquelético..."

Awarandaria warandaria sere: "Abre los ojos y mira a tu enemigo."

Awarandiké mosongo kambó boribó: "Viejo soy, pero fuerte."

Awararomitón: bigotes.

Awaremí: "Es un inválido, un tullido iniciado que le gustaba estar siempre en el Templo. Su mal residía en los huesos, por eso su firma simboliza los huesos, que también se pudrirán."

Awariansún o awariansún koibé awariasún: velorio, sepelio.

Awarionké: yarey.

Awarionké: entierro, enterrar.

Awariososo: acompañamiento de un entierro. Séquito que acompaña al cadáver.

Awarañofa eñesuá: extremidad izquierda posterior del chivo sacrificado en la ceremonia fúnebre de un Isunekue.

Aworowei: extremidad izquierda anterior del chivo sacrificado en la ceremonia fúnebre de un Isué.

Awaruriámpo o awaririámpo: comida de ofrenda.

Awasabengué: Espíritu "dueño de la sepultura."

Awasaringué o awasaringui: "fragayar", hacer sonar a Ekue.

Aweremí: Ireme de tierra Efor.

Awaremí: Espíritu guardián de los huesos de los muertos. Los defiende de los hechiceros.

Awaremí: esqueleto.

Awaremi kankuma: los huesos de un muerto. Signo fúnebre que representa el esqueleto humano, cráneo con dos tibias. Este signo se traza en una caja de lata donde se colocan los restos cuando se efectúa el traslado de un obonekue.

Aworó: el lugar oculto. Se sitúa en el ángulo del Batamú. "De ahí parte el trazo o Gandó por el que penetra el Espíritu al tambor Ekue."

Aworofá eñesuá: pata izquierda trasera del chivo sacrificado en el rito fúnebre. Le pertenece a Isunekue.

Aworekei: pata izquierda delantera del chivo sacrificado en la ceremonia fúnebre. Le pertenece a Isué.

Awó yo yo yo. Oyó yo yo yo. Awanabasina mendó á. Awanabasina mendó. ¡Jeyei! Iyamba ndobikó.

Mañón bunekue: se canta en el rito fúnebre, al despedirse de Ekue el alma del obonekue.

Ayagara: despacio.

Ayagará uría ayagara moto Ekueñón tindé: Ekueñón está autorizado para presentar la ofrenda a Ekue.

Ayanga: una tribu, como los Nutambán, Bisini y otros, tributaria de los Apapa Efor Ekoi.

Ayángana: bendición.

Ayarantén mbori: patíbulo.

Ayarantén mbori Bongó koibá: el tambor de Ekueñón cuando tiene sobre su parche la cabeza del chivo, que representa la cabeza decapitada de la Sikanekue.

Ayerebisón Efí: padre de los Iremes de Efik. El primer Ireme que tuvo Efik, que fue adorado como un "santo". Padre de Awaramayo Efí kondó, de Ekoboyó.

Ayeremi: perro.

Ayeremi: ven a mí. Andar, ir de camino.

Ayeremímbo amuñontuí bekomekue ndeme Efor: la marímbula fue la primera música de Abakuá.

Ayeretán: firma de Mpegó.

Ayeretán bengué: nombre del signo que se traza con yeso amarillo en el tambor de Orden, el Bongó de Mpegó.

Ayereyé: no venga.

Ayereyé orogaré: no me mire con malos ojos.

Ayeriká bondá: hermano de corazón.

Aromekue: los dientes del Pez (Tanse).

Ayután: los huesos del Pez, (Tanse).

Bachán: Maní.
Bachán: pimienta.
Bachembuto: "Santo brujo".
Babai: nacimiento, origen de un santuario.
Babará: no hacer caso.
Babaraná: no hagas caso. "En una discusión un mediador dice babaraná, para quitarle importancia a lo dicho y que la discusión no degenere en pelea.".
Babaraná, babaranafión: correr sangre. Va a correr la sangre.
Bafina: vino.
Bafín boko: caña dulce para chupar. Caña de azúcar.
Bafiene: cuchillo.
Bagana: ratón.
Baibo: espíritu.
Bakankubia: conjunto de todos los atributos sagrados que se colocan sobre el altar: tambores, crucifijos, cetros, imágenes.
Bakanubikó: altar.
Bakará: militar.
Bakarí: territorio de Efor.

Bakariongo: estandarte. Palabra criolla que designa la bandera de la Potencia. Sólo puede tener bakariongo una Potencia que cuente veinticinco años de fundada. "Se hacían de cuero de tigre (leopardo)". Según la leyenda la primera bandera de Efor "era la ropa de la Sikanekue". De un palo colgaron parte del saco que le cubría el cuerpo cuando la mataron. "Me referían mis mayores que en el Calabar el traje de la mujer era una saya muy corta hecha de hojas de plátano cosidas con hilo de majagua, para cubrir lo necesario." Cuando se transmitió el Espíritu de Tanse al Estandarte, se cantaban estas palabras en Guinea: **Teromakotero suku bakariongo,** que significa: Miren, contemple la Divinidad o el Poder por donde viene. En Cuba se sustituyó este canto con el de **Ekue Chabiaka Makongo ma chébere,** "porque Mokongo es el dueño del estandarte, la bandera símbolo del poder guerrero de la nación, que encarna y representa el Mokongo". De ahí que se le llame Bakariongo al Abanderado, al Mokongo. Mokuiri es el nombre del primer Mokongo, el primer abanderado.

Bakariongo kurí eyenisón najebia Akanawán diré: la túnica o traje de Sikán representada por el estandarte de las Potencias. La túnica se convirtió en la bandera de los Abakuá.

Bakariongo muni Bongó Mokuire: los sabios de Etón Ntá tienen Muni Bongó, un tambor para "llorar en vida" a los hijos malos de Ekue.

Bakefí: se acabó, -en Otamo.

Bakefune: muerto.

Bakendeke: beodo, estado de embriaguez.

Bakeñón: el neófito en el momento de ser confirmado por Iyamba frente a Ekue.

Bakesón: el neófito en el momento en que Isué lo consagra frente a Ekue.

Bakesón bakeñón Eforísisi eforí sankemio: jurado, iniciado con el poder del Fundamento.

Bakokó: una cantera en el territorio de los Efor.

Bakokó: una de las tres principales y originarias Potencias de Efor.

"De Bekura, Bakokó y Eforí Insún, nacieron las demás".

Bakokó: Potencia habanera que dio origen a la Potencia Esito ñón Bakokó.

Bakokó achobia achokotentén ikomawán okobio mokarará: Bakokó, Potencia a la que pertenecía Andrés Petit, ñáñigo y mayombero famoso. Le vendió el secreto de los ñáñigos a los blancos. Consagró la primera Potencia o agrupación de hombres blancos en la Habana; ésta se llamó Akanarán Efor.

Bakokó Efor: Potencia exclusivamente de hombres de color fundada en Matanzas en 1863. Según su Ekueñón, contó con quinientos y pico de hombres en sus comienzos.

Bakribafio: cuando Ekueñón vierte la sangre sobre el tambor Ekue.

Bakriñampe: cráneo. Tambor construído con un cráneo humano para "llorar," a su muerte, a los jerarcas de las Potencias. Se toca igual que Ekue, con el yin o caña de Castilla.

Bakué: dentro, interior.

Bakura: sede de la primera Potencia de los Efor. Los carabalíes pronunciaban Bakura por Bekura.

Bakurandió Bakura Sese esitu Bakura Mendó awana Bakokó Efor: el monte donde los jerarcas de Bakura consagraron a Bakokó.

Bakurero: la piel del muerto.

Bamba Luchán: Rey de los Eforinsún, muy mentado por viejos carabalíes.

Bambankó Mamá ñanga epó: la procesión va por tierra.

Bambankó Mamá ñanga eriké: la procesión en la orilla del río.

¿Bamrandán Mosongo ataúmpón saroroko mboko afremené?: ¿Están completos los tributos de Mosongo?

Banansí Bongó munañusí: "Ya Ekue está en Nandibá"-en la orilla del río. Se canta cuando Iyamba, asistido por Ekueñón, lava a Ekue en el Fambá o cuarto en que se celebran los Misterios. "Ekue en la tina es como si estuviese en el río."

Banayín biankamo Bongó munankímbre: el Bongó antes de colocarlo en el Foekue, detrás de la cortina que debe ocultarlo.

Bamba Efik Ekue Mbémoró: familia o agrupación de Mbémoró (Efik), adoradores de Ekue.

Bané: puerta de la calle.

Bangá: mucho.

Bangañoé: mucho vale.

Bangañoé, bangatikí: "Mucho tiene, mucho vale; poco tiene, poco vale".

Bangatikí: poco vale.

Banibani kaitién: murió envenenado. (El obonekue que se "llora" murió víctima de un veneno).

Bani bani bani ñampe Monina sanga weri: se le canta al cadáver del Monina mientras Ekue "lo llora", es decir, emite un sonido plañidero semejante a un sollozo.

Banké Efik beromo kai umpón awán Kanima Sene: título del Plumero o Muñón de un dignatario en su funeral. Va precedido por el nombre del Dignatario, Mokongo Banké Efik Beromo, Isunekue Banké Efik Beromo, etc. El Muñón se coloca invertido en el tambor, en posición oblícua.

Banké Efor beromo kai umpón awán kanima sene: se canta en los ritos del Ñánkue mientras Mpegó coloca su Muñón en la cinta negra que rodea el vientre de la tinaja enlutada.

Bankefó beromo kae apá awapa asanga awapa kanima sene: terminó para siempre en este mundo la existencia de este hermano.

Bankene banké Efor awañé irotán erume Abasí awende Efiméremo añonobón fembe ororoké amákondó Yamba ibia rumabia unkeé nyenisón krúkoro ñongo afonkeré afiarotán Erumé enekiñongo Efor awán iromé Bongó Efik Ekue Barondó ñonké ñánguiriri ororó Oban itián koneyó Ekue Mbemoró: pronunciaron estas palabras los obones de Efor reunidos con los obones de Barondó y Mbemoró, en el río Ñuirán.

Bankeneruka Mbiagamú Efor Mañanglón glón matereré Ekueñón chengueneke fambá koko asanandé basé songo baseñongo Ekón Abasí beromo asúkurukuantiyén Ekorio Efor Ekoria Abakuá Bongó basaroko eta yugué yugué baraka une Sese nune, abarankó okobio Usagaré Abasí loriká una ñene Ekoi: oración que acompaña al sacrificio del gallo en una Potencia Efor, y que recita Ekueñón.

Bankeneruka Mbiagamú nan nan glón glón matereré Ekueñón Achéngueneké fambá asángana Uriampo fembé: esto dice Ekueñón en el Embarcadero en el momento de derramar la sangre del sacrificio sobre los cueros, en presencia del Bakariongo o estandarte de la Potencia.

Bankenewá: el plumero - Muñón - de Isué en tierra Efik.

Banurama Efik banurama Efor Efik mbara keñón Efik akamaró Efik enewe Efor: los Efik en la consagración en la loma, con los Efor.

Bañuaka: borracho.

Bakara Umón: agua lluvia.

Barakó: loma de poca altura.

Barakó moyumba yuansa Ekuéntumao: el Ireme que está en plaza -actuando- pide otro Ireme y pide guerra.

Barakón: loma alta.

Barankonó: montaña.

Bara núnkue: la Habana.

Baribá: Ekue.

Bari bari bari bari benkamá: voy a hablar.

Barieta nkiko ñon akuá ñanguiriri ekúkoro nyenisón Bongó eta: el tambor. Mpegó fue el primer atributo que se hizo para imponer el orden en la sociedad Abakuá.

Barikondó asarorí: Fundamento que está fuerte.

Barikondó asarorí: el primer obonekue que "nació" en el primer Bongó de Efor (y en el de Efik).

Barikondó Efor: yeso consagrado por la naturaleza para hacer los trazos simbólicos.

Barikondó yuga ntré Abakuá kuna maribá awana tete: el que no sirve en mi Juego, se mata y su sangre se le da al Bongó.

Baroko: reunión de Jefes de la Potencia. Nacimiento en el seno de la Sociedad Abakuá.

Baroko Beba: el primer Baroko celebrado en la cueva de Betongó (Efor).

Barako Bekonsí: reunión de los Jefes para imponer el castigo más severo. En el Baroko Bekonsí se cumple la sentencia.

Baroko bonsiro: "Vamos a pensar todos la misma cosa." Reunión de los cuatro obones -jerarcas- que juntan sus cabezas para levantar con los dientes la cabeza decapitada del chivo, en la fundación de una nueva tierra. Ya consagrados y bañados enteramente en la sangre del chivo, que los salpica al caer, no pueden arrepentirse de su juramento. La cabeza debe levantarse unos setenta centímetros del suelo y dejarla caer después en un plato blanco lleno de sangre.

Baroko Nandiwara: en la orilla del río de Bekura se consagraron tres Obones sobre tres piedras. Luego se celebró en tierra de Muñanga el Baroko Ñansao y se llevaron las tres piedras, que se llaman orifafa y representan las tres patas de Ekue.

Baroko Nansao: "Baroko incompleto." Sólo se consagran a los cuatro obones -jefes- que luego consagran a su vez a los demás dignatarios de una Potencia. Mpegó coloca un gallardete en la cabeza de cada Obón.

Baroko Nansao nandibá fisi ekobiotán ukano mambré Bongó Bekura Mendó: en el Baroko a orillas del río, en Bekura Mendó, se cortó la palma con que se hizo el primer Fundamento --Ekue-; otros dicen que se hizo con madera de ceiba.

Baroko Ninyáo: Baroko completo. En él se consagran todas las Plazas, -para nacimiento de las trece dignidades que componen una potencia-.

Baroko Ninyáo: Baroko en el monte. Las Plazas reunidas para hacer la "limpieza" o purificación de los atributos y los hombres.

Baroko sanga Baroko echípun sakónajebia ibioko inabioko araukón amanabia: el Baroko, la reunión de todos los dignatarios de la confraternidad secreta, se celebró por vez primera en el Embarcadero de los Efor, tribu poseedora del Secreto, que inició a la vecina de Efik.

Barondí: jefe de una tribu Efik. A su muerte lo sucedió en el gobierno su mujer Barondí Natáo.

Barondíkamá: río que separa Efik Abakuá de Uriabón.

Barondina Ataó: "era una bríkamo que vivía en el último territorio de Usagaré en Nandió. Mujer de fama por su sabiduría. casada con Ataó."

Barondina Ataó Efik: nombre de una Potencia antigua de la Habana. Ya no existe.

Barondina Ataó Efik: río que separa a los Tafia Boko de los Uriabón. Este río lleva el nombre de una mujer célebre en aquellas regiones.

Barondí Kamá: río donde Efik Abakuá le hizo el Baroko a Uriabón. (Consagró a los dignatarios de esta Potencia.)

Barondó: tierra colindante con Biabanga y Betongó.

Baronkrí Efiméremo Amáiririón únkene Abasí erumé yayá anará Yumba yayá Betongó Naroko nkenerí krúkoro Barondó anataó írio Obane Mbemoró: palabras que pronunció el rey de Efik, Barondó, en unión de los hombres de su tribu, saludando a los obones de Efor.

Barorí: bueno.

Basaibeke keyerí pongo: que entren los grandes hombres de la tribu.

Basaroko: amarillo. El color del yeso bendito y emblemático de la vida, con que se marcan los atributos sagrados en los ritos de iniciación, y a los hombres que van a ingresar en la sociedad como simples obonekues o como dignatarios de la Potencia.

Basaroko: consagrado, santificado.

Basarori: sonar, sonar poco.

Basiriri: cantador.

Basiriri: el pájaro arriero (en Oro).

¿Basiriri amana amana moto?: ¿El Pez era macho o hembra? Se responde: **ñongo monké ororó mumbán:** era macho. (Se llama Iyá Nomigán en Ñangaliana, jerga compuesta por los ñáñigos de Guanabacoa).

¿Basiriri enamoto?: ¿De qué color era el Pez? Se responde: **Bekurí kanirán erón Efik mukarará:** Era de muchos colores cuando lo sacaron del agua en Efik. Un informante comenta: **kanirán** es madre. **Erón Efik mukarará:** justicia en tierra de blancos. "No parece lógica esa traducción. Debe considerarse Ñangaliana."

Batabá: comer.

Batabá Sikanekue a mere me keató keinuá: Sikanekue murió por hablar lo que no debía. ("Lo que dijo Sikán fue que había encontrado un portento en el río, que no lo había visto pero que había oído un ruido sin saber si aquel ruido provenía de la güira o del agua.")

Batabio: muy viejo (en Olugo).

Batamú: templo, altar.

Batamú Asere Nasakó Umpabio Batamú Asere sementiero Batamú. Asere Nasakó borina Batamú Asere. Nasakó Iriongo Batamú Asere: Nasakó, después de prender el incienso en la teja litúrgica y de practicar la purificación del recinto sagrado auxiliado por Ekueumbre y Nkanima, con un mazo de escoba amarga, de poderosa virtud profiláctica, toma el gallo de la limpieza y repite con éste la purificación, comenzando por la derecha. En tanto, los adeptos cantan: **Nkiko dinandína. Nkiko bagarofia. ¡Nkiko asapárapanyógo!**

Batamú kuré: santuario, lugar en que se inicia. **Kuré,** significa adentro. En el interior del santuario.

Batamú kuré nandibá Baroko eforí sisi Iyamba: Nombre del lugar donde se hizo el primer Baroko y se "bautizó" el Fundamento. (Las primeras operaciones mágicas que se le hicieron al cuero del Pez para que la Voz sonara.)

Batanga: negociante que capturaba hombres para llevarlos a las costas y venderlos a los negreros. "Si no hubiese sido por ese Batanga y otros como él, no estuviéramos aquí" decían los viejos.

Batanga: contratista (de féferes y marfil).

Batanga: congo, bruto.

Batanga barikó: Ekueñón, el pescador.

Batanga Baronga: el Escriba Mpegó, que trazó el ideograma de la comida de comunión en tierra Efik. Mpegó representaba a Efor en la primera ceremonia que se celebró en tierra Efik.

Batangambere: navegante.

Batanga eriero asanga gueripó: hijo maldecido.

Batangambere: Mpegó fue a buscar el yeso, según reza en una vieja libreta.

Batangambere mbán kaireñe: comerciante.

Bata uñaro keafón koro: Nkríkamo perdió un ojo.

Bata Uyo okambo: bongó viejo.

Bata Uyo unkeno murumba Sese newe Odán: Ekue fue descubierto por una mujer que fue a buscar agua al río Odán.

Batiyá: triturar hierbas.

Ba uba ba úbio mi ba úbio kiko Mongobión eforitán obé: mato este gallo porque es necesario, ("como era necesario matar a un ser humano").

Ba úbio mi ba úbio ñene kemio nkiko mogobión eforitán obé: la sangre del gallo es una ofrenda indispensable.

Baya baya Ekue Butón. Baya baya yansi ya yo Amogoró fembe: evoca el momento en que los carabalíes colocaron la sagrada güira, con Ekue dentro, en la orilla del río.

Bayankán senone: huevo.

Ba yúmba babé kondó: los restos de Sikán que cocinó Nkandembo y que comieron los obonekues.

Ba yúmba babé kondó obonekue metián kumbán Efik na efitún bariyé: los restos de Sikán cocinados los van a comer los obonekues en el lugar sagrado.

Beba: cueva.

Befuraka Efik: nombre de la persona que trajo el chivo con cuyo cuero se selló el Bongó y los nkomos, -los demás tambores litúrgicos.

Beke itia: pueblecito, caserío en Efik.

Beko: nombre de un pueblecito carabalí cuyos habitantes iban a trabajar a una mina cercana, la mina de Irondó.

Bekó: corriente de río.

Beko anarenkén: barco de vela.

Beko beko Iyanabón: "Ave María".

Bekombre ororó: círculo dentro del cual coloca su Prenda Nasakó.

Bekondó, asanga bekondó: el infinito.

Bekondó Efiméremo itia mañene Efor afotankewa kamundirá akurí Bongó: antes de castigar a un hermano culpable, se le presenta a Iyamba.

Beko nipó Obani Efik nabia Mbemoró: cuando hombres de raza blanca pisaron "tierra de Obani", la de Mbemoró. "Cuando los blancos en Cuba pisaron la Potencia de Obaní - se iniciaron." Se llamó a la Potencia que los creó, Obani Mokrí Obane Mbemoró.

Bekonsí: nacimiento, "porque al pie de la ceiba, árbol sagrado, se fundó la Religión, renació Bunekú (Sikán) y allí se recogió su esencia."

Bekonsí butuba beyó butuba nene butuba mañene Efor: significa que Ekueñón está autorizado para alimentar a Ekue.

Bekonsí Mokongo butuba beyó: nombre del primer Mokongo, que autorizó el sacrificio de la Sikanekue y la primera comida de comunión.

Bekonsina: nacimiento místico (en bibí).

Bekonsí sánga baranekue: unión, sonido.

Beko Semi ñongo: voz caminando por el monte.

Bekundé: otro nombre que se da a las maracas ñáñigas o erikundi.

Bekura: rey.

Bekura: una de las tres primeras Potencia de los Efor. La original.

Bekura Efor erié eyenisón ápapa munán kele: en Bekura se consumaron los sacrificios secretos (se secó el cuero del pescado sagrado.)

Bekura Mendó: "Era la Potencia Dueña de Tanse. De Bekura nació Bekokó y Eforisún, que fueron las tres tribus principales: las tres patas de Ekue." Cada pata del trípode sobre el que se coloca al Ekue simboliza una de estas tres tribus.

Bekura Sese Bakokó niriongo: el Sese en el lugar sagrado y secreto en el monte de Bekura donde fue consagrado Bakokó.

Bekurí: meter.

Bekusé: podrido.

Belamo: fantasma. Se entiende también por el mundo de ultratumba.

Belomo: sombra mala. Aparecido.

Belefé: días de la semana.

Belefé (Mpitá): el adorno de hilos de pita que lleva en los bordes del capuchón, en los puños de las mangas, las rodillas y los bajos del pantalón, el efomiremo, nsenisén o akanawán, el traje del diablito o íreme.

Belefé ntomiñán: adorno de pita que remata los pantalones del traje de los Diablitos o íremes.

Beleme: Doncella, mujer virgen.

Belemé: adornos de fibra vegetal que lleva en los brazos y en los bajos del pantalón el traje del íreme.

Belemé Mpitá: las fibras de henequén.

Belemé: mpitá o adorno que rodea el tambor.

Belemé utaria: plumero de Ekueñón.

Bembo sawayo: órgano genital femenino.

Benakoforo: baile, tango.

Benansuaka o Bensuaka: jengibre

Benasa Mundi: hospital.

Bengué: rojo. "Exactamente color de ladrillo."

Bengué: loma en Betongó.

Bengué: firma, emblema de Nkríkamo, en Epón Umpabio.

Benkamá: hablar. Voy a hablar.

Benkamá Akefé: entrar, voy a entrar. Entre, hable.

Benkomo: marímbula.

Benkuma: cualquiera de las cuatro cuñas de un tambor ñáñigo.

Bera Akanawán awán boribó chichi náina fokán koro ndiminisán kobako: quítate los zapatos para ponerte el Akanawán (traje de Diablito) y ven a bailar al patio. Le dice Nkríkamo a los íremes. Estos bailan descalzos y mudos, y obedecen las órdenes de Nkríkamo. Los íremes, "como los muertos", no se calzan. Los ritos se practican con los pies desnudos. "Los africanos andaban descalzos, y el negro que maneja cosas que son sagradas, tiene que tener los pies en contacto con la virtud de la tierra."

Beré: Nasakó, el brujo (en Olugo).

Berekemio o Berekeño: plátano.

Berené: jugar.

Beresó: separado.

Beretín: Majestad.

Beretó: presente.

Bere Ubio: nombre que recibe el Sese, atributo del Isué, en el momento en que, para sacramentarlo, se le transmite la fuerza que contiene la Voz de Ekue. Es el sexto Séseribó que consagra una Potencia.

Berikachó: no entender. No entiendo.

Berikán magandó Ubiabanga muño kiko ñangasere moto moto bríkamo Urikemboto itiá roroba siromoto ubiabanga muñó Usagaré mokumba kiri umón mba Efor: un pájaro que canta, (un gallo) y de tanto que cantó cayó en el río de Efor... y se volvió Bongó. (Es una sátira.)

Beri kondó yuga ntre Abakuá kuna maribá awana tete: el que no sirve en mi juego (Potencia) se le mata y su sangre se le da al Bongó.

Beritán Nokó Obonekue Ekoria Bakuá Efor: el yeso de consagrar, "es lo más necesario a la religión, porque sin marcar los objetos sagrados y a los neófitos, nada puede santificarse."

Beró beró beukamá: no hablo una cosa ni otra.

¡Bero bero bero, bero benkamá!: ¡Se está hablando más de la cuenta!

Bero bero ñankue akurubine amoreré anunyú bekuá: muchas jutías en la loma comiendo la hierba de Ekue.

Bero bero ñánkue amoreré ayúrubeké: nuestras jutías (que se ofrendan a los muertos) comen en la loma las hierbas de Ekue.

Berokoi: cejas.

Beroki o Beroko: testículos.

Beroko: huevo para la iniciación. Tres huevos y una gallina blanca se le envían como ofrenda a Sikán y se depositan al pie de un árbol.

Beroko asukurú Nandibá emaé: al Ekue o tambor sagrado, se le practica la purificación con tres huevos.

Beroko bekusé: purificación general. Se practica con un huevo que se pasa por la cabeza de cada uno de los iniciados después de una ceremonia fúnebre.

Beroko ndaria: coco de agua.

Beromo: se llamó así a los hombres que, secretamente, en procesión, llevaron a ocultar los restos de Sikán.

Beromo: sagrado.

Beromo: procesión en que desfilan los cófrades. La procesión desfila a las doce de la noche cuando comienza el Plante, a las seis de la mañana y a las seis de la tarde. Al frente de la procesión va el Nkríkamo con su tamborcillo y el Ireme Eribangandó, que lo obedece y purifica el camino. Un obonekue que lleva en la cabeza una tinaja y el Isué con el Sese Eribó. entre Ekueñón y Mpegó, éstos con sus tambores respectivos. Les siguen el Mokongo, Abasonga y Mosongo con sus varas o itones, y todos los que desempeñan algún cargo en la Potencia, menos el Iyamba, que permanece junto a Ekue. Algunos llevan velas encendidas, y entre estos ceroferarios, otro obonekue lleva el vaso de agua y el ramo de albahaca para santiguar a los circunstantes.

Detrás desfila el dignatario Moní Bonkó con el Bonkó que otro iniciado le ayuda a cargar, los tres Muní Nkomos con sus tambores que llevan rodeándolos con el brazo derecho para sostenerlos y repiqueteando en sus parches con la mano izquierda. El estandarte de la Potencia desfila tambien, así como un crucifijo que porta el dignatario Abasí.

Beromo: primer plumero de Mpegó.

Beromo: plumero de un obón o de un obonekue fallecido.

Beromo Ekue nabekondó Abasí: Ekue y Abasí en el Batamú. "Abasí, representado por el Sese Eribó, es lo primero."

Beromo itón: los cetros, desfilando en la procesión.

Beromo ñankue: hacer los trazos de indiabakuá en el cadáver del obonekue.

Berón: reunión de los okobios o cófrades.

Berón beromo: muchas personas reunidas -abanekues-.

Berón beromo asere makutá: palabras con que el Iyamba saluda a la Palma.

Beruma sokawa, beruma sokawá: dice Nasakó al practicar la purificación con un mazo de hierbas.

Beruñá: gracia de Dios, don, virtud.

¡Beslé kondó nablón beslé akuá nyugué! Es una blasfemia. Insulto que puede traducirse por "te arranco la cabeza."

Beslé kondó nyugué nte Abakuá kuna maribá awana tete: el que no sirve en mi partido, se le mata y su sangre se le da al Bongó.

Besoká: cerebro.

Besokal: cráneo.

Besuáo: los atributos del cargo del difunto y todo lo que es sagrado, "en la vida y en la muerte."

Besuáo: los Sagrados Espíritus.

Beta: poner, puesto, **Iriongo beta:** puesto en el lugar secreto. Se refiere a Ekue.

Betáe: poner, hacer.

Betaé Sese Eribó ngomo awasagandó maribá betaé: el Secreto que adoramos, que es nuestra Madre, está en su casa.

Betán: Pez.

Betán: presente.

Betán betán aprosere miñón Abakuá Ekue Usagará Ibondá: cuando Efor le entregó el parche del Bonkó, ya consagrado, a Efik Efiméremo en el Baroko que estableció la paz entre Efik y Efor.

Betongó: una loma en el territorio de Efor. "Esa loma estaba llena de plátanos que se cambiaban en Kanfioró, pueblo de albinos, esclavos de Betongó. Estos albinos eran los kerewá kanfioró."

Betongó: Potencia habanera.

Betongó Efor: Potencia de Matanzas.

Betongó Naroko: loma de la cantera del rey Betongó. El rey Betongó es dueño de la loma.

Betongó Naroko mumbán mukeré: un lindo rey de Betongó. "Cuando Betongó perdió la guerra le cantaron esa puya."

Betongó Naroko ñangurupá Boko Beba Pitinaroko Efiméremo siro mako siro: el territorio de Betongó linda con el de Efik Mbemoró.

Beyó: hijo (en Bibí).

Biá: chillar, el Secreto, Ekue.

Biabanga: pito, "una flauta que utilizaba el Moruá de la Potencia bríkamo Biabanga I para llamar al Ireme. Iíí... wi wi wi, sonaba, y el Ireme salía a hacer sus murumacas. Para llamar así al Diablito se fundaban en que no se les debía hablar. Esa flauta se suprimió en el juego de Biabanga II y ya no se usa." El mismo informante nos dice que "el famoso pito de Biabanga era un caracol, -okokue- de mediano tamaño y no como se cree, un pedazo de caña."

Biabanga Brikamo I: antigua Potencia

exclusivamente de carabalíes. No se admitían criollos. Sólo se crearon trece plazas.

Biabanga Efor: Potencia de Matanzas.

Biabanga muñón: cueva.

Biabanga muñón Pitinaroko mbé moró obón eribón akualusón Makaró Efor Akondoroko Iyamba yambumbé: en la tierra de Biabanga, capitanía de Makaró, se hizo, para la consagración, la primera "firma" - signo - que simboliza a Sikán.

Biabanga Pitinaroko: Efik y Efor, "tres personas distintas y un solo Dios verdadero, es lo que significa esta palabra." Es también el nombre de tres Potencias: una que desciende de Efor y es la más vieja de Matanzas; Biabanga Muñón, y otra nueva, Ibiabanga Efik.

Biakurome guenbaroñé makué nbaro Obane: una tierra de Obane que se encuentra al pie de una loma.

Biakusí kamá yene kibá: "me voy a recoger, como los mosquitos."

Biamusá: grillo (en Olugo).

Bián bián: arriba.

Biandó Efor: nombre de una tribu de Efor.

¿Biankanani Moruá?: ¿Quien es tu Madre, Moruá?

Bianko Beko: los cuatro tambores que con los Ekón -campanas de metal- los Erikundi -las maracas- y "palitos", componen la orquesta Abakuá. Estos tambores que alegran las fiestas Abakuá se tañen fuera del Fambá de las Potencias, en los patios y terrenos abiertos en que éstas se celebran.

Biankomeko awana Sese Oru: la música de los tambores de Oru.

Bianko meko wana kasina Mendó: "no tuvieron que salir con ellos para ninguna parte. Permanecían en lo que era suyo."

Biankosi: fiesta, plante en otra Potencia.

Biankunse bekonsí obonekue Bongó sangaí: soy el hijo más pequeño de Ekue.

Biaña o biañé tundándiriri: los ojos del chivo del sacrificio.

Biañé foró: aojador, persona cuya mirada hace daño.

Bibanga Efik: frontera con Biabanga, y la de Pitinaroko con Efik Abakuá.

Bibí: tribu del Calabar, "los primeros que fueron consagrados por los Efik". Son los ibibíos, que están al Este de los Iyo y al Sur de los Ibo, agrupados en subtribus. "Eran los más fieros de todos los carabalíes. Le ganaron una guerra a los Efik, que tuvieron que correr mucho, aunque descendían de ellos." Su rey se llamaba Bibiokón, los criollos le llamaron Bibiokondó. Era de la tribu Oru-bibí.

Bibiakón musekele ntati Oru: el rey de Oru y de los Ntati, que son sus tributarios.

Bikán Ekue: suplente de Mpegó.

Bikomé: un hijo del rey de los Eforisún. Bakonkere e Irongrí eran sus hermanos.

Bikuroma: tierra de Obane, Efik.

Bikuroma wembareñé monkuko bara Obane: "en Bikuroma, junto a una loma hacían rogaciones."

Bimba: aguardiente. Se llamó también **Moingo o korowá.** El aguardiente que se usaba en Bekura Mendó era de corojo y no de caña como en Cuba.

Bimba, Bimba o okoro Bimba: en la purificación de la Potencia y del Fambá, un auxiliar de Nasakó, después que éste ha hecho la limpieza con el gallo, rocía aguardiente, que es un fortificante, mientras dice estas palabras.

Binánbelefé: miércoles.

Binankai: los testículos del chivo que se sacrifica.

Binansía: el rabo del chivo del sacrificio.

Binará Bomé: "tambor del Orden", Mpegó. "Un

Ekue que puede ser contemplado y que impone el orden; condena y manda a cumplir las sentencias." No se ejecuta ningún rito sin que lo ordene el Mpegó sonando tres veces su tambor. Ordena el comienzo y el fin de los ritos.

Bimba sanga molopó: la bebida se le ha ido a la cabeza.

Binorá (Obinara): Mpegó.

Bío: yo.

Biokoko: yeso para el trazado de los diagramas y emblemas.

Biokoko: Potencia habanera.

Biokoko nyibé biorama: el yeso con que Mpegó trazó los signos sacramentales en el cuerpo y en la cabeza de Otawaña, el primer Abasongo de los Efik.

Biokondo: rey de Oru.

Bioko nifo Nagarupá akuandikó: Nagarupá es un ojo de agua.

Bión: autorización.

Bión: Mpegó.

Bión: sol (Ebión).

¡Birifá o Birifí!: ¡Sí! Afirmación enfática.

Birifón: no; negativo.

Birónkae: órgano genital del chivo.

Birorasa: círculo que se dibuja en la cabeza del neófito para ser iniciado.

¿Birugabia mukanda birugabia?: ¿Quién fue a buscar el yeso de Mukandá? **Moruaribó a Kerebá Ibiangomo kerebá Mpegó ntiyén Moruá:** Moruá Eribó trajo el yeso de Mukandá y se lo entregó a Mpegó.

Biruna Bibí: pueblecito en el territorio de los ibibío.

Bisoro Bibí: un caserío de los bibí.

Biwí: mujer, reina de Betongó.

¿Biwí mombán Mokeré?: ¿Cómo se llama la reina de Betongó? **Mombán Mokeré biwi Afián fioro.**

¿Biwi yarerá Ekue sokoiro?: ¿Por qué llora el Ekue? **Efión Sikanekue ibana meitia.** Por la sangre de Sikanekue.

Bobinuá: hablar (en Bibí).

Bogoramá, Mbogorama: Madre (Sikán).

Bofokomboto kamañene Efor Usagaré ankuerirío chángana kakuekué Ekueñón ntíbero aberefión kuniyó: "Voy al lado de Iyamba para adorar a Ekue."

Bojoúmbre: título que recibe Ekueñón por haber matado a Sikán. Se le dice también **Ekueñón Ireme Mafiana.**

Bokairán: sabio.

Boki: nombre de negro carabalí, de los muchos que vinieron a Cuba del Sur de Nigeria, procedentes de los cuatro grandes grupos y numerosas subtribus que ocupan la región al Este del curso inferior del Niger.

Boko: caña. "Simboliza el poder que tienen los ñáñigos muertos para castigar al que no respeta la ley instituída por los antepasados, fundadores de la Potencia."

Boko o Mboko: el rugido o jadeo de Ekue. "Ekue hablando."

Boko: bueno, bondad. **(Tanse boko:** Tanse es bueno).

Boko: el Fundamento, el Secreto o tambor sagrado. Ekue.

Boko bai bani ñampe: los ritos fúnebres.

Boko Bakurero ñampe: el Ekue en las exequias fúnebres.

Boko Beba: "allí crecía la caña de azúcar y de la caña de Boko Beba se tomó el zumo para la composición de la Mokuba."

Boko Beba: "cueva al lado del río, donde se hizo el Baroko."

Boko Beba: la cueva del Pez Tanse.

Boko Beba Nagurupá eriero okambo Ekue Efor mañene Efor brandi masongo Bongó itá Sese eromí Akanarán: "En aquel tiempo viejo, en los orígenes del Abakuá, Boko Beba era una cueva. De un lado pasaba el río Nagarupá y del otro había una roca. De este lugar se tomó la caña para el Baroko que se celebró en dicha cueva."

Boko birorasa: la marca de barro que quedó en la cabeza de Sikán.

Boko birorasa tinsún ñangué: otro nombre que recibe el círculo que se traza en la cabeza del neófito, "en recuerdo de la huella que dejó el barro alrededor de la cabeza de Sikán cuando se le quitó, en casa de Nasakó, el güiro en que llevaba a Tanse."

Boko irán núnkue: pueblo, jefatura de Efor. "Decían los viejos bríkamos que en el Calabar todo pueblo que pasaba de trescientos habitantes, era importante", y Saibeke dice: "pero por lo que yo sé, no había allí ciudades grandes como las de los lucumíes, como Iyaré o Ilorín, Abeokuta."

Boko irán núnkue: gran ciudad, capital, "donde se hallan todos los sabios."

Boko Ndibó waso biokoko unarobia: el primer derecho que recibió el Fundamento fue el yeso.

Bokondó: nombre de un pueblecito cuyos habitantes iban a trabajar a Irondó.

Boko ñoúro: la trasmisión de la Voz de Ekue al Bonkó de Efik.

Boko Sese Boko seserorí kamá aguañé Ibondá Abasí Boko: palabras que pronunció la Sikanekue cuando escuchó la divina Voz de Tanse.

Boko Sese Fambá Nasakó krúkoro otá Efík otá Efor akere wañankuko siro akasiabión iwán kemomí Abasí: lo mismo en Efik que en Efor, todos adoramos a Abasí y a nuestra Madre que suena en el Fundamento.

Boko Sese Boko Sese lorikamá awañenirén bondá Abasí Bonkó: cuando en tierra de Efik "se rompe" -comienzan los ritos- el Bonkó se coloca en el lugar sagrado y se dan siete golpes que rememoran a los siete primeros obonekues que Nasakó juró en Fokondó. Con estos siete golpes se llama a los espíritus de los Siete Fundadores, Jefes de las Siete Tierras que vienen y rodean el Ekue.

Boko Yimikó: San Lázaro. "Santo dueño de las enfermedades que pudren la carne y los huesos."

Bolumá: mosca (en briche).

Bolumá númbre: mosca.

Bolumá númere: mosca volando.

Bomapá: viernes.

Bomapá: sábado, según otro informante.

Boma siki siki Bomé Efiméremo Iyamba Iyamba: ya que eres tan grande proclama tu título. Iyamba contesta: **Efiméremo Obón Iyamba Awará kasike Bongó Kamba Kamba yene buto kamba kamba yenefó aprosemutó Efiméremo naguerembán:** Soy Rey de mi Bongó, rey de la brujería, rey ante Dios y los hombres.

Bomboké awarandisá o warandisá: las nalgas.

Bonaguá: ropa de Sikán. La que vestía el día de su ejecución y que se convirtió en la bandera, Bakariongo, de Efor.

Bonansere Eribó nandió yantereré Iyamba Makasibambá Abasí ndike Bongó awanariongo Abakuá meroró Abasí mañongo ero: celebraciones a todos los sagrados atributos (tambores). Ñangaliana, jerga de Guanabacoa o Regla.

Bonaramo: en el río de este nombre -que pertenece a Efik y a Efor- se le mató un congo al Ekue de Ubani.

Bonaramo ekoko Efik Bonaramo ekoko Efor: río de Efor y de Efik, que baña ambos territorios.

Bondá: Madre.

Bondá Efik: primer Bongó de tierra Efik, también un territorio de Efik.

Bondá Ekoria bondá efión: primera sangre -primer sacrificio- y primer nacimiento -iniciación.

Bondá Maribá: nombre del río en el que Sikán halló a Tanse.

Bondá Maribá: también se le llama así a los siete Nkomos o tambores Efik.

Bondá Maribá: "la primera Madre fue el Río."

Bondá Nandibá: el abrojo. Una de las siete hierbas que utiliza Nasakó.

Bondá ntuare bongori Efor: templo donde se juró el primer Bongó en Efor.

Bondá ñongobión: segundo Bongó de los Efor. Nombre que se le da al Segundo Fundamento o tambor sagrado, es decir, al de Sikán, hecho con su piel. El primero, que era un güiro o calabaza, se selló con el pellejo del Pez.

Bondá ñongoteti: la primera Madre, que fue Ekue. Se le da también este nombre a Tanse. Literalmente: **Bondá-**Madre: **ñongotete-**pez. Fue el primer Bongó de los Efor.

Bon Efik maribá kondó Chabiaka Mokongo: esto le cantaron a Mokongo en tierra Efik.

Bonerón: traficante de esclavos. Intermediario. Llevaba los esclavos de un rey de Efik a venderlos a los blancos. El Rey se llamaba Yogoromawá de Abarakó, Efik.

Bonerón: "el que hacía contacto con los blancos y el rey para venderles esclavos."

Bonerón: sabio, instruído.

Bongó: tambor.

Bongó Abasarorí: (no confundirlo con Basarorí). El Bongó que suena más fuerte. Cuando dos Potencias "plantan" juntas, siempre la Voz del Ekue de una de ellas se escucha con más intensidad que el de la otra. De ésta se dice que es Abasarorí, y de la que el Ekue suena menos, que es Basarorí.

Bongó Abasirirí: "la fuerza divina resuena en el Bongó." "Bongó: lo sagrado hecho tambor". **Abasi-**Dios; **rirí-**cantar, cantador. Abasirirí se entiende también entre los ñáñigos como calificativo de poeta. **Abasirirí Asubrika mañene Efor;** era un gran cantante bríkamo.

Bongó Abasí yenebrón: primer Fundamento, objeto de adoración.

Bongó Afabeto o afagabeto: Bongó que tiene el parche destruído.

Bongó Afento: otro de los muchos nombres que recibe el Fundamento.

Bongó aferembé: Bongó excelente.

Bongó Aferemené Efor: Excelente Bongó de Efor.

Bongó Akarawaso: el Bongó en el momento de sacramentarlo, "de darle la fuerza", "la Voz divina", cuando ya está bendito.

Bongó amanawá o anamawá: Bongó nuevo, aún no sacramentado.

Bongó amoreré: las ofrendas para el Bongó.

Bongó amunankibé: cuando el Bongó se levanta del signo en que se coloca. (El signo Oruna Akuá, incluído en el círculo Arakasuaka).

Bongó anadusí: el Bongó "cuando chilla."

Bongó aporisina: Bongó que ya está purificado.

Bongó aporisina koro Ndibó: palabras del canto que entonaron los Efik cuando les fue entregado el Fundamento.

Bongó arafembé: el Bongó cuando está sonando fuerte. (**Ara**-sacrificio; **fembé**-fuerte, excelente).

Bongó arakambembé: el Bongó cuando despide al espíritu de un obonekue.

Bongó arakankibio: el Bongó cuando recibe la sangre del sacrificio por la caña de Castilla colocada en el medio del parche.

Bongó baranúnkue: "Bongó de la capital", de una Potencia de importancia como Mbugará núnkue, pueblo de más de trescientos habitantes en que entró Mokongo al terminarse las hostilidades entre Efik y Efor.

Bongó basarorí: el Bongó cuando no suena fuerte.

Bongó biraka nteme: el Bongó en el momento en que, oficiando Iyamba, recibe la noticia de la muerte de un obonekue e inmediatamente "nguimi", empieza a sonar lastimosamente para llorarlo y para despedir su alma.

Bongó biraka nteme kiñongo betaé: el Bongó a flor de agua -dentro de la batea o tinaja.

¿Bongó biramá Obane Boko birama Baroko fía?: ¿dónde chilló el Bongó? **¡Moropo asere tindé!** En mi cabeza, para confirmar mi juramento.

Bongó birama Bongó: Bongó chillando en la cabeza del neófito.

Bongó enuriantán: el Bongó en la orilla del río sagrado.

Bongó erimá tete efión Ekue anabisún: colocar las vísceras del chivo sacrificado sobre el parche del Bongó.

Bongó eruka meñón: palabras que se dicen cuando se termina la purificación de toda la Potencia (los objetos sagrados del culto).

Bongó iroka: limpiando, purificando el cuero del Bonkó (Ekue).

Bongó iroka tete eroka: palabras del canto que acompaña la purificación del Bongó dentro del eromomo, la tina y el agua con las siete hierbas profilácticas de Nasakó.

Bongó iroka tete iroka Bongó kanene awana meoruna: una de los muchos cantos que acompañan el rito de la purificación del tambor sagrado con el agua lustral preparada por Nasakó.

Bongó itá: somos hijos de una misma Madre. Estar juramentados en el mismo tambor sagrado, Ekue, que adoran los Abakuás como a una Madre.

Bongó Kañanerí o kañorí: el Ekue está pariendo un obonekue, es decir, sonando en la iniciación del neófito que nace a la vida espiritual. El Ekue suena en señal de que admite al nuevo miembro o "hijo" en el seno de la sociedad.

Bongó Kransio: exlamación del Nasakó al emitir su sonido el Fundamento por primera vez. En tierra Efik Abarakó dieron al tambor de Nasakó el nombre de Bongó Kransio en recuerdo del Pez.

Bongó makoñiko: Bongó viejo, que no suena, con el parche deteriorado.

Bongó ma mayeré mayeré: Bongó completamente habilitado. "El Ekue de los Efik.".

Bongó manambori: Bongó cuando se le sustituye el cuero de chivo usado por otro nuevo.

Bongó manawá: Bongó que no está "bautizado." Literalmente tambor judío. **Bongó**-tambor; **amanawá**-judío.

Bongó manga manga Bongó yara yara Tanse Bongó meta nkiko namberemuna muñanga mbori barori Ekue: palabras que dice Iyamba cuando se sacrifica el chivo y se pone encima de Ekue el redaño del animal.

Bongó manga manga Tanse Bongó meta: del tambor que se hizo con Tanse -con su pellejo- nacieron todos los demás.

Bongó manga manga Tanse Bongó meta: el Bongó cuando se lleva a la tina para lavarlo con las hierbas profilácticas.

Bongó Mbara unkewe eforí nyogorama Obón nankrí: los obones cruzaron sus manos sobre el Bongó, en la consagración.

¿Bongó mbarini narobia ekoko yinama?: Cuál fue la primera cabeza que consagró el Fundamento? Respuesta: **Ekoko myuruma yin nánguaro Tanse Bongó meta Bongó manga manga.** En Usagaré se consagró el Fundamento con la misma cabeza del Pez Tanse, Obón Tanse.

Bongó mbenerí: la cabeza sobre el Bongó.

Bongó mbragamú: nombre del Bongó en el sacrificio.

Bongó mbragamú mbragamú: la parte de la espalda del chivo cuyo cuero, por su consistencia, se usa para sellar el Ekue y los demás tambores sagrados.

Bongó meta: el primer tambor sagrado o Fundamento.

Bongó mofé: el Bongó cuando está puesto en el lugar oculto, en el Iriongo.

Bongó mofé korietámbre: el Bongó "que todos adoramos."

Bongó Mosongo: el tambor divino.

Bongó Munanga Ekue asarorí: "el Bongó sellado como Ekue, secreto sangriento de los Efor Ekoi".

Bongó munanga Ekue asarorí: "todo lo que tenemos se lo debemos a Ekue."

Bongó munanga mbori: Bongó sellado con cuero de chivo.

Bongó munanga mbori Ekue asororí: la cabeza decapitada del chivo colocada sobre el parche del Bongó.

Bongó munango mbori Ekue asorori: cuero adorable del chivo.

Bongó munangambori Ekue asororí afotankonó mi awana Bongó mofé Ekue: Ekue suena bien en el cuero sagrado del chivo, y Ekue es mi Madre.

Bongó munanga mbori nkiko basarorí: el Bongó de cuero de chivo con la sangre del gallo, que reanima al Espíritu.

Bongó muña muña: manipulación del Bongó por el Isué, único dignatario que puede tocar el Sese Eribó, mientras realiza el rito de la consagración de un neófito.

Bongó muñanga ndaria Ekue sororí: no podemos hablar mal de las mujeres porque ella (Sikán) dio su sangre para que naciera la religión.

Bongó namusí: el banquillo en que se sienta el obonekue que tiene derecho a hacer sonar el Bongó sagrado.

¿Bongó nankabia newe Iyamba afiakombiro?: ¿Están ya todos los derechos completos? Pregunta que hace un okobio al Rey de la Potencia, al Iyamba.

Bongó nerobón kiko fiara wañi: palabras que pronuncia Ekueñón, en la ceremonia fúnebre, cuando le sacrifica el gallo al Bongó. Ñangaliana o jerga de los Munandibá.

¿Bongó nikué enewé erukentate?: ¿Cómo nació el Bongó de Ntate en el embarcadero? Se responde: **Ntate arugañe amakuriamá.** Nació con la brujería y el Espíritu que dominó Nasakó.

Bongó nkenitón: Bongó con caja o cuerpo de madera. El primer Fundamento fue la güira de Sikán cubierta con el pellejo del Pez. El segundo Fundamento se cubrió con la piel de Sikán y el tercero se hizo de madera y cuero de chivo.

Bongó nsuaka: Bongó que no tiene fuerza.

Bongó nuria maribá nansao Ekue Bongó nanumbre newe Bongó. Nitongo Kisongo Kiñongo uramañón Abakuá ñanguiriri bataba yuánsa: "los bríkamos sacramentaron el güiro en que Sikán sacó a Tanse del agua, y una vez sacramentado lo guardaron en el santuario en recuerdo de Tanse y de Sikán. (Y se convirtió en el Sese que hoy consagra a los que abrazan la religión de Ekue).

Bongó nuriantán akuri Odán kanko nuria musón awarionke obonekue Otrú kembán mokuba yerekenbán Ekue Efor ítia Bongó arakankuma newe arakankuma Efor: después que Efor hizo para los Efik la trasmisión de la Voz divina, el primer obonekue que nació se llamó Ananabión.

Bongó nyime: el Bongó que Obane recibió de Usagaré.

Bongó orí orifufú bekombré akanabionké mbarika ntiniabón mumia nyene bigue bondá fión aragotié manánkorobe Bongó betaé aberemai añanga roko kanko enuria mandibá baroko: al primer Bongó le dieron el título de Bongó Ori, porque lo colocaron sobre la piedra donde se paró Sikán cuando sacó el Pez del agua, al oir el ruido que hizo se asustó; la emoción le provocó el menstruo y su sangre manchó la piedra donde estaba parada. Allí hizo Nasakó la primera brujería para Ekue.

Bongó ororó: el centro del parche del Bongó.

Bongori: el Bongó de los Biabanga, el más viejo de la tierra de Efor.

Bongori Makabambá Efor: se dice de la tribu más vieja, que inició a las demás, la tribu de los Apapa Efor Ekoi, reconocida por los Efik como la "Antecesora que dio Ekue a los demás carabalíes."

Bongorima: sacrificio para sonar el Bongó. El Bongó ya con los signos en el parche y cubierto por el redaño de la víctima. "El Bongó comiendo", es decir, recibiendo la sangre del sacrificio.

¿Bongó rima Efor nawé Bongó manga manga?: ¿De qué nació el Bongó de Efor? Se responde: **Bongó manga manga Tanse Bongó meta.** Nació (se le puso parche) con el cuero del Pez Tanse.

Bongó Sanguimeto: el primer Bongó de Usagaré.

Bongó sawako Eribó Muna: se cantan estas palabras mientras Mpegó traza el signo en el Bongó, después, cuando termina, se canta **Eforí Sisi Iyamba.**

Bongó sawaka tafonando ñankue: canto. Ekue está llorando a un hijo que se le ha muerto.

Bongó Sese mi Akanarán: "el tambor sagrado es mi Madre."

¿Bongó siene enewá eruke Ntate?: ¿Cómo nació el Bongó de Ntate en el embarcadero: Se responde: **Ntate arugañe awakuriama:** Nació por la brujería y un Espíritu que dominó Nasakó.

Bongó tenikibia: el Bongó cuando se está purificando con las hierbas.

Bongó teni teni yao: el Bongó sobre el cuero del chivo.

Bongó tete iroka: Bongó que va a despedir el alma de un abanekue que ha muerto.

Bongó ubiobio arogo biobio: el nuevo Ekue en el momento de recibir la Voz, el Espíritu que le trasmite otro Ekue que a este efecto se le coloca encima. El espíritu pasa de un Ekue (generador) al nuevo Ekue, "y es como una madre que pare un hijo."

Bongó unfentón: el Bongó dentro del templo en el espacio en que se le coloca detrás de la cortina.

Bongó waririampo: Ekue va a comer.

Bongó yara yara meta: el Bongó dentro de la tina con el agua y las hierbas lustrales, "que semeja que es Tanse en el mar." El agua dentro de la tina simboliza el río sagrado o el mar, que era el elemento en que vivía Tanse. Se dice también, **Tanse Bongó meta.**

Bongó yufaba: el tambor sagrado sonando por la acción del güin.

Bongó yukawa: el tambor de los Nforí Ntoki, (de la rama de Eforísún).

Bonikobranbrán: gato.

Bonkó: tambor de los Efik, de unas veintisiete a veintiocho pulgadas de alto. A este tambor los Efor trasmitieron la Voz -Nkibó Siene- de Tanse y el espíritu de Sikanekue. "Es el tambor sagrado de los Efik. Sellado con el cuero de chivo tuvo una gran resonancia. El Ekue, tambor de Efor se selló al principio con el cuero del Pez y sonaba muy poco." El Bonkó representa a Tanse.

Bonkó Efik Nyemiyá asere Monina Bembé Nkríkamo ibonkó Ekue eñene Efor Bonkó ndeme Efik okobio Abakúa: dijo Nasakó al darle los derechos y el título de Monina Bembé al Bonkó en tierra Efor, porque Ekue pertenece a los Efor y el Bonkó a los Efik, pero los hombres de ambas tribus tomaron la misma mokuba.

Bongó erukameñón: canta Ekueñón. El Fundamento, lavado, inmaculado, ya puede ser conducido al **orumakúa Abasí riri,** el círculo mágico que se dibuja en medio del Fambá para el rito de purificación de los objetos sagrados.

Bonkó erumé afanitán: el Bonkó después de presentado al sol y a la luna, en la consagración. El Fundamento debe presentarse al Sol y a la Luna. Los jefes realizan este rito al comienzo y al final de una ceremonia.

Bonkó Muñabré: nombre del parche del tambor de Nkríkamo.

Bonkó Nchemiyá: el tambor mayor de la orquesta Abakuá, la cual consta de otros tres tambores pequeños. Su longitud alcanza un metro, y sólo lo tañe el dignatario Muni-Bonkó. "Era el Ekue que tenían los Efik y los Efor le transmitieron la Voz de Ekue."

Bonkó nerobán Kiko fiara wañi: se dice en el rito fúnebre o Ñankue, en el momento en que Aberiñán le arranca la cabeza al gallo.

Bonkó Nyimiyá: "el primero en que chilló el Misterio (Ekue), en Mbemoró."

Bonkó Obana Akurumina ururú: Bonkó de Obane, "el espíritu de Tanse, el Pez divino, se encarnó en él."

Bonsiro: pensamiento.

Bonsiro bonsume Ekue: "todos juntos con un solo pensamiento: Ekue."

Borañe: personas.

Boreñe: cuernos del chivo del sacrificio, con la cruz trazada en la base de cada cuerno.

Borogamá, borogamá: "suena Madre, suena," le dice al Ekue, cuando está en funciones, el Iyamba que lo hace sonar.

Borokibia: Espíritu. Los de Tanse y Sikán unidos.

Boroñé: malo, mala influencia, desgracia.

Borositán: cementerio.

Boroyé: mosca.

Bosé Kamá: beso que se da a un hijo.

Bosé Kamá: al prestar juramento el obonekue, cuando besa los sagrados atributos que el Isué va colocando en sus manos.

Boto: grande.

Boto irán inuán Bonerón Tindé benkóma kefe: "Un gran sabio de Guinea. Bonerón Tindé, pide permiso para hablar."

Boto keamboto botorí erorí keamboto akamba eñene Efor Usagaré maribá Abasí akasiá Umpablo Bondá chángana kakué kué kiwí eñón suaka ntiberó ekún berefión Abakuá sanga kosindó: "esta oración equivale al Padre Nuestro de los Abakuá. Se le reza al Ekue cuando se va la Voz Divina." Es decir, que vuelven al más allá, al Río mítico o al Monte, los espíritus ancestrales que se manifiestan en Ekue.

Boto keamboto botorí keamboto akambán eñene Efor Usagaré maribá sanga kasindo fitún umbariyén Obonekue okobibia añongobia beromo Obonekue aberefión ura bakesongo arabesuao okobio ñene Abakuá. Yuansa baroko yuansa Eribó Ekoriotán akoropó awaka nsenune ura kankuma mekré Abasí ñanguirirí Ekue Obonekue ndibán Ekue Obonekue aberefión ura Bakesongo arabesuáo Okobio ñene Abakuá:
reza Isué después de apoyar el Sese en la cabeza del neófito consagrándolo obonekue. A continuación se canta: **Akoropó awaka sanune.**

Boto keamboto botorí keamboto akamba ñene Efor Usagaré Kuriñón suaka antiberó chángana kaké aberefión akurinón Iyamba: palabras que dice Iyamba cuando se está consagrando un parche en el Fundamento, (Ekue).

Boto keamboto botorí keamboto Usagaré maribó Akanarán merefía Ekue akameñón Bonkó Akurumina saguako oteté yunsén yunsén, Arakasuaka Mokongo yabutame Mokongo:
oración que recita el Mokongo en Butame o cuarto sagrado, cuando traza los signos correspondientes a su alto cargo, en el Secreto, Ekue.

Boto keamboto grinerón awana luma molopó: soy cristiano pero desciendo de Africa.

Boto kiamboto botorí kiamboto grinerón awana luma molopó: grande, grandísimo en Africa, de cabeza inteligente.

Boto kiamboto botorí kiamboto: grande, mucho más grande, inmenso.

Boto kiamboto botorí kamba ñene Efor: Yo soy grande, los sacrificios que se han hecho son muy grandes, y el poder que Dios nos ha dado es grandísimo. Exclamó Nasakó cuando logró obtener la perfecta resonancia de Uyo, la Voz divina, en el parche de cuero de Chivo.

Boto kiamboto botorí kiamboto kamá nseniyén. Boto sere kiamboto ebión ndayo antrogofó makoirén inuá bekamá yambeke Efor mi fontanko Nkanima amaseririón Nkríkamo Bongó Eribangandó eponá Musagaré nkiko akuritia mbara musere eforiñán obonekue masenderá Obón obonekue Efor aru kambié aprokuri itiá babai ntíberó apoitié ntiero. Eromí ñanga ebión akereké inuá Mpabio ino angobia Eroko Mboko antete ntabia eforí Kanko Musa Ibongó Musa amparará Musa anamusa nambekue Indianikue Indianakuá Ireme Nkanima afansón nyugué abarankón Kanawán dibé: oración del abuelo de un viejo ñáñigo en la que se alaba a Dios; a la inmensidad del cielo, a los Cuatro Vientos, a los Astros, a la Madre Divina, al Monte, a los Espíritus, etc.

Boto kiamboto awana luma molopó: grande es mi cabeza. Es mucha su sabiduría.

Boto komboto botorí komboto akamán ñene Efor Usagaré maribá Abasí akasia umpabio Ibondá: palabras atribuídas por unos a Iyamba y por otros a Nasakó en la loma de Ibondá, para reunir la tribu de Efor en el juramento de Usagaré.

Boto komboto kamañene Efor Usagaré ankuarirío chángana kakuekué Ekueñón ntíbero aberefión kuniyó: dijo Ekueñón: "Para adorar a Ekue voy junto a Iyamba, pues Ekue apareció en su tierra, en Usagaré, y él es su dueño."

Botón grinerón awana luma moropó: "mi cuerpo es de aquí, de Cuba. Mi cabeza, mi espíritu es de allá, de Guinea."

Botuba: comida. Algunos ñáñigos pretenden que no se dice butuba, como se oye corrientemente, sino botuba.

Botuba nene botuba beyó Mosongo moto iria bario asoato itón Akanemerurú Ekueñón bekonsí: se dice al momento de preparar Ekueñón las ofrendas para Ekue.

Botuba Sikanekue ameremé keato keinuá: Sikán murió y se la comieron, por haber hablado lo que no debía. (Sikán reveló a los Efik el secreto de la tribu de Efor).

Brandi Mosongo: el aguardiente con que se pulverizan los atributos sagrados.

Brandi Mosongo: una mezcla de aguardiente, vino seco, agua bendita y albahaca.

Brandi Mosongo: semilla de la ceiba que sembró Nasakó para verla progresar como vio progresar el primer Baroko que él formó.

Brasi: "negros de la costa de Guinea que vivían con los carabalíes. "Se decía allá en Guinea que sacrificaban hombres al mar." Eran pescadores. Aquí en Cuba comían mucho pescado, secado por ellos. En su tierra vivían del mar. Conocí algunos de niño."

Brasi ma ñonoiro: "hasta otro día, sagrado Fundamento."

Briche: tribu del Calabar que no tenía Ekue. Sonaban una güira que hacía las veces de Ekue. La Voz de Tanse y la de Sikán venían a esa güira." "Comían gente."

Brikamo: Según los viejos Abakuás, este término engloba a todos los carabalíes, como el de lucumí a todos los yurubas. "Los Apapa grandes son los mismos Apapa Ekoi y los mismos bríkamos Eyene Efor. Apapa es un título."

Bríkamo Mañón unkerebá Mpegó Abasí Ibondá baroko Efor Nasakó kiñongo Yumba Efor Ekobio ñene Efor asoropá asemeñon bakué: así le dijo Yuansa a los Obón cuando llegó al baroko acompañado de Mpegó, que por orden de Nasakó había ido a tierra de Mukanda Efor a pedirle a Yuansa que le diese el yeso para marcar los símbolos sagrados, a lo que Yuansa respondió que iría con él para que los Obones le pagasen tributo por el yeso.

Bríkamo Ñene Efor: "la tribu a que pertenecía Sikán. "Me decía mi padrino bríkamo, allá por al año 1887, que hacía tres siglos que en esa tribu mataron a Sikán."

Bríkamo eyene Efor: entienden los viejos que son los mismos Apapa Ekoi.

Brusón: piel. "La piel humana con que se selló el Secreto."

Bubia: cocinar (en Otamo).

Bubuñana bandukeré fotán koro Isún Isún desún itia ñonobón: No se sabe si ya había Ekue cuando el diluvio arrasó con todos los habitantes de la tierra. (Se refiere a la antigüedad de Ekue.).

Buburán Efor: rama, filial de Usagaré.

Buemba buemba ndeme Efor: se canta mientras Nasakó purifica, bajo el árbol sagrado -la Ceiba-, a los neófitos que van a ser iniciados.

Buenanfío: pájaro.

Buiwi Mumbán Mukeré: Reina de Betongó. La mujer del rey dueño de la loma Betongó. "Los antiguos conocían a esta Reina," me dice un informante viejo, y a otra llamada Maserona, Reina de Efor.

Bulama: mosca.

Buma: rayo, tormentoso.

¿Bunansí Bongó munansí?: ¿por qué llora Ekue? Respuesta: **Efión banán krúkoro nitán.** Llora por la sangre de Sikán.

Bunekue: signo que se dibuja en la Ceiba. Autorización de "embarcadero."

Buraka: el "yin", la caña de Castilla de la Consagración. Se le dice también Otán buraka.

Burochán: primer rey del pueblo Asamanguí. Lo desconocen mis más viejos informantes. Opinan que puede ser pura invención de algunos ñáñigos de Guanabacoa, poco escrupulosos de la verdad.

Burukawa: irse. Se va.

Burúm bamba: confusión, desconcierto. "Todo está burúm bamba," (manga por hombre).

Butame: santuario, cuarto de los Misterios

Butambé: un río de Efik.

Bután bekue: afluente del río Añoirán de los Mbemoró.

Butindé: mérito, excelencia. Uno que habla bien, pronunciando con mucha corrección.

Buto biaña kurikó: más feo que una lechuza.

Butón: Voz, Espíritu. Se le dice a la Voz divina en tierra Efik. Efik Butón, la Voz que Efor le dio a Efik.

Butón: la Voz en el cuero del tambor sagrado, y la Voz del coco -Itiobé- de la Potencia Efik Butón de Cuba, fundada hace más de un siglo.

Butón: capitanía de Efik, "la vieja."

Butuba: comida, según algunos ñáñigos, otros dicen botuba.

Butuba uriampo: comida fúnebre, la que se ofrenda al cadáver del abakuá tendido en la Potencia.

Ch

Chabaka: cazuela (En Otamo).
Chabiaka: Mokongo.
Chabutón: brujo.
Champiompío ñangandé besiá: lo que fue ya no es, o ayer no es hoy.
Champompón: despacio.
Chángana Kairemo: gato.
Chángana kasuso: alacrán. "Bicho malo."
Changaná keúne: gata.
Changanaríke fambá fambayín eroko mboko lyamba atotobé Nkríkamo waririampo Bongó muñabé: esto dice Ekueñón al tomar su plumero, ya purificado, para colocarlo en su tambor y comenzar el rito.
Chankonombira Mosongo: "todo me importa poco.". (Ironía).
Chebe: ñame (en Otamo).
Chebene: daño (en Otamo).
Cheberé: veintinueve
Chébere: elegante, bonito, valiente.
Cheberime: bien. Estoy bien de salud (en Otamo).
Cheberoko: cuatro (en Otamo).
Cheche fandugu akuana kerebé: Rey de lo bonito.
Chenchén: veintiuno.
Checheré Erikondó: plumero de Nkríkamo.
Checheré Isún: plumero de Isún.

Checheré Muna: plumero de Mpegó.
Chechum: veintisiete.
Chekendeke o Chekereke: corazón.
Chekendeke Abasí: corazón de Abasí. "Sagrado Corazón de Jesús."
Chekendeke longó abayé: tengo corazón y voy a la guerra.
Chekendeke longorisemo chekendeke longo babayé: "lo que pasó ayer no es lo que pasa hoy." "Lo que fue ya no es."
Chekereke longorí semó: "quien no tenga corazón, no vaya a la guerra."
Chembonko: envidioso.
Chembuto: el espejo mágico que tenía el primer Nasakó sobre Mañongo Pabio, su Prenda o amuleto. Así lo tienen los mayomberos o brujos de ascendencia bantú en los Nkisi o Nganga, calderos y cazuelas mágicas. Los bantú emigraron al Calabar y se mezclaron con los Efik. Nasakó era congo y su brujería también.
Chembuton Ekifón Abasí: los Santos en la Iglesia de Dios. Se refiere "a Tacho, Natacho y Naberetacho, los Santos viejos que están en el templo."
Chemé: veintiocho.
Chemenkai: cabeza fresca, inteligente.
Chemeró Kombán: Adivino de Efik.
Chene: veintiséis.
Chenebión: luna.
Chenemí: veinticinco.
Chenenbonkó: envidioso.
Chenenkayo moropo: buena cabeza, talentoso.
Chenepón: lucero.
Chenerí: luz de luna.
Chénguene: Rey (en congo). Lo era Moko, nombre del primer Ekueñón.

Chénguene kerombia: "Rey congo que era vecino de los Efor." Ekueñón.

Cheniché: tres.

Cheniché: bibijagua.

Cheniché Akuá cheniché Akuá Nyógoró: "La bibijagua se le mete en la oreja al diablo. **Nyógoro,** diablo. La hormiga mata al diablo.

Cherí: veintidós.

Chekorí: la calle.

Cherokisón: veinticuatro.

Chibirín: veintitrés, según otro informante, veinticuatro.

Chichi naina afokandiré chichi naina fokangoró: ¡A mí que me importa que haya muerto fulano si yo también tengo que morir!

Chiminikako: entierro.

Chiminikako Mañongo: cementerio.

Chiminikako mañón abanekue Mbaga sanga eponá musagará suaka awerí beyuí ngomo taibo beromo ñankue sufragañá ngomo arukesó ata mundirá aprofene atébere oro kisongo boro kiñongo kikuama sina yantán kanko utiogo Aberiñán yambumbé nkairán yambumbé nkanisún asoko meñón bira beritán mogó kufón borositán pompón mañón Ekue angoró: se dice en un "llanto", ceremonia fúnebre, para despedir el cadáver de un Isué, al momento de quebrar la tinaja, que simboliza "desbaratar la palabrar", el juramento que hizo el obonekue al nacer en la religión. También se dice: **Kanko utiogo awareñán mapá.** Inmediatamente después retorna la procesión con todos los atributos enlutados, y a la entrada del Fambá, los okobios van arrojando en una palangana, las cintas negras que significan el duelo de la Potencia.

Chiprún chitubé: rito que se practica cuando un hermano está castigado y se desea levantarle el castigo. Se compran dos chivos. Uno se lleva al Butame. El okobio castigado se arrodilla ante el altar y pone sus dos manos sobre el lomo del chivo. Se purifica al chivo con un gallo y se le sacrifica a Ekue. El obonekue, por este sacrificio queda exento de cumplir el castigo por la falta que cometió. Con el otro chivo se hace una comida de comunión.

Chito mafinda itón bere aroró ma Ekue Efor: el Ekue de los Efor en el fondo y en mitad del río.

¿Chitubé?: ¿Quién?

¿Chitubé akarán Efik Butón?: ¿Quién es la Madre de Efik Butón? **Efik Butón Anamerutón.**

Choko guanabía: Voz misteriosa que suena en el rincón del Butame. El sonido de Ekue.

Choko mombiria Mosongo: Viejo que no se da a respetar, que es como un niño mal educado.

Chokororó makuá Isún: la cara.

Chokororó Makua Isún: persignarse.

Chomá: martes.

Chomako: julio.

Chonkirén: leche de vaca.

Chuchumbé: ataúd.

Chuí chuí: bibijagua.

Chuí chuí abatabá Bongó: los bichos (bibijaguas) se comieron tu Bongó. (Sátira).

Chuí chuí Bongó: Bongó con bibijaguas.

Chukuabia eriélu: Santísimo, en el cielo y en la tierra.

Chukuabia ñeme anró anró pamasó iwé: danos salud y dinero.

Chukubiamba: "decir un desprecio." Indecente, chusmón.

Dana abón kurikó: en lo más recóndito de un monte, un lugar misterioso vedado a todos los profanos.

Dana Obón kuruku: la tribu que sacrificó a Sikán, en territorio de Bekura.

Diabanga Efor: Potencia matancera, primer "juego" que se hizo en Matanzas en 1862. De este nacieron los demás.

Dibó: divino. Nombre de Ekue, del Gran Poder.

Dibó Bakarán Dibó: dijo siete veces Iyamba lavando la sagrada tinaja.

Dibó makaró mofé: las tres palabras que exclamó la Sikanekue cuando escuchó la Voz de Tanse sobre su cabeza. (Lo llevaba en el güiro en que cargaba el agua).

Dibó Seseribó Sese kondó asukurukúnabia mbán ñangariké amako makoteró ñene sukubakariongo: cuando Mokongo vio venir a Sikán con el güiro, se abalanzó hacia ella, y Sikán asustada lo puso al pie de la palma. (En otras versiones de la historia, Sikán arrojó el güiro al suelo).

Difón: bueno.

Difón mafón eriero: estoy bien.

Dinandina: purificarse pasándose el ramo de albahaca.

Disún: purificación, limpieza.

Disún okobio bira kokoriko: Ya nada existe para el abanekue. Los gusanos devorarán su cuerpo. De él no quedará nada.

Dochán: maní.

Dochán: pimienta de Guinea, según otros informantes.

Doko ndiminoko aroró Mosongo arabesuao Moruá kuarilé Eribó waso makara waso. Mutisiá kendeke Mosongo Obón Iyamba. Ireme nkuara kiki bagarofia ata Efiméremo machukurú awara kasike Bongó ata Efiméremo bakondondó Abakuá. Ireme ayá nausa Eribó Eribó makaterere. Ireme sanga kondó amako krikariká aberitán inoko kruko ñene Abakuá ata yagasigabón: rezo del Isué en el rito de consagración de Obonekue, cuando toma la cabeza del gallo sacrificado que se halla sobre el Eribó y la moja en la cazuela que contiene la Mokuba o bebida de comunión, que le ofrece Ekueñón. Detrás del neófito, el Ireme suena los Nkaniká o cencerros de su cinturón sacudiendo las caderas violentamente.

Domiwé meñón ñampe: en la ceremonia fúnebre o ñampe, el corro de abanekues en torno al féretro del Monina en el momento de "despedir" su espíritu.

Dubikán: cinco reales.

Dugón: lugar del que procedía Yansuga, primer Iyamba de Usagaré.

Dundú: una aldea del Calabar. Decía uno de mis informantes que Dundu no quiere decir solamente diablo, espíritu congo, porque dos carabalíes que trabajaban en las Cañas con él, decían que ellos venían de un lugar que se llamaba Dundu.

Durabia: allá distante, en el horizonte.

Eante: piojo.

Ebán beromo mosagará: la tinaja de barro -que simboliza el güiro mítico- en el Baroko o consagración de los dignatarios de una Potencia.

Ebare: blancura.

Eberefá: plátano (en Otamo).

Ebia Erobia: primer título de Iyamba en Efor.

Ebioko Efik: río de Efik.

Ebioko Efik: el ojo de agua que está en Apapa Obane Efik Umón darazo.

¿Ebioko erobetán erobetán ebioko?: ¿Cuál es tu embarcadero y tu Fundamento?

¿Ebioko erobetán newe ebioko?: ¿Quién es tu Madre? Es decir, a que Potencia, nación, tierra, partido o juego perteneces?

¿Ebioko Naberetó chitubé ebioko?: ¿Quién es tu maestro -Naberetó- y tu origen?

Ebión: sol.

Ebión afotenté o apotenté: buena cabeza.

Ebión alalá: el sol naciente. Sol de mañana.

Ebión apotolá: "el sol que va de caída", (a las seis de la tarde).

Ebión Bengué: hermana de Sikán. Para algunos ñáñigos no es una hermana sino hermano.

¿Ebión beromo Sese agueremí?: ¿Cuál fue el primer Sese que se juró? Se responde: **Ekerewa Korobiana Sese Mimbiorosa.** El de Efik Nankerewá.

Ebión birama: los rayos del sol brillando.

Ebión Efor: "Dios y los rayos del sol." Nombre de una Potencia, literalmente, Sol-Efor.

Ebión gandó afagasón akamányeré meño kriko ndirá kisemesón: el sol se va, viene la noche, los hombres van a dormir hasta mañana.

Ebio niyún: centro del parche del tambor "donde está la Voz de Ekue."

Ebión maserikambo maserikambo iñángaripó tire tire Ekueñón o Yamba sigabón eriero Iyamba: "lo que hace el Iyamba antes de penetrar en el Foekue." Esto se refiere al Iyamba de Efor que estaba en guerra con una tribu en Mbemoró y mandó a buscar a Ekueñón para que lo auxiliase.

Ebión muchandandayo: los rayos del sol.

Ebión ndayo Efik muchandayo: Eribangandó lleva la ofrenda a Ekue.

Ebión ndayo Ekue muchandayo: Eribangandó que lleva la comida al Pez al salir el sol.

Ebión ntremesoro: atardecer, entre dos luces.

Ebongó balorí: el Bongó es bueno.

Ebonsiero: cocinero.

Ebubú pabia temi erún soka Wanantrí: "Para dar relaciones de Africa no es necesario ir a Africa." Es decir, los hijos de africanos, enseñados por éstos, sabían de sobra cómo eran las cosas en Africa.

Ebún: barco.

Echécheré echecheré Eribó ngomo Sese mogobión amagoró tindé Eribó maka maka makatereré nyuáo muñón Sese muñón ekoi muñón nansere muñón Abakuá akorotán baroko nansao Isué Eribó osoiro eteñenebón Abakuá yantín Abasí obón eriero: oración que se recita al colocar el plumero (atributo sagrado) en el Sese Eribó.

Echenebión: luna.

Echenénkaño: "cabeza buena, fresca", persona que aprende fácilmente.

Echenerí: pleitista.

¿Echitube?: ¿Cómo?

¿Echitube akanirión ítia nyenisón?: ¿Cómo se llamó el primer rey de Africa? A lo que se responde: **Olamio Sese mi Olamio. Olamio,** así se llamó.

¿Echitube Bongó umbobio?: ¿Por qué es redondo el Fundamento? Respuesta: **Nkumá krúkoro ibún man Abasí eteñeneme obón efori sina sanga bekondó yumba erokomboko ekurí pondó:** "Es porque en él se encierra la verdad y el poder de los espíritus de nuestros Antepasados, que nosotros adoramos. En él se reúnen todos."

Echitube mafinké: la mar brava como Ekue.

¿Echitubé Uyo ibibío?: ¿Cómo se hizo el Sese en tierra de los ibibíos? Se responde: **Umón Akuririón siro bekonsi Abakuá Efik kumbán ndeme fembe kufón abarimá:** El güiro lleno de esa agua sagrada fue el Sese de la consagración.

Echusichuí: bibijagua.

Edabe: una aldea Efor.

Efa yandugo: rey (en Otamo).

Efa yandunga: reina (en Otamo).

Efar: rey.

Efemeremo: mulato.

Efena fitún umbariyén Sese kun lori lori bayumba ibá bekondó obonekue metía kumbán: los obonekues entran en el santuario como el poderoso, el excelente Pez Ekue entró en el templo.

Efene: piel, pellejo.

Efenipá: lunes.

Efenipá: Enero, según otros informantes.

Efenipá mukarará mefé wanekón: el permiso o licencia que la Autoridad extiende a los ñáñigos para "jugar" y sacar su procesión por las calles.

Eferebó makopó eriero tama yenisón efión takuri Munanga: las mulatas, allá en Guinea, no sirven más que para darle su sangre al Bongó. Sátira. "Porque nunca se sacrificaron mulatas. Lo mismo se dice falsamente de los mulatos.

Eferiepa: San Pedro (en Otamo).

Efia Efik kiñongo Obane: Potencia de la ciudad de Cárdenas, provincia de Matanzas.

Efiako: probablemente Efik Akobó, pueblecito Efik.

Efianameró: policía, justicia.

Efianameró itiá mbomipó: "justicia de tierra de blancos."

Efianameró mbomipó: "justicia de los blancos."

Efiansa: pasa, el cabello lanudo del negro.

Efienene: nieto, mi nieto.

Efietete: primer bongó que en Efik representó el Ekue de Efor.

Efietete awana ñongo ekombre akariká elori-ibá: "mi Bongó suena a cualquier hora." "Criollería", dice Saibeke, "para ufanarse y echar bambolla."

Efietete Awásan bengue Efik: Efietete es una Potencia con muchas ramas.

Efietete nankuko inuá keakorobuto inuá efiónkeno: los Efietete, unos hablan lo que saben y otros lo que aprenden.

Efietete Obane: primer Fundamento del territorio de Obane, donde se le trasmitió la Voz del Pez Tanse y el espíritu de Sikán al Bonkó de los Efik.

Efietete Obane: Potencia de la ciudad de Matanzas.

Efietete wanañongo kabia: Efietete es un monte de Efik Efiguéremo.

Efiguéremo krúkoro itia Abasí Aromiñán Sankantión Amanantión araokobio ñene Usagaré: el rey de Efik y sus tribus arrodilladas adorando el Fundamento que han recibido de manos de los Efor.

Efiguéremo toito Efiguéremo Kondondó obón kiyere mimba: los Efik Efiguéremo.

Efik: habitan en el bajo Calabar y en el río de la Cruz en la provincia de Calabar, Nigeria. "Vivían en la orilla del río y Ekue los hizo fuertes. Eran cazadores y guerreros, peleaban en canoas contra las demás tribus del río y ganaban comerciando mayormente con el aceite de palma que compraban los blancos, -sus tratos eran con el inglés- y con los esclavos que les vendían o trocaban por las cosas que a ellos les gustaban más."

Efik: comerciante.

Efik: "son parientes de los ibibíos, hablan lo mismo que ellos."

Efik Abakuá: Potencia de la rama Efik en Regla.

Efik Abakuá kende Maribá: todas las ramas de Efik Obane, que recibieron con el Fundamento, en el embarcadero del río de la consagración, el título de Efik Abakuá, adoran y le ofrendan al mar.

Efik Abarakó: nombre de una Potencia de Matanzas.

Efik Abarakó I y Efik Abarakó II: Potencias de la rama Efik en Regla.

Efik Abarakó: tribu que habita una región muy montañosa colindante con Pitinaroko y Mbemoró. Los Abarakó o Barakó, son guerreros.

Efik Afiá Ororó: Potencia muy antigua de la Habana. Los individuos que la integraban tenían fama de brujos maléficos.

Efik Afiguéremo: rey de Efik.

Efik Agaragá Tindé: Adivino de Efik. "Este era un rey y a la vez un adivino muy poderoso. El pueblo lo veneraba como a un Dios."

¿Efik akama efión?: ¿Qué clase de sangre le dieron al Bongó de Efik? Se responde: **Efik Orongabia ñangabión úkano erombé:** la primera fue la de un majá y luego la de un congo que trajeron de Orongabia, de tierra Obane, del río Betán. (Se refiere al primer Bongó que construyeron en tierra Efik con madera de ceiba, al que le dieron la sangre de un majá y más tarde la de un congo). Dice Saibeke: "no se puede matar al majá, que es un animal sagrado, una Madre de Agua, para ofrecerle su sangre a Ekue. El majá da su voz solamente, para trasmitirle a Ekue su poder. Nasakó todo lo hizo con el poder de la Madre de Agua, que es el majá, dueño del río. Sólo una vez, en el principio, Nasakó le dio a Tanse sangre de majá, como le dio también sangre de jicotea y de otros animales."

Efik Akanirán: Potencia de la ciudad de Matanzas. "Esta Potencia, decían los viejos, era de atákuas, una tribu de tierra Efik. No tenían nada que ver con los lucumí tákua, los dueños de Changó Ogodó makulenko, **Agagáomá kulensón lu ku un tákua de Soayé..."**

Efik Akobó: aldea de tierra Efik.

Efik Akuarayó: el Ireme de la consagración.

Efik Amokoró Bongó amiyisuún aminiwá Obane.
Abakuá irio Bongó nkume erumé Obane Bongó
Efik Abarakó: de Mokoró se trajo el güiro en que se tomó el agua de la consagración, dijo Efiméremo en la consagración del Fundamento.
Efik anarubé Okobio eñene Efor Newe unkobio.
Awarentemio Obani úbiamameñongo Mokororó Obane echitubé Moruá: título que le fue otorgado a Mokororó en la consagración de tierra Obane.
Efik Arama akunantón: la frontera de Efik Abarakó y Efik Mbemoró.
¿Efik ararike Butón?: ¿Cómo surgió el ruido en el Bongó de Efik Butón? Se responde: **Ekue ntumé Bonkó nchemiyá.** La Voz de Ekue fue trasmitida al Bonkó directamente, "de cuero a cuero."
Efik Aroko Nyuáo: Potencia habanera.
Efik aroko nyuáo okorobé nandibá baroko baroko nansáo ñongobia beromo Keatongobiá: palabras de la marcha que se canta en la ceremonia de una consagración de Potencia Efik. Se alude al primer Baroko.
Efik aroko nyuáo Tanga Tanga Efiméremo: el primer rey de tierra Efik, que abdicó para ser Iyamba.
Efik atákua irión Efik atákua irión mokabia sisí: "un lugar en la tierra de Efik donde se arrojaban los restos de los sacrificados."
Efik Barondí: una Potencia de Matanzas.
Efik Barondí kamá: río que divide a Uriabón Tafia Boko Efikabakuá.
Efik bondá: loma de tierra de Efik. No confundirla con Ibondá, que se halla en tierra de Efor.
Efik Bondá: nombre de una Potencia de la ciudad de Matanzas.

Efik buté: Potencia Efik Butón. Los carabalíes pronunciaban **Efik Buté** y no **Efik Butón.**

Efik Butón: la Voz en el Fundamento que Efor le dio a Efik.

Efik Butón: Potencia, "rama" Efik filial de Efor. Las Potencias Efik Butón se crearon en Cuba. Los Efor eran africanos y los Efik eran criollos.

Efik Butón anamerutón jeyei awana toito itia itiobé: Efik Butón nace en Cuba de un coco, es decir, con el coco se hizo el tambor que representa el misterio de Tanse y Sikán.

Efik Butón awana kambito Eribó: el coco que en el primer Baroko de la Potencia Efik Butón, "aparentó" ser Ekue.

Efik Butón Efik Efor Efor ko namerutón añanguiriri akayé efión: "los de Efor le dieron el fundamento de su religión a los de Efí Bute para que ellos pudieran practicarla como sus mayores en Africa. En San Francisco de Paula había muchos Efor que poseían Ekue, y fue a ellos que los Efí Bute les pidieron que se lo dieran."

Efik Butón mukarará mangó: en Efik los mukarará -los blancos- no oyeron a Ekue.

Efik Butón yumané ekoko bomio bomio butón Abakuá ororó nyenisón: nombre de la primera Potencia Efik Butón en Africa.

Efike: güin.

Efike Akamaró: nombre de una Potencia.

Efike Awakananeto: nombre de una Potencia.

Efikebia eta: el primer Efik.

Efike Butón: "lugar donde el río da una vuelta muy grande y no se puede navegar."

Efike Butón -Efik Butón-: antigua Potencia, la primera fundada en el pueblecito de pescadores de Regla, en el puerto de la Habana. Se dice que fue la primera Potencia criolla. En la consagración se utilizó un coco -kambito o itiobí- que representaba a Ekue. Vaciado, agujerado y cubierta la abertura por un pellejo de pescado, según unos, por un parchecito de chivo según otros, o sin parche alguno, y en su base tres patas de perfil curvo recortadas en el mismo coco. En cada pata una "fimba" o emblema -de Nasakó, Isué y Mokongo- como puede verse en la fotografía que publicamos en el "Monte" y en "Los Instrumentos de la Música Afrocubana" de Fernando Ortíz, que le reproduce en el tomo V. pags. 250-258, y aunque en ese coco no aparece hueco ni membrana, se frica con el yin. En la fundación de la Potencia Efike Butón se trasmitió la Voz de Ekue con marímbula, instrumento que "pertenecía a los Efik."

Efike Butón, Efike Efión Efike namerutón Ñanguirirí Efión: momento en que la Potencia Efike Butón dio sangre fresca a todos los objetos sagrados del culto Abakuá.

Efike Butón Efike Efor ñanguirirí Efik: Efike Butón fue consagrada por los Efor.

Efike Butón Eforí muteke, Eforisún ororó Bakokó, Mokokó nseniyén, Awana Mokokó Efor: nombres de las primeras Potencias o partidos que hubo en la Habana.

Efike Butón Efor ke anamerutón Efor nameruyé Brandi Mosongo teyenebón obón Iyamba: los mismo es Efor que Efik, Efor le dio Fundamento a Efik y consagró a Iyamba.

Efike Butón Ekue Uyo usankemio ororó amanisón: el Ekue de Efik Butón fue el primero que sonó en Cuba.

Efike Butón erié yenisón Abasí Bonkó Usagaré munán kebé osangrimí aprofángomo Efiméremo bijuraka bakondondó Abakuá: En Africa, Efike Butón adoraba su Bonkó. Lo adoraba antes que a Ekue. "Cuando en Usagaré los Efor los consagraron, ellos en cambio de Ekue les dieron ropa." (Trueque que niegan rotundamente las autoridades en la materia).

Efike Butongo: nombre de una Potencia.

Efike Butón ntrengómo basaroko ntre yenobón Abakuá: soy un gran caballero en mi Potencia. Lo puede decir todo obonekue según sus merecimientos. "Lo decía de sí mismo Andrés Petit."

Efike Butón ñampán Abasí Usagaré: Efik le debe la Voz a Usagaré.

Efike Efí, Efike Butón Efike nameratón atañe ñongobón Efiméremo obón itón: "mi agua bendita es poderosa como la del Santísimo Sacramento.

Efike Efiguéremo: Potencia de la ciudad de Matanzas. Una de las tres Potencias originarias de los Efik.

Efik Efiguéremo akuá nyogo mukabia sisi mukabia erombé: Efiméremo le sacrificó un congo al Bongó. "Sería mejor decir: Efiméremo mató al congo para lograr con la sangre de su sacrificio el sonido de Ekue."

Efik Efiguéremo Bakondó Abakuá: el rey que recibió Ekue de manos de Efor.

Efik Efiguéremo Efik Obane Ekue Mbemoró: título de Efiguéremo.

Efik Efiguéremo kiñón kianaru kié osobén kanima: hombre libre soy, trabajo para mí y tengo rotos los pies porque no tengo zapatos.

Efik Efiguéremo krúkoro itiá Abasí aromiñán sankantión amanantió ara okobio ñene Usagaré: el rey de Efik y sus tribus arrodillados adorando el Fundamento que han recibido de manos de los Efor.

Efik Efike Butón Efike wanamiró awana tóito: con mi familia Efike Butón, soy rico.

Efik Efión: nombre de una Potencia.

Efike Eforí kubiamo awantete amaribá Uyo kondó bandó: el derecho de Ekue lo pagan los Efik porque son los que están cerca del mar.

Efik era kembán Amogoró tindé: "saco" de Efik.

Efik Eruma: monte que linda con Mbemoró.

Efike Isumano: nombre de una Potencia.

Efik kamayé nchemiyá Bonkó: firma, emblema del Bonkó.

Efik kobó amanankobe: guerra de Efik contra los Efor.

Efik koname Efik: territorio en Efik vecino a Ekoname Efor, embarcadero ya en tierra de Efor.

Efik konamefí Efor koname Efor Mokongo mauyo Uyo Mokongo jurakambori Mokongo machébere ekón Abasí: canto en alabanza del Mokongo cuando se traza su firma en la cortina del butame.

Efí koname Efí koname Efó Mokongo ma Uyo Uyo Mokongo Obí ura kambori Mokongo Machébere: "en Efi-koname, territorio de Efik, lindero con Ekoname Efor, que es un embarcadero de Efor, se juró el Mokongo de Efik, en un lugar que se llama Machébere. De ahí que se le llame Machébere al Mokongo de Efik." "No confundir Machébere con chébere, elegante."

Efikondó: Potencia de la ciudad de Matanzas. Una de las tres Potencias originarias de los Efik.

Efikondó: aldea de tierra Efik.
Efik kruma: monte que linda con Mbemoró.
Efik kuarayo: Ireme de la consagración (en Efik).
Efikubia: hermano -de Efik.
¿Efikubia?: ¿De dónde viene? Se responde: **Efí kubia awán kobé akamayene Usagaré.** Vengo de tierra Efik a tierra Efor, a Usagaré, (para ser ordenado en Abakuá).
Efikubia: el trazo que se hizo en el suelo en el acto de la consagración del primer cuero de chivo sacrificado en Efik. Lugar del sacrificio en la orilla del río.
Efikubiá awankobé akamañene Usagaré: ahí viene la gente de Efik a ser iniciados por los de Usagaré.
Efikubiá awankobé kobé okobio ñene Usagaré: palabras que anuncian la llegada de las gentes de Efik a Usagaré para la consagración del Bonkó.
Efikubia bata koñaña Usagaré: salida del Fundamento de tierra de Usagaré hacia Obane.
Efikubia okobio ñene Usagaré: las gentes de Efik en tierra de Usagaré.
Efikunákua: "Una parte por la que corre el río sagrado en tierra Efik. Este mismo río tiene muchos hijos (brazos) y muchos nombres."
Efik kunakua: Potencia ñáñiga de Matanzas.
Efik Mañongo: Potencia habanera.
Efik Masongo: la ceiba que sembró Nasakó.
Efik Mbemoró: gran territorio de los Efik y una Potencia habanera que fue muy importante. Existe aún en la Habana y en Matanzas.
Efik Mokoró: nombre de una Potencia de Matanzas.
Efik Nkara guana unkeré Efik Ekue añongobiá: Efik es dueño de la música, Efor es dueño de Ekue.

Efik Ntumakuá: guerra de Efik.

Efik Ñumané: Potencia de Matanzas.

Efik Ñumané: territorio de Apapa. Efik tenía treintisiete pueblos. Esto se dice actualmente, pero los viejos "decían" que Efik Ñumané era el desembarcadero de Apapa Efik. "Era una cañada que se cruzaba poniendo una tabla de palma a manera de puente. Nunca hablaron de los treintisiete pueblos."

Efik Obane kunambré: lugar de Efik de donde se trajo el chivo para sacrificarlo y tomar su cuero para hacer el Bonkó.

Efik sanga Abakuá Mba sanga Ekue Atafia Bonkó

Efik Obane Mbemoró: cuando las gentes de Efik no tenían Ekue, sonaban en un tambor de la tribu de Efiguéremo, que más tarde, al trasmitirle la Voz los hombres de Efor, se llamó Bonkó Ekue.

Efik Yumané: "le hicieron creer a muchos que Efik Yumané era la capital del país Efik. Pero no era más que una cañada que se cruzaba por unas tablas de palma que servían de puente.. Lo que quería decir **Efik Yamané nchite nchite umbe we:** que cuando se va a Efik Yamané la tabla tiembla, tiembla."

Efimeremé: Ireme de la consagración del rey Efiméremo Bakondondó Abakuá. Este rey de Efik recibió el primer parche del Fundamento de manos de los Efor. Instauró en Efik la religión de Ekue.

Efiméremo Akanarán: Elogio que se le hace al "saco", como decir, ¡qué lindo!, ¡qué bien hecho! (Abakuá).

Efiméremo Ekue Efik Bongó nandibá Ekue Efor: alude a la existencia de dos divinidades. Los hombres de Efik y de Efor adoran a un mismo Dios. Los dos tienen a Ekue.

Efiméremo mo kumbán: capitán.

Efimeremé munán chuí: magistrados, los que castigan haciendo aplicar las leyes.

Efiméremo Natakua: Rey "de los Efik Akanarán" y nombre de una Potencia en Cuba. Significa Efik Akanarán: Madre de los Efik, como decir en Efor, muñongo Efor.

Efiméreme tai kuá: el juez que sentencia y manda a matar.

Efiméreme Akondó: Rey rico. Rey de los Abarakó.

Efiméremo Akua miñusa: rey de mar y tierra.

Efiméremo changa kerobia: rey de Africa.

Efiméremo Efiméremo eriero otán ogán Bongó mofé ekonetambre bijurará bakondondó Ekue Butón ata orenrón kané mañón bríkamo Usagaré ntuare mbaratán koneyo: lo primero es el Bongó de Usagaré que es nuestro Fundamento y tanto Efor como Efik lo tienen que adorar siempre.

Efiméremo etakuá: Rey.

Efiméremo kabia Makuerirendó: título del Iyamba de Abarakó.

Efiméremo nangandó Sese kondo maribá ngomo Sararoko atañongobón Iyamba: palabras que se cantan en el momento de escribir Mpegó los signos del Iyamba en el Ekue.

Efiméremo Nankabia: Rey de Obane.

Efiméremo ntubiakán Ekue erón erumé: Efiméremo lleva la comida a los muertos en el río.

¿Efiméremo Obón Iyamba Isán Isán naumbre aprosaribá?: ¿Por qué Iyamba camina tan despacio? Respuesta: **Iyamba itebañe nanymbre.** Porque tiene que guiarse por la luna porque sufre de ceguera.

Efiméremo Obón ntuí: Nkríkamo cuando hace cumplir los castigos que imponen los jefes de la Potencia a los abanekues que han faltado a los mandamientos de la ley Abakuá.

Efiméremo Sanga Efiméremo Iyamba sanga muñón: Rey sin corona.

Efiméremo tete yugué moto mafimba yanse undiogo tete munandiaga Efor sisi Iyamba emumio sisi aborokibia ñouro otanko musere amanañongo: la consagración del primer cuero y de los Obones de Efor.

Efiméremo Urianabón: Efiméremo de la primera Potencia Uriabón (Efik) que en tiempos pasados era la única que tenía esta "plaza" o cargo.

Efión: sangre. **Iteni efión:** sangre saliendo de la vena.

Efión arani kakuba Bongó roró: estoy echándole sangre de gallo al Bongó.

Efión biorima ñanguiriri elobo: sangre, sacrificio del chivo.

Efión Eforí Muna Tanse: en los "juegos" de rama Efor, se dice al derramar sobre Ekue la sangre de un pez vivo que se extrae de una tinaja con agua y se le cortan las agallas. Copiando en todo a Efor, también las Potencias Efik le ofrendan al Bongó la sangre de un pez, considerándose a uno que llaman Mapó el mejor de todos para este fin. "Los carabalíes buscan al Mapó para darle su sangre al Fundamento, como cosa preciosa, sagrada."

Efión Eribó Moruá iría mbario: el Secreto ha recibido sangre, "ha comido."

Efión kima: confirmación.

Efión kima nyugueré: confirmación, último momento de la iniciación.

Efión nkima Bongó nyugueré Sikán Abakuá nkombán Abakuá ntombereré: seré fiel al Secreto hasta la muerte, juré en el Bongó -"Dueño de la Voz Definida", representante de Sikán.

Efión nkima nyugueré: la sangre que se le da al Fundamento del Eribó (tambor sagrado).

Efión nyugué boko afereké: la mokuba de Ekue está completa.

Efión kubón Ekón anamendó ya beromo Mpegó Asokaká: Mpegó trajo del monte, con el Ekón, la Voz Divina.

Efión kueñusa: sangre de lechuza. (Isunekue tenía una brujería -cazuela mágica- preparada con lechuza. Con ella quería vengarse del Nasakó por la muerte de su mujer Sikán, pero no pudo. Nasakó adivinaba todo cuando iba a hacer.

¿Efión kuri munanga erombé achitubé?: ¿Qué se hizo con la sangre del congo? pregunta que se refiere al relato del congo sacrificado para atraer la Voz al Fundamento.

Efión nyugué afereké: la mokuba de Ekue está completa.

Efioraba: mentiroso.

Efó Ireme: religión de Efor, religión de muertos.

Efó kefó efoké inuá ítia subuso masereré nkaara musekén sika bayán: el muerto llora callado dentro del ataúd esperando que lo lleven a enterrar.

Efoke na merutón ambán barandán akeyá efión: los de Efor dimos poder a los Efik para "fragayar". (Hacer sonar el Ekue de coco con el güin ó caña de Castilla).

Efokotemio eforí motemio: cría cuervos para que te saquen los ojos.

Efomiremo: camisa, ropa. "Saco del Diablito o Ireme." Traje litúrgico que representa el fantasma de Sikán y de los antepasados.

Efomiremo bijuraka bakondondó Ekue Efor Bongó Efik Makaraguaso Ndibó: se refiere al juramento que hicieron los Efik a los Efor. (Efomiremo -ropa. Bijuraka- el chivo en el momento en que se le purifica, antes de matarlo. Bakondondó -título de príncipe o reyezuelo, como Efik Efiguéremo. Ekue Efor - el tambor sagrado de los Efor. Bongó -el tambor que va a ser sacramentado para entregarlo a los Efik. Makaraguaso -los tributos de comida triturados y mojados con aguardiente, vino seco, sangre de gallo y de chivo, que se colocan durante quince o veinte minutos sobre el parche del Fundamento o tambor para que éste absorba la fuerza vital y nutricia que contienen. Luego se toman con la mano y dice: **Asoato, asoato,** mientras se frota todo el parche.

¿Efo nwarika banifán nampabio nanyere?: ¿Qué clase de sangre le dieron a la firma del Bongó? Se responde: **Eñán mokire nampabio nasene.** Sangre de gallo prieto y de jutía. Consultada esta ficha se nos dice que "no se puede sacrificar jutía y bañar con su sangre a ningún atributo sagrado. La jutía exclusivamente se asfixia y se le ofrenda su sangre en el río, a los muertos.

Efó niyura ndeme aborofí mukabia ana Bongó yukawa ndeme Efik. Yorama ana yunkeno barakó munansa ndimawó Iyamba Efik kesongo amunanyiro kiñongo Isué Eribó nangobia abisorí nantén Ekue ara Uyo akanansí Bongó narobia Efor nangobia ndeme Oru Apapa kendeke añoná ana mendiaga Obane amurantón añonotamo Otán Irión Efor ñongo bibené: "el Iyamba del territorio de Efor salió con la procesión en dirección a Obane, al pasar por Oru, donde se hallaba el Fambá, (santuario), chillaron a Uyo (Ekue) y continuó la procesión hasta el territorio de Otán Irión."

Efor: la tribu de Efor. "La tribu elegida", dueña del Poder. "Estaba tierra adentro, distante de Efik, que da al mar, pero el río atravesaba su territorio."

Efor amogoróbutón eñewe barino Moruá ndeme Efik?: ¿De qué era el primer parche del tambor cuando Efor bautizó a Efik?

Efor Efik Eribó erón ndibó ndeme Efor Eribó Erón ndibé ndeme Efik Bongó Itá Abasí aropá aprokurí Mosongo kokomambisa kokoriko mbayaka: Efor es igual que Efik proque profesan la misma fe y porque es Abasí quien dispone de Efor y de Efik.

Efor Ekue amoringuí: cuarto enlutado por un obonekue muerto.

Efor Ekue amoringuí irión kambembe: en la ceremonia fúnebre de Ñankue, el acto de trazar los signos en el Foekue.

Eforembeke: testículos del chivo.

Eforí: brujería.

Eforí: nombre de la flecha horizontal que atraviesa las otras tres flechas del signo o firma de Iyamba. Representa su jerarquía y su poder.

Eforí afremené ñá Nasakó beromokié: en una ceremonia fúnebre, al introducir Nasakó los "derechos" (las especies de las ofrendas) en el Eribó.

Eforiakama maribondá: palabras que aluden a la primera vez que el tambor sagrado de Efik produjo el sonido, la Voz divina.

Eforián komo: la brujería.

Eforí ankomo komo Ireme Etá: el primer Ireme que llevó el tambor a la consagración de los Eforí Ankomo. (El Ireme Eribangandó).

Eforiankomo komo komo ereme Taibo Bongó Okambo orurú Orambo kanikawó ororobá kuririón ayagramoto nbogó mofé: Títulos de Eforiankomo, antiguo "juego" de los criollos.

Efori asoko nambioro moto: palabras que pronuncia Ekueñón al dibujar una cruz de sangre con el pescuezo del gallo recién sacrificado, en las cazuelitas que contendrán la mokuba.

Efori asoko nambiero moto: las especies que se ofrendan a Ekue y a los Espíritus dentro de un recipiente.

Efori atón: plumero de Isunekue.

Efori Bondá: Potencia que desciende de la tribu de Eforisún.

Efori emái: lo sobrenatural.

¿Efori enumentemi mbiaga bibí?: ¿Qué nombre le dieron al cuero que sustituyó al del Pez, en tierra bibí? Respuesta: **Erube Efor Baroko nansao.**

Efori Gumán: territorio de Eforinsún.

Efori Gumán: Potencia habanera.

Efori Gumán Bongó Basaroko erori butame ata Eribó Ekue. Ura Bakue kondo mina mefé achababá Ekún eriri bakribafión mbori nkiko umón Abasí subríkamo arakakambembé arakunán boribó Mokongo arabesuá Iyán Ibonekue folantororó kufón mayane Efor: Nosotros los Gumán Efor hemos jurado con todos los derechos como en Africa, y hemos jurado no admitir jamás a un blanco en nuestra institución. Si violamos este juramento perderemos nuestra reputación y nuestra dignidad.

Efori Ibondá: brujería de Ibondá; la loma en que Nasakó aseguró la transferencia de la voz de Ekue al cuero del chivo.

Efori Ika: mokuba que bebe el Isué en su consagración.

Efori kamá maribondá Efik: la primera vez que Ekue sonó en tierra Efik. (por la brujería de Efor).

Eforikiñongo biankomeko Oru: "ahí viene la música de los Oru" -que van a recibir la brujería del Ekue que los consagrará. Se dice también: **Biankomeko awana Sese Oru,** a la música, los tambores profanos de los Oru.

Eforí mañene forí, Eforí mañene ekún, Eforí sese aforitán Bekura Ibondá awanaribe Efor. Eforí moteke mbere Ekue ñaña komo Ireme Taipó, komo Eforí ankomo Ikondó Eforí kondó Bumán Eforí Bumán aseseremí Eforisún Eforí ntoki Eforí sisi Yamba Efor kembán Boro kembán Ekue Efor Bongó unkagua: conjunto de tierras de Efor que componen el territorio de Eforinsún, ciudad grande de tierra Efor.

Eforí mañene Eforí, Eforí mañene Ekón. Eforí Sese Eforitán Bekura Ibondá Eforí Matekembere wanarimbe Efor. Ekue ñaña Ireme Metá nkomo Eforiankomó Ikondó Eforí kondó. Mbuna Eforí mbuna. Ntoko Eforí Ntoko. Aseremí Eforinsún Eforí Sisi Iyamba kembán aborokembán Ekue Efor Bongó yukawa: todos los Eforisún con sus embarcaderos y capitanía en tierra Efor.

Eforí mebó: "es la esencia de la brujería en la trasmisión." El principio y la substancia mágica que hace posible la trasmisión de la Voz al tambor.

Eforí Mebó: Potencia habanera.

Eforí mekó Masongo: la copa con agua bendita y albahaca.

Eforí motemio mbori amotuto: purificación del chivo.

¿Eforí mumuntemio mbiaga bibí?: ¿Qué nombre se dio al cuero del chivo que sustituyó el cuero del Pez? **Erube Efor baroko nansáo,** sustituyó el cuero del Pez.

Eforí muñanga: tercer Fundamento de Efor.

Eforí musi musagará: brujería compuesta con polvo de pájaro.

Eforí musi musi Eforí masá masá Tata dugón dugo Ekue Sansoberemo ñaítua: cuando el Moruá llama a un Ireme y éste no atiende, le dice estas palabras para hacerse obedecer: no te hagas el loco, ven para que seas reconocido por Ekue.

Eforí muti muti: brujería, misterio, carga mágica del Ekue.

Eforí nambioroto moto: echar sangre en la jícara en que está la mokuba.

Eforí nandibá mosongo: quinto Fundamento de Efor.

Eforí nandibá Mosongo ntarabia na mañón: mi Ekue está sonando en el embarcadero.

Eforí nibio: nombre de la Mokuba que se le ofrece a Tanse y a Sikán, (el Mokongo la envía al río como ofrenda a sus Espíritus).

Eforí Nibro nibó: la Mokuba que Mokongo envía a Tanse en el río.

Eforí Nkari: cuerno. "Nombre del cuerno mágico con poder para dominar a los Espíritus (Iremes), que Nasakó dio a Nkríkamo, conjurador -jefe- de los Iremes.

Eforí Nkomó: la Potencia de ñáñigos más vieja actualmente, de Cuba. Cuenta un siglo de existencia, (en el barrio de los Hornos).

Eforinkomo komo Ireme Taipó: nombre de una vieja Potencia habanera que aún existe.

Eforinsún: territorio donde nacen todos los grandes hijos que pertenecen a Wanabekura Mendó, territorio de Usagaré Efor.

Eforinsún : una de las tres principales y originales Potencias de los Efor.

Eforinsún: el rey de Eforinsún. Tuvo siete hijos. Todas las "tierras" o Potencias que comienzan con el nombre de Eforí, proceden de Eforinsún. **Eforí, Ankomo, Eforí Gumán, Eforí Ntoki, Eforí Mebó, Eforí Mokokó, Eforinsún Olilí,** la más grande de estas divisiones territoriales, por su laguna y su tráfico comercial. Las Potencias creadas en Cuba tomaron su nombre de estos distritos.

Eforinsún: "tribu que tenía una piedra que consideraban preciosa y se adoraba como a un Fundamento.

Eforí nteme boko: Fundamento.

Eforí Ntoki: antigua Potencia habanera compuesta exclusivamente por bríkamos. Como la de Biabanga, sólo tenía trece Plazas o dignidades. "Al nacer - constituirse- sólo consagró once, pues no encontraron los dos carabelas que faltaban para completar las trece. Los antiguos no querían criollos en sus Potencias. Estos tardaron veintitantos años en iniciarse y tener juego."

Eforí Nyeme: "brujería de jutía." Polvo usado para maleficios. Lo prepara Nasakó con las cuatro patas de la jutía y la cabeza.

Eforí Obia: la primera Mokuba, que fue hecha por Nasakó.

Eforí Obia: nombre de la Mokuba que el Isué, Ministro de las consagraciones, da a beber al iniciado. La prepara Ekueñón.

Eforí otón: nombre del plumero de Isunekue, que adorna el Sese.

Eforí sanga baradeke: "La primera hierba (mágica) la arrancó Nasakó en tierra de muertos."

Eforí sanga barañékue: la primera hierba que Nasakó cogió en el cementerio.

Eforí sanga barán Ekue: incienso de costa.

Eforí sankeno: burro.

Eforí sankeno: burro. Una brujería que hacían los antiguos con el rabo de un burro. Cogían el rabo, lo secaban, lo embrujaban y con él espantaban a cualquier espíritu malo que penetrase en una casa.

Eforí Semia: nombre de la Mokuba que se aparta para que Iyamba humedezca sus manos y "fragayar", hacer sonar a Ekue. Después, esta Mokuba se llamó **Aransene.**

Eforí Sese Eforí eforí aberetán Nasakó nawerembán: no hay brujería más fuerte que la que contiene el Sese.

Eforisisi Iyamba afragayá Mokuba India Abakuá: mojarse las manos el Iyamba en la sangre de la Mokuba, para fricar -fragayar- la caña de Castilla colocándola sobre el parche del tambor que produce el sonido de Ekue.

Eforinsún: "tribu de carabalíes que practicaban la brujería. Eran hechiceros famosos por su arte. No petenecían a la tribu de Efor ni tenían nada que ver con ellos, pero eran tan brujos que por derecho propio, Efor les dio el secreto."

Eforisún: "es el dueño de las lagunas que son navegables y en las que se comercia, y a su capitanía le pagan tributo."

Eforisún: capitanía de tierra Efor. De esta tierra procedía el gallo que se sacrificó en Bekura Mendó.

Eforisún siakobenabia Efor siabata uñaúña mokuré akiñongo ndeme ápapa Efor ete yenesón taurerán Abakuá ubiogo moteke namendó: título de la capital de **Eforisún de Apapa Eforete yenesón,** que son los amos de la tierra.

Eforitán Moruá Ekue Efión tankorikó isa Ekue Eribó Mosongo Obó Iyamba: dice Ekueñón al arrancarle la lengua al gallo y colocarla sobre el tambor sagrado.

Eforitongó: lugar a donde pertenecía el brujo de Efor.

Eforitongó: palo torcido, inservible para hacer Itones. Nombre de una Potencia de Regla descendiente de la rama de Eforiansún.

Efori unane taibonkó: el güiro o la tinaja donde estuvo el Pez.

¿Eforí Uyo mañene Eforí enewe Uyo unkeno?: ¿Cómo sonó Ekue sin intervención de los Obones? Respuesta: **Kukurike ñangabión aborobó tindé:** el majá fue el que lo hizo sonar. Se dice que un majá, animal sagrado entre los carabalíes, se deslizó sobre el parche del tambor y lo hizo sonar. "**Ñangabión** estaba en la **krikola** de Nasakó", (cazuela que contiene la brujería) y cuando Sikán retiró su güiro del agua, un majá iba enredado al güiro.

¿Efor keayene Efor akambambá etié nunkue chitubé?: ¿Cuál fue la primera Potencia que se creó en la Habana? Se responde: **Etié Efik Butón Eforí Muteke Eforinsún Bakoki Ororó Mokoko nseniyén Wana Bakokó Efor:** primero fue Efik Butón por la rama de Efik y la rama de Efor, Eforí Muteke de los Bakokó. Eforí Mokokó Nseniyén Wana Bakokó Efor.

Efor Kondó Ndibó: Potencia habanera.

Efor si anamefe obonekue mapá: "dime qué es Efor y qué es Efik, ya que eres obonekue."

Efotoíto: vibrar la Voz en la caña de Castilla -Saékue- fricada por el Iyamba en el momento de "transmitir", es decir, de sonar el Ekue sobre el Bonkó, que en tierra de Efik es el equivalente del Ekue.

Efotoíto Iyamba ntre kurí ñongo Pabio ñene mi sanga bakuá erensuá krúkoro: Iyamba transmitió la Voz a Efik Buton, en Guinea, en la tierra de Usagaré, con la propia Voz del Ekue.

Efousene: buenos días. Muchos ñáñigos dicen que "asere" no quiere decir buenos días, sino persignarse ante el Fundamento, hacer acto de reverencia. **Asere Abakuá erobe siene Ndibó munaé.**

Efukeriero: revolver.

Efuñipán: papel.

Efuñipán: carta, oficio.

Egilikobe: la pulpa del coco (itiobé).

Ekalá, kala o nkalá: cabeza (en Briche).

Ekanibó: pelo.

Ekansé: lagartija.

Ekerewá: tierra que pertenecía a los de Betongó.

Ekerebión Efor: Potencia de Matanzas.

Ekerewá kanfioró: Potencia habanera.

Ekerewá Momí: Potencia habanera.

Ekeripogutié: garrote.

Ekeritán yambumbé: la Voz de Ekue, la primera vez que se hizo oir.

Eketé: pueblecito del Calabar.

Ekeúmbre bojo úmbre nkiwe: Ekeúmbre sacrifica la jutía que se le ofrenda a Tanse y a Sikán.

Ekiñón: iniciado que desempeña un cargo en la Potencia.

Ekisón: iniciado que no desempeña ningún cargo en la Potencia.

Ekóbikó: tuerto, el que sólo tiene un ojo (como algunos Iremes).

Ekobio: yuca.

Ekobio: la reunión de los individuos que integran una Potencia.

Ekobio: cofrade, ñáñigo.

¿Ekobio afokama chirión aberosón Efik aberosón Efor?: ¿A qué rama perteneces?

Ekobio Mukarará: Potencia a la que se agregaron los Eñón Bakoko.

Ekoi: actualmente unos cien mil ekoi habitan el curso superior del Cross River. La sociedad **Egbó -Ekpu, Ekpó-** es de origen Ekoi. "Los **Ekoi** eran los dueños de Ekue", se cansan de afirmar nuestros Abakuás.

Ekoi: el pecho, corazón, ancestro. "El corazón del ñáñigo es de los Ekoi, de los antepasados."

Ekoi: la Voz. **Abasarorí kamá ñene koi:** "Llega la Voz divina de Ekoi, ya está hablando."

Ekoi: "el poder que está en el plumero."

Ekoi beromo: "en las plumas está el espíritu de los Ekoi."

Ekoi beromo: el Gran Poder del Sese.

Ekoi Beromo Yamba birakuá: colocar el Iyamba su plumero entre las cuñas de Ekue.

Ekoi Efor nameretún: la gran tribu dueña de una cosa sagrada.

Ekoi Ekoi Erón: capitanía de tierra Bibí.

Ekoi Ekoi sene manwere Mosongo Mañón Moruá: palabras del canto que acompaña hasta el Baroko al obonekue que va a jurar la dignidad de Mosongo.

Ekoi Isué nyenemí bongó Abasí itékerebión Ekue Mbemoró: dice el Isué al trazar su firma en el Fundamento (el Isué de la Potencia Mbémoró).

Ekoi koropó: cementerio.

Ekoi Mesón: nombre de la ceiba en que se recostó el Mokongo cuando iba a consagrarse.

Ekoi na meretún: los dueños de lo que sonó... (de Uyo, de Ekue).

Ekokó: bicho, alimaña. "Uyo sonó como un sapo en el río, y antes de que se supiese lo que era dijeron: ¡Ekokó o Ekokóriokó!"

Ekokó: diablo, "cosa mala."

Ekokó awanaramo Efor Ekokó awanaramo Efik: la gente de Efor "cargó" -embrujó- un cocodrilo para que los Efor no cruzasen el río.

Ekokó awanaramo Efor ekokoékokó awanaramo Efik unko unkokó awanaramo unkoko ekokó naramó Efor: la gente de Efor envenenó el agua del río y situó un cocodrilo para que la de Efik no pasara a su territorio.

Ekokó amana yagará tindé: dice Ekueñón al presentar los derechos (ofrendas) a Ekue.

Ekokó asende: cuero o parche del Bongó.

Ekokó Beromo: nombre del parche del tambor de Ekueñón.

Ekokó bigorafia: gusano de ñankue (muerto).

Ekokó bigarafia: el chivo que se sacrifica en la ceremonia fúnebre.

Ekokó ebomia: cuero del chivo. Nombre que se le da también al chivo cuando Mbákara lo entrega para el sacrificio.

Ekokó iteromo: la piel del Pez en el primer Fundamento. (En la güira).

Ekokó itía naubomia: "hablé y no me has contestado."

Ekokó mofé Obani mapá: todas las gentes de Obane bebieron Mokuba, sangre de gallo.

Ekokó munandiaga: cuero del chivo sacrificado cuando se le pone encima a Ekue y todos los atributos sagrados.

Ekokó munandún: el cuero del chivo sacrificado cuando tiene dibujadas todas las firmas -emblemas- de los Obones: de Iyamba, Mokongo, Isué, Isunekue.

Ekokó munansiro: nombre del parche del Bonkó. El cuero del chivo desollado cuando se tiende ante el altar del Batamú y lleva dibujadas, a la altura de la paletilla derecha la firma, **Ñanguereré biké,** de Mokongo; en la izquierda la de Isué, **Ñanguereré Okié.** En el muslo derecho la firma de Iyamba, **Ñanguereré Ikié;** en el izquierdo la de Isunekue, **Ñanguereré binankié,** y en el cogote la de Ekueñón, **Ochenguereriké bambá.**

Ekokó muñapa: el Pez callado (en Otano y en Olugo).

Ekokó muñapa ñangansene ntimabón: el Pez silencioso en el río Odán (en Otamo).

Ekokó musón kawa otaiba Bonkó: el primer parche (de pescado) que se le puso al Ekue en tierra de Efik.

Ekokó mutankere ntá roribonkó: la trasmisión de la Voz al Bonkó. El acto de sonar siete veces a Ekue sobre el Bonkó.

Ekokó ñanga itúa muna nkene Efor Muñongo Efor amakurí Abasí Ndibó Muna Mpegó: en la primera consagración el tambor de Mpegó recibió el título de **Muñongo Efor amakurí Abasí Ndibó muna.**

¿Ekokó ñanga ituá muna nkene Efor?: ¿Qué título le dieron por primera vez al tambor de Mpegó? A lo que se responde: **Muñongo amakurí Abasí ndibó muna Mpegó.**

Ekokó ñangansene Efiméremo Obón Iyamba yíwi fabaka muñón: palabras que dice Ekueñón arrodillado con el Fundamento en la mano; Isué se lo quita para colocarlo tras la cortina en el espacio llamado **Iriongo.**

Ekokórikéno: cuero del chivo que llevaron a la orilla del río de Usagaré y que Nasakó consagró, sustituyendo al de Tanse. Cuero del primer chivo que se sacrificó.

Ekokórikéno Unsankeno ñongobia beromo itía Munandiaga Sese Warikombo: título que los Efor otorgaron al primer tambor -Bonkó de los Efik.

Ekokórikó amana amana nseniyen: el cuero del chivo cuando Mbákara lo presenta a los astros y luego envuelve con él al Sese Eribó.

Ekokó sende: primer cuero del Fundamento de Efike Butón.

Ekokué: flauta africana; un canuto con cinco o seis huecos que emite distintos tonos de sonidos. En el "nacimiento" de la Potencia Efik Butón, esta flauta se puso entre los derechos o tributos.

Ekombre: derecho, ofrenda, tributo.

Ekomé: plátano.

Ekón: especie de campana triangular o cónica, sin badajo, formada por dos planchas de hierro y un mango de unos doce o quince centímetros de largo, que se suena con un palito. Con el Ekón se llama al Espíritu, a Ekue, la Voz divina. Acompaña a los "tambores de la música", los tambores semi profanos que en número de cuatro tocan para bailar y cantar en las fiestas de los "plantes". "Los de la tierra Mutanga eran los dueños del Ekón." Algunos ñáñigos pretenden que originalmente, en Cuba, el Ekón era de madera, y que a mediados del siglo pasado, se fabricó de hierro. El Museo de Bellas Artes de la Habana posee una colección de varios tipos de estos instrumentos. Fue muy frecuente el Ekón "jimagua" -doble- como el de los Efik Abarakó Taibó. El Ekón habla con los Iremes. Un solo sonido equivale a un saludo. Si se percute aceleradamente expresa alegría. Si "dice" ko-ko-ko-ko-kín, está pidiendo a un Ireme que baile. Y puede decir plátano -kokón-, coco -kokí-, caña -konkonkín-, etc. Con esta campana Ekueñón llamó el Espíritu de Tanse, "y desde entonces se atrae la Voz con el Ekón y no con el tambor de Mpegó, como se hace en algunas Potencias. Ekueñón fue con el Ekón a la sabana, captó la Voz y se la trasmitió a Mosongo, el Fundamento. Y así cuando la Voz llega del monte en el Ekón, se traspasa al Mosongo."

Ekón: representa al tambor de Mpegó Ndibó, que no puede ausentarse pues guarda el orden en la Potencia. Cuando Ekueñón sale a buscar la Voz Divina, Nkríkamo lo acompaña, éste invoca y atrae a los Espíritus con su tambor, y el Ekón capta la Voz y la lleva al santuario.

Ekón: fue el primer instrumento sagrado porque recibió la Voz Divina antes que el cuero del Pez, que el humano y que el de Mbori -el chivo. En el Ekón se le oyó antes que en estos cueros. "Nasakó llevó el Espíritu al Secreto, dominado y metido en el Ekón."

Ekón: se le llama al obonekue que lleva el Ekón, la campana litúrgica.

Ekón: un pueblo cercano a Obane.

Ekoná: embarcadero, río.

Ekón Abasí beremoto: sonar las campanadas de las doce del día.

Ekón Abereitía: "transmitiendo con el Ekón", es decir, llevando a los Espíritus con el Ekón, al cuarto de los misterios o Batamú.

Ekombre o Etombre: fusil.

Ekón ekón ekón, ekón anyoró. O ekoná ekoná ekoná Ekún: dice el Isué en la ceremonia del Ñankue, sonando el ekón junto a cada uno de los tres pies que sostienen el Ekue. Y al decir Ekún -pólvora- se enciende la pólvora que ha regado en el Gandó, la cual se lleva el alma del Monina o adepto.

Ekón kairá: las seis de la tarde.

Ekón kribia kon Ndibó. Boro kibia ñoúro: al Ekón fue la voz de Tanse cuando llevaron al río su cuero seco para bautizarlo, (consagrar el primer Fundamento de Ekoi).

Ekón kribia Ndibó: "la Voz de Tanse en la campana", "como si el Pez viniera sonando en el Ekón."

Ekón Ndibó asokákaka apampará namusanseno. Asanga Nkanima akuán karumina Tembán asere munanbán: Se dice cuando Ekueñón, Nkríkamo y el obonekue que porta una teja -**musa**- con el incienso que purifica el camino, regresan con la Voz que han ido a buscar.

Ekón Ndibó Ekón kribia borokibia ñóuro: el Ekón sagrado, la campana litúrgica Abakuá en que estuvo antes que en Ekue, la Voz sagrada.

Ekón uriabana ekón: "el primer instrumento -Ekón de madera- que se tocó en Africa."

Ekorí: día.

Ekoriabakuá Efor: Potencia ñáñiga de Cárdenas.

Ekoriabakuá: iniciación y Potencia, "rama" o agrupación a que pertenece el Abakuá o iniciado.

Ekoria Otán Oru: Potencia habanera.

Ekorié (Efor o Efik): día del nacimiento místico.

Ekorio: el conjunto de Plazas -"placerío"; dignatarios de una nación, juego, tierra o Potencia.

Ekorio (u Okorio Efor Eroibá): tercer juego o Potencia fundado por ñáñigos blancos.

Ekorio Apapa: Potencia habanera.

Ekorio, eñene eribó komboto, umi yaremá tete?: Hermano, dígame si ha visto a Dios, en el cielo o en la tierra. (Puya).

Ekorio Ibá Ekoi: la más antigua de las "ramas" de Usagaré. Los dignatarios más viejos de Usagaré.

Ekorio kefé: nació bien (fue bien iniciado).

Ekóriokó: botines.

Ekríkoro: personas.

Ekue: lo sagrado y secreto. Ser mítico y sobrenatural al que rinden culto los abanekues, y el tambor con caja -**kanko**- de madera y forma ligeramemte cónica que descansa sobre tres patas cortadas en la base. Cada una de estas patas representa una de las tribus fundadoras de la Sociedad Abakuá. "Sólo se le oye, nadie lo ve." Según la leyenda "fue el gran poder, el espíritu que encarnó en un pez -Tanse, Tansi, Iyá- en el río del Calabar. Los adivinos de la tribu de Efor y de Efik, que habrían de disputárselo hasta que las dos tribus se acordaron en una alianza religiosa, esperaban su aparición y trataban de capturarlo con sus magias respectivas. Pero fue hallado casualmente por una mujer de la tribu de Efor, Sikán, que diariamente iba al río a llenar de agua un güiro o calabaza, para los quehaceres de su casa. Dentro del güiro, que la mujer portaba en la cabeza, el Pez dio tres voces pavorosas, "tres chillidos del otro mundo." Y así la tribu de Efor, "por la voluntad de Abasí", se adueñó del ser misterioso que no tardó en morir dentro del güiro en que había sido sacado del río. En vano el brujo Nasakó, en cuyo templo se había depositado, trató de reanimarlo. Para atraer y dominar al espíritu que había abandonado la forma del pez, en que se había materializado y revelado a la tribu y para que se manifestase de nuevo sonoramente como en el río, cuando fue apresado, aquel adivino consultó su oráculo infalible, Mañongo Mpabio, y éste le dijo que era necesario sacrificar a Sikán y ofrecerle su sangre. Así se hizo, y se le ofrendó a su espíritu la sangre de un gallo. Se unieron las dos substancias, la del pez y la de la víctima. La piel de ésta sustituyó a la del pez en la boca del güiro, y entonces se llevó el Espíritu a la piel, en la que se manifestó, pero con muy débil sonido. Tras muchas pruebas realizadas después con pieles de distintos animales, el brujo encontró, guiado por Mañongo Mpabio, que el mejor medio que podía utilizarse para captar la Voz misteriosa, era la piel del chivo, y el chivo fue sacramentado y sacrificado. Se construyó entonces con madera de ceiba -Ukano mambré- la caja de un tambor y se le puso el parche de cuero de chivo, que sustituyó al primitivo güiro con el pellejo del pez y después con la piel humana. Ekue es un tambor con un solo parche, cuatro cuñas, cáñamo y caja de cedro, generalmente enteriza, con tres pies. A veces está asentada y atornillada sobre pies postizos que permiten al Tambor de Orden, el Mpegó, que representa a Ekue, hacer efectivamente las veces de Ekue. Mpegó es un tambor de hechura cilíndrica, de cuarenta centímetros de alto que suena con una sola mano el dignatario Mpegó, sosteniéndolo debajo de su brazo izquierdo. Pero "el cuerpo" de Ekue debe ser de una sola pieza con sus pies. Cada pata simboliza a uno de los tres jefes de la confraternidad Abakuá, a cada una de las tres tribus que le rindieron culto después de iniciadas en Bakura --Usagaré-, y a las tres piedras sobre las que originalmente asentó Nasakó el güiro con el Pez y se arrodillaron para ser consagrados los tres obones o jefes. Los ñáñigos explican que la transformación sufrida en el tiempo por este tambor hasta adoptar su forma actual es la siguiente: en la aurora de la religión era un güiro sellado con piel de pez, en la que el sonido cobraba escasa resonancia, "aunque el Espíritu estaba en él." Para obtener mayor resonancia se cubrió la boca del güiro con la piel de una criatura humana y sus tibias sirvieron de soporte al tambor-güiro. Según "los tratados (leyendas) varios congos fueron inmolados al Espíritu, para que con su sangre éste acrecentara sus fuerzas. Por último, el güiro se convirtió en Bongó - Kanko-, en el tambor de madera con parche de cuero de chivo. Algunos ñáñigos sostienen que su forma ligeramente cónica evoca la forma del Pez, y las patas del tambor, su cola tripartita o "las tres espinas que, como adorno, tenía Tanse en la cabeza. "El sonido de este tambor se obtiene por fricción. Una delgada caña de Castilla o güín -Gynerium sacharoides- que ellos llaman Yín y que consideran como "el hermano de Ekue", Saekue, se apoya en el centro del parche, en el cruce de las líneas que forman una cruz o "cuatro vientos" que se ha dibujado en éste con yeso amarillo, y el Iyamba, (u otro jerarca abanekue con potestad para hacer "hablar" el Fundamento) con las manos húmedas en sangre, frota el Yin de arriba abajo, lo que produce el sonido que los ñáñigos comparan el rugido de una extraña fiera o al croar de un sapo-toro. Los neófitos al iniciarse le pagan como tributo a Ekue, el sacrificio de un gallo, y el de un chivo, los ya iniciados que van a jurar alguno de los diversos cargos o ministerios de la Sociedad. El ritual que permite transferir el Espíritu de un Bongó a otro, la transmisión de la Voz que sacramenta a los objetos sagrados y a los hombres de las Potencias, junto con la continua evocación de los hechos y de las circunstancias en que estas transmisiones se realizaron, es el sistema central de la liturgia Abakuá, de los cantos y oraciones y del simbolismo de los signos indispensables a la práctica de cada rito. Cómo "conversa Ekue", "cómo chamuya", fue el gran secreto largo tiempo guardado por los "hombres de Ekue", en Cuba. Sólo los iniciados de mayor jerarquía sabían cómo operaba la brujería de Nasakó que en la aurora de la religión, por virtud del yeso, de la sangre, del cuero y del Yin, enseñó a sus antepasados a "hacer chillar a Ekue". Así nos explican, "Ekue le habla, le contesta a todos sus hijos cuando hay fiesta, un Plante, un "nacimiento" o un Ñampe, (funeral). Los espíritus de los antepasados lo acompañan. "Ekue no monta -no toma posesión- del abanekue, "va al cuero del chivo y le habla en lengua de tambor. Por ejemplo: cuando se le dice: **¡jeyei baribá bario benkamá!** contesta **¡jum!** que significa: te oigo. Se le dice: **Asere krúkoro obonekue,** etc., y él responde ¡**wú, wú, wú,** dando a entender que está contento, satisfecho, y así por el estilo, según las circunstancias y lo que se le dice. Cuando se le muere un hijo (un adepto) Ekue gime, solloza, se queja como una madre, "llora." ("Entonces es Sikán quien llora.") Este tambor generalmente tiene unos 23 centímetros de diámetro y 36 de alto. Sus precedentes se hallan, naturalmente, en los tambores trípodes africanos de los Bantú.

Ekue, (hijos de): se les llama a siete de los dignatarios de la Potencia, Mokongo, Iyamba, Ekueñón, Nkríkamo, Mpegó, Isué y Nkóboro.

Ekue Abasí narión señé: saludo a los Obones en el Baroko.

Ekue Abasí umbariyén: Queden ustedes con Dios y con Ekue.

Ekue abarotafia sugo aguanaró akanaruga tindé atamiroko: la piel del congo que sacrificaron para sellar el Bongó, colgando de la ceiba.

Ekue achenicheni: "vamos a tratar con Ekue."

¿Ekue Akanabión munankebi?: ¿En qué lugar de Usagaré se le dio Ekue a Efik? Se responde: **Ekue arabiñán asairo Ibondá Ibondá tete Ibondá kairán munandibá munandibó:** En el lugar situado entre dos lomas llamadas Munandibá y Munandibó.

¿Ekue akurí Ebíon akuririón ñajekue tuma ororó akuá?: ¿Quién fue el primero que botó la Mokuba en el mar?

Ekue amanákiren: Ekue, su casa sostenida por mí.

Ekue amana kirén, Ekue amana kiriongo sansuwere Iyá itía ke afogoró: se dice recordando que Nasakó llevó en el Ekón (la campana que se emplea en los ritos abakuás) el espíritu de Tanse -la Voz divina- al Fundamento sellado con la piel de éste y la piel superpuesta de Sikán.

Ekue amanánkobe mbara kononbán: para tocar a Ekue se le vendan los ojos a Iyamba.

¿Ekue amananyere añaní nankero?: ¿Quién trajo a Ekue a este rincón? Se responde: **Akaririón para Akaraguaso Eribó Mokongo machébere Iyamba ntebañé Ekoro ñangausere:** lo trajeron en procesión Mokongo, Isué e Iyamba, que venía con los ojos vendados.

Ekue amañón kómá mbara itamó mañón kamá: mientras Iyamba no se moje las manos no puede hablar -sonar- el Bongó.

Ekue Aminarán Bomé anirón kawa Eroko Sisi nandibá Mosongo Abasí añongo sibón Sikán Uyo mbara keñón mutu fembe ekobio yumba Efor eñene Efor Mpegó akari Bongó Tanse ayara ayara nkanima ibía ñóngo tangri mofé Abasí Bondá Efor: cuando en el río, a petición de Nasakó, Eroko Sisi terminó de rogar para que el espíritu de Sikán atrajese al de Tanse y que su Voz se manifestase, Nasakó dijo a los Obones que buscaría al Mpegó de tierra Mubanga Efor para ir a la tierra de Bondá Efor y allí terminar la rogación. El Ireme Nkanima se encargaría de purificar a los Obones y el camino, a fin de que no se alejara el espíritu de Ekue.

Ekue anabisún Ekueñón tindé eforisina sanga bekondó: con estas palabras Ekueñón le dice al Fundamento que la sangre que le ofrece es pura.

Ekue anaborán eforí nyuma: estas palabras significan que Ekue va a recibir una víctima limpia. Nasakó, después de purificar el gallo le marca con yeso los signos-cruces en el cuerpo. Primero a los lados del pico, debajo de las alas y en las patas entre los dedos. Se traza en el Bongó la cruz Eforí Nyuma con la sangre del gallo. Esta misma cruz se dibuja en la frente del iniciado, por lo que se llamará Obonekue Nyuma, y otra se le hace en el pecho.

Ekue anambiorama Kiñongo Sese yuansa arabesuao: Ekue confirma al Kiñongo (obonekue que recibe un cargo en la Potencia) cuando el Sese lo ha consagrado.

Ekue anankene: Ekue sonando.

Ekue añanga Efor: el Sese mágicamente preparado.

Ekue añongo nakeré otariongo sanga, ¡¡eyei! añongo rima biantán Erimé Mañongo pabio: lejos se oye la voz de Ekue escondido que llama a sus hijos que lo adoran y sus hijos van a saludarlo.

Ekue asere Ubani uñene Efor ntia ke ngomo musasi atabarirí efión kiko bajura kiko atatá boniyamba imán kiko efión sansaune Ekue nkiko bagarofia awana kakuba mendó: saludo. Buenos días madre, su hijo viene a pedirle la bendición, usted es mi madre aquí y en el otro mundo.

Ekue asere Ubani uñene Efor ntia ngomo musasi barirí efión kiko bajura kiko atatá boni Yamba inán kiko efión sansa une Ekue nkiko bagarofia awana kakasina mendó: Madre, te saludo, te pido la bendición porque eres mi Madre aquí y en el otro mundo. Recemos. (Variante).

Ekue asere Ubani uñene Efik ntía ngomo musasi atabariri efión kiko bijura kiko atata boni Yamba inan kiko efión yansaime Ekue nkiko bagarofia awana kakuba mendó: Salutación. Pido la bendición de Ekue, mi padre en este mundo y en el otro.

Ekue asukiaba maribó besuso: palabras que se dicen al introducir el Fundamento dentro de la tina con el Eromomo (agua lustral) en la cual se purifica.

Ekue atariá Bonkó Ekue nyimiyá Bonkó Erumé erumé afotoíto Iyamba ntre kuri Bongo pabio: oración que se reza al dar los siete golpes litúrgicos en el Bonkó.

¿Ekue awana fimba ororó yansese ñangariké?: ¿Cuál fue el primer Bongó que sonó en Africa? A lo que se responde: **Itán Bekura Mendó.** El primer Bongo que sonó fue el de Bekura Mendó.

Ekue awanandibó Mosongo moto kariká aloribá: ojo de agua donde nació Ekue, "Es decir, donde lo encontraron."

Ekue bafián koré: hijos agradecidos de Ekue.

Ekue Bonkó aborinandé: "juéguese con mi carne pero no con mi cuero."

Ekue brusón amanakuá erubé aborí mapao nkopo eriero: chivo que rompe tambor (el parche de Ekue) con su pellejo paga. Refrán ñáñigo muy conocido.

Ekue brusón Obonekue erubé Mbori ápapa: el chivo que rompe tambor con su pellejo paga. Con estas palabras se le advierte al recién iniciado que pagará con su vida una traición a Ekue y a la confraternidad Abakuá. En este momento Nkóboro, el Ireme Abasí de la confraternidad, le pone el gallo sobre la cabeza y suena los cencerros. Luego Isué le obliga a levantar la cabeza.

Ekue Efik baga baga Efor: guerra de Efik y de Efor por mar y por tierra.

Ekue Efik Bongó akanaí: Tu Bongó se hizo en tierra de blancos (sátira). Se responde: **Niafia awere Abasí Obón Efik:** Dios en el cielo y Efik en la tierra. Con lo que significa que su Bongó es oriundo de Africa.

Ekue Efor Abasarí Mokumbán: un nombre del tambor Mpegó. En este tambor "se probó la piel de Tanse."

Ekue Efor Abasarí Mokumbán: el tambor de Mpegó que representa la Ley y el orden en la Potencia. Los ñáñigos lo consideran tan sagrado como Ekue, y puede suplirlo.

Ekue Efor anamusa inapondió: limpieza del Ekue con las hierbas rituales.

Ekue Efor Bongó Efik Abasí eriero Abasí eromiñón Efik utanke naberutón Abakuá: saludo de la tribu de Efik al Fundamento de Efor en la consagración.

Ekue Efor Bongó Efik Abasí eromiñán enerukoro Efik Butón ke anameratón: Efor fue quien descubrió a Ekue, y el primer Bongó de los Efik bautizado por los Efor se llamó Efik Butón.

Ekue Efor erendió Abasí Iyá bekondó aborokié ngomo aborokié yuansa yuansa Baroko Abasí Bomé: los hombres de Efik unidos en la adoración dan gracias a los de Efor por haberles iniciado en sus misterios.

Ekue Efor munandibá Sese: palabras que dijo Nasakó cuando oyó la voz de Ekue.

Ekue, Ekue, Ekue, o Ekue, Ekue kuriñangán sene Ndibó muna: "le cantaban los adivinos al Pez cuando lo veían nadar en el río y esconderse en lo profundo. Su cuero fue el primer cuero del Bongó, en un güiro.

Ekue Eribó eroko amanankoi Iyamba erókosísi: poner la carga mágica dentro del Eribó, receptáculo del Poder de Ekoi.

Ekue Eribó yuansa arabesuao: Ekue confirma con su voz lo que Eribó consagra.

Ekue erumé nangandó ekoná musagará: la Voz se vuelve al río. Después de manifestarse el Espíritu como sonido del tambor, "como es un Espíritu de río, de agua, vuelve a su elemento" o "va al infinito."

Ekue eruteme wana Bekura Mendó: la gente de Efor, de Bekura Mendó, dueños de Ekue.

Ekue esunsuná aprosaribá nbario ¡jeyei! unfáranékuo: "cuando se lleva el Poder" -se refiere al cuero de chivo que se utiliza para sellar a Ekue- "no se puede correr. Se lleva andando pausadamente **(mbario)** y se le considera como una Madre vieja y veneradísima a la que se conduce con atención, mirando donde se pisa para no dañarla, y así cuidadosamente lo llevan al **Kufón,** todos unidos **-unfaranekue.**"

Ekue etete Efik Obane Mbemoró otanga Efiméremo: primer cuero de chivo consagrado en territorio de Obane, Efik.

Ekue foekue akuabi kondó anamuto Bongó: "Arrodíllese, que va a ser confirmado por el Bongó."

Ekue Foekue akuara bikondó amunató Bongó, Ekue Foekue Abasí arominán Ekue: "Arrodíllense, que con el poder de Abasí va a ser consagrado el Bongó."

Ekue Ibondá nankibirí: autorización de Ekue.

Ekue-ibonkó: título del Bongó de los Efik después de ser iniciado por los Efor.

Ekue isaekue Isunekue Ekueñón bakribafión: derramando la sangre del gallo sobre el güín -Saekue- ésta va cayendo sobre el tambor.

Ekue isan Ekue sanekue Ekueñón bakribafión: canta el Moruá después que Ekueñón ha vertido la sangre de los dos Mokubas y tocado el Saekue con la cabeza sangrante del gallo, que luego se coloca sobre el parche del tambor.

Ekue kaniki yawawá mi akari kuñanga: canto fúnebre: "Ekue gime, van a meter a su hijo en la tierra."

Akuekirí nanseme Batamú okambo wembán asere erié Odán: saludo de reverencia a Ekue -Tanse-, en el río Odán.

Ekue kue kue Chabiaka Mokongo mochébere: canto para salir la procesión del Fambá a la calle.

Ekue kueré: ajonjolí.

¡Ekue kuré ñangansene!: ¡Ekue cállate! Al terminar la fiesta, el Ekue está aún sonando y se le manda a callar.

Ekue lango brini awana kubia: saludo a la costa de Eforisún.

Ekue Mokongo makoíko: palabras que se entonan al terminar la ceremonia fúnebre -Ñankue- en el momento en que se quitan "los trapos negros," el luto a todos los atributos y se van echando en una tina que se coloca a la derecha de la entrada del Fambá.

Ekue Mpegó barieta kankomo Efor: el primer tambor litúrgico que se construyó al organizarse la sociedad Abakuá y su liturgia.

Ekue Mpegó gobia nitén Wemba ndeme Efor: dice Mpegó mientras Nasakó y sus auxiliares purifican los sagrados atributos.

Ekue munandibá Efor Sese Batamú kuré: el Ekue más antiguo en el Batamú fue el de Usagaré, de los Efor, que crearon la religión que profesan los Abakuá.

Ekue mupo efión bondá kanaí: el Bongó de Efik consagró en tierra de blancos. Frase satírica para los de Efik.

Ekue munanyoro Nkóboro ñankue Iyamba otangobia Ekueñón nkiko wiri niwé mana kiri Iyamba: se dice en el "llanto," para despedir el espíritu de un Nkóboro.

Ekue nandibá Mosongo kuri ñangasibó: Ekue sonó solo aquella vez... en medio del río.

Ekue nausón Ekue nangandó tié akua robeña Bondá: entre las dos lomas que baña el río sagrado, descuartizaron a Sikán y se hizo el primer Fundamento.

Ekue ndeme Efik mañene Efor ekiñongo Efik kankubia Apapa ño notamo Ekun etete Efik unwetón ekoria Usagaré nandió: Efik trajo el Bongó y un "saco", un efomiremo, que regaló a los Efor; "ese traje se le dio a Nkóboro, el Ireme Etá, porque no poseía ninguno."

Ekue Ndibó sokaká makaró mofé: primer nombre de Ekue.

Ekue Ndisún, Ekue efotambia Baroko munán kibia musagará: Nasakó pronuncia estas palabras después de purificar, en el Baroko Bekusé, los atributos sagrados y cubrirlos con un paño blanco que lleva el emblema de Mbákara, custodio de los cueros.

Ekuene: botella.

Ekue nipó Ekue nisún: árbol sagrado cuya madera se emplea para hacer el Fundamento. (**Nipó**, cedro).

Ekue nseni: "Ekue ya comió", es decir, "Ekue ha recibido la fuerza vital de la sangre."

Ekue ntabia ororó: recuerdo, evocación de la Sikanekue.

Ekue Ntabia ororó mokrí: símbolo de la Sikanekue en todas las tierras, naciones o Potencias.

¿Ekue ntabia ororó mokrí?: ¿Qué representa en la religión la cabeza del chivo? Respuesta: **Limbarinón Insúmbabaíbo:** Representa la cabeza de Sikán.

Ekue ntabia ororó mokrí insún Bengué Efor Akuaruamina tete mbori: al morir la mujer que mataron los Efor, el espíritu del Pez sobrenatural pasó al parche de cuero de chivo.

Ekue ntabia ororó Mokrí -Umbarino Isún baibo-Isún, Isunekue: marido de Sikán y su representante en la religión.

Ekue ntuana Abasí umbariyén: el gran Poder de Dios los acompañará en el santuario, les dice Nasakó a los neófitos cuando van a penetrar en el Fambá. Como dijo el primer Nasakó a los primeros adeptos en el origen de Abakuá.

Ekue ntuma: Ekue que pide guerra -cuando hay disparidades, rencillas entre las Potencias.

Ekue ntuma: honor de guerra.

Ekue ntuma Bonkó Nchemiyá Efotoito Iyamba ntrekurí ñongo Pabio ñene mi sanga Abakuá erensuá krúkoro: en tierra de Usagaré Iyamba transmitió la Voz divina al Bonkó.

Ekue ntún ntumaó Ekón ekón ubio Efik bayúmbao: se refiere a un periodo de la guerra con Efik antes de la captura de Otawambeke, el futuro Abasonga de Efik.

Ekue ñangansene kuriñene ntiniabó akurí nandibá. Nandibá fisi ororopá nkufo nanfokó: cuando el ser misterioso sonó y se calló, no se sabía si había sonado en la orilla o en mitad del río.

Ekue ñangué erorí ñangué nkiko ñene Abakuá inkuena ana Bongó Iyamba inkuene Isué Eribó inkuenene Mokongo eroko mboko musanganá Ndibó eñón mokotero sendegandó Fakariongo Isunekue atara Uyo Kondó Sese Kondó Maribá itía Baroko nsayenteme sorogabia Akanarán mumio Boko mana kirión faiboko amanakirén yambumbé Tindé Akurumina keantombarére Abasí Boko ibia amusá jeyeyo bankán kañanerí Efor ateremán mofé Batamú Yambaó: esta oración se recita en el momento en que el Bongó de los padrinos le ha trasmitido la Voz divina al Bongó de los ahijados. "Es como un permiso que se pide al Fundamento, que está en su Baroko sonando." Evoca lo que ocurrió en los orígenes de la Sociedad.

¡Ekue o o o Ekue Ekue kué kué! Ekue kuriñangansene Ndibó muna: se refiere a la expectación de los Nasakó -brujos de las tribus- que observaban los movimientos del Pez en el río y cómo éste desaparecía.

Ekue onerí otán Mosongo Nkanima erié erikún: cuando la Voz divina es traída del monte en la maraca -erikundi- que sacude Moruá y se trasmite a Ekue.

Ekue sabaro Sanekue mbara Akanawán Ekue ntumeyín Efor masere umón nitongo akanariongo mbara kiñón: Mokongo solicitando la autorización de Ekue para entregar su cetro a otro Mokongo.

Ekue sakuara na mímia: se juega Abakuá, es decir, se celebran los ritos.

Ekue sambia itiaporipó osangrimí umón Abasí ngomo Bongó basaroko otán yangué?: ¿Cómo llegó Ekue a tierra de blancos, Cuba, y cómo se le consagró aquí? Se responde: **Ekrúkoro indiabón awarisón sangabia ítia poripó asariria unkeno akurí koropó Ekobio ayeripongó Ekue rirú atá yugué Efik efión awana toito inuá munanga mbori Efik Butón Ekue asarorí:** los esclavos en la tierra de los blancos recordaban a Ekue. "La Voz de Ekue estaba en sus cabezas," y se reunieron en la Habana, aparcharon un coco con el cuero de un chivo, le dieron sangre de gallo y en el coco sonó la Voz para los Efik Butón.

Ekue sunekue isaékue Ekueñón bakribafión: palabras que se cantan cuando Ekueñón sacrifica el gallo y la sangre comienza a fluir.

Ekue titipón: hijos desagradecidos de Ekue.

Ekue Uyo unkeno: se escucha la Voz de Ekue.

Ekueñón: el verdugo de la Potencia. Dignatario que entre otras atribuciones tiene a su cuidado preparar la Mokuba con la sangre del sacrificio. Ekueñón la reparte en dos cazuelitas, una la pone como tributo sobre el Bongó y luego frota el cuero con la sangre, en la otra recoge una parte para Ekue -es la Mokuba yanyáribi- y otra para que beban los Okobios -Mokuba amorekré-. Es "el repartidor de la Mokuba", quien la da a beber a los dignatarios y obonekues. Su tambor sustituye a Ekue; presencia la ejecución de las sentencias que dicta el tribunal de Justicia. Llama con sólo tres golpes a la Voz de Ekue, al Espíritu, que sale a buscar al monte y que luego se introduce en el Fundamento. Este tambor es cilíndrico, con cuerdas y cuñas, como el tambor de Mpegó y del mismo tamaño. Se adorna con el plumero que simboliza el espíritu del primer Ekueñón, que fue el verdugo de Sikán. Ekueñón deposita, la cabeza del chivo que decapita -después de muerto por Aberiñán- sobre el parche de su tambor.

Ekueñón: era el rey de una tierra conga vecina a aquella en que se encontró el Pez. Se llamó **Chénguene kerombia nenénguene kián Fambá.** Que quiere decir: el rey Chénguene kerombia abdicó su corona para entrar en la religión. Ekueñón dice: **Ekueñón Erisún mbori erorokiñán erofia kanabión eribó Iyamba morí Bongó:** soy un hombre esclavo, estoy aquí para lo que amo —Iyamba- me mande. Para dar de comer a Ekue y al Eribó. Ekueñón, "amigo de Ekue." "Esclavo de Ekue."

Ekueñón: fue el verdugo de Sikán. Le ofreció a Ekue la sangre de Sikán, cuya cabeza cortó después de haberla asfixiado. Tiene a su cargo los sacrificios, con su ayudante Aberiñán. "Cuando no hay sangre que darle a Ekue, él se hiere y le da su sangre."

¿Ekueñón abirunkene ororé ñenisón?: ¿Por dónde pasó Ekueñón en Oro, con la sangre de la jutía? Respuesta: por medio del monte. La jutía no sirvió porque estaba muerta.

Ekueñón akuá mogobiá Efor ekufón moto brikamo Umón Abasí akanamerú aberomino Fambá: esto dice Ekueñón cuando comienza a romper las hierbas para purificar el Fambá.

Ekueñón akua ntogoyó: título de Ekueñón. Mata estrangulando.

Ekueñón alamiyán: la obligación de Ekueñón.

Ekueñón arafá ñene nchibiró: Ekueñón robó una mujer. "Para sacrificar a los Espíritus se robaban mujeres en el Calabar."

Ekueñón arafembé: título de Ekueñón.

Ekueñón arafemé akoibá a ebomio aragobetán: Ekueñón estampando su signo antes de ponerse al sol.

Ekueñón arafembé asanga awanké día Ndibóngandusae: canto que acompña el acto de echar Ekueñón las ofrendas de Ekue en las dos cazuelitas.

Ekueñón arafembé fambayín asere nboko ngomo basaroko Iyamba atotobé: Iyamba traza el signo para hacer sonar el Fundamento.

Ekueñón arafembé nantún kifé Bongó barakó ibiana itún Baroko Bongó mofé: dice Ekueñón al colocar la cabeza del gallo sacrificado sobre el Bongó. Después derrama la sangre que brota del pescuezo sobre la parte exterior e interior del parche.

Ekueñón Arafembé Nkiko akuá awana morefe Bongó efión Kibí Nkiko motiriongo nteyugué Efik Butón arakakubia akuá: con estas palabras Ekueñón le arranca la cabeza al gallo del sacrificio en el Iriongo.

Ekueñón arafembé sausé Bongó sausé Bongó meta sausé ekobio Abakuá Fambá aroko mboko Iyamba atotóbe: se dice cuando, después de trazarse en el suelo los signos sagrados para purificar la Potencia, Isué coloca a Ekue en el centro del círculo dividido en cuatro espacios por una cruz. Sobre Ekue coloca el Eribó y el tamborcillo de Nkríkamo: a izquierda y derecha de Ekue, dos Nkomos, Binkomé y Kosíyeremá, y sobre éstos el tambor de Ekueñón, y en los otros dos espacios, se sitúa el **Biape -Nkomo III-** y el **Bonkó Boriñangué.** Los cetros o Itones se ponen en torno a Ekue, y se cubren con Akanawán Yoyambio, el traje del Ireme que simboliza a los Antepasados. Nasakó los purifica con pólvora, pulveriza sobre ellos los vinos -aguardiente y vino seco-, los sahuma con incienso, y ya inmaculados, Mpegó traza una cruz en cada uno de ellos y entrega a cada dignatario su atributo correspondiente.

Ekueñón ararisún: Ekueñón en el momento en que se presenta al neófito ante la cortina del Foekue y dice: **Ekueñón ararisún Chengueneke nfambá tero makotero sanga Baroko Fambá.**

Ekueñón ararisún: así se llama cuando da a beber la Mokuba.

Ekueñón ararisún: Ekueñón esclavo de Ekue.

Ekueñón ararisún Iyamba musán Kendubia iténbere betán marayán nkiko ñon akuaberitán inoko ya fabaka irión saroroko: dice Ekueñón: soy esclavo de Iyamba pero sin mí Iyamba no puede hacer nada, -es Ekueñón quien prepara la sangre de los sacrificios y sin sangre y sin mojarse las manos en sangre, Iyamba no puede fricar el saekue y hacer sonar el tambor sagrado.

Ekueñón ararisún nkiko ananongo Ekue Bongó kariká warandisa: Se dice cuando Ekueñón vira el Fundamento para derramarle la sangre de un gallo en el interior del parche.

Ekueñón asokabia nandibó amana koibá beko bakondó Efiméremo eriná asanga nkanima nantún kifé akuá yebongó fabaka Iyamba Ekueñón bakirirí bafión Boko ñanguirírí Mosongo ibiana mbara musesé nkiko amunankibia amanabión Ekueñón mborikó intén yansún nkeniké Ekue anayiromé efión Moruá amana kirimá: Oración que dice Ekueñón en el momento de penetrar en el fambá o cuarto del misterio con el gallo del sacrificio en la mano.

Ekueñón asokó biorimo ñanguirirí eroko asokobión tanfión Ekue: Ekueñón trajo un tigre para sacrificarlo al Bongó -Ekue- y al Sese.

Ekueñón asokobó Iyamba: se dice a Ekueñón cuando auxilia al Iyamba.

Ekueñón bakribafió: momento en que Ekueñón le da sangre al Fundamento.

Ekueñón bakribafión ñanguiriri eforisisi Iyamba: Ekueñón le mata el gallo al Fundamento para que "chille" Ekue tañido por el Iyamba.

Ekueñón Batangabarikó: Ekueñón traficante de esclavos.

Ekueñón Bonkó Ireme Eforisisi Iyamba: Ekueñón fue el primero que llamó la Voz para entregarla a Iyamba.

Ekueñón butaira mbara kaibó Eroko fembe: Ekueñón con su tambor en la mano.

Ekueñón Chángana kufamba Iyamba mpansó Isunekue mpanayín: saludo a Ekueñón. Se pregunta si Iyamba e Isunekue están en el Foekue.

Ekueñón Chángana kufamba: el Ireme, Espíritu del primer Ekueñón, que cuida de las sangres.

Ekueñón Chengueneke erombia chengueneke nfambá: se refiere al rey del Congo que abandonó su reino para pertenecer a la religión Abakuá. Estas son las primeras palabras que dice un Ekueñón cuando llega al Fambá.

Ekueñón disún Kiko Barakaune naweremban Nkiko ñañonga: dice Ekueñón presentando el gallo del sacrificio ante la tina del Eromomo, el agua lustral en la cual lo lava.

Ekueñón disún Kiko Ñañonga: Ekueñón matando el gallo. Palabras que dice Moruá cuando Ekueñón lo está matando.

Ekueñón disún Kiko ñañonga Kiko ñon akuá Mokuba arení Yamba efión kibí Kiko motoriongo ará kankuba akuá Ekue Aromiñán: dice Ekueñón en el Foekue o Iriongo con el gallo del sacrificio ante el tambor sagrado o Ekue.

Ekueñón Efión Barorí kondó: Ekueñón derramando la sangre del sacrificio. Se le llama así en ese momento.

Ekueñón Fambayín: Ekueñón sentado a la entrada del Fambayín cuidando los saekues mientras duran los ritos.

Ekueñón Ireme Ameifiana: Ekueñón cuando viste el traje característico de un Ireme o espíritu.

Ekueñón isán isán Ekueñón isán Ekue bakribafión: Ya Ekueñón le ofrendó sangre a Ekue.

Ekueñón ito mañene Efor Ekoi mesón Ekoi mesón: la ceiba donde Ekueñón sacrificó a Sikán.

Ekueñón Iyamba ata Fabaka ata fabakaúñe akuá kiko motoriongo efión akuri mana ororó Mosongo isán sokaká otán Moruá yenisón: palabras que dice Ekueñón cuando Mosongo trae el saekue para Iyamba.

Ekueñón kawanbokó: Ekueñón mientras ejecuta la operación de invocar y traer del monte, en su tambor, a los Espíritus cuya voz se oirá en el tambor secreto.

Ekueñón maruyán kiko: Ekueñón le tuerce la cabeza al gallo.

Ekueñón mbaraíka: Ekueñón cuando prepara el chivo en una ceremonia fúnebre. Al chivo se le considera como el doble del obonekue fallecido. Se le sacan las vísceras, se le introducen en el vientre los "derechos" del dignatario - los mismos que entregó a la Potencia en vida -, se le lleva junto al cadáver y se le coloca al lado del ataúd.

Ekueñón Mbomia Ioriné: Ekueñón llevó al chivo para que fuera purificado.

Ekueñón Mbori mambori Sese: Ekueñón presentando al chivo del sacrificio ante el Sese.

Ekueñón Mokabia mekondó asogobia: Ekueñón reviste el traje de Ireme para presenciar el sacrificio.

Ekueñón nambembé Baroko Iyamba: Ekueñón prepara la Mokuba indispensable a la revelación de Ekue, por eso "Ekueñón es el Mayordomo y médico de Iyamba y también Mayordomo de Ekue."

Ekueñón tantumbé nkife arakankimbé: dice Ekueñón cuando comienza a darle las tres vueltas canónicas al pescuezo del gallo que sacrifica, para arrancarle la cabeza. Entonces se canta: **Akuá nkiko efión ororó Iyamba.**

Ekueñón nantunkifé: Ekueñón con el gallo en la mano.

Ekueñón naritún kifé Bongó biraka ibiana arafé muyeke: palabras que pronuncia Ekueñón después de arrancarle la cabeza al gallo del sacrificio.

Ekueñón Nasakó Iyamba: Ekueñón oficiando con Nasakó e Iyamba.

¿Ekueñón Ndube araká kumbe?: ¿Dónde se consagró Ekueñón, el verdugo de Sikán? En lo secreto del monte.

Ekueñón Nkanima teté Nkifé: Ekueñón saluda en el monte a la divinidad.

Ekueñón nkiko naberenuna awana Tindé Bongó: dice Ekueñón dentro del Foekue entregándole el gallo a Iyamba para que lo sujete.

Ekueñón ntara kiko asokobó Iyamba erori waririampo ma fremené: Ekueñón trae el gallo y los derechos para Ekue como le ofreció a Iyamba.

Ekueñón ñañarike: Ekueñón cuando sacrifica en el río.

Ekueñón runabia orana magarosa: Ekueñón fue al río a buscar abrojo para Ekue.

Ekueñón Sakaraka Erikundí: Ekueñón con la maraca ritual Abakuá.

Ekueñón Sanga Nkanima: título de Ekueñón.

Ekueñón Sanga kanima akuá yabengó Abasí nányara yuru Mokongo bekoneisia Sause buta babeyo afobanga eriero: Ekueñón, autorizado por Mokongo fue al monte a matar tigres (o leopardos negros) para llevar la comida al Fundamento.

Ekueñón sángana kurobia o kerobia: Ekueñón al abdicar su reino para entrar en la religión de Ekue.

Ekueñón sokabia sokabia nandibó: palabras de un canto que quiere decir, Ekueñón limpia el Fundamento.

Ekueñón sokabia sokabia nandibó Nasakó anabetán Bongó sokabia: se canta mientras se lleva la parte exterior del tambor sagrado, en la purificación que precede a toda ceremonia Abakuá.

Ekueñón sese erimá efión: Ekueñón, el sacrificador.

Ekueñón sese ubenari: Ekueñón cuando lleva la cabeza decapitada del chivo al Batamú para ponerla sobre el Sese Eribó.

Ekueñón Tankewe: se le llama a Ekueñón en la iniciación, cuando le da a beber la sangre del gallo al obonekue. Los simples obonekues no pueden tomar sangre de chivo: sólo la beben los jerarcas.

Ekueñón Tankewe: dame voz.

Ekueñón Tankewe chángana kefe Fambá mokuba Sese nyuao: Ekueñón prepara la Mokuba que une a los iniciados con los espíritus y es él quien se las da a beber.

Ekueñón Tankewo Chengueneke Afansón yugué ambarán kono antrogofó makoiren asukurú kuantiyén antrogofó makoirene Obonekue eriero kocha baratí kocha karabalí okambo umpón cherikondó: breve oración que recita Ekueñón cuando el neófito, después de ser consagrado por el Isué, es llevado del altar al Foekue para ser confirmado por el Iyamba. Inmediatamente, los dignatarios cantan: **Karabalí okambo umpón serekondó.**

Ekueñón Tankewo Ekueñón disún Fambá mbarika Bongó yara yara mboriko Ekueñón afoforama efión nkina nyuguere anibongó mana mana erubé erima tete erima efión asuku kurupá nyuguere ekón etambre anongo jawa bako ndibó okanko nuria makaró mofé Ekueñón betán iroko Apotache ndibó Mosongo: Ekueñón, ordenado por Iyamba, pone el **"erimá"** sobre el parche para atraer la Voz.

Ekueñón Tankewo nbiaga Oru Tankewo: Ekueñón sale a buscar la Voz en tierra Oru.

Ekueñón ubia ñandi mukeré: Ekueñón vio que era un pez lo que llevaba Isunekue.

Ekueñón umo Ekue Efor: los dos Espíritus unidos, encarnados en el parche del tambor.

Ekueñón yagasigamá: Ekueñón ante Ekue.

Ekueñusa: lechuza (en bríkamo).

Ekue Odán Efik -o Efor- otaniriongo: cuando el obonekue oye sonar a Ekue como en el río Odán, lo mismo goza el de Efik que el de Efor.

Ekue Oete Efik Obane Mbemoró Otanga Efiméremo: nombre que se dio en Usagaré al parche que cubrió el Fundamento en la primera consagración en territorio de Obane.

Ekue ororó mbanabrá Iyá o Akondó Ireme Efión nansáo: se refiere a Nkóboro, Ireme que fue consagrado por Tanse en el Baroko Nansáo.

Ekue Otún: el Ireme que condujo a Ekueñón a la consagración.

Ekuerebión: "Ekue y el sol son los más fuertes en Guinea."

Ekuerebión: "no hay mundo sin Ekue y el sol."

Ekuerefión: "Ekue y la sangre son el terror y sostienen el poder."

Ekuerentene nbaumé: familia, "rama" de Obane (de Efik).

Ekuerepó: muerto.

Ekuerepó mundí: estar muerto. Camposanto.

Ekuerepón: "Ekue y el viento son los más fuertes y más sagrados."

Ekuerepó sanga kuerepó kerepó: el muerto se va al camposanto.

Ekuereyugué nkumí: "todo el que quiere cuero (tambor sagrado) tiene que pagarme derecho." Alude a los que desean formar un "juego o tierra", que apadrina la Potencia en que se juraron.

Ekueripó mutié: garrote.

Ekue sakuara namunia: "llamando al orden a alguien que habla de manera superficial o equivocada."

Ekue sanga kambo Abasí maramantuyén: "temprano juraste, apenas comenzaste acabaste."

Ekue sangaritóngo: Ekue en el rincón del cuarto sagrado donde está colocado, detrás de una cortina, invisible a los no iniciados.

Ekue soba robane Isunekue mbara Akanarán yin afama seré umón Itón kuririongo mbara Ekue: para reposar, el viejo rey Iyamba, le confió el yín a Isunekue y salió del Irióngo -espacio destinado al sagrado tambor- dejando a éste en su lugar.

Ekue sobá robane Isunekue mbara akanawuán yin afomasere umón Itón kuririongo amana mbara kiñón: palabras que pronuncia Mosongo al entregarle el Yín a Iyamba para "romper el plante" o comenzar la ceremonia.

Ekue Soruyonkéno: Ekue sonando.

Ekue soruyonkéno o Moruá Eribó eñene mi sanga Abakuá erensuá erensuá krúkoro: soy Moruá Eribó del Africa, donde suena Ekue.

Ekue soúso Bonkó mureke afabeto muni obán Ekue obinurama meroró Efik Obón Efor Ekue Usagaré Ibondá: palabras que dijo el Iyamba de Efik y que significan: con este Bonkó iremos a Usagaré Ibondá para que ellos nos autoricen, nos consagren y nos den la Voz divina.

Ekue sun suna aproseribá mbario emumio erí nawó mamba Eribó akuá sendé mamba nkrinefión Fambá manisón Abasí teni teni mbonini oserimá umón wenerí Efor Abasí Eribó nkiko wana moto Efiméremo erukende Efor menekendubia Eribó makaterré nyuao Abasí ayemenetón aprosemetón Abasí onerí naberitongó otán Uyo nambira emumio Efor Mifontanko Ndibó Akanarán Abakuá Abakesongo Apotacho Efor mukeré erumá Abasirirí Iyambeke Efor Nyiguirí erori muti muti ntre umbendrí unfundri bekamá Efor inalogrí áfia áfia erurí tenewán gangón teni Oberón Abanga kañaneri Efor: se refiere a la consagración de los atributos sagrados y del príncipe Iyambeke Nyiguirí, que tuvo lugar en la loma Oserimá, junto a la cual corre Umón Kenerí Efor. Allí Nasakó y su ayudante Ekueúmbre trabajaron su magia y Efiméremo aportó un gallo que recibió el nombre de Nkiko Manañongo, con cuya sangre se preparó la **Mokuba Akuyogo aransene moteke ana Mandó.**

Ekue tamafión ekokoriko Nasakó Umpabio. Eribangandó eñón kanima chemenikako mañón awana kukón erunambio aweri Efiméremo arógobiobio Nkima mapá awanañongo erunambioro amana ñongo Ekue Ekueñón ara Isún motangri eroko Mboko: Nasakó ordenó a

Eribangandó que trajese una jutía del monte para ofrecerle su sangre al Fundamento que tenía el cuero de Tanse. Eribangandó mató la jutía en el monte y Nasakó, al verla muerta, decidió que se sacrificara un gallo. La jutía se ofrenda a los muertos en el río. "Es un derecho de Embarcadero." El gallo es "derecho vivo."

Ekue tanko Efor otanko Efik Ekue tari kondó arakasuaka nabere Kondó Abasí: "Tan Ekue es el de Efor como el de Efik", tienen el mismo valor.

Ekue tarí Bonkó: a falta de Ekue, Bonkó. El Bonkó de los Efik que hace las veces de Bongó-Ekue de Efor.

Ekue tombre afarrukié salamanki Ekue abogorá: la pólvora hace sonar el cañón.

Ekue umbámbara Ubane musón ke akaririón awana mutia Ireme añonoiro Ubane Ekue unfaba mbiagamuto ngomo yantiyé asofrominene Abakuá: "Madre mía, ¡cómo es que esperando visita ni siquiera se ha pasado el peine para que sepan que también es usted cristiana! Alusión a la preparación de un plante.

Ekue umbobio Ekue arógobiobio: momento en que el Nasakó de Efor, con el Fundamento de Usagaré, le daba la Voz al Bonkó de los Efik. Significa "subir un tambor sobre otro para sacramentarlos, es decir, subir el Ekue sobre los demás tambores que van a recibir de éste el soplo divino."

Ekue úmbre bojo úmbre nkiwe: Ekueúmbre sacrifica la jutía que se ofrenda a Tanse y a Sikán.

Ekue ura katinde Akanarán Abakuá: Ekue es madre de todos los Abakuá.

Ekue uyonkeno nandibá Afokondó ndeme Efor bekonsí obón Nkríkamo Akanabiongué iñón iñón awanañongo una Tanse ntiniabón Abasí Bonkó Ekueñón eforí kía Boko Sisi: "iban por el monte Mokongo, Akanabiongué y Nkríkamo, cuando apareció Ekue en la orilla del río Fokondó, que pertenecía a tierra Efor. La mujer recogió al Pez en su tinaja, Ekueñón la sacrificó y Ekue habló."

Ekue wana Eribó mutu chekendeke elorí ebanero ban erobañe ata ata fandugo suaka Eribó wanana: soy un Abakuá -un iniciado- reconocido, sacramentado por Eribó.

¿Ekue yansereré yanseperen obonekue?: ¿Cuando juraste Ekue estaban completos tus derechos? Debe contestarse: **nyugué erebetó.** Yo los dí todos, -todas las ofrendas que se requieren.

Ekufombre: ayudante de los altos dignatarios. Lleva a guardar el secreto -Ekue- a la casa del Iyamba. Cuando una Potencia no tiene en propiedad o permanentemente alquilada una casa para celebrar los ritos, los sagrados atributos los guarda un dignatario de toda confianza o el Iyamba, que es a quien corresponde la custodia de Ekue.

Ekufon: Santuario. Templo.

Ekufón banibani ñampe: lugar dónde se entierran las pertenencias del obonekue fallecido, -los atributos de su cargo. Cámara mortuoria.

Ekufón momán mundi: hospital.

Ekufón nanfokó: habitación donde se enseña. Colegio.

Ekufón nanfoko: palacio.

Ekufón: jutía. Ofrenda para los muertos. Se les sacrifica en el río o en el mar.

Ekukoró: concurrencia, los asistentes a la fiesta Abakuá.

Ekúkoro Indiabón eñenemí Isunekue mpanai mpana nto ekuniñón sanga Abakuá atara yuga kondó efión kima nyuguere suaka besuaka: dice Isunekue junto a la ceiba sagrada, que los que están presentes a la reunión, los del cielo y de la tierra, se unen en Abakuá por la sangre.

Ekumbé tantán: la iglesia de Ekue.

Ekumbé tantán Boko fiá: el santuario de Nasakó, en el que logró que volviese a sonar la Voz divina.

Ekún: pólvora.

Ekuniñón itiá: debajo de la tierra.

Ekunsese añenitón: el Sese se hizo con la madera de la Ceiba.

Ekuón: jutía.

Ekuoro ñenebibí: cielo.

Ekuré Nkanirán atongobiá añé añé brandi Mosongo Efik Efor yánsua Abakuá olibó ororó mukere: Efor consagró a Efik y después de la unión ambas tribus fueron Abakuá.

Ekuré itón irén eneme Bonkó Efor Mokumbá nkaro Ayere amunán tuí bekomeko Ndeme Efor: cuando Efor no tenía nkomos tocaba con marímbula.

Ekurikó: lechuza (en olugo).

Ekurukoró erenobón ndimaó: esos negros no sirven.

Ekurukóro ñene efoko inuá Hiró: grupo de mujeres que hablan mal -como un grupo de mujeres en un solar que se insultan y pelean entre sí.

Ekuruku: grupo de personas reunidas.

Ekuruku mbo mi po: anamutu nfuñipán mukarará: grupo de hombres de raza blanca que escriben en papel blanco. Los que están en el juzgado, el juez, los escribientes o el secretario redactando un acta.

Elirio: pegar, azotar. **¡Ñana elirio!:** ¡Diablito, da rama!

Elugo -olugo-: "carabalí, parecido a los lucumí." "Su lengua era fácil de aprender."

Emai: embarcadero.

Emai: Bongó.

Emiweñe: condena, condenado. Sentenciado a muerte.

Emiweñe Efor: título del Isué de Ebión.

Emiweñe Efor: la pata del chivo sacrificado que le corresponde a Isué.

Emiweñe mbori: Chivo sentenciado a muerte.

Emiñonké o miñonké: ayudante de un Obón.

Emiyeke: príncipe.

Emiyoké: ayudante de un dignatario.

¡Emomí awana ñongo fembé!: ¡"me meto de por que sí!"

Emomí awara ñongo Fambá: si entro en el Fambá es por que estoy iniciado, ocupo una plaza importante, no de por que sí.

Emomí etié koneyó Ekobio ñene Abakuá: soy todo un hombre y por eso soy Abakuá.

Emomí gurugú sorogobia nteme Kasikanekue nteme: "esto cantaba la Sikanekue cuando traía sobre su cabeza el güiro con el portento. Ella había hallado lo que tanto buscaban los adivinos.

Emórimo: embarcadero.

Emumbán: hombre.

Emumia temia fanaroko etán muñabé: a la prueba me remito, -después de haber declarado que: **siro bakanansuá fanaroko muñabé,** soy un varón reconocido.

Emumio: sangre.

Emumio Efor: la sangre del sacrificio.

Emumio Efor Mañongo Pabio: sangre que se tributó al Secreto de Efor.

Enabón kurikó: gran ceremonia que se hizo en tierra de Efik cuando en Efor fue sacrificada Sikán.

Enabú: sereno.

Enamé umpón: me voy.

Enamuto ndike maribá maribá umón keré: me voy a trabajar en un barco.

Enán: carne fresca.

Enán bejeyé: carne.

Enambeke: bacalao.

Enán Bonirón: sabio africano. "Uno que hace comercio, que trafica con los blancos y pleitea."

Enansisí: carne podrida.

Enawérinkomó: ¿Qué fue a buscar Mokuire dentro de la cueva de Oru? Se responde: **Baroko bakurirama ñongobión banaká.** Fue a buscar el cuero de chivo para sustituirlo por el cuero de Sikán.

Enefién: elefante.

Eneme: frente.

Eneme: palabra.

Eneme eneme itún inú chokororó makuá isún Nipua Ekoi Ewe Ewe Nkala: dice el obonekue al persignarse. **Eneme Itún Inú** -la frente y la boca; **makuá insún**- la cara; **Nipuá**- la barba; **Ekoi**- el corazón; **ewe ewe**- los hombros; **Nkala**- la cabeza.

Eneme itún inú: la frente.

Enemio akurene Nandó enemio: título que Wanabekura confirió a sus hijos.

Enemufio: el comienzo del Plante, de los oficios Abakuá.

Enenekieré: ajonjolí.

Enenero añangansune: "la cruz de polvo", que significa desaparición. Se traza en el suelo con yeso blanco el día del funeral de un Obonekue muerto.

Enereniyó: pluma, símbolo.

Eneriké sanga kon Nasakó Eribó Eribó Okobio yuansa Eribó ¡a e! Ekue meta sangamañón kurí mundirá a e: Canto de Ñampe. Se canta en el momento de recoger las ofrendas mortuorias para enviarlas al lugar ya designado -al cementerio o a un herbazal.

Enerobé okobio: "bautizados -sacramentados- los okobios como se bautizó el primer cuero que se llamó Erobé Efor.

¿Enewe Akanayín?: ¿Quién es la madre del güin? Respuesta: **Nandibá fisi Akanayín umón eriero ayiro Abasi Na Nasakó kuribetán wembana ndeme Efor Mosongo moto Sese Iyamba namuto Fabaka mañón Sese Yamba babekondó basarorí Mokuba:** "la Madre del güin es la orilla del río, porque la caña crece junto al río: Mosongo lo guarda en su bastón y se lo da a Iyamba cuando éste va a trabajar en el Foekue y humedece su mano en la Mokuba.

Eñewe barakó miñusa teníbarakó boko Beba: karabalí brikamo karabalí bisibisinití ina meñusa teni Baroko Beba mufamba ndimao Boko Beba yambumbé nsenune ososó ndimá: "el primer Baroko se hizo en el cuero del carabalí bisí y en Boko Beba tuvo lugar la ceremonia de consagración. Fue un ensayo de parche para transmitir la Voz, aprovechando, en el territorio de Betongó, en la cueva de Boko Beba, la piel de un congo que se le sacrificó a Ekue. El congo se llamaba Mumbanfa."

¿Enewe krúkoro erombe?: esa persona es un congo?

¿Enewe kunantén eriero mumbán kufón kiñón?: ¿En qué Iglesia fuiste bautizado?

¿Enewe molopoasere tindé?: ¿En qué pila (Potencia) te bautizaste? (te iniciaron, te dibujaron los signos de Abakuá.)

¿Enewe ñene ni baibó?: ¿Dónde está? (¡O! mi baibó, ñene mikán mi baibó.)

¿Enewe orofia?: ¿Es chino?

¿Eneweriere nantumbira okoibana abarakó?: ¿Quiénes son las familias de Efik Abarakó?

¿Eneweriero eñewe mi okamba?: ¿Dónde está mi Madre? Se contesta: **Kurikufón no mi.** Oculta en mi casa -en el templo.

Eneweriero nboroké mbira aparapá Akobikó nboroké mbira: cuenta a ver cuántas estrellas hay en el cielo.

Eneyó nyogoró mawá: hombre rico, jefe de Obane.

Enipaniwó: desgraciado.

Eniparán: cuchara.

Eniyake: príncipe.

Enuafá: vísceras de la jutía que se sacrifica como tributo a los muertos.

Enuriapo Abasí anera ñánkobe: mientras haya Dios no se acabará el Diablito (el Ñañiguismo) Ñangaliana, jerga compuesta por los Abakuá de Guanabacoa. "Por Cristobal, el Isué de Munandibá Efor de Guanabacoa y por Cuco, el Ekueñón de la misma Potencia. Cheo Rodriguez, el Mpegó de Ibondá de Matanzas y otros más, abrieron un colegio para modificar la lengua tradicional secreta Abakuá, y por tal motivo fue asesinado el Ekueñón de Munandibá por el Nkríkamo de Bakokó, hace muchos años. Por estas libertades, nos aseguran, "se ha corrompido mucho la lengua" y se dicen disparates.

Eñá: abuelo.

Eñá efiá: el sonido peculiar que produce el güin apoyado sobre el parche de Ekue cuando se está iniciando un neófito.

Eñá efián nené erotán betán beñán orurí: juré con mi sangre los deberes de mi cargo.

Eñán ekuerepó Sikanekue nganusá: murió Sikanekue, no sufrirá más.

Eñene: mujer, la mujer -mujer honrada.

Eñene kibá: afeminado.

Eñewe kueré: ajonjolí.

Eñeneneró añánga sune: en el Ñampe, una cruz trazada con polvo blanco que simboliza desaparición, muerte; se hace en el suelo junto a la firma del obonekue difunto, para poner encima la Mokuba.

Eñón: raya.

Eñón: guapo, valiente.

Eñón Butón Bongó kransio Etete Efik: "el primer Fundamento de rama Efik suena con la Voz del Pez", dijo Efiguéremo en el acto de hacerle entrega del Fundamento a sus hombres de Efik.

Eñón e kufón Ndibó: "me voy para mi casa", (en sentido figurado) voy a la casa sagrada.

Eñón eñón makotero: nombre que se da al parche del Ekue y nombre genérico de todos los parches de los tambores. "No solamente al de Ekue se le dice eñón makotero."

Eñongo Ekue: sexto Fundamento de Efor.

Eñón kuko ndeme Efik: soy ñáñigo viejo de Efik.

Eñón makotero: procesión.

Eñón Makotero: nombre del signo que se dibuja con yeso amarillo en el parche del Sese de Efor y en el Eribó de Efik.

Eñón sambaka sambaka ngandó: se canta cuando se coloca el Ekue en su lugar sobre el signo, corriendo la cortina que debe ocultarlo.

Eñón suaka: simbolo del patibulo.

Eñón suaka Baroko suaka eñón butón asarori akarawaso Eribó mbori Arabesuao Ekueñón ara fembé awánbana awámboribó. Pon pon mañón Sese Eribó ndafia awereké Abasí Obón Efik: palabras con que Efor autorizó, dio potestad a Efike Butón para que sacrificase el chivo y para que después Aberiñán, el verdugo y sustituto de Ekueñón, pidiese perdón a Eribó por haberlo sacrificado. Siempre que se sacrifica un chivo, el "verdugo" Aberiñán o Aberisún, debe pedir perdón por haberlo matado, como Ekueñón pidió perdón por haber matado a Sikán, alegando que no fue él quien la mató sino la Ley.

¿Eñonte mbonibé?: ¿Qué hace ahí?

Eñón Temio: Gran Poder.

Eoko: te hablo.

Epenepón: lucero de la madrugada, (en Olugo).

Epó: tierra.

Epó epó namusagará epó epó: palabras de una marcha fúnebre que acompaña la salida de la procesión en las honras fúnebres de un obonekue. Al regresar a la casa mortuoria se canta: **Mokoíko Sabiaka Mokongo.**

Eponá musagará: lo malo se va.

Epona musagará: pólvora, para purificar. Así dice el Nasakó al regar la pólvora en el suelo y hacerla explotar. (**Epona:** tierra. **Musagará:** limpiar, purificar.)

Epona namusagará: limpieza, purificación, despojo.

Eponké: pito.

Epón umpabio: nombre de la firma que se traza en el parche del Bongó de Nkríkamo.

Eporipó: tierra africana.

Epoupó: tierra africana.

Erankoto: tasajo.

Erán sisi: carne podrida.

Erebetó: derecho, tributo de importancia.

Erebetó: el mayor tributo, (el chivo).

Erefia: derecha.

Erekén wapoterenke: aura tiñosa.

Erekibieso erimá sogumafá: se dice en el Ñankue o rito fúnebre al colocar la cabeza del chivo sacrificado en una jícara entre dos velas encendidas.

¿Ereko mboko ntén Yambao echitubé Ekue Efor?: ¿Cómo es que si el Pez es de Efik, Efor lo tiene? "Los Efik pretendían que Tanse les pertenecía porque nadaba también en las aguas de sus ríos. Pero los dueños fueron los Efor."

Eremabio: Dios (en Otamo).

Eremábión: Dios.

Eremábión sina Abasí Okambo: "el Dios más viejo, el de Africa."

Eremesongo: nombre de la flecha de Isunekue.

Eremí: un conocido.

Eremí baraka ñémia mabó: "el Secreto es muy grande."

Eremomo: conjunto de hierbas que componen el agua lustral, con agua, para las purificaciones.

¿Eremomo Uyo unfarán Ekue?: ¿Dónde se encontró el Ser que chilló? Se responde: **Nandibá Efor Kondó Efor:** en la orilla del río, en el territorio de Efor.

Eremo seme kiñongo Abanekue kankoñongobá Iyán chambeyó Bongó mofé chángana Isué fembe Ukano mambré ukano mambré akoriantán Baroko Nansao asukurukú nandibá mayé: Consagración de Ekue. El Iyamba más joven fue consagrado entre dos palmeras, a la orilla del río, en el Baroko Nansao.

Eremuñe sensemó Isunekue Aweri obán sune uwawá abesuñé monina weri: palabras que se pronuncian en la ceremonia fúnebre después de atar el plumero con la cinta negra en señal de luto y con la hierba **uguáguá, abesuñé.** "Ñangaliana, incorrecto", estima el informante Saibeke, "esta oración no tiene sentido." Como otras que aparecen aquí y que hemos señalado han sido inventadas en la Potencia Munandibá de Guanabacoa.

Eremusón mesagañá: me descubro ante su Majestad.

Erendió: rey.

Erendió Abasí Bomé: ¡Dios mío Todo Poderoso!

Erendió esito Wanabekura Mendó akamba ñene efión erendió Usagaré munankebe aguanangobia amogoró tindé Apapa Efor ñono taroko Apapa Efik. Efik Butón suaka eñón suaka Baroko suaka eñón Butón erendió awana toíto erendió barondí nata butuba Mosongo erié Obane Mbemoró: "Wanabekura Mendó," dice **Awanangobia,** "Dios lo guarde, Rey de Usagaré, bendito sea, que nos dio el cuero (del chivo sacrificado), la primera comida (de comunión), y los hombres (plazas de dignatarios) que se reunieron para realizar esta ceremonia."

Erendió Mbákara úbia Eñón kanima nklenta nabiga Ekoi ntati achecheré nteñebón Abakuá ngomo yansí yayo: dice Mbákara cuando entrega a Isué los plumeros para que Mpegó los marque a la vez que marca al Sese.

Erendió Wanabekura Mendó Tanse Bongó meta kanko erukanko erufiaga Efiméremo Obón Iyamba barakankubia basarorí yansi akamaribó: palabras que dice Iyamba cuando presenta el yeso para "rayar" -signar- el Fundamento y al hacerlo Ekueñón canta: **mbara kandubia ngomo asarorí.**

Eremí: autorización.

Erení (erení Ekue): la sangre del sacrificio con aguardiente y vino seco, que es la bebida ritual de la iniciación. Se llama también **Mokuba yan yaribó.**

Ereniyo: ojos, mirar, mirar hacia adelante.

Ereniyo: secretario, escritura, símbolo.

Erenkén: aura tiñosa.

Erenkén wapoténrenké o klé: aura tiñosa.

Ereno: perro.

Erenobón: negro, oscuro, cortina oscura, -de ceremonia fúnebre.

Erenobón akaitía no mi: Negro, arrójate al suelo, póstrate ante mí.

Erenobón mutié: negro verdugo.

Erenón mutié: verdugo.

Erensuá: africano.

Erentún Ekue: castigo -cuando Abasonga lo ejecuta.

Eretá: arroz.

Eretó: arencón. Pescado ahumado, (en Olugo).

Eré yankusé: ya murió.

Eribangandó Epó: Ireme que le lleva las ofrendas a Tanse.

Eribangandó Iyá Iyá, Ireme Obonekue Iyá Yambaó: canto del Ireme Eribangandó cuando de madrugada lleva los restos del sacrificio y las comidas a los espíritus del río.

Eribangandó mutusiá kende maribá nansuao: Eribangandó tiene su casa cerca del mar. Es el Ireme que lleva las ofrendas al mar. Eribangandó era pescador.

Eribangandó mutusiá kendeké Ekue mbara werifé fembé soribiañe Ekue nanumbre irón irón ifántereré keawán fumio: Eribangandó, Ireme, coge esa paloma que vuela libre, porque hoy es un gran día. El último día del año tradicionalmente se sacan todos los tambores y objetos litúrgicos que juntos reciben el nombre de Potencia, se purifican y se cubren con un lienzo blanco. A un lado y otro, fuera del círculo en que se sitúan, se coloca un crucifijo y un ekón. Una gran purificación tiene lugar para recibir sin mácula el año nuevo. Por último, con una paloma, que tiene más valor depurativo que el gallo, termina esta limpieza, y el Ireme lleva la paloma a la calle y la deja en libertad.

Eribangandó sukuaka tayasongo: título de Eribangandó.

Eribé: orilla del río.

Eribé eribé makateberé Iyá Ekue nandibá Mosongo: se dice para penetrar en el Fambá.

Eribé eribé Sese Kondó itararoko angongoyá o o Ekue nandibá: se dice cuando se pasea en procesión por el interior del Kufón Ndibó o cuarto sagrado, al Fundamento seguido de todos los atributos. Detrás del Ekue va el Mpegó, el Sese y los Itones. Se presenta Ekue a cada uno de los cuatro vientos, es decir, a cada uno de los ángulos de la habitación y después se le coloca en uno de ellos sobre su signo, en el interior del espacio oculto por una cortina, llamado Iriongo o Foekue. A este espacio se le llama también Fambayín.

Eribó: el Sese -poder- de los Efik. "Les dio el Ser a los Efik."

Eribó: (el Sese) tambor en forma de copa, para las consagraciones. No se suena. "Es mudo." Representa a Sikán, o exactamente, al güiro en el que se introdujo el Pez.

Eribó (Sese): canónicamente debe llevar sólo cuatro plumeros en torno al parche, no obstante algunas Potencias, insólitamente la de Uriabón, lo adorna con diecinueve. "No es correcto, pero lo hacen porque es más bonito." Efor no emplea más que cuatro: Lo que manda la Ley. En la rama de Efik, Efik Akanarán le pone a su Eribó catorce plumeros. Sierón, diecisiete, Nyimiyá trece. Casi todos son juegos de Efik. Un Efik que adorna el suyo con doce, dice que son los Doce Colaterales del Cielo... "¡Libertades que se toman los amanisón -criollos.!"

Eribó: se le dice tambien al Isué -el cura de la Potencia-, que consagra con él al indíseme, "y que es su dueño."

Eribó (hijos de): lo son tres jerarcas: Isunekue, Mosongo y Abasongo.

Eribó Abasí Okambo kiko ndocha umón Odán Eribó: Mi padre es Ekue. "El padre de Ekue es el gallo que está suelto en el Batamú. (Ironia de los criollos). Como la sangre del gallo fortalece a Ekue, es como un padre que da vida, y gracias a él suena el tambor, que no puede tocarse sin su sacrificio.

Eribó Akarawaso berobetán eteñenebón etá Efiméremo akandondó Abakuá: "el cáliz y Dios Todo Poderoso te quieren, Isué, abanekue hasta la muerte."

Eribó arakambembe: el Fundamento cuando ha muerto un miembro de la Sociedad. "Eribó tiene muerto."

Eribó ateréré yansún nké nikué: "Isué fue consagrado en tierra de Obane con el Eribó."

Eribó Ereni: el Todo Poderoso.

Eribó guaso nakarawaso mbakararí kambire nabesuao Baroko barokiñangué: el Poder Sagrado todo lo puede y "nos hace" hermanos espiritualmente.

Eribó kuna fembe: Eribó en el embarcadero.

Eribó kuna kuna fembe (en Bibí): el corazón del Santísimo Sacramento es más grande que el de Dios. Esta traducción pone de manifiesto el afán de sincretizar de algunos ñáñigos, sería más exacto decir: el corazón de Eribó es bueno.

Eribó makatere asanga Baroko Fambá: Se dice cuando el chivo es conducido al patíbulo acompañado por el Sese y a éste lo vuelven en procesión al Fambá. El Sese no puede presenciar el sacrificio, y por lo tanto le está vedado verlo al Isué.

Eribón Mosongo: título que se da a este Dignatario de la Sociedad.

Eribongó Abasí: sinónimo del Sese que contiene el poder de Abasí, y en el que Abasí está de manifiesto.

Eribongó Abasí: el Eribó o tambor sagrado que hace las veces de Ekue entre los Efik.

Eribó ñara kabia ndire marafembe eñe nekoi amanayin bión kamá: Iyamba situado en el círculo con todos sus derechos.

Eribó obisoro obisoro nantún: la cabeza del chivo sacrificado y puesta sobre el Eribó, el sagrado atributo de Abasí.

¡Eribó ribó ribó ribó yuansa ribó sé! ¡yuansa aeeé! Umpón mañón betan umpón ataún mundirá é: ¡ya mi hermano se marcha al otro mundo! Se canta en el Ñampe o Ñankue.

Erié: de allá.

Erié frután o fután: un negro de tierra gangá.

Erié kambán: un negro lucumí.

Erié kambó o Kombo: un negro lucumí.

Erié kurukú: cocuyo ciego.

Erié kutón: siga.

Erié mbonine: jutía.

Erié ndiriobión: eres un malagradecido.

Erié nkanima: allá en el monte.

Erié Sikán ekokó ndokairán uko Akanawán enewe Moruá: esto le cantaron a Sikán cuando halló el Pez y fue reconocida como **Bambán Ekoi Mamá Ñangariké.**

Eriete yan fenipá indiabón ikó moró: ¡por dinero traicionaste el Secreto! (Así le dijeron a Andrés Facundo de los Dolores Petit cuando inició a hombres de la raza blanca en los misterios de Ekue, en 1863). Se le aplica esta frase a los que traicionan los secretos de la Sociedad.

Erié yigobió: desagradecido.

Erifonó: sangre fresca, caliente, recién salida del cuerpo de la víctima.

Eriké: los intestinos de Sikán, que adornaron el bastón de mando o Itón de Mokongo.

Eriké: vísceras, tripas, mondongo, (del chivo que se le sacrifica a Ekue.).

¿Erike Ekue?: ¿Dónde nació Ekue? Se responde: **Erike bón paná:** en un bohío en lo secreto del monte, (en Otamo).

Erike, erike apatacho: "cordón", intestino de Sikán simbolizado por el cordón que adorna el itón -cetro- de Mokongo.

Erike erike apotacho nabikoko ibía Ekón Sikuanekua Efor: los intestinos de Sikán.

Erike erike apotacho ntiniabó: nombre del cordón que adorna el bastón de Mokongo, o Palo Mokongo.

Erikondó: la cazuela de la Mokuba.

Erikuá: punta de la flecha. Todo lo que tiene punta.

Erikuá (gandó rikuá): la punta de la flecha en los gandós o diagramas mágicos. Por estas flechas simbólicas entran y se despiden los espíritus.

Erikue rikue ndafia wereké Abasi Obón Efor: Dios en el cielo y en la tierra Efor. (Sátira de un abanekue consagrado en una Potencia de rama Efor).

Erikundi: maruga, campana.

Erikundi: maracas ñáñigas hechas de güiro y actualmente de lata, con las que el Moruá llama a los espíritus. Algunas son tejidas de mimbre, de bejuco o caña, y se llaman canasta. Redondas u ovaladas, se forran con telas y se adornan en la base con fibras de henequén **(beleme mpitá)**, y tienen agarraderas de soga. En el interior se ponen semillas de mate que al sacudirlas producen el sonido que las caracteriza. Existen también, con el mismo fin mágico, dos erikundis cruzadas dentro de un aro de lata, unidas por sus extremos, que forman un Cuatro-Vientos -cruz- que el Moruá empuña por los mangos en el centro. Muchos erikundis son dobles, "jimaguas", como dicen los ñáñigos. Se forraban con piel de leopardo y a falta de éste, con piel de gato.

Erikundi: reloj -"porque hace tic-tac como una maraca."

Erimá: los redaños del chivo, que fortalecen el Fundamento. Se le cubre con ellos.

Erimá: grasa, originalmente del pez Tanse, que se colocó sobre el Fundamento. Fue sustituida por la del chivo.

Erimá erimá erimawó: el Fundamento en el río.

Erimá tanfión: pella del chivo, redaños, con que se cubre a Ekue para fortalecerlo.

Erimá tanfión asokobó Iyamba: llevarle a Iyamba los redaños del chivo para cubrir el Fundamento.

Eriofón: luna.

Eriogo -iriongo-: rincón.

Eriokambo: padre.

Eriokambo: anciano.

Eriomo Obane: madera que se trajo de Obane para hacer el Bonkó y los demás nkomos. Se utilizó la madera de majagua.

Erión: chivo.

Eriongo: lugar escondido, oculto.

Eriongo -Foekue-: apartado en que se coloca a Ekue para que no sea contemplado.

Eriongo -irión waririongo: donde se escondió el Pez. Bohío de Nasakó, templo.

Eriongo beta: lugar en que se oculta a Ekue en el cuarto Sagrado o Fambá Ndibó.

Eriongo meta: la batea o lebrillo con agua y hierbas en que se coloca el Fundamento para ser "fragayado."

Erírio kondó: "cristiano", es decir juramentado abanekue.

Erírio kondó Abasí nkiko ndochán: el gallo es el tributo que se paga a Ekue.

Erírio kondó nbrabaní: sol. Potente.

Erírio mangló: llevar al indísime al Fambá.

Eritén: fortaleza.

Eritén ñobó Mbori Ñugré nankife nantuario Ekue erukentén Mbori Muñaka kanimambira akondó mopié motié epó aname epó nyugue erebetó soko mañonbira Namanguí besuao beromo kauké Sese Eribó Akuaramina Ñampe akuri chiminikako mañón mbayakán mbayuká mbiaka aroró Akurina kondó asóko Mañón bira beritá mogó: oración para despedir la ofrenda o "derecho" de chivo, en la ceremonia fúnebre de un adepto.

Eritongó: rincón (donde está Ekue).

Eró: yo.

Erobanduma Efor: río, título del río Kamaroró, "el río del que era oriundo Ekue-Tanse."

Erobé: cuero, parche del Bongó.

Erobé: cuero de chivo.

Erobe erobe kamá: no entiendo lo que dices.

Erobén: cuchilla (en Bibí).

¿Erobé ñanga aboretindé Moruá?: ¿Qué Espíritu se transfirió al Bongó con parche de cuero de chivo? Se responde: **Eforí muna Tanse Ekue sanga muñón.** El Espíritu de Tanse por acción de la brujería.

Erobé siene: cuero sagrado. "Lo sagrado que chilló en el cuero del Pez, el prodigio, la Voz divina."

Erobesiene: venerar, veneración.

Erobesiene: cuchillo.

Erobikán: el nkomo o tambor número cuatro.

Ero chitongo fiene: una injuria (en Bibí).

Eró Efá: Rey de la tribu de los Eforí Ankomó.

Erofán: nariz.

Erofán kamariké: arroyo poco profundo que puede cruzarse a pie. Está entre Kerewá y Betongó. Los Ekerewá pretendían que Tanse estuvo allí. "Pasó nadando a flor de agua."

Erofia: chino.

Erogamá: Madre (de los Abakuá).

Eroibá: el nkomo o tambor número tres.

Eroiñán Ekue eroiñán ntrerorí butame: por mucho que brinque y salte siempre estoy dentro, entre Ekue y el Butame. Ironía. Lo dice el abanekue que está pendiente de recibir un castigo por una falta cometida, y espera que lo detengan de improviso en alguna Potencia que no es la suya.

Erokanké y Okandé: La Virgen de Regla, Patrona del Puerto de la Habana, que tiene su santuario en el pueblecito de Regla.

Eroko emumio anayibionká ma Ekón Abasí erukamá: "la voz que sale del rincón es la voz que Abasí permitió que viniese."

Eroko ibiokóko tanfión beromo tan Mpegó mogobión akaribó Abasi mutuá cheribó Mpegó Ekue: palabras que pronuncia Ekueñón al hacer una libación de sangre sobre el ekón, la campana litúrgica que, en representación del tambor Mpegó, sale con el tambor de Ekueñón a buscar la Voz divina para celebrar los ritos. El ekón representa al tambor de Mpegó, que impone el orden y no puede abandonar el templo.

Eroko Mboko: signo que se traza en el suelo para colocar encima el Fundamento.

Eroko Mboko: unión de Tanse y de Sikán en el cuero del tambor sagrado.

Eroko ririampón itón ifán ifán pabio nauyeririón nayerén kairán unguiminofán: al jurarse Mokongo se colocó una Mokuba debajo del Fundamento. ¿Qué clase de Mokuba? Invención del Isué de Ebión Efor, Hermenegildo Pérez. "No está correcto", rectifican mis autoridades, " sólo hay una Mokuba para Mokongo como para todos los altos dignatarios: la de sangre de gallo y de chivo mezclada." Y nos traducen: **Eroko,** círculo; **ririampón,** es decir, **liriampón,** comida; **Itón,** palo; **Ifán,** escoba; **Pabio,** la cazuela de Nasakó; **¿Nauyeririó? ¿Nayeren Kairán? ¿nayerén?** parece referirse a los muertos. **Kairán** o **Nkairán,** el dueño del cementerio, en quien los Abakuá ven un equivalente de San Francisco y que es jefe de los muertos en el país de los muertos." **Ngrimi miñufán,** composición de la Mokuba.

Eroko sisi Iyairo Sisi Sisi Amá Ibiora Ngomo biokoko Muna Tansi mután beke Bekura Mendo Ekue asokaka irión kaño Ukano efori amunkerio

eroibá eribia obia obiana ibioko ibiara Ireme Nasakó eforitán Abakuá usima Abasi añene Obón: así les dijo Nasakó a los Obones después que trazaron sus firmas. Sus signos serían los de la religión. Los signos de la palma y la ceiba serían los de Sikán y Tanse, para obtener la Voz divina.

Eroko Sisi Iyamba: el Primer Iyamba de Usagaré- -Efor- se "rayó" en una ceiba y fue en procesión a saludar a la Palma.

Eroko ubiokoko yuansa Boko Moruá awanabó awanabó tién tién Ndibó awañongo Boko sokaka unkoró wewemio Ekue erumé: esto dijeron los Moruás discutiendo en el embarcadero, cuando se iba a transmitir la Voz.

Ero ma Uyo mokurí Abasí Ekue yogo bíobio: si hay Dios hay Ekue.

Erombé: congo.

Erombé até Lombere Efik: un congo que se llamaba Lombere Efik, (desconocido por mis autoridades).

Eromé ako akoirín: Nasakó "miraba", adivinaba, consultando sus semillas de mate.

Erome ekoi: nombre que se da a las semillas de mate con que adivina Nasakó.

Eromina: la Virgen Santísima, (en Otamo).

Eromiñán, Aromiñán: la divinidad (en Bibí).

Eromisón: paloma.

Eromisón aтereré: paloma fuerte (atereré, fuerte), del Espíritu Santo.

Eromión tereré: El Espíritu Santo, Abasí, representado por una paloma embalsamada que se coloca sobre el altar. Se echa en una jícara ajonjolí, maní y maíz seco y se le pone.

Eromiyá: montaña, loma.

Eromo mboko: verdugo.

Erón: carnero.

Erón: justicia.

Erón Efik: guardia civil (o policía municipal).

Erón Efik: la justicia de tierra Efik, Erón Nyimiyí, la de tierra Nyimiyí.

Erón Efik: Potencia de Regla.

Erón Efik mokarará: justicia de tierra de blancos.

Erón Ekoi: la justicia de Urua Apapa, Orden.

Erón erumé: la comida de Ekue, "para que dé su Voz."

Erón kabia seré mitón Usagaré Ibondá asoiro makobiko ireme Sokabia ekokó itamio angongó tiré iro bomián erirú efión Ekue Bongó eta Akuaramina Uyo Usagaré: se llevó un carnero para sacrificarlo y trasmitir la Voz a su cuero, pero no sirvió. Nasakó congregó a la tribu y se trató de lo que se haría para obtener la Voz.

Erón kibá (eñene kibón): afeminado, homosexual.

Erón Nkrón Efik: Potencia ñáñiga de Matanzas.

Erón Ntá: Potencia habanera.

Erón Ntá Bibí: Potencia de Guanabacoa. Jacinto Semanat, gran Abakuá del pasado, fue Ekueñón de esta Potencia y compadre del famoso Andrés Petit. Petit "cargó", es decir, preparó la carga mágica del Sese de esta Potencia.

Erón Nyimí: justicia de tierra Nyimí.

Eronsese Akanirión: se refiere a todo el territorio africano.

Erón Sese akuririón: tratar de un asunto profundo de la religión.

Erón Sese akuririón: justicia sagrada en función.

Erón Sese atere miñán Ekue: el Bongó que se le' puso parche del cuero de un carnero que se trajo de Ntá y en el cual se dejó oír la Voz divina. Pero no dio resultado, el cuero de carnero es demasiado grasiento, "por lo que se escogió el del chivo."

Eroñá: piedra, laja sobre la cual extendieron y secaron el cuero con que se hizo el parche de Ekue. Originalmente el de Tanse, cuando el güiro de Sikán fue sellado con la piel del Pez.

Erorí erorí ntemeroró Sese unkoroñé Abakuá: ésta fue la cabeza que dio vida a la religión Abakuá. Ekueñón, alzando la cortina del Foekue, le dirige estas palabras al Secreto.

Eroró Bibí: un embarcadero en tierra Bibí.

Eroró Mukeré: en tierra de Efor.

Eroropa kuririongo sanga Abakuá Ekoko biotán oyó bibeni yene Efor: el territorio de Africa en que se hallan los Efor.

Erotoyin: arenque, una de las ofrendas que se le tributan a Ekue.

Erubé: según los Efik, lugar del que provenía el chivo del Primer Sacrificio.

Erubé Efor: nombre de una antigua Potencia del Calabar y de una Potencia de la Habana.

Erubé Efor: el cuero del Bongó de los Efor.

Erubé Efor Ekue munanga Mbori: el tambor sacratísimo de la Sociedad Abakuá ya forrado con el cuero de chivo. ("El Fundamento original, el güiro de la Sikanekue, se forró con la piel de Tanse. Después con la piel de Sikán y por último con el cuero del chivo. A este último Fundamento se le hizo una caja de madera.")

Erubé muna tete: nombre del parche del antiguo Fundamento. Cuero del Pez.

Erubé Ndibó Siene: cuero en que resuena la Voz sagrada.

Erubé siene: veneración.

Eruflé: derecha.

Eruká: ceniza. Cuando no se puede ir con los neófitos al río, se traza con ceniza el gandó que lo representa y así se crea mágicamente la existencia real de éste. El amanisón es conducido al patio cuando ya están hechos los signos con ceniza, se arrodilla sobre el que le corresponde y allí, junto al río ideal y sagrado, se le purifica y se le marca. El Nasakó ya tiene preparada una tina con su wemba -brujería-, agua con las siete hierbas que le pertenecen, y espera en el río simbólico a los amanisón para purificarlos. Esto se hace en la imposibilidad de llevarlos realmente a un río.

Eruká: las cenizas en que se convirtieron los restos de Sikán, que se conservaron preciosamente para ser ingeridas por los Jerarcas de la Sociedad en las comidas de comunión de sus consagraciones. El mismo valor que las cenizas de Sikán tienen las de la víctima -el chivo- que la sustituye.

Eruka abanawá tinsún ñangué keneñón kamá: parte de los restos de Sikán se quemaron para trazar con sus cenizas una cruz en la cabeza del iniciado. Las cenizas de Sikán se sustituyen con la cáscara de huevo molida.

Eruka amanawá amanawá tisún onanwé Ekue neñón kamá: cuando mataron a la Sikanekue se hizo una gran ceremonia en tierra Efik.

Eruka banawá tinsún: las cenizas de Sikán, que se las lleve el viento...

Erú kamá: la brujería hablando.

Erú kamá: el Fundamento cuando suena. "En los comienzos de la Sociedad se utilizó -como hoy- el cuero del lomo del chivo para forrar el tambor."

Eruká meñón: purificación, limpieza.

Erukanko: las patas del Bongó.

Eruké: cenizas.

Eruké Aberomia Efik: Se llama la hierba que le dieron a comer al chivo en Efik. Antes de sacrificarlo le introducen en la boca pedacitos de hojas de escoba marga, lino, ceiba y albahaca.

Erukendé Efor: título de un gran personaje de Efor.

Erukié o Erufié: a izquierda y derecha.

Erukié: izquierda.

Erukiñón: hambre.

Erukumbeñán gabión: majá.

Erukurubé: reptando.

Erumaka chékere nakonbirama ororó: en el cielo Dios y mi Bongó en la tierra. Esta frase la desconocen viejos consultantes.

Erumembió: gallo (en Otamo).

Erumé mbori Akarina makuá: tu despreciaste a tu Santa. Se responde: **Añagara unká.** Yo no desprecio a la mía (o a mi Madre).

Erumé: nombre de Ireme de Efor que oficia en el acto de purificar a los okobios, a los animales y objetos del sacrificio, en el patio de la Potencia.

Erumé: de esta tierra procedía el chivo que se sacrificó en Bekura Mendó.

Erume: la Voz de Ekue.

Erume afotoito aborokinatao Moruá muñanga mbori Apapa Efik Butón Eformifó Akanarán Abakuá: la trasmisión de la Voz al cuero de chivo en tierra de blancos.

Erumé Bongó nandibó Sese lorí yambumbembé tindé nkeritén yambumbé Efor. Atotobé atoto beko Mamá Okán kon komo Mbugueré babaí butón nteme sorogobia Akanarán emumio boko eroko mbó taiboko etá fimbando kae ibiota ibiotama lorí lorí butón Saekue ororó: con esta oración evoca Mandrí, el viejo ñáñigo, la escena en que Nasakó escuchó por vez primera la Voz de Ekue resonando en el cuero de Mbori. Esta oración debe de ser conocida de todos los Indiobones, es decir, de los Jefes de Potencia o Grandes Plazas.

Erume Efor: la Voz de Ekue, que se escucha en Efor y en Efik.

Eru meyín wasagandó maribá ekana musagará obo Iyamba asokaka Eroko Mboko: con mi poder transmito la Voz y la retiro cuando quiero. Palabras que dice Ekueñón.

Erumia: cuando Nasakó constató que el Pez había muerto y que su voz -el espíritu- había escapado al espacio.

Erumia: caña de Castilla. En la caña está la Voz, el Espíritu de Ekue.

Erumia nboko ibío niyén niyún Tanse awari Akurumina ntamia newe ebio niyún?: ¿Qué hizo Nasakó cuando vio que el pez Tanse había muerto y que su voz se había ido para el espacio?

Erún: allá lejos.

Erún pana undiago momeñán: con los datos que aportaron los guineos basta para saber cómo proceden los carabalíes en Africa.

Eruñandió: pájaro.

Eruñandió: el cernícalo (Tinunculus Dominicensis) "caza lagartijas y ratones, Se lleva a los pájaros de las jaulas y a los pollos de los gallineros."

Erurú mabio erurú kai nantiyé sanga nkanima awana Bekura Mendó eñón kabia eñón disún Eroko Mboko Abakuá Ekue karabia Ekue ñangadó mutusiá ribé ribé erprí kanbira ñanga erorí Ekue Nasakó umpabio naburunbán Amugaré Eroko Mboko: Nasakó vio que en el territorio de Bekura Mendó podía obtener la Voz de Ekue. Dijo que cada tribu debía llevar un tributo e iniciar a uno de sus jefes. Serían sacramentados en un lugar Sagrado después que el Nasakó hiciera un sacrificio para poder realizar la operación Mágica que daría por resultado el logro de la Voz divina.

Erurú mare kondó erurú Soré yambaó biko betambre Mokongo bibó ngono nyuao babé kondó Efikondó Ireme: soy un sastre, he recorrido muchas tierras y no hay quien corte mejor que yo los trajes (de los Iremes).

Erutene keamanendó: la familia reunida. (Reunión de Obonekues).

Esese Eribó ereni: en el Sese tengo el poder divino. Se contempla a Dios.

Esese koi Esese moto: Sese Eribó, que tiene los dos poderes de Ekoi: el de Tanse Sikán.

Esierón Efi bibi: Potencia de Cárdenas, provincia de Matanzas.

Esierón mpoto anawa Ekoi: nombre del jefe del territorio de Esierón y **Ntate Bibí.** "Fue este gobernador quien presentó el Fundamento al cielo."

Esiki esiki: Espíritu de Dios.

Esisi: autorizar. Sisi Iyamba: autoridad o autorización del Iyamba.

¿Esisi Abarakó Obane Abenoró?: ¿Quién autorizó a Efik Abarakó a ir a tierra de Pitinaroko a buscar su Fundamento a pasar por el Territorio de Orón Sierón?

Esisi bayabaya, Esisi barikondó Eñá: el acto de dibujar en la ceiba los signos sacramentales. Yeso consagrado por la naturaleza para firmar.

Esisigandó besuao erokamé Mosongo nandibá Baroko Baroko nansao: "el primer padre que tuvo Ekue fue Usongo." Se refiere al tambor sagrado, Mosongo, el Fundamento, "padre de todos los Ñáñigos, pues en él nacemos."

Esisi Munanga: cuarto Fundamento de Efor.

Esisi ñoé bekó: nada tengo.

Esita beta saroko asoko ibioboko abasiyayó: persignarse con el yeso.

Esokororó makuá: persignarse.

Esuekue Eribó esukurukuán ntiyén akanamí akana merurú ntubiaka ebión ndayo Abasí akarawaso yaberó mina Fambá: saludo al sol y a la aurora, y al Isué en el Butame y al Santísimo. Oración para presentar al sol los Atributos.

Etabón Ananabión erumabio afanagión: Ananabión, rey (en Africa) fue Santo adorado en los orígenes de Abakuá.

Etá eba: real y medio.

Etá Fabareke, Toibá wanantrí, Oro banduma, Fikebia Etá: nombres de Potencias carabaliés que fueron, en Africa, las primeras que le pagaron derechos de sangre al mar y al río.

Etá muñón tete Ekoi beromo Iyamba biraka akondó burabia: colocar el plumero en el Bongó para que "coma" (reciba la libación de sangre de gallo o de chivo). El Pez prodigioso tenía como un plumero en la cabeza, y eso es lo que simboliza el Muñón en el Fundamento.

Etán: sombrero.

Etá nbonké Ananabión eremabión afanarión: "Jesucristo y San Juan fueron los Santos que se adoraron en la primera iglesia. (Dioses o espíritus de los antiguos.)

Etaneflón: padrino de iniciación.

Etanín: un peso.

Etán musón: sombrereta, sombrero chato que lleva el Ireme sobre la nuca. Según Saibeke, **itán musón** es también un paraguas. "En el campo usaban unas yaguas para taparse cuando llovía o no querían coger sol y se las ponían en la cabeza. Las llamaban **itán musón paranán beke**."

Etán orobapá: un gran día (en Otamo).

Etá yugué nyugué mbaraka une Sese nune abarakó Abasí elorí kamañene Ekoi awara kandiké awara kandiré Abasí nkiko Ekueñón alamiñán Butón Bongó Efo eriero: oración que dice el Nasakó al colocar el gallo del sacrificio sobre el tambor sagrado.

Ete flón aroropá: sangre en el pueblo o en el país.

Etén besú: hablador (en Otamo).

Etén pani: cantador (en Otamo).

Eteñenobón Efiméremo sanga Abakuá ita okobio itiabón Nanantieroró: soy el rey más poderoso que tiene la tierra.

Eteté: pez.

Etí Bomé apomé: eres mi esclavo.

Etié: aquí.

Etié baranukue: aquí en la Habana.

Etié epó: tierra criolla.

Etié etié: ven, ven, más cerca.

Etié kerewá biaña nitongó iñón kuri moropó ñene suwereme: "el hombre, -el marido de Sikán- miró a la cabeza de la mujer, creyó que ésta había enloquecido y le quitó el güiro de la cabeza." (Una versión de la historia de Sikán, de la rama Ekerewá). Según ñáñigos viejos, Isún, el marido de Sikán, no tuvo la menor participación en esta historia del hallazgo de Tanse. Lo prendieron temiendo que hablase y se descubriese aquel misterio del que dependía el bien de Efor.

Etié kurí menanko nirupe nkanima ñangabión mbori eforí momí ifán namukere urimba masanga eriero okoró yibia: Nasakó ordenó a Ekueñón que le trajera una jutía, un chivo, un majá, un mazo de escoba amarga, su cachimba, un venado y aguardiente de palma, para trabajar su brujería.

Etié momí Ekueñón arafembé otán kifé asokobó Iyamba apotacho ndibó Mosongo isuán keruma Baroko tindé: si a Ekue le falta sangre porque el gallo no tiene suficiente, Ekueñón se hiere el pecho y le da su sangre a Ekue. Estas palabras las dice Ekueñón al ejecutar el sacrificio del gallo, cuando le aplica los labios al pescuezo y chupa un poco de sangre.

Etié Nasakó efokominuá krúkoro mañón kuró odán etié ukano masibá akuá ñene: "Nasakó dijo: vamos al río Odán, donde hay una ceiba y una palma. Allí se matará a la mujer."

Etié ñene kurí sugará inuá kerewá ñene umón ndiminuá: "la mujer regresó a su casa y le contó a su marido que el agua había chillado."

Etié poripó: tierra, país.

Etié poripó Efiméremo akoirán nteñenebón Iyamba: dice Iyamba cuando toma su plumero, ya purificado, para comenzar el rito, y lo coloca en el Sese Eribó.

Etié soúso maserén ngomo taibó beromo ñankue: palabras que se pronuncian en la ceremonia fúnebre, en el momento de dibujar los símbolos en el cadáver del abanekue, "que está mudo, beromo."

Etié yenebón momí Abanekue, bakesón Ekue Efor Bongó Ereniyó: soy abanekue y mi juramento escrito está en el Bongó.

Etikí namisón ubiana ororopá: No hay "bicho", insecto más lindo que la mariposa.

Etikón: cojo. "Dicen que Ekueñón era etikón."

Etombre kanko maribá: tambor, las tres cuñas del tambor.

Etón etón: plumero de Mokongo.

Etuka: galleta o pan.

Etún mofé ya beresó: cabeza decapitada.

Etún mofé ya bereso: el muerto no siente.

Eukén: tiñosa.

Euriko sanga kuriko euriko sanga kimawa sanga ñampe sanga maribá: la lechuza se bebe el aceite de los muertos y se va a la mar.

Euyakán: lechuza.

Ewakemio: camino del cementerio (en Otamo).

Ewangá: "morenos que no fundaron Potencia."

Ewe: hombro.

Ewe ewe: los dos hombros.

¿Eweriero Boko?: ¿Dónde está el Secreto? Se responde: **Subusu nkanima.** Escondido en el monte.

Eyekendí: lloviendo.

¡Eyene mbiwi! Sikán eyene mbiwi Siyanantán kakureko umón: Mujer mala. Sikán es una mujer mala que fue a la orilla del río -**kakureko umón**-, la casa del río, a encontrarse con hombres. "A una muchacha de cascos ligeros le llamaban los viejos **Nkrikariká mbiwi**." Por lo tanto Sikán no tiene nada de virgen si se le decía **mbiwi**. En el Calabar, las mbiwi se daban cita con los hombres en la orilla de los ríos.

Eyenisón: Africa.

Eyerimán: base, soporte.

Eyerimán: caballo.

Eyerimán: cama.

Eyó nimao: ese es ladrón.

Eyugue: derecho.

Eyukendi: lloviendo.

Faba: las o los. Muchas. Idea de pluralidad.
Faba: sonido.
Fabaka: Ekue. "En tiempos de España, en aquellos periodos en que arreciaba la persecución a los ñáñigos, Ekue no siempre podia sonar. Hacía entonces las veces de Ekue un barrilito de aceitunas vacío que se forraba con un parche consagrado de cuero de chivo. Se mojaba mucho el parche con la mokuba y Fabaka tenía la voz del pez ronco cuando lo sacan del agua, que ronca mientras se ahoga. El sonido de este tipo de Ekue es más apagado y llamaba menos la atención de la guardia civil." El Iyamba lo tocaba de pie. Si aparecía la policía, le quitaban rápidamente las cuñas y el parche y era un barril.
Faba yene: mucha gente.
Faka: casa.
Fambá: El cuarto de los misterios. No tienen acceso al cuarto Fambá más que los iniciados. Se destina a la celebración de los ritos secretos de la Sociedad.
Fambá atongobé: el Fambá en la ceremonia fúnebre.
Fambá Nitanga: idem. Se llama tambien así al "portero de los llantos", al que cuida la puerta del Fambá de la parte de adentro. Guarda los corchos que se queman para marcar el cadáver del obonekue y cuida de él.

Fambá Nitanga: el primer Fambá Nitanga fue la palma junto a la que se hizo la consagración de los obones. (**Tan tan mofé ukano sanga abakuá:** se llamó al primer Fambá, y éste fue una palma).

Fambaroko: el primer guardián, el "portero" del Fambá. El Fambaroko se sitúa en la puerta y todo el okobio le pide permiso para entrar.

Fambayín (etá fimbando kae): "el hombre que cuida del lugar en que está el misterio más profundo y cuida de los güines. Se le llama así a Ekueñón, y es su título, pues tiene por misión, además de traer la Voz, la de cuidar de todo lo concerniente al Fambayín.

Fambayín: lugar en que se sitúa y se oculta el Fundamento.

Fambayín Abasí erume yin asokaká Mpegó Ekue mbara momí: Fambayín, dame el tambor de Orden -el Mpegó, tambor que ordena los castigos que se imponen a los obonekues culpables y que sustituye al Ekue, "que no castiga, porque una buena Madre no condena a sus hijos."

Fambayín Isunekue yin ñinguí Fabaka: Isunekue reemplaza a Iyamba. Hace sonar a Fabaka, --Ekue. Isunekue va a trabajar -fragayar- en Fabaka.

Fambá yokondé: dentro del Secreto.

Fambá yukaba: el cuarto sagrado cuando se están desarrollando los ritos.

Fambián: otro modo de decir Fambá, templo.

Fana: No, negación.

Fan fan warandise: fornicar.

Fanfana muñí: cadena.

Fansón: sol.

Fansón bongrí: primer Bongó.

Fansonyugá abarakó: el sol sale detrás de la luna.

Faramán: hombres. (**Faramán Ekue:** los hombres de Ekue).

Faramán eneyopá: hombre sabio.

Faramankí: fuego. (En otamo).

Fararán Ekue: hermanos en religión. (en isuama).

Farisún: tío de Sikán.

Faruká: trabajar, fragayar.

Faruka nyene Abakuá: hasta donde llegaría el río.

Faruka nyene Abakuá: oficiar un iniciado, un Obonekue.

Faruka salamankí: ¡haz fuego! dispara.

Febere kundiawá: déjama hablar.

Febere Moruá inuá ke nbiagamí: no hablo con los que no saben.

Fementina mibé: tengo lástima a mi hermano.

Fembe: bueno.

Fenité: gusano que devora el cadáver.

Fenité akuá nyogó: gusano que mata diablo.

Fenité akuá tenité fenité akuá nyogó: bicho que mata a otro bicho, bicho que mata diablo.

Ferebé anipobó: ¡estate quieto!

Ferembeke: testiculos.

Feremiye o aferemiyé: reina.

Feremutón: carnero.

Feriñón: treinta.

Feromo: uno.

Feté: pez.

Fewe momí fewe kakureko mundirá asere nkiko: me voy a casa a dormir hasta que salude el gallo.

Fiagamé: vino.

Fiagamú: vino tinto.

Fiansá, fiansán: trazar los signos sagrados, "escribir."

Fiansá ngomo: trazar con yeso los signos sagrados.

Figuriyé: rey de Olugo.

Fímba: lo invisible, espíritu, Fundamento presente e invisible. "Es lo hondo del río", Tanse.

¡Fimba anafimba itube rako aroromá Ekue Efor!: las olas chocando en el mar.

Fimba aroko tafinbando káe: jurado en Ekue.

Fimba biokondó Orú ababiñán: tu Fundamento es de tierra Orú.

Fina: agua.

Fimbaroko: maldición.

Finbaroko ta fínban dokaba: eres la maldición de tu juego.

Fiñaro fionkemo afogotó ndirá: hombre que no sirve porque siempre está durmiendo.

Fioro: vino.

Fiorombán: aguardiente.

Fioroteme: vino seco.

Fiosoteme: vino seco.

Fisi: abrojo.

Fisí: cercanía del río, con matojos, donde se puede hacer un sacrificio.

Fisún: persona.

¡Fiti chukobiama ba siga mó!: ¡mal rayo te parte!

Fogoki: brasa de candela.

Foinuá, foinuwao: mentiroso, conversador, bambollero.

Fokankó: fantasma.

Fokeyó: masticar. (En Olugo).

Fokondó erenujo: el río sagrado donde "se vio" el Misterio.

Fokotentén: sabiduría.

Fokuyo: mosca (en Olugo).

Fokueyo: mosca (en Olugo).

Fonkabia: sangre.

Fonipán: libreta, libro.

Forama, afiaforama: "judíos", no iniciados.

Fori ankomo: la sangre y el agua que se derraman sobre el cuero del Secreto, ya sellado con el cuero del chivo.

Fori Batangá: río de tierra Eforisún.

Forinyeme: jutía (en Otamo).

Foró: malo, enfermo.

Fotambán: mendigo.

Fotanbán nan chúi: persona desgraciada, "salada".

Fotán konó mi fotán konomí: mi Fundamento es sagrado.

Foúsere: gracias.

Fragayá: fricar la caña que produce el sonido de Ekue. La mano se humedece en la sangre del sacrificio y en los zumos de las ofrendas vegetales. (Incidentalmente, los Orú fragayaron con guarapo y sangre).

Gabano ojeá anó soiké anro anro asoniké: me voy al campo a ganar dinero.

Gandó: camino, trazo ondulante que simboliza al río sagrado, y en general a los símbolos.

Gandó: se marcha.

Gandó Fakariongo: camino, casa, bohío u oscuridad.

Gandó Fakariongo ríkua ríkua. Esikandé Eñón sambaka. O gandó ñangabión: se canta mientras Mpegó traza el signo Eñón Sambaka, y mientras lo dibuja con los dos yesos rituales, se canta: **Unarobia sanga narobia.** Se pulveriza aguardiente sobre el trazo y se canta: **okoro mimba.** Y vino seco: **Okoro besuao.** Después con agua bendita: **umón ayó bibi unyenirén kamaroró.** Y por último se incensa: **O saumio saumio Abasekesongo.** La Pólvora de Nasakó termina la purificación del diagrama.

Ganguí: collar.

Garógamá: Madre.

¡Garó gamá!: ¡Habla más!

Gereitón: palo.

Gereitón eñene untomawá akuá eñene itiá ororo ukano bekonsí ntomiñán sanga Abakuá Sikán kamaroró Sese obiañe: el hombre mató a la mujer y le robó el Sese. Testigo fue el Sol. La mató y enterró sus restos debajo de una ceiba.

Gon: un pájaro (en Otamo).

Gonapá: domingo, (en Otamo).

Goró: llorar.

Goró: pito.

Grinerón: Africa.

Grudupe: venado.

Guabatón kimía: las costillas del chivo sacrificado. (Ñangaliana).

Guaguá meró: un bobo.

Guamé: pariente.

Guanamakokó Efor: Potencia aún activa fundada por Esito Ñon Bakoko.

Guanansoró (wanansoró): fiesta de día.

Guanantrí (wanantrí): Africa.

Guane: pariente.

Guani (wani): la noche.

Guanirán (wanirán): fiesta de noche.

Guanima: sabana.

Gubión: tiburón.

Guekeré (guegueré o kekere): piojo.

Guemandí (wemandí): caja.

Gueremitén (weremitén): ojos.

Guiñegueñe (wiñeweñe): guasasa.

Guión: San Juan.

Gumá Efor eforí Sese Iyamba: Rey rico de tierra Efor (de los Eforí Gumá).

I

Ibá: nariz (en Olugo).
Ibá: dos.
Ibana: mujer.
Ibana: plaza.
Ibana akoneya: mujer "fascistora", presumida, amiga de llamar la atención.
Ibana eribá: mujer casada.
Ibana Ibondá: la luna.
Ibana ibanda: luna.
Ibana ikoso: mujer linda, bella (en bibí).
Ibana iso iso: mujer casada.
Ibana itámanaíno: mujer embarazada.
Ibana kouyo: viuda.
Ibana mbiwi: ramera.
Ibana moró: mujer de mal vivir.
Ibana mpará: mujer prostituta.
Ibana nanfokó: mujer ilustrada.
Ibana ndibó: "mujer con sangre", -la que se ofrenda al numen, (Sikán).
Ibana ndibó: mujer menstruando.
Ibana ntierume o ntiurene: mujer encinta.
Ibana soké: ramera.
Ibanán suaka: el segundo signo o "firma". Círculo.
Ibanán suaka: exterior del parche del Ekue donde se estampa el emblema de Abakuá Efor.
Ibanán sueke: ídem.
Ibanán sueke: el primer signo o "firma".

Ibana tuenán: prostituta (en bibí).

Ibankené Ibán kenewá Ekoi: Ekoi es el poder simbolizado en el plumero de los dignatarios Mokongo, Iyamba, Isué, Isunekue, Mpegó, Ekueñón y Nkríkamo.

Ibán sune Ekue bonsiro: primer título que le dió Nasakó al baroko de los cuatro Jefes: Iyamba, Mokongo, Isunekue, Isué. "Los cuatro cabezas que tienen un solo pensamiento."

Ibaribá riba ñankoú sokomeñón bira monina itia mogó. Akamamán yeré yugué. Akondó motié tié tié tié úmbira. Asoko meñón birá: invocación que dirige Nkríkamo a los muertos en el cementerio, haciendo son en una cazuelita, para llamar a los espíritus. Lo acompaña un obonekue que porta una vela encendida. Nkríkamo lleva la cazuelita, cuyos bordes se blanquean con yeso, invertida en la mano y dentro de ésta dos cañas en cruz.

Ibé: pico del gallo.

Ibeké: me marcho.

Ibí: el primer título que recibió Ekue.

Ibiaganga: loma de tierra en Efor.

Ibiabanga: antigua Potencia.

Ibiabanga: el pito de Ibiabanga. Era como una flauta de madera con tres huecos para llamar al íreme. Lo usaba la Potencia de Ibiabanga I, integrada exclusivamente por carabalíes, y la de Ibiabanga II; que eran también africanos y no aceptaban criollos en su Potencia. "Mi abuelo me explicaba que por medio de una clave de sonidos, se comunicaban entre ellos los negros de nación, y que los de Ibiabanga hablaban con su flauta con el íreme, como él con sus vecinos en el monte con su caracol. Caracolas, pitos y tambores hablaban lengua... Pero esa lengua, aquí los negros la perdieron, es decir, nunca llegaron a aprenderla bien."

Ibiabanga Efik: Potencia, aún existe Biabanga, Obiabanga.

Ibia, Itangá amoreré nansundi acherenboko maribá nyugué Sikanekue Efor: el derecho, las ofrendas para Sikán, se echaron al fondo del mar.

Ibiara: espacio inferior del parche del Ekue de Bekura Mendó en el que trazó la cruz de Efik el rey de Afiana Sísi Ibiora.

Ibioborá: jícara.

Ibibiokón: los ibibío o bibí, "emparentados con los Efik y los Apapa Orú." Orú Bibí.

Ibioko: espacio inferior a la derecha del Ekue de Bekura Mendó en el que trazó el óvalo de los Efor y en el centro del óvalo la cruz de Efik, el rey de Eforí Sisi Amá.

Ibionansé: la jícara en que Iyamba bebe la mokuba.

Ibionó Sese bibí enewe riero Nkríkamo ñabonkó obón Ekue Eribó: "el primer obonekue es el yeso" -beritánoko- el yeso con que se marca al obonekue.

¿Ibionó Sese Bibí Nkríkamo anabongó akuá obonekue Ndibó nagüe Sikán Uyo anagüe Sikán Odán?: ¿Cómo Sikán siendo una mujer tiene tantos títulos en Abakuá? Y mejor dicho: **¿Ibiono Sese Bibí Nkríkamo Bongó akuá obonekue kasikanekue Odán kasikanekue Uyo Uyo maúyo?**

Ibio Sisi Yambeke nan yegueyí: primer Iyamba consagrado en el Embarcadero de Bekura Mendó, Usagaré.

Ibiotamo anakiñongo kiko motangri ñanguirirí Ekue Isunekue nduberán añongobia Ekue anandibá soro Uyo Sunekue mbrachimán soboro bane seré kondomina Ebongorí Efor: la Voz penetró al Iriongo (al Sancto santorum) e Isunekue, el güin en sus manos, produjo el primer sonido para comenzar el rito.

Ibó: pan.

Ibo: peine.

Ibobiamo Bankeneruka Abasí Ibiobamo: nombre de Ekueñón cuando se descubrió a Ekue.

Ibóborá: la güira ya cortada y limpia hecha jícara o sea la mitad de la güira.

Iboku-Boku: soldado, guerrero, valiente.

Ibón Bomé: rey de Bomé.

Ibondá: luna.

Ibondá: Potencia habanera.

Ibondá: río que pasa también por Bekura, donde se le une el de Najebia, Ubioko Sitabetán.

Ibondá: río donde se juramentaron los obones en Usagaré.

Ibondá Efó: loma de Mamba, en Efor Munanbán, "donde apareció el Espectro" Kurumina Tembán Eye í Tembán, Kurumina Tembán.

Ibondá Usagaré: lugar donde Nasakó hizo la primera brujería.

Ibondá Usagaré Mañón Brikamo: en Usagaré Nasakó hizo la primera brujería y en sus lomas llamó a los Espíritus y fundó la religión Abakuá.

Ibonkó Ekue nyemiyá eromu sere beke abogoto ito Iyamba ntre kuri ñongo mpabio: "yo no disputo con todo el mundo."

Ibuntá: lluvia. Está lloviendo.

Ibuwañe: territorio que baña el río de Obañe.

¡Ie! awanamokoko Efor Eforí sisi ndeme Efor: una puya que le lanzó la gente de Efor de Andrés Petit, a los Efí Yumané. Les decía: "ustedes no pueden ufanarse de ser poderosos pues todo lo que tienen los recibieron de Efor. La brujería, Eforisísi, y todo, es de Efor."

Ifán: escoba amarga.

Ifán: rama para purificar que lleva el Ireme en la mano izquierda.

Ifán eriero: rodar, rodando.
Ifán mukeré: romero.
Ifionké: no me importa ¿que más da?
Ifonkoró: no sirve.
Iforó: malvado, malo.
Igoro atana: pito.
Iká: apretar. (Mbariká: mano que aprieta).
Ikán: candela.
Ikán belefe: sábado.
Ikán Kanfioró: nombre de una Potencia.
Ikán Kanfioró: candela de volcán.
Ikó: dinero.
Ikó Ikó Abasí amá kendó: primero es el dinero que Dios... (sátira contra la ambición humana).
Ikoíro gandó: diente de elefante.
Ikó mawán: dinero (que eran caracoles).
¡Ikonawán iruete!: ¡su dinero no sirve!
Ikome: barbada del traje del íreme.
Ikó motikí: poco dinero.
Ikoria: nacimiento (iniciación).
Ikuá: cuchillo.
Ikuena: una de las patas del Bongó de Mokongo.
Ikuerié: patas del chivo del sacrificio.
Ikumora: "carabalí de los que vinieron pocos a Cuba. Adoraban animales de agua."
Imoserí Efor: espíritu del primer Mokongo.
Imoserimó: espíritu del primer Eribangandó.
Imporó: divino.
Iná: viejo.
Iná: ilustrar.
Inabonaramo o Bonaramo: río de tierra carabalí.
Inabonaramo: río de Obane donde se dio muerte a un congo para ofrecerle su sangre al Fundamento.

Ina Boramo amoranú inuá fonkabia ilumiraka Efor Sankemio Iroña meta Ibán Ibonekue: en el río de Inabonaramo se dice que dieron muerte a un congo y su sangre se ofrendó al Fundamento, a la Madre de Obani.

Iná chembutón: "un espíritu que está ligado con la brujería" -que actúa en la brujería.

Inalogri: bautismo.

Inán belefe: lunes.

Inánkuko: asambles, junta de ñáñigos.

Inarosa añangansune: lámpara de aceite con su mecha.

Inayutia: uno de los siete Espíritus de Antepasados que acompañan al Espíritu de Tanse, cuando éste está "hablando" en el Tambor Sagrado.

India: nacimiento.

Indiabakuá: signo del nacimiento en los misterios Abakuá.

Indiabakuá: nacimiento del neófito en la orden.

Indiabakuá: Iniciación. Signo que se pone en los brazos y en las manos del neófito.

Indiabakuá akaniká aragasigamá yayó Iyaó Moruá ñenekubia kamaribó: estas fueron las palabras que pronuncio Bonerón cuando desataron las venda que cubría sus ojos durante la iniciación y contempló "el cuero del secreto." "Se asustó y se santiguó."

Indiabane: territorio de Obane.

Indianikúe: nacimiento del neófito en la orden.

India Obane: territorio de los Efik.

India Obane Mbemoró Odán sanga maribá mbairán kurí aroropa Usagaré: "se sale de Obane, se llega a Mbemoró, al Odán, en bote, y por mar se llega a Usagaré."

Indiobane: jurisdicción, "territorio de Obani."

Indiabón: grado superior al de Obón. "Aquel que en los comienzos tuvo la güira antes que nadie."

Indiabón: son cuatro a saber: Mokongo, Isunekue, Mpegó, Ekueñón.

Indiabon: jefes, guerreros, altos dignatarios de la Potencia. Mokuire, (Mokongo) Ekueñón, Mosongo.

Indiabón muna Fambá Eriongo Betán: título de Usabiaga, guardián de Bakokó.

Indisime: neófito.

¿Indiseme seme kisón indísimi seme kiñón nanumbre temeroko Fambá enewe indísime kisón kiñón?: ¿por qué se vendan los ojos de los que van a jurar?

Indíseme seme kisón nanbumbié tenseroko Fambá enewé indiseme kiñón: a los neófitos se les vendan los ojos para iniciarlos, porque "no pueden contemplar el Misterio hasta que no han nacido", místicamente.

Inikobón: malanga.

Iniko obón boniko branbrán brasimitobé (en bibí): malanga, gato y chivo.

Insumba baibó: la cabeza de la Sikanekue.

Insún: rostro.

Insún: máscara.

Insún: bonito.

Insún kanko Eribó: nombre que se da al tambor de Ekueñón que sustituye al Sese Eribó en el ritual fúnebre.

Insún: "algo precioso."

Insúnnarabia: una laguna de tierra Eforinsún. Sus aguas son rojizas.

Insún Isué Eribó Ngomo soiro nteñene Obón Abakuá yantín Abasí Obón eriero: título de Isué.

Insún mokafá: la esquina de la calle.

Inú: boca.

Inú: lengua.

Inuá: hablar.

Inuá Bonerón molopó kamá oguefé: Bonerón es un hombre de talento que sabe hablarle al Secreto.

Inuá borobutón borobutón inuá ke afonkemio: muchos hablan lo que saben y otros saben lo que hablan.

Inuá Itón: "palo que habla." Se le dice al bastón o cetro de Abasonga "porque las Potencias, como las personas, cuando son mayores, hablan y sus palabras son tomadas en consideración, al revés que las de los menores de edad." "Cuando una Potencia tiene Palo Mosongo, es mayor de edad y cuenta como tal." Este cetro lo recibe una Potencia de su fundadora o Madre, a los veinticinco años de constituída.

Inuá keabagamú ma chévere: eres guapo y me traicionaste con tu palabra.

Inuá ke aborobuto inuá Monina chekereké Okobio ñene Abakuá krikariká biurá Mosóngo: dice Mosongo cuando en la ceremonia del juramento le da a besar su cetro al indíseme y éste lo sostiene.

Inuán: cotorra.

Inuán Bonerón tindé: "boca africana es la mía y habla bien."

Inú berakaibiana: la lengua del gallo.

Inún: boca.

¿Inuwera akoribio?: ¿Por qué el Sese es hueco?

Inyiguiyí: rey de Efor.

Iñabo balorí ibanka kañanerí Efor: "la madre ya dio a luz" (ya confirmó Ekue al neófito, o ya nació una nueva Potencia).

Iñaleko Mosoko: el espíritu de Mosoko junto a Ekue.

Iñalekú: el espíritu del primer Mokongo (Mokuiri).

Iñaleso: espíritu de Besoko. Uno de los siete Espíritus de Antepasados que acompañan a Ekue cuando éste deja oir su voz en el Santuario.

Iñán: cuatro.

Iñángaripó: título de un Iyamba. "Se da a los abanekues de mucha sabidurí." Puede ser sinónimo de sabio, como Saibeké, Bonerón.

Iñáñutia: Espíritu. Uno de los siete Espíritus de los Antepasados que rodean a Ekue mientras suena.

Iñarosa añangansune: vaso de aceite con mecha de algodón.

Iñaserisún: "es un espíritu travieso."

Iñaserisún: uno de los siete Espíritus de antepasados que acompañan a Ekue mientras se desarrollan los misterios Abakuá. "Estos Espíritus rodean al tambor."

Iñayutia: espíritu del primer Iyamba.

Iñayutia yuribia: espíritu del Rey Yansuga, primer Iyamba de Efor.

Iñón iñón: ir andando.

Iré: diente (en Olugo).

Ireme: Espíritu ancestral. Fantasma. Espectros de los Antepasados y fundadores de Potencias en el Calabar. "Espíritus de Reyes de Tribus." En Cuba los llaman Diablitos, que es la denominación corriente.

Iremes se consideran todos los individuos que componen el gobierno de una "tierra" o Potencia. Intervienen en la liturgia. Ireme Nkóboro es el diablito que tiene la obligación de acompañar al Eribó y a Ekue. Eribangandó la de limpiar el camino en todas las ceremonias con un mazo de escoba amarga y un gallo que se ata a la cintura. Aberisún la de matar al chivo de un palazo. Itón kiñón birafia.

Aberiñán de sujetarlo, Nkanima de arrojar las limpiezas. Anamanguí oficia en la ceremonia fúnebre, se arrodilla y llora al cadáver.

Llevan en la mano izquierda un ramo de albahaca o una escobilla de millo o un mazo de hierba escoba amarga, y en la derecha una caña de azúcar de unos 45 a 50 centímetros, o un itón, un palo pulido con el que amenaza a la concurrencia. Pero Nkríkamo acude a tiempo de aplacar al Ireme colérico. Obedecen al conjuro de "un jefe de Iremes", el Moruá o Nkríkamo que los domina y obliga a cumplir todas sus órdenes. Es el único sacerdote que tiene potestad para mandarlos. El Ireme, que es mudo, baila y gesticula incesantemente. Se expresan por movimientos que hacen con la mano izquierda, con los pies y con el pico del pómpo (o capuchón). Un movimiento del pómpo, un gesto de los brazos y de los pies componen una frase. Anuncian su presencia sacudiendo estrepitosamente los cascabeles. Cuando extiende el brazo izquierdo y la mano con que sujeta rama y con la derecha simula que dispara una flecha, el Ireme pide guerra, desafía, reta. Con las manos en cruz apoyando un pie en el suelo, dice: Dios en el cielo y yo en la tierra. Cuando pasa la mano y el brazo izquierdo por debajo del derecho: injuria. Con los brazos detrás y andando naturalmente, indica que es caballero, una persona grave. Llevando el pie izquierdo hacia atrás, injuria; adelantando el derecho y golpeando tres veces en el suelo dibujando luego un círculo con el dedo gordo del pie, traza la firma de su partido. Al alzar la rama en alto está proclamando "mi partido en la tierra y Dios en el cielo."

Los Iremes jamás dan la espalda al Eribó y al Ekue. Salen del Fambá de espaldas. El único que sale como le place es el que limpia el camino.

"Los Iremes llevan siempre una mano en la espalda como protección. Antes, en tiempos de España, si el Moruá se descuidaba, el Ireme de otra Potencia podía acercárcelo, pasarle un yeso bendito por la espalda y degradarle para siempre. Es decir, que ese obonekue no podía revestir jamás el traje de diablito. La parte más sagrada del ñáñigo cuando viste el saco, es la espalda." Iremes se consideran todos los individuos que componen una Potencia Abakuá.

Ireme: "en descampado se consideraba un ser temible, inhumano, que perseguía a la gente para hacerles daño o matarla."

Ireme: dice **amanandió amanan yurubé osokomino nunkué osokomino nkaño ke amanantión dirá:** "Mira hacia el cielo, a Dios, da rama y persígnate.

Ireme Aberiñán Akoneyó: Aberiñán cuando representa a Iyambembe Erimoto, el Guardián de las puertas del Cementerio. (Lo identifican con San Francisco de Paula.)

Ireme Afomako Umón mbogará fembé: Ireme, mira el agua y el barco que te trajo de tierra.

Ireme Aweremí: Ireme de Biabanga, aldea de tierra Efor.

Ireme Akaitía: Ireme, arrodíllate.

Ireme akondó kawá, Ireme akondó kié kié: Ireme ven arrastrando la rama y el palo.

Ireme Amanandió amanyurubé asokonino núnkue osokomino nkaño keamanantión dirá: Ireme, contempla el cielo, preséntale al cielo la rama y persígnate.

Ireme Amógoró: Espíritu de Nkóboro de tierra Efor. Amogoró es también el nombre de una cueva en tierra Efor.

Ireme Amogoró Tindé: uno de los títulos del Ireme Nkóboro, cuando oficia en el Fambá.

Ireme Anamanguí: el que oficia en los ritos fúnebres. Lava y afeita el cadáver del obonekue. Le está confiada su custodia.

Ireme Atarafiana: Ekueñón cuando viste el saco que simboliza a un Espíritu.

Ireme Atarafiana: "el que está en el linde de una tierra." (No; objeta una autoridad Abakuá consultada, "Atarafiana significa límite, frontera divisoria. No conozco ni jamás he oído hablar de un íreme de ese nombre.")

Ireme Awaramayo waramán kiko unseíro ntabé afaramandisé: Ireme, brinca esa cerca, coge ese gallo y mátalo.

Ireme Awarandiria: el Ireme que le falta un brazo. "El fantasma de un manco que anda con el de un tullido, Kusundaria."

Ireme Ayanansá o Ayanusa: Ireme que purifica a los indíseme que van a ser iniciados.

Ireme Chokó wanabia: Ireme, presenta tus pies para que te "rayen", (marquen con el signo de la cruz o cuatro vientos).

Ireme Chukumbía: Aberiñán.

Ireme Efor: Espíritu de la tierra de los Efor.

Ireme Eribangandó: es el espíritu que purifica el camino en todas las ceremonias con un ramo de escoba amarga o de albahaca y un gallo atado a la cintura. A cada Ireme se le encomienda un oficio.

Ireme Erufián Kewe: Ireme de Efik Abarakó. "Los Abarakó eran comerciantes de miyinsún, güiras."

Ireme Erunné: en la consagración de Mokongo, este Ireme fue a buscar el agua a la playa de Yurubia.

Ireme Eta: el Ireme Nkóboro, que presencia y da fe de los juramentos de obones.

Ireme IeufiánKakué: Ireme de los Efik, hijo del Fundamento de Pitinaroko. Es el Ireme de Abarakó.

Ireme de Ekuyaya, Ikuyaya afé afé: espíritu de un Abasonga.

Ireme Fokanko ña jekue akuriribión ororó nunkue akuá: el Ireme que bautizó al primero que se consagró en Africa.

Ireme Inokuentemesoró: el Ireme Nkóboro.

Ireme Iñanfia, Iñanfia Afoniké: el gran Espíritu, muy poderoso, de un Antepasado Ekoi que acompaña a Ekue en el Fambá.

Ireme Isunaka: Ireme de Eforinsún, territorio famoso por los brujos que en él vivían. Los más fuertes y temibles por sus conocimientos mágicos.

Ireme Isunaka de Eforisún: primer Ireme de los Eforisún.

Ireme Iyambembe o Yambembié Erimoto: Ireme de Efor que presencia las grandes consagraciones y es el guardián de las puertas del Cementerio. Jefe de los Muertos, especie de Plutón del hades Abakuá. "San Francisco, patrón de los Muertos."

Ireme kanko umbiro awana Eribó: Isué dueño del Eribó. Se llama así el Isué cuando sostiene el Sese o Eribó sobre la cabeza del neófito sin apoyarlo, separado de ésta una o dos pulgadas por lo menos. La cabeza recibe la emanación de la fuerza sagrada, pero no podría resistir su peso ni su contacto todo el tiempo que dura la consagración. Para recibir la emanación de la fuerza divina, la cabeza del indíseme se prepara purificándola y trazándole una cruz con polvo de cascarilla de huevo **(Bayankán senune).** El Isué recita en este momento varias oraciones.

¡Ireme kopo eriero! akurí ana busi!: ¡Ireme, óyeme, siéntate en la silla! Estos se sientan de espaldas al público, pues los espíritus no le dan la cara a nadie.

Ireme kuri anabusi: Ireme siéntate en la silla.

Ireme Meta: Eribangandó cuando lleva al Baroko la tina con las hierbas profilácticas dentro de la cual se introduce a Ekue para purificarlo.

Ireme Meta: "cuando no podía comerse a la gente, babeaba como hacía Kurumina."

Ireme Meta esisi awana Bekura Mendó awana Bakokó Eforisún yukawa Ekue Usagaré Tanse Bongó meta Akanarán merefia Akanarán mañón okameñón Bongó Akurumina Abasí ekoko iteromo amana amana Erubé Efor ekufón maniriongo nkiko aprofinafia Mokuba yányaribó efión aroko erimatafia akuá Mbori aborokiñangué efión Mokuba aransene eforí Sisiyamba ñanguiriri nambioro amana mana Erubé Efor eforí Sese kondé butame baroko mofamba: Oración que alude al conjunto de tierras de Ibondá Efor, en la consagración de Ekue Eforisún y "del chivo Padre."

Ireme mofé uruana: Ireme, recuéstate en la pared.

Ireme Nchuí: manifestación de Nkóboro.

Ireme Nchuí: cosa descompuesta, carroña, gente sucia, un abanekue pobre que reviste en una Potencia un saco o Efomiremo, en mal estado, roto y maloliente.

Ireme Nchún: Ireme que purifica a los indíseme que van a ser iniciados. "Es muy malo, anda con espada. Cuando está en el Butame no tiene la espada como Nkóboro.

Ireme ndiminifán koúnko: Ireme, quítate los zapatos.

Ireme Nkríkamo Bongó erofia erendió momí Moruá: Ireme, en ti mando yo después de Dios. Le dice Moruá al Nkríkamo, al Ireme que debe obedecerle.

Ireme Nkriyá: Abasongo. El Espíritu de Abasongo.

Ireme Nkriyá: el Ireme que asistió a la consagración de Iyamba con el Ireme Amorogó, llamado por Yuansa.

Ireme ntekueñón irianke chuchumbé kambito Eribó Ekue Sanga lumbiasí: diablito, un mono que está trepado en una mata de coco se quiere llevar a tu Madre. (A Ekue).

Ireme Otowañe Otowanbeke Moruá Eribó ngomo mbekere erié erikundi awantete Efietete mban mbayé awán fumio inabomerón Tindé: palabras de un relato que alude a la historia que cuenta cómo Abasongo se perdió en el monte Awana Ñongokabia, en tierra de Efik Efiguéremo, durante la guerra que sostuvieron ambas tribus, la de Efik y la de Efietete, y Moruá lo llamaba con un erikunki.

Ireme Otúon: "Ekueñón lo llevó a la consagración, y su traje estaba hecho con un cuero de tigre."

Iremeta: Aberisún.

Ireme Taipó o Eta epó, (egbo): significa el primero. El Ireme Eribangandó de tierra de Efor en la tierra de Eforiankomo, cuando llevó a la consagración de Eforiankomo el tambor de Orden o Mpegó.

Ireme Tenkamá: fue el Ireme a quien Koifán dio el gallo que se sacrificó al Bongó debajo de una palmera, en el silencio de la noche. Se lo entregó a Tenkamá para que lo sacrificara en el río y la sangre corriera por el agua.

Ireme Nasakó: el brujo.

Ireme akurí ntomiñón achokó wanabia: le dice Moruá al Ireme para que vaya al Foekue y le sea trazada en los pies la cruz y los círculos simbólicos de Efor, o las dos cruces de Efik.

Ireme fokankó ñajekue akuriri bión ororó numkue ekuá (en Bibí): ¿Quién bautizó el primer Ireme, al viejo, que profesó en Africa? Se contesta: **femio nawana yuansa fogueyó Abasí.** Los bautizó Dios, Abasí.

Ireme ña Ekue akuririón akuá ororó nunkue akuá: fue el primer ñaíto, Abakuá, que murió en Guinea.

Irén: allá.

Irén: dientes.

¿Ireni aforirén?: ¿Dónde se hallaron los dientes para la brujería? Se responde: **Irén aforirén aguanañongo Ekoumbre.** En el monte, en el lugar en que Ella (Sikán) fue sacrificada. Analizada esta ficha por Saibeké, el viejo ñáñigo objeta que si bien irén, y también ñairén, significa dientes, ignora lo que quiere decir aforirén, que supone que sea brujería, de eforí. "Algunas brujerías se hacen con dientes de animales, de **mokueriré ndó,** de elefante, de **ngrí**, tigre; y también con dientes de muerto. Los dientes de Sikán sirvieron para adornar el Sese." La respuesta a esta pregunta es la siguiente: **Irén aforiuén awana ñongo Ekombre. Awana ñongo:** allá en el monte: **Ekombre,** tributo, derecho abundante; una ofrenda importante, "como el derecho que se pagó a Tanse al sacrificarle a Sikán y se tomaron sus dientes para adornar el Sese."

Iren aforiren awana ñongo ekombre: en los montes en que mataron a Sikán hallaron el diente que se necesitaba para la brujería.

Iriá barío: Ekue está comiendo.

Iriabón, Uriabón: pueblo de reyes.

Iriampo: comida.

Iriampo Niobia Erumé Kondó: la comida del muerto -que no pueden compartir los vivos- en el **Bani Bani Ñampe,** o ceremonia de despedida.

Iriampo niobia erumé erumé kondondó: la comida de los muertos. Conjunto de las ofrendas y el sacrificio a los difuntos.

Iria Tete akamañene Efik: se llamo en tierra Efik a la comida de comunión y de ella le ofrecieron al mar y a la tierra, "porque Tanse era criatura del mar y Sikán de la tierra."

Irionda: es un territorio que la mitad pertenece a Efor por Bekura, y la otra mitad a Efik.

Iriondá Efor: Potencia del pueblo de Regla.

Iriongo: oculto.

Iriongo: lugar donde se sitúa el Fundamento (Ekue). En una esquina de la habitación, oculto por una cortina.

Iriongo beta: lugar secreto en que se coloca a Ekue en el Fambá.

Iriónsuna akuá eruna mbori: lugar donde se sacrifica el chivo.

Irogandó: tierra de cementerio.

Irona Okambo: piedra sobre la cual se le sacrificó a Tanse. "Antigua piedra."

Irondó: mina en el territorio de los Efik.

Irondó ntá beko semi ñongo sará Ibeke karibó kondó beko itia Ororo, Mambira, Uruana, Otán, Konomi, Iyimiyí Obane: "en Irondó (Obane) está la mina. Allí, caminando por el monte, se encuentra un primer pueblecito o caserío y después otros pueblecitos como Ororo, Uruana, Konomi, Iyimiyí, en el territorio de Obane Efik."

Iringrí: el mayor de los hijos de Bakonkeré Irongrí (de Eforisún).

¿Ironté?: ¿Qué tiene? Se responde: **Erié ñangansune mofé.** Estoy pensando.

¿Iroñabia Moruá koni yendú?: ¿Qué hace Isué cuando los niños están en embrión? Se responde: **Itiá ñenisón ndísime mparawá kisón kiñón bariri Ibana Obón Isué.** En Africa cuando las mujeres están encinta Isué reconoce a los que serán iniciados.

Isaekue Isunekue Ekuñón bakribá fión: Isunekue y Ekueñón frotan con sangre el saekue (o cañuela) que por fricción produce el sonido.

Isaekue ororó nyugué nipó: la sangre del chivo en el sacrificio, que reúne en el saekue el poder de Tanse y de Sikán.

Isaiyo rube ikoirigando: " colmillo de tigre y tierra de cementerio", puya de los viejos refiriéndose a la "carga" del Sese. Substancias mágicas que se introducen en éste y que contienen dientes de tigre, -de animales bravos- tierra de sepultura, etc.

Isamabó: ya se fue.

Isamanú indiabakuá beke isamanú: "tan necesario es el huevo como el gallo", -en la religión de Ekue.

Isán aborobó wanwkón: ve a la calle.

Isán belefe: martes.

Isandiké: sal.

Isán, isán: andando.

Isán isán awana ñongo temio: vamos al monte a la fiesta de los tambores.

Isán isán nanumbre Iyamba itébané Nanumbre: "Iyamba camina despacio, es ciego, no ve bien, la claridad de la luna lo guía.

Isán korokó sanga kora itún: sal de mi casa, judío.

Isaroko: lugar donde se desarrollan los actos que puede contemplar el público profano. Generalmente el patio de la casa en que se celebran los ritos, un descampado contiguo o una plazoleta.

Ise oróromá elorí keñene Sese korio nbena nanburu kikua mañongobón banaká: río de Efik donde los cuatro Obones (reyes, jefes) se lavaron la cara, las manos y los pies para recibir a Ekue (juramentarse).

Iserendao: estoy bien. Respondiendo al saludo "**Asere yerekami.**"

Isieke: "nacion" carabalí.

Isobú: veinte.

Isó manyugo: tener dinero.

Isombé: catorce.

Isomí: diecinueve.

Isón: once.

Isón: besar.

Isón: rezo, rezar.

Isombele o Isomblé: seis.

Isondeson: quince.

Isondi: trece.

Isondio: siete.

Isondó: doce.

Isongo: el neófito a punto de ser confirmado por Ekue.

Isonké: cinco.

Isón mi: diecinueve.

Isón mina: diecisiete.

Isón miñá: dieciocho.

Isontioró (en Otano): maní.

Isuaba: potestad que tiene el Isué para iniciar a un profano y convertirlo en obonekue. Por lo que exclusivamente a él se le llama Isuaba Isueribó, en la sociedad Abakuá.

Isuaba Sausá: título que el Isué le dio al yeso con que firmó Akabiande, su juramento de Isunekue Eribó.

Isuaba sausá: el yeso con que se dibujaron los signos sagrados en Isunekue.

Isuakerumia iní berákatindé: se dice cuando Ekueñón decapita la cabeza del chivo, la da a chupar al Iyamba y derrama la sangre sobre el Mosongo (Ekue).

Isuama: "nación" carabalí.

¿Isúbiabón?: ¿Cómo está?

Isue: "el dueño de la consagración." "Los ñáñigos le llaman el Obispo. Toma juramento a los neófitos y los consagra después de hacerles besar los atributos sagrados, sosteniendo el Sese sobre sus cabezas. Representa la Religión de la Sociedad."

Isué Asukurukuantiyén: que tiene en sus manos al Santísimo Sacramento (el Sese).

Isué Awanantiberó: título de Isué.

Isué beraka ibiana: cuando en la procesión el Isué lleva en la boca la cresta del gallo sacrificado, pero cuyo sacrificio él no puede presenciar.

Isué Eribó chécheribó: título de Isué.

Isué Eribó kondomina mefé: Isué es el sacerdote de la Potencia. Los ñáñigos lo consideran "el Obispo de Abakuá."

Isué Eribó kuna kuna: otro título de Isué.

Isué Eribó lorí guanañongo: Isué llevaba el Eribó al Monte sagrado.

Isué Eribó nankobia obísoro nantún: dice Ekueñón al colocar la cabeza del chivo sobre el Eribó de Isué.

Isué Eribó nansuse Isué ribó mundiaga muteteré kámbara Akanarán awana Bondá Efor awana Bondá tete, aságana kentubia aprokeñón egüemio Abasí Bomé: palabras que dice Isué al tomar su plumero, ya purificado, para comenzar el rito.

Isué Eribó ngomo: título de Isué cuando va a hacer uso del Ngomo, el yeso bendito con el que traza los símbolos en el cuerpo de los Obonekues y jerarcas de la Potencia y en la tierra.

Isué Eribó súkuru kuantiyé: título de Isué "cuando tiene al Santísimo en sus manos."

Isué Eribó ubioko afón ndiminuá Abasí Abón Efó: soy sabio porque tuve buena escuela.

Isué Nansese: Ministro del Poder Divino.

¿Isué ribó nyeni Bongó?: ¿Dónde nació Ekue? (la religión Abakuá) **-Usagaré batamu kure.** Nació en Usagaré.

¿Isué ribó nyeni Bongó?: ¿Dónde nació el Fundamento? Se responde: **Batamú kuré.** En el santuario de Usagaré. (Exactamente **Ekue kuré** significa callar, callado. **Batamú,** altar, santuario. **Isué Eribó,** el dignatario que cuida del Sese Eribó.

Isué saeroñón Iyamba Abasí Obón Eriero: donde quiera que vaya Isué es un gran hombre.

Isué Sese Ngomo yanté Abasí Obón eriero: Isué es el gran sacerdote de la Madre Naturaleza que sacramenta con el yeso bendito.

Isué Sese eroko kambirá makariri kambembemefé bekondó Ekue Uyo kende amanánbero mae awana chikiriongo Ekoi Sese nandibá Mosongo: Isue tiene potestad para tocar con sus manos el Fundamento por dentro y por fuera y para colocarlo sobre su base en la orilla del río. Es el guardián y cuidador del Sese.

Isué Oseyé: con este apelativo se habla de Isué "cuando se asemejaba a una mujer." Pretende un relato que Isué (Osuko eriero) fue robado por unas mujeres oru y que una de ellas, Akariñé, -la jefa- "le traspasó sus poderes y sus títulos."

Isumbi abinonsiá: cuerno izquierdo del chivo en cuya base se dibuja una cruz.

Isumbi aborokié: costado derecho del chivo en el que se dibuja el signo Arakasuaka.

Isumbi anunbirán: costado izquierdo del chivo en el que se dibuja el signo Arakasuaka.

Isumbi berené: cuerno derecho del chivo en cuya base se traza una cruz.

Isún: máscara sin boca. En algunas viejas máscaras que rematan el saco con que se reviste el íreme -como el que donamos el 1957 a la sala africana del Museo de Bellas Artes de la Habana, - se representaba a Sikán con la lengua afuera, los dientes salientes y la boca larga desmesuradamente abierta.

Isún: el rostro de Sikán.

Isún: piedra. En tierra de Eforisún, en los ríos, hay unas piedras muy pulidas y "en recuerdo de aquella preciosa piedra de Eforisún, nació en la Habana, creada por los Eforí Ankomo, una Potencia que llevó su nombre: Isún Efor."

Isunaka: Eribó de Eforisún.

Isún amanadún Sese Ekol afabetó: título glorioso que Nasakó confirió a Isunekue.

Isún amanandún Sese Ekol afabetó Obiuraka mundi: Isunekue Akabiandé fue consagrado en Bekura en el Erube Efor Baroko Nansao, (en la consagración de los cuatro jefes supremos).

Isún Amunandín Sese Ekol afabetó: título de Isunekue, dueño de los parches del Fundamento.

Isún amunandún esisi Ekol: el título más importante de Isún.

Isún anarakua añanguirirí eritén Mosongo amotangrí: Isunekue oficiando con Mokongo.

Isún baibó: cara de Espíritu (de Sikán).

Isún Bela: hermana de Sikán.

Isún Bengué: hermana del rey Awana Teni Tenitén, de Ebión Bengué y de Akanabión, que vivía cerca del río. Mujer de Mokuire y madre de Sikán. (Según el ñáñigo famoso Bernardino Cabezas).

Isún Bengué: Padre de Sikanekue, ("antes de la formación de la sociedad Abakuá, antes de ser Mokuire.") Obsérvese la contradicción con la ficha anterior.

Isún Benguesá: hermana de Sikán.

Isún Bongó: el parche de cuero de chivo que cubre la boca del tambor.

Isunboribó: Isunekue, un cazador en tierra Bibí, hijo del jefe de la tribu de Sierón Bibí.

Isún dibó amaka maka dibó: hombre que perteneció a Eribó (Isunekue).

Isún Efor: capitanía de Efor.

Isún Efor: Potencia habanera.

Isunekue: uno de los cuatro jefes de la sociedad Abakuá. "La jerarquía de Isunekue vale por la de tres Obones. Representa al Fundamento, al Eribó y al Mpegó."

Isunekue: dueño de la Voz definida; fue marido de la Sikanekue y la representa en el seno de la religión, por lo que es dueño de los parches de Ekue." Introduce a los indíseme en el Foekue.

Isunekue Obonekue mbremerí atererima Ekue Moruá momí ke yayó obonekue ntayo moteke mbere yanyaribó obonekue munande Ekue momí ke mefembé munanga abarori Isunekue noinó noinó Sikanekue nyemi efión efión akoneyó Aberisún koroko umpón mawó Afokondó Uyo güasagandó maribá India Obane akuniñón Sanga Abakuá mafimba Itá Baroko Isunekue akaniká eromiyé bríkamo ntarabia anamañón: Isuenekue tiene el nombre y el título de Sikán porque la acompañó al río donde apareció Tanse. (Nkame de una Potencia Efik). "Isún no acompañó a Sikán al río. En este Nkame se alude a lo que sucedió en Fokondó donde se oyó la Voz de Tanse, a las consecuencias del hallazgo del Pez y al sacrificio de Sikán, que dio origen a la sociedad Abakuá."

Isunekue bijuraka mundi efión ngrima nyugueré: Isunekue confirma el sacrificio y cuando los obones sostienen con la boca la cabeza del chivo sacrificado él muerde el pescuezo.

Isunekue Bonkó: título de Isunekue. (Con el Bonkó).

Isunekue Eribó: título de Isunekue. Cuando tiene en las manos al Sese Eribó.

Isunekue Eribó Bongó obón Iyamba Mosongo ñangariké pitinaroko seneyumba: saludo de reverencia al Ekue.

Isunekue Eribó kiko ñangasene: palabras que se pronuncian en el momento de poner el gallo debajo del Bongó.

Isunekue kiko Wana Moto: Isunekue coloca el gallo debajo del Fundamento.

Isunekue Mborikó Esese Ekoi afabetó: palabras que pronunció Isunekue al recibir el título de Isunekue Mborikó que le concedió Nasakó en el primer Baroko.

Isunekue Mpanai mpanai: jerarquía de Isunekue. "su consagración al Sese."

Isunekue Obí Uraka Mundi: Isunekue cuando jura que morirá por el Fundamento.

¿Isún enegüeriero oborikó Isún oborikó?: ¿de qué tribu era Isún? ("Falso. Se refiere al título más honroso que ostenta Isunekue, el de Isunekue Mborikó.")

Isunekue Ndube: título de Isunekue. (En el templo, **ndube.)**

Isun Ekue ndube: guardiero de Ekue.

Isunekue ndube Nkiko guanamoto: con estas palabras que dirige Mpegó a Ngomo, al yeso bendito, traza en la cortina que oculta a Ekue la firma de su guardián Isunekue.

Isunekue noino noino Sikanekue noino tumbé Baroko Sikanekue nyemí efión akoneyó Aberisún korokó umpón mawá Afokondó Uyo wasangandó maribá india Obane akuniñón saga Abakuá mafimba itá Baroko Sunekue akaniká eromiyé bríkamo ntarabia anamañón:
>Isunekue tiene como título el nombre de Sikán porque fue él quien la acompañó al lugar de la aparición de Ekue.

Isunekue Obiuraka Mundi efionkima núgueré erimá tafia eroró muñón tete Isún Ndube nkiko awanamoto atarayuga nkiko atarayuga kondó Isún Obí Uraka remosongo nteñene Obón Abakuá Esisi Boko erokomboko Esisi Yambaó aborotindé Bongó Akanawán yeré asukuara kuantiyén oraña kondó Yyá akondondó Abasí akuá Illú: oración de Isunekue cuando toma la cabeza del chivo decapitado y le ofrenda la sangre al Secreto.

Isún toto beko: Isunekue junto a Ekue. Tiene potestad como Iyamba para fragayar -tañer a Ekue. Isunekue reemplaza a Iyamba cuando éste se reposa. En los orígenes de Abakuá Iyamba dijo: **Ekue soba robane Isún Ekue mbara Akanarán yin afomasere umón itón kuririongo mbábara Ekue:** puse el yin en sus manos y salió del Foekue. (**Ekue Isunekue Mosongo brachimán:** Isunekue hace hablar al misterio).

Isún umbeleko etisún eñongo Sikanekue Efor: dice Iyamba cuando prende una vela que se coloca sobre el emblema de Mosongo. "Esta vela alumbra el camino para que venga el espíritu de Sikán." Al encender la vela el Iyamba, Ekueñón queda autorizado para salir a buscar la voz divina, el gran espíritu que está en el monte.

Isún Umbelaka tisún añongoiro Ukano akanamán dire Asere miya otón erekitán ebión ndayo ebión birama Antrogó makoirén Asukurukuantiyén mbandiko Sese Iyamba afemené bongorima Ukano asokondiré akanamandiré apotacho Obo Iyamba Ngomo saroroko esisi barikondó Efor. Esisi barikondó

asororí bunekue bunekue: oración que se dice al trazar el signo de Mokongo en la ceiba o en la palma.

Isún waré emiyé Efor: mis antecesores son africanos, de Efor.

Isuñabia: espíritu del primer Mpegó.

Isupá: diciembre.

Itá: nombre de un pueblecito carabalí cuyos habitantes iban a trabajar a una mina, Irondó.

Itá: tercero.

Itá Ipó: "Etá epó, decían los carabalí." Lo primero que se hizo o el primero, en lo que se esté haciendo.

Itá Itón pampanó Nkanima: "un palo solo no hace monte."

Itá mananyuáo Bongó mafimba: el primer cuero de chivo en que sonó la Voz -Uyo- en tierra Efik.

Itamaó: marido.

Itamaó ndiminuá momi efokominuá osamio Tanse boro Butón krúkoro akuá ñene: el marido (Isunekue), estuvo conforme con la opinión de Nasakó acerca de la muerte de su mujer (Sikán), cuando éste le dijo que era necesario sacrificársela a Tanse, y unir sus dos espíritus al unir sus sangres. "El espíritu está en el misterio de la sangre." "Nada vive sin sangre y sin ella no reviven Tanse y Sikán."

Itá muñón: el espíritu de Tanse simbolizado en un plumero. "Se dio en Efor."

Itá muñón: primer plumero de Obane (Efik).

Itá muñón Obane: Potencia ñáñiga de Cárdenas, ciudad de la provincia de Matanzas.

Itá musón: sombrero.

Itamusón siro nombeké Itamusón siro nambairán afomake seré Bongó Iyamba abanikué Moruá: en tu sombrereta hay una lagartija, mira y saluda al Bongó.

Itangá: en este territorio, en el primer **ñaltúa** -plante- se dio al Fundamento sangre de obantué y de iyanga. Los itangá están mezclados con los Barondó y los Orón Orón.

Itángame: una sociedad muy poderosa con Itanga Meruna e Itanga Mefí.

Itanga Mefí (Efiméremo Mokoró fembá): una tribu que fabricaba platos y cucharas de güira.

Itanga Meruna: sociedad.

Itanga yuao eforitanga: brujo, hechicero.

Itán kanekú o Itán kanenú: leopardo hembra.

Itán komo Efik Itán komo Efor Abekondó Ekueñón aromitián kasuaya Abasí: Ekueñón es grande en Efik y en Efor porque hace la Mokuba -la bebida sacramental-, y sin Mokuba no hay Ekue.

Itán Musón: paraguas, parasol.

Itá ña yurabia Isoke nbán: "la sombra de Sikán cuando se le presentó a Iyamba en su consagración." Cada vez que oficia Iyamba Nasakó traza un círculo partido verticalmente por una línea recta en forma de flecha, que termina en la parte superior con tres rayas que simbolizan las tres tribus principales de Efor - Bakokó, Usagaré, Eforisún-, y al centro por una linea horizontal - **asiamá**. En cada uno de los cuatro espacios en que queda dividido el círculo, se dibujan los ojos de Tanse en los dos espacios superiores y los de Sikán en los inferiores. Este signo se traza al lado del

Bongó, y sobre él se coloca una vela --unbekatinsún- a fin de que el Espíritu de Sikán se mantenga allí durante toda la ceremonia, y en recuerdo de su aparición a Yurabia.

Itá parananbeke: paraguas o sombrilla. Se le dice también a un sombrero de ala muy ancha, que preserve del sol. "El dueño de un ingenio con dotación carabalí salía al campo cuando el sol quemaba, y su mujer que lo acompañaba a caballo, llevaba siempre un paraguas para taparse del sol. Al verla, oía que un esclavo carabalí le decía a otro: **Amako mukarará Itá musón eblón iruete:** Mira, la blanca lleva parasol para que Ebión el sol, no la queme."

Itaró: el Nasakó o brujo de tierra Efik. El primero en el tiempo -**Itá** significa primero.

Itén mbara Itán Mpegó Ngomo basaroko Ngomo erugé erufé akambán Beko eroko komboko Indíseme un parawao ura Bakesongo Obonekue okobobia. Itén mbara Iblokoko Narobia apangamaniyé Ngomo Abasí Kesongo nyuate makateré ré: dice el Isué entregándole el yeso al Indíseme para que trace una cruz en el sello del tambor. A su vez le recuerda que está a tiempo de arrepentirse si no se siente con valor de cumplir su juramento. Como el Indíseme responde que no, que está dispuesto a morir por Ekue, Mpegó pone en sus manos el yeso y le hace dibujar la cruz en el cuero del tambor. Se le da a besar el trazo de la cruz y se canta: **Nkríkariká nyuate maka tereré.** En este instante el Ireme Nkóboro se halla frente al Indíseme.

Itía: tierra.

Itiabanga: tierra. "El planeta tierra."

Itiabanga: nombre de una Potencia de la época colonial.

Itiabanga: loma.

Itiabanga: bibijaguero.

Itiaba ororó bansené itia ororó: ya el muerto está debajo de la tierra. Con estas palabras un obonekue de regreso del cementerio, en el **Ñankue** o funerales de un adepto, le comunica a los cofrades que ya el hermano ha sido sepultado.

Itiabón asokuá ibá nyenemío Akanabionké: Itiabón tenía una hija llamada Akanabionké.

Itia bero itia: pagar la culpa que se ha cometido.

Itia borotó otia: estás pagando el mal que hiciste.

Itia borotó borotó itia: Se le dice al ñáñigo que sufre un castigo. Se aplica a aquel que no puede entrar en una Potencia porque cometió una falta y "está suspenso" por un periodo que fija el Tribunal.

Itiá borotó otiá eroko nboko ñanguirirí Iyamba ñanguirirí Mosongo awanaribe uñá: cuando se ha faltado al Fundamento, se le pide perdón a Mosongo.

Itia bundankere eforí Itongó Ekue Afondogá: "en esta tierra se celebró una fiesta muy grante para recibir a Ekue." (**Itia bundankere:** un espacio grande al que puede concurrir mucha gente. **Afondogá** o **Pondogá,** el nombre de un pueblo.

Itia bundankere eforí tanga Ekue Afondogá: la más grande fiesta que se celebró por la aparición de Ekue.

Itia butaranga Bekura Mendí: lugar en Bekura donde se "forró la música" (donde se aparcharon los tambores que se dieron a Efik).

Itia ibia: caracol.

Itia itiá yerende awana Mamá korondo: vengo de lejos a saludar a mi Madre que está sonando.

Itiá kanima mbira: tierra de cementerio. "Lugar en el monte donde había cadáveres."

Itiá korombán: la costa africana.

Itiá Iusón anandibá mayé: reconocimiento de Plazas a la orilla del río. "Actualmente no se puede llevar el Fundamento al río, porque muchas mujeres verían la procesión."

Itia Iusón nandibó mayi: "los hombres hincados en la orilla del río ofreciendo un Sacrificio a Ekue."

Itiá mbomipó: tierra de blancos.

Itia mogó: tierra mala.

Itiá mogó: bajo tierra, sepultado.

Itiá mogobión: fango.

Itiá Muñanga Efor ananiberón kabia boroñene: en tierra de Muñanga, Isué se viste igual que Sikán.

Itiá Muñanga Anariberokabia obiro kabia ñene: en Muñanga Isué como una mujer.

Itiá naró akuá erombe: "nombre de las piedras en las que mataron a un congo, en tierra de Efik, para darle sangre al Eribó."

Itiá ororó: centro.

¿Itiá ororo Abakuá amanisón?: ¿Cuál fue el primer Bongó que sonó en Cuba?

Itiá ororó akambamba Ekue Efor unsankemio ayenisón: la Voz que sale del medio del viejo Ekue de Efor surgió en el río.

Itiá ororó Efor Nasakó muto siafembe ekón Abasí kendemesón akuruminango ke angongó ya Ekoi nafembé Ekue Efor: "Los espíritus dijeron a Efor Ekoi que cuidaran de Ekue que era la grandeza de Dios en la tierra."

Itiá Oruna Ekue: símbolo sobre el que se coloca a Ekue.

Itiá Oru ngomo Eribó: el yeso con que se marcó en el centro el Eribó, era arcilla de tierra Oru.

Itiarongo meta: base sobre la cual se colocó Ekue (en los comienzos de la historia de la agrupación Abakuá).

Itiá sabarokó: oreja no pasa cabeza. (Refrán).

Itiá yerendá awana Mamá korondó: vengo de tierra lejana a saludar a nuestra Madre.

Itlé Ekue: lugar secreto en que se coloca a Ekue.

Itió: coco de agua.

Itlobé: coco. El agua del coco, "bendita por la misma naturaleza" se utiliza con agua bendita de la iglesia para limpiar al Sese Eribó. Se toma una jícara, se vierte en ella el agua del coco y se monta sobre tres piedras. Se desmenuzan la espiga de la palma real, el cogollo de la ceiba, albahaca blanca y escoba amarga y se mezclan al agua de coco. Cuando Nasakó alza el Sese, un auxiliar de Nasakó, un **kunansa**, que sostiene la teja con el incienso, lo sahuma, y Nasakó vuelve a depositarlo sobre las tres piedras. Toma tres hojas de hierba anamú o hierba hedionda, tres nada más, y las coloca sobre el parche del Sese. Sobre las hojas -pues el Sese no puede tener contacto con la candela- se echa una pizca de pólvora y se enciende. Nasakó dice: **Nasakó undimeyé ekún balorí**, y describe un círculo con el Sese, quedando éste limpio.

Ito Ibana: muchacha.

Ito Ito: árbol del coco.

Itombere amanaltón yereká: juego de manos engendra tragedia.

Itón: árbol, madera.

Itón: cetro, vara, bastón. Se llama también a cualquiera de las cuatro cuñas, generalmente de madera de majagua -Parititi tiliaceum (L.) St. Hilo de un tambor abakuá.

Itón ablerete: bastón o cetro de Mokongo.

Itón ambariyé bekón erlé beko narenké erlé okambá betansí tan tan Imofé: el Mokongo cuando buscaba palo para hacer el Bongó reunió a los más viejos de la tribu. Estos cortaron una rama de la ceiba, árbol sagrado, e hicieron los primeros atributos con su madera.

¿Itón awana Bongó enlamuto Bongó?: ¿de qué era el parche del Bongó más antiguo en Africa? Se responde: **Iyá kondondó**: era de piel de pescado.

Itón baná Abasí: la cruz del Señor. "La que Cristo llevó en hombros al Calvario."

Itón banakairén: palo torcido.

Itón banguene: nombre que se da al cetro de Abasongo en el momento de la transmisión de la Voz divina. Es el cuarto cetro de Abasongo.

Itón Bankené o Bansene: nombre que se da al cetro o bastón de Mosongo en el momento de la transmisión de la Voz divina. Es el quinto cetro de Mosongo.

Itón barakiwá eperipé ndike Ekueñón tawana mboto eforitán Moruá: el primer Bongó de Eforí (con brujería) que se hizo en Africa, se hizo en una loma en la que había un ratón, una lechuza y una tiñosa.

Itón bene Itón beré: arriba del árbol; palo alto.

Itón bere: pala.

Itón bere anamitón yereká: el juego se convierte en seria realidad.

Itón berebeté berebeté Itón: no hay peor cuña que la del mismo palo. Los viejos dicen: **Itón akuá Itón:** palo mata palo.

Itón beré Itón bereké Itón bere ké Akanawán: se le canta al Mokongo, cuando vestido de Ireme está fuera del Fambá ordenando el sacrificio con su cetro.

Itón berenbére amanantión beramo: juego de seriedad. (El plante, los ritos).

Itón beresuao: árboles, palos sagrados -la palma y la ceiba.

Itón bereté: "el que puede." El palo Mokongo **(Itón bereté Akanawán.)**

Itón bereté echitube Itón: no hay peor cuña que la del mismo palo.

Itongabe mabiana Mokongo eremeneñongo Ekue yurú benké erike erike Efor: se refiere a la parte de los intestinos de Sikán que adornaron el itón o bastón de Mokongo cuando ésta fue sacrificada.

Itómgobé: la caja del muerto.

¿Itongobé mabiana Mokongo ere meñongo Ekue yurú benké erike rike Efor?: ¿qué significado tiene el cordón del bastón de Mokongo y qué nombre le pusieron? Se contesta: **erike erike apotacho nabiokoko ibía ekón Sikanekue Efor:** Mokongo ostentó los intestinos de Sikán en su calidad de Indiabón.

Itongobia Abasonga ñuaka ñanga negüe yebengó: Abasonga no usa en su bastón piel de leopardo.

Itón kanibé: palo duro.

Itón kanibré: madera dura.

Itón kiguama: madera para hacer caja de muerto. Féretro.

Itón kiñón firafia birama fiantán: nombre que recibió el palo con el que dieron muerte al primer chivo sacrificado para aparchar a Ekue.

Itón kiwama akuá nuriantán: nombre que recibe el palo con que se mata al chivo en la orilla del río.

Itón kundi: el bastón de Mosongo.

Itón mamberí ndibá: catre.

Itón nambariyén: el árbol sagrado del nacimiento -Bekonsí- de la religión Abakuá.

Itón nambariyé akanaranbrán ukano ntre meñón sanga Abakuá bekonsí bekunarenke erie okambo betansi tan tan mofé: el primer Bongó se hizo de tronco de ceiba, que es objeto de adoración de los Abakuá.

Itón manansere: crucifijo, cruz. "Fue Andrés Petit quien lo introdujo en las Potencias."

Itón mifé Akuaramina Sese biankamá: el árbol sagrado que se cortó para hacer el Sese.

Itón nambariyé akanaranbrán ukane ntre meñón sanga Abakuá bekonsí bekunarenke erié okambo betansí tan tan mofé: primer Bongó que se hizo con tronco de palma y que representaba al Pez Tanse.

Itón nambariyén: palo sagrado, la ceiba.

Itón nambejeyé: palo podrido.

Itón nené: nombre que se da al cetro o bastón de Iyamba en el momento en que se le trasmite la Voz divina. Es el tercer cetro de Iyamba.

Itón nené: nombre que se da al cetro -itón- de Abasongo en el momento que se le trasmite la Voz divina. A los itón tambien se les llama Nené, porque cada vez que se produce el sonido de Ekue sobre éstos o sobre cualquier otro atributo, "Ekue parece decir Né, né, né." Así Isué, Isunekue o Ekueñón dicen **Itón ba nené**, cada vez que Ekue se suena sobre un atributo y éste dice "Né, né, né."

Itón Ubio: nombre que se da en la trasmisión de la Voz divina al tambor de Nkríkamo.

Itón ubio o Etén ubiogo: nombre que recibe el tambor de Ekueñón en el momento en que recibe la fuerza de la Voz divina que lo sacramente. Es el séptimo Fundamento.

Itón wana moto: madera, tronco hueco (para los tambores).

Itón yerekibón yerekibón itón: no hay peor cuña que la del mismo palo.

Itún: cabeza.

Itún: la cabeza de la jutía (la jutía se mata de un palazo en la nariz).

Itún: mofé yaberesó: la cabeza separada y puesta en su lugar. **Mofé:** poner **yaberesó:** separar.

Iwanke iwanke momí: "lo mismo me dieron a mí."

Iwaroñe: árbol que se hallaba cerca de Akuaribeña, la cueva en que Nasakó le ordenó a Ekueñón que escondiese el Secreto cuando los hombres de Efik avanzaban en sus canoas por el río con ánimo de atacar a los Efor.

Iwé: caracoles.

Iweró kángana kauria: vamos a comer. Vete a comer. "Nos dicen los viejos carabalíes en el campo al caer el sol."

Iyá: caña.

Iyá: pez. Fundamento.

Iyá: Sikán. Madre.

Iyá: pescado ahumado.

Iyá: Tanse.

Iyá: el Nkomo o tambor número uno.

Iyá arominó Abasí tete wiri fembé: "cuando el Pez Tanse murió existió Ekue-Efor."

Iyá Bekondó: Ekue, el Pez.

Iyagara inuá iboranú asakaramantiyé Seseribó erení erení obonkete Yambeke ateremán obonkete mofé ateremán obijuraka akuririón kufón Yambaó Abasí: pregunta acerca de la consagración de Isunekue.

Iyá Iyá: se le llama al Ireme Eribangando "porque a la cinco de la mañana le llevó a Tanse al río los restos de las ofrendas.

Iyá kefá beroko: palabras que pronuncia el oficiante en el instante en que oprime los testículos del chivo para que éste berree de dolor y "deje su aliento vivo, su espíritu, en el Ekue."

Iyá kokorikó iná iná mbanga melembán chene: los gusanos comerán toda tu carne, dejarán limpios tus huesos. Se canta en la ceremonia del Ñampe.

Iyá kondondó: el Pez. Pescado ahumado.

Iyá maribá: pescado de mar.

Iyamba: sacerdote máximo de Abakuá y Rey de la Potencia. Confirma a los iniciados. "El encargado de producir la Voz." Tañe el tambor sagrado.

Iyamba: espina de Pez. **Iyá,** pez; **amba,** espina.

Iyamba Abasí yankirirí: ¡Sea lo que Dios quiera!

Iyamba akokobioto Efiméremo amanán kobé: saludo al rey muerto.

Iyamba amuké Iyamba murañón meka karepó abundia kabiaga umón newé Ukana yene matinde Abakuá: se refiere a los tiempos en que Iyamba iba a Matinde y a la ceja del monte donde se hallaba la ceiba sagrada.

Iyamba amurenke Iyamba amurana: ¿Cuál fue el río que atravesó Iyamba para ir a Obane?

Iyamba baroko nansao eñene Isún bijuraka Mokongo ukano mambré anandibá Mosongo: Iyamba estaba en el Baroko junto al árbol sagrado, y tenía en su mano el yin -la caña de Castilla que le sirve para arrancar los sonidos al tambor.

Iyamba asoprokundi besoko atabia nanirén Nasakó akorame nairén: Nasakó entrega el palo de Mosongo, e Iyamba le da un derecho (una ofrenda).

Iyamba bekó bekó: tribu de Iyamba.

Iyamba bemundi Efor: Iyamba al ser reconocido como tal en su Potencia debe colocar una pluma en el Ekue.

Iyamba bigananumbre oteté somigabia (o somigawa): se pregunta con estas palabras si el viento se lleva la Voz o si Ekue es el viento.

Iyamba chambeyó Bongó mofé chángana gine fembé Ukano mambré ukano mambró ekoriantán Baroko nansao soiro Bongó biato ekona maribá Sese Iyamba fembé erié sukororó nandibá emai: Iyamba y los demás obones purificaron la palma en el río para construir el primer Bongó Muna Mbori.

Iyamba Ekue Sanga kondó sita bara itón siki barayín atá kamá borokiñangué: cuando se va a "plantar" Ekueñón examina si los derechos están completos y ayuda a Iyamba a preparar (a purificar) a Ekue.

Iyamba epó siando bikó: rey muerto rey puesto. Se refiere a que cuando muere un obón, debe nombrarse otro inmediatamente. No conviene que los cargos permanezcan vacantes mucho tiempo, pues el alma de quienes los desempeñaban no se aleja de la Potencia y perturba a las Moninas o cofrades.

Iyamba fembé aranike butón Akanarán ata fiana Eribó: ¿por qué Iyamba autoriza darle sangre al Eribó a la par que al Fundamento? Respuesta: **Iyamba akaniriongo betán nansese barirí ñomgo masause Eribó akamaribó iyamba muna kere fión:** "Iyamba ordenó darle sangre al Eribó por que salen del mismo cuero el parche de Ekue y el del Eribó, y son Ekue los dos. Dice el ñáñigo Saibeké: "eso le dirá algún Iyamba que ha compuesto esta lengua. Quien en el origen le ordenó todo fue el Nasakó. Nada se hizo en el Butame sin que lo dispusiese Nasakó, el Adivino.

Iyamba Guarakasika Bongó: título de Iyamba.

Iyamba kankobiro musón kairán: palabras que pronuncia Ekueñón y que significan que él está autorizado por Mokongo para darle sangre al Fundamento.

Iyamba kekeré: título de Iyamba.

Iyamba kekeré atereni Obane: el primer Iyamba que juró en tierra de Obane Abasonga, hijo de Efí Efiguéremo.

Iyamba kurí Ukane afiansá ngomo tero makotero tlá Mosongo manantió bibí kondó: Iyamba en el momento de trazar el signo con el yeso y de pronunciar su juramento.

Iyamba kuruklé: Iyamba en el rincón tras la cortina del Foekue - en el sancta santorum.
Iyamba kuruklé: título de Iyamba.
Iyamba mananté ororó: título de Iyamba.
Iyamba manantión ororó: "Iyamba dejó de ser Rey, para ser Manantión ororó. Iyamba representa al Pez: Wei Iyamba.**
Iyamba mituta amana afokoté eforí moté: "con estas palabras le cantó Iyamba a la Palma."
Iyamba Mosongo: título de Iyamba.
Iyamba Mosongo bakueri nkiko une mbara kaune mbori akuá bakrifafión Mokuba Ekue Nkiko moreré: Iyamba no puede oficiar y hacer oír la Voz sin ofrendarle sangre de gallo al Secreto.
Iyamba Mosongo Iyamba kuriklé Iyamba tié tié Iyamba keremí umpón nawe eforí Sisi Iyamba?: ¿Cómo es que Iyamba tiene tantos títulos? Respuesta: **Eforí sisi eforí akondó Iyamba nandoklé Abasí nandoklé.** Porque Iyamba es ministro de Ekue y donde está Iyamba con Ekue está Abasí (Dios).
Iyamba Mpanai Isunekue mpanayín: esto se dice cuando se dan tres golpes en la cortina del Iriongo. En las Potencias de rama Efik se dice en este momento: **Afotán konomi erié poripó Efiméremo Iyamba itán nebe.**
Iyamba munanyiro: Iyamba de Efik. Iyamba del territorio de Efor, salió con la procesión en dirección a Obane, al pasar por Orú, donde se hallaba el Fambá, allí, ¡okorobé! chillaron a Uyo -Ekue-, y continuó la procesión hasta el territorio de Otán Irión: **Efor niyura ndeme aborofi mukabia ana Bongó yukawa ndeme Efik. Yorama ana yunkene Barokó munansa ndimawó Iyamba Efik kesongo amunamyiro kiñongo Isué Eribó nangobia abisorí nantén Ekue ara Uyo Akanansí Bongó narobia Efor nangobia ndeme Orú ápapa kendeke añoná aná mendiaga Obane amurantón año otán**

Irión Efor ñongo biben Iyamba namoruá muna eforí butamú ata nandokié: "Iyamba hace hablar al Secreto en el santuario."

Iyamba namoruá ñanguirirí Mosongo farukié okobio Abakuá Iyamba: Iyamba con su poder hace hablar al Ekue.

Iyamba namoruá ñanguirirí Mosongo ntre kurukié yene Abakuá: Iyamba es un poeta grande en Guinea, y su misión es sagrada

Iyamba Nandokié: título de Iyamba.

Iyamba nandokié Abasí nandokié: "el que hace hablar a Abasí, el que hace que Tanse reviva y chille."

Iyamba nandokié Abasí anandokié. Sunekue ndube ntomiñón koropó nawó Baroko: ¿En qué Baroko Anasokó consagró a Isunekue? En Bekura Mendó.

Iyamba nkeritén yambumbé tindé mafimba beromáe bakribafión yansereré Bongó: palabras que dice Iyamba cuando ofrece la sangre del chivo al Fundamento (Ekue).

Iyamba nkeritén yambumbé tindé mafimba beromáebakri bafión yansereré Bongó munanga mbori Eribó tanfión erima tanfión asokobo Iyamba Isunekue ñanguirirí Bongó manga manga Mokongo Efor mbori nsene nteñenebón mbarumao Ekue Efor: palabras que pronuncia Ekueñón cuando presenta la cazuela de la sangre del chivo para ofrecerla al Bongó. Se vierte sobre el Saekue.

Iyamba Obé Obé mumbankoro: título del Iyamba Kerewá (en Africa).

Iyamba sambejo: título de Iyamba.

Iyamba siki siki Ebión: Iyamba de Obane que se presentó al sol en la consagración de Obane Efik Akuarayo.

Iyamba tanserefión: Iyamba ofreciéndole la sangre del sacrificio al yin o saekue.

Iyamba Tindé: título de Iyamba.

Iyamba Warakas Ika Bongó: título de Iyamba.

Iyamba Warakasike Ekue: Iyamba es el dueño de Ekue.

Iyamba Yambumbé: en el Calabar trazó en el cuero del chivo el signo de Sikán.

Iyamba yambumbé anuñonga: sin mí no hay Ekue, dice el Iyamba.

Iyambeke Efiméremo Erukuende Efor Iyankri ayarayara meta: todas la Potencias Efik en la Habana consagraron a Efiméremo.

Iyambembe Erimata: Ireme de Efor, presencia las grandes ceremonias y es el guardián de las puertas del cementerio. A Iyambembe Erimata lo representa el Ireme Aberiñán.

Iyán kufio: tierra Efor.

Iyán malembán: los huesos, esqueleto.

Iyá oteté: pescado de agua dulce.

Iyén une: gallina (en Olugo).

Iyeretán bengué: nombre del parche consagrado del tambor de Mpegó.

Iyaimiyá: nombre de un pueblecito Efik.

Iyonú: hediondez.

J

Jaraika: jicotea.

Jemblán mokumbá: estas palabras las pronunció el rey en Guinea (Efik) cuando se embarcó.

Jerifán: cerdo, cochino.

Jerifán: escoba amarga.

¡Jeyel!: exclamación de júbilo. También quiere decir ¡atención! Dirigiéndose a Ekue: **Jeyel yei baribá bario bakondó.**

¡Jeyel!: grito de emoción que lanzó Nasakó cuando halló la Voz terrible y sagrada que buscaba; cuando sonó Ekue y se reconoció la misma voz de Tanse unida a la de Sikán en el cuero del chivo.

Jeyei bai ba bario bakongó. Nuná nuné makatereré beremo ekoko aboroñé munanbekué beromo ekoko atongobiá Iyamba Mosongo anunapá beromo ekoko añongobé: oración que recita Isué al ponerle una pluma de gallo a Nkóboro cuando éste jura su cargo.

Jeyei Bakongó Bakongó asere krúkoro Abakuá Obón ribón ma ñene Obón asere kaúyo kambre etiekisón etié kiñón afansán yugué antrogo makoirén. Erikitán ebión ndayo ebión birama ebión birama birama Ekue Umpabio Bondá anagobio beromo Efiméremo Efiméremo Ekue nyimé. Efiméremo otán Bonkó mofé ekon etambre Bongó basaroko aberemai nandibá Mosongo Ekue aromeñán Mosongo jeyel Ekue nchimiyá Bonkó eromboko Boko meta ntrekuri

271

ñongo Pablo Ekue Butón Ekue Ibonkó fitún mbariyé antrofé ubiobio. Ekue arogobiobio ibia Boko arokibia Abasí Obonkere otán buramba Nanbán usinde Anasakó efori niblo Boko ñouro Ekue aromiñán akuniyo maseretién Bonkó erumé afotato Ekueñón nantún amokabia efión nkiko apotacho erokomboko nkikón apotacho erokomboko. Nkiko ajarani Bonkó Ekiñongo Efik kankubia ápapa ñonotamo otete Efik unkuetón ekoria Usagaré Nandió Gobia nitén Bonkó ñansuaka nantiberó añongobia beromo otamba Efiméremo Ekue nyime muña muña Ekue Bonkó Ekue mbori ñangué ibia Bonkóribia Boko borokisún awanangobia Abasí iorí kamá ñene Ekoi. Ataria Bonkó Urabakesongo urabakiñongo. Jeyei monina ambembe: oración
para la trasmisión de la Voz divina al Bonkó y para ofrendarle la sangre del sacrificio.

¡Jeyei! bakongó bakongó. Asere krúkoro Abakuá Obón Eribón mañene Obón Asere mi Iyá atón erekitón Ebión ndayo Ebión birama afansón yugué Antrogo Mokoirén. Jeyei benkamá ntiñón awana meteke anamendo. Aseiro Ibondá Usagaré maribá fitún bariyé Añongobia beromo Abasí nseniyén Muñón nansere ntati machecheré Isún Dibo maka maka Ndibó Muñón Abakuá nantiyén enebetán tarikondó Baroko ñangaremo Manbere Efor Baroko Muñón kai Erukenta sina manankorobé Ekue man Eribó unfabaké Isún Isué Eribó Ngomo Efiméremo yanti Obón eriero naberetán Muñón Nánsere obatiyá nandibá mayé Nkiko motangrí anguiriri Ekue Efión Nansere añongobia beromo ntiñón erekitán unchecheré Eribó motán irosa erukembán Abakúa Isún Dibó muñón Isún fitumbariyé ura bakesonso Abasí Kiñongo Okobio ñene Abakuá: discurso del Isué cuando
coloca su **"checheré"** -plumero- en el Sese Eribó. Inmediatamente se canta: **Isué Eribó eché cheribó Ngomo.**

Jeyei bakongó bakongó Obón Iyamba Obón Iyamba Yamba yambumbé Efor fitún umbariyé añongobia beromo etié momí ubiansene ana kiñongo unbarino Efó Achablaka Mokongo masáuse indiogandó eñón makotero Mokongo bijuraka iten anablokoko mañene itón semi kutón bijuraka Ekue anantiyé sere boroni arakankubia Muñón Indíseme umparawao ura Bakesongo arabesuao Okobio ñene Abakuá: oración del Mokongo situado de frente al altar cuando va a tomarle juramento al Indíseme. Se canta: **O Mokongo bikuraka.**

Jeyei bakongó bakongó. Obón Iyamba Yamba yambumbé atotobé yambumbé yambumbé Efor maseritien Ekón Abasí Ekueñón Tankewo Achanganike fambá obisere nantún arakankubia Muñón Mokongo Abasí siaramo Abasí Nankobero Mosongo añongobé Mosongo Ndibó Abasí obankere Boko iro ete emuña piti baroko añanga efión uña ¡Jeyei! ¡bakongo! Anamafimba Iyaó Ibanda. Isún Eribé kawa Ndibé Obonekue Iria Asoiro ana Bondá sito Wanabekura añaña ndike Abasí Bomé anakiñongo Asere Ekue koirán Mpegó Mune Ekue Mogobión Tindé. Mpegó Ekue isún anandibá kuririón anandibá disún tete Akurumina sere muna akondobá Efor Usagaré Nandió efori muteke. Mbere iblokoko Narobia. Ekue aruma Kankomo Ndibó krikariká Obonekue irio Obonekue okobibia uraka Sese kiki ke atongobá urá ñongotemio Kanko Eribó mambere Mokuba yanyeribó. Iten mbara mbara fembe. Kankomo Eribó Mpegó Muna Ekue krikariká sere boroni arakankubia Muñón krikariká ura kankomo: rezo del Mpegó cuando después de presentar el tambor lo pone en manos del neófito ya consagrado por el Isué que sostiene el Sese Eribó sobre su cabeza. Se le hace besar el Mpegó por la parte en que ostenta el "checheré" o plumero en que se aloja el espíritu del primer Mpegó. Una vez que el neófito responde a las preguntas rituales se canta: **Kríkariká biurá kankomo.**

Jeyei bakongó bakongó...Soiro nkaño Abasí soiro nkaño Abasí Asere krúkoro Abakuá. Asere miyá otón mbanurán yugué Antrogo Mokoirén. Iten mbara Mpegó Mogobión Amogoró Tindé Mpegó nitén Beko Beko awarantemio Ekue Ndibó fitún umbariyé akuniyo yambumbé maseritien añongobia nirán Ekue Efor Usagaré yansi soiro Ibondá amureke itia Mukanda Ngomo eruje eruje akamba akamba ñene kondó Ekue Mpegó: dice Mpegó cuando toma en sus manos su tambor (el Mpegó) y el plumero que lo adorna para marcarlo con el yeso amarillo. Mientras Mpegó dibuja los trazos en el parche se canta: **Ngomo erujé erujé Mpegó Ekue. Akuniyó yambumbé maseritién.**

Jeyei baribá amanantión dirá jeyei munanguí nkanima Nkandembo ntuta Bongó munanguí isunekue awerí itiá mañón beromo ñampe pampaná berotó: palabras que se dicen en la ceremonia fúnebre al presentar las ofrendas alimenticias del difunto en el Fundamento.

¡Jeyei baribá! Anamanguí besoá beromo Ñampe aserepó asanga beretó Mosongo nkaniké Amelembán chiminikako Mañón Kokorikó batabá bani Ñankue Abasí mayobino Mboko Bakurero atará Mokuba nyugue mofrasí Mboko Sisi Mboko bakurero Ñampe kokorikó abatabá afoñobé mbangansene tébere Anamanguí: oración para despedir la Voz -dejar el Iyamba de fricar el tambor Ekue-, en los funerales de un adepto.

Jeyei baribá bakongo bakongo Obón Iyamba Yamba ya mukumbián asukoi eriero Sese Eribó eroko Mboko Boko afemene mbara kandubia asukuarakuantiyán Isué Isué Eribó Ngomo soiro nteñeneobón Abakuá yantín Obón eriero itón mbara Eforí Sese kondó Butame Sese Mogoró Amogobión Tindé anabesuao krikariká uraka Sese ngomo Kiko keatongobá ura Bakesongo Obonekue okobibia obatiyá nandibá mayé mayé chikiriongo nyuate makatereré Baroko Fambá: al terminar este rezo el Isué retira el Sese que ha tenido sostenido sobre la cabeza del Indíseme mientras Ekueñón le ha administrado la Mokuba y Mpegó le ha entregado el tambor de Orden para que estampe en éste la cruz del juramento. El Isué le da el Sese a Moruá Eribó o a Mbákara para que lo sostenga, mientras conduce el neófito ante la cortina del Fo-Ekue y allí lo hace hincarse de rodillas.

Jeyei Bariba Bariba riba benkamá...Soiro onkaño Abasí Soiro onkaño Abasí soiro Onkaño Abasí ntiñón awana moteke Anamendó Soiro Ibondá fitún bariyé Antrogo Mokoirén mbamurán Abasí nseniyén Añongobia beromo beromo Tindé. Beromo india Abakuá Muñón nansere maka maka Ndibó beta muña ñairión nkumbe tan tan mofé ita inoko Muñón Urabia moteke mamba Anakiñongo mbokofia Muñón aberetafia añongobia beromo Asukuarakuantiyén afokanko Bongó nankibia uncheché emikomdomaka maka Ndibo kiko aborokiñangué Muñón Abakuá awana ba jeyei añongorimé Efor Kríkamo Bongó krimán Obón Ntuí ekoko bomio Obón Nkríkamo ura Bakesongo Abasí Kiñongo kobio eñeme Abakuá: discurso de Nkríkamo para presentar y colocar su plumero en su tambor. Se canta después: **Nkríkamo Mañón Urabia.**

Jeyei baribá baribá benkamá benkamá Asere Krúkoro Abakuá Obón Eribón mañene Obón asere miyá otón erikitán Antrogo Mokoirén Asere kauyo kambre mbanurán etié kiñón añongobia beromo borina Ekue Abasí Nseniyén Jeyei bakongó bakongó itién mbara Mpegó Ngomo kongó itén mbara Mpegó Ngomo biokoko apangamaniyé Ngomo Abasekesongo Mpegó Mogobión Amorogó Tindé Abasí etete mbandiko Amandió Amandió Sese Yamba fembé bongorina Ukano asokandiré akana mandiré Apotacho Obón Iyamba Ngomo basaroko esisí barikondó bunekue bunekue: Mpegó, junto a la ceiba sagrada y a la música, poco después de empezar la fiesta ñáñiga a las doce y media de la noche, traza en el árbol el signo Bunekue y recita la oración anterior.

Jeyei bari ba bario Ekueñón ntenisún isuankeremá Baroko tindé: exclama Ekueñón al chupar el pescuezo del gallo.

Jeyei baribá bario. Apotacheribá awana nkiko awana nkiko akurí mapá Mosongo Anandokié Iyamba nkiko awana moto efión ororó nkiko aborokí ñangué okobio ñene Abakuá: oración que pronuncia Ekueñón al retirar de su cabeza el gallo del sacrificio y derramar la sangre sobre el Ekue.

Jeyei baribá bario arakankubia muñón asuko asukurukuantiyén mbara kandubia Ekue Iyambaó Mosongo moto Mosongo arabesuao Bongó mofé ngomo basaroko basaroko arabesuao bibángamo moteke ana Mendó Iyá eyá eyá Baya bayá musángana Ndibó apotacho obó Iyamba apotacho Ndibó ngomo sita beta beta saroko asoko ibío koko Abasí yayó boto keanboto botorí kean boto akamba ñene Efor Usagaré maribó akaraguaso Eribó boko eroko mboko aroko sene aroko nene aroko sisi ndafia

akereké Abasí nankoboró Bongó manga manga Tanse Bongó meta asúkurukú nandibá nandibá fisí baroko indiabakuá awana chikiriongo eforisisi iyamba: oración para recitar ante el Fundamento.

Jeyei baribá baribá bario asere miyán otón asere miyán Abakuá antrogofó makoirén Ekón Abasí beromo asúkurukuantiyén asere ngomo Abasí Kisongo Kiñongo Mosongo Ngomo ngomo makará mbariam Abasí Bomá: oración que acompaña la consagración del yeso con que se trazan en los tambores e itones y demás objetos del culto, así como en los indíseme y obonekues, los signos sagrados, y en el suelo los diagramas rituales.

Jeyei baribá bario Bakongó Asere arakankubia muñón Isué Eribó naberetó asukuru kuantiyén Asere Eribó erení Sese Ekoi Esese moto Abasí aromiñán sankantión amanatión beseao beromo eñón Butón asororí akarawaso Eribó mbori arabesuao Ekueñón arafembé awambana awanboribó pon pon mañón Sese Eribó ndafia akereké Abasí Obón Efik mbori Efor otongobia Abasí nambasikó Abasí namborikó mbori ababiñán ayarantén Bongó koibá Mbákara anamborikisún asere yumba efión erífo: oración que recita Ekueñón pidiendo perdón por el sacrificio del chivo.

Jeyei baribá bario bakongó asere ekúkoro indiobón obonekue aromiñán jewemio Abasí Bomé yampán Abasí beromo asukurukuantiyén antrogofé makoirén erekitón ebión ndayo aseremiyá Abakuá afensón nyugue abarankonó ebomé. Asere ngomo Abasíkiñongo Mosongo eñemimí Mpegó mogobión esisi mogobión akaribó Abasí afiafiorama Abasí aromiñán awana moteke anamendó ngomo basaroko aborotindé abobitén keabarantén boto deamboto botorí

keanboto baritán obé Ibanansueke ibanansuaka eñón suaka Baroko suaka awanangóbia amogoró tindé ekunanyuao nandibá Baroko esukurú emaé keabere emaé asisi gandó ungandó besuao erokamá nandibá Baroko Baroko nansao Ekueñón Arafembé asosorimakú efión sabiaka mbán ñangariké okawamboko sesé mbenarí Abasí nachiyén oroná kambá Iyá kondodó unfentón Abasí asukurú kuantiyén Abasí akualilú Bongó biato ekoná maribá esisi Iyamba afremené asukurukú nandibá emaé: oración que recita Mpegó, el escriba de la Potencia, cuando traza los ideogramas del Embarcadero el día que se consagra una nueva Potencia, para rendir tributo al río y al mar.

Jeyei baribá bario bakongó. Asere krúkoro indiobón mañongo bakoró miayereká Abasí nteñenebón bakankubia eforí sisi obonekue otán kaniriongo ekún barorí ekún berefión efená fitún bariyén Sese Eribó nkiko une Sese nune abarakó obonekue: Ekueñón presentando el gallo del sacrificio ante el altar para sacramentarlo.

Jeyei baribá bario Bakongó. Asere kunán yuao kunanbereté Mañón Usagaré Asere Eafokondó Uyo Efokondó Ndibó mañongo sanga bakondó Asere Umón Anerí Efor Moruá pomponó Eseseribó Sese Kondó erendió Abasí Obomé Akanabión Bengué nteñene Obón Efiméremo Iyá kondondó Abakuá Sikanekue Odán awá maribá nkopo muñá mbogó ekonetambre tere makotero amaketero asukubakariongo aprasimó Usagaré betán betán awananiké nyuae Mon nanikeré mbara nansuaka ekón abereitiá Mifontanko najeyei Owañe konkae afiaerere sanga Mañón sanga kondó Baroko nandibá Baroko urafión fisiñiko itía mafimba Ekue Usagaré Nandió: oración para rendir homenaje a Sikán. Se pronuncia cuando la procesión llega al río, o al gandó o trazo que lo simboliza y evoca los míticos acontecimientos que dieron origen al culto de la sociedad.

Jeyei baribá bario Bakongó. Asere nemí Nkríkamo Obón Ntuí Obán Yuansa ana Moruá obotuba dikuri Iyambeke Efor atakua írión sisé Obán ubio Isán Ekue abutuba yuansa chán konombira Mosongo Nkanima nsene Nasakó bekombre Ororóro Efiméremo nawembán teñón Umpablo irión irión ata ororó unweta eforí kaitó Nasakó bekurí Efor bekombre ororó asó kaká kufón bayumbao: en una ocasión en que el Iyamba enfermó gravemente fue necesario buscar al brujo -a Nasakó- para que lo curase. Se le trajo del monte engañado al palacio de Iyamba. Lo acompañaba su auxiliar Ekoúmbre. Este episodio de la vida de Nasakó se revive en la consagración del Obonekue que desempeña en la Potencia el cargo de hechicero. "Como Nasakó no quería jurarle a Ekue, se negaba a juramentarse."

Jeyei baribá bario Bakongó. Asere obonkere ñande múnkere Bokoñangue tisún Mosongo awana Sese Mosongo awana moto atotobé Iyamba mafimba beka ma Mosongo bakuerí isán sokaká unfarán Ekue aroró Akurumina angongó atere angongó Iyá eroko biblón suako makuerimbán akuán akuán erumé kondé erorí ñangué ekombán mbugueré babaí Bitón Mosongo awana Sese añongoiro munangá jeyeyé: con esta oración, en el rito de la consagración de Mosongo, se toman los checheré o "muñones" y las plumas del gallo del sacrificio y se colocan verticalmente en una tinaja que contiene arena.

Jeyei bariba bario Bakongó. Ekueñón Echenguene keanfámba abisundi Mbori wato wato Bakongó fimba bambán unbekó: Al terminar la purificación del chivo Ekueñón pronuncia estas palabras que significan que el chivo está limpio de toda mácula.

Jeyei barabá bario Bakongó. Ekueñón urañongotemio Sese kondó butame Batamú Nitongo eforisisi Iyamba Bongó yan Seseré awana chikiriongo unsene yumba ñanguirirí efión Ñanguirirí Mosongo Bongó mofé osanguirirí efión Saekue ororó nyugué nipó Ekue nsene Ekue anabisún Ekueñón Tindé eforisina sanga Abakuá: Ekueñón pronuncia estas palabras en el Fambá, ofrenda la sangre del sacrificio a los atributos sagrados, y deposita la jícara que la contiene, en su tambor.

Jeyei baribá bario Bakongó. Erendió Abasí Obomé antrogofé makoirán ekúkoro indiabón mañongo Baroko Mbákara Eribó anaborokisún Abasí nankiribí etié nomí Ekueñón ararisún Abasí arominán Ukano Bekonsí ntominón sanga Abakuá Akanawán Ndibó brandi Mosongo unké unkene unkeneké anawanaka anawenbori sanga Baroko mofanbá: al desatar al chivo de la ceiba, de la palma o del árbol en que estuviese amarrado, Ekueñón recita esta oración. El chivo será purificado y conducido después al "patíbulo."

Jeyei baribá bario Bakongó. Erendió Abasí Obomé mboriarrabesuao awámbana Awamberi bo Ekue Bonkó Ekue mbori ñangué nantán chimiyá: con estas palabras Ekueñón le presenta el chivo al tambor sagrado.

Jeyei baribá bario Bakongó. Esese Eribó arakankubia asere Muñón asere ndemesóngo ekukoro miayareká etié nomí Ekueñón arafembé asanga awanké uria Bongó mofé uriampo Serunán bejeyé wewemio Abasí Obomé asere samio akanamerú awarantemio Bongó aprofinafia nkiko nyugué bekuna muria asofrá miñontata karaballo awararámpio ekukoró ñene bibí: Ekueñón expresa en esta oración que el Fundamento está "comiendo bien."

Jeyei baribá bario Bakongó. Osairo nkañó su Abasí yayó asere miyán otón asukurokuantiyén ekón Abasí beromo antrogofómakoirén Abasí Bomé ekúkoro indiabón Mañongo Baroko añenemi Ekueñón arafembé afambana muni Ekueñón umbario Abasesongo Abaseñongo Ukano Bekonsí ntomiñón sanga Abakuá Akanawán Dibó Bunekue bunekuebún Ekue brandi Mosongo Abasí nankibirí Mbákara Eribó anamborokisún Mbákara ubiakúbia Mbábara mbenarí unké anawanaká anawe Mbori awanaka eforí Sisi Iyamba asanga Baroko mofambá Fisún ñangué ñajabisoro Mbákara Kubia akunabia: oración que recita Ekueñón para pedir permiso a Mbákara y desatar el chivo que se amarra en la ceiba, el árbol sagrado.

Jeyei baribá bario Bakongó. Saekue ororó ñanguiriri Iyamba añanguiriri Mosongo eroko Mboko: Isunekue recita esta oración después de arrancar una oreja a la cabeza decapitada del chivo, que se coloca junto a Ekue. Envuelve la oreja alrededor del Faran-Ekue o caña de Castilla que se emplea para tañer a Ekue, no sin antes presentarlo, y lo introduce en la cavidad del cetro de Mosongo.

Jeyei baribá bario Bakongó. Umbarieta kankomo Efor kankomo Ndibó munae Mpegó Mogobión akaribó Abasí muña Pitinaroko Akarawaso Ndibó Iyá eyá eyé aborotindé Mpegó Mogobión aboritén keabarantén Abasí otete Efiméremo ndiminuá ekufón abarantén nkitá muña muña mboto botorí keamboto tete aberitán moko aberitán obé Mpegó narobia atotóronegui asuko eremiñón amanatión ara: oración para trazar los signos sagrados en el parche del tambor Mpegó, en la consagración de Uyo Anfonó.

Jeyei baribá bario. Yambaó ekoko ekoko mambere mambere Efor erobé ñanga borotindé Sese Fambá sekesongo Abasí Obón Efik siro amana siro barikóndo asarori isán kobio Iyá kondondo: oración para presentar el Ireme Mbákara y Bakariongo a Ekue, el cuero del chivo sacrificado. Se extiende en el suelo y el Iyamba lo confirma, le trasmite la Voz, es decir, suena a Ekue sobre el cuero. En el entierro del chivo, el cuero se lleva después en la procesión.

Jeyei baribá benkamá benkamá. Obón Iyamba Yamba yambumbe Ekueñón Tankewo Achánganiké Fambá obisoro nantún arakankubia Muñón Mokongo Abasí siaramo Abasí Nankóboro Mosongo añongobé Obó Iyamba Etie momí Abasonga ñuaka makatereré iten mbara Itón wanbebeke awanfumio akamán Boko Yámba Abasongo nantiyé sere boroni arakankubia Muñón ntumia krikariká afokominuá ura Bakesongo Okobio ñene Abakuá: rezo de Abasongo en la ceremonia de iniciación al dirigirse a los neófitos y tomarles juramento.

Jeyei baribá benkamá benkamá. Soiro onkaño su Abasí Asukuo eriero Asukuo mbara Sese Eribó eroko Mboko Boko afremené Efori Sese kondó Butame Sese Mogobión Amogoró Tindé Arakawaso Eribó Tacho kuna fembe Akurumina ten ten ananarikué nyuao Isún Eribó ereni nyuate makatereré maka maka Ndibó: oración que recita Isué al levantar el Sese Eribó, ya engalanado con los cuatro plumeros de Mokongo, Iyamba, Isunekue e Isué.

Jeyei baribá benkamá benkamá. Soiro onkaño su Abasí Asere mi Iyá atón erekitón afonsón nyugué Antrogo Mokoirén Ebión ndayo Ebión birama Asukuarakuantiyén ntiñón awana moteke Anamendó Asoiro Ibondá Usagaré maribá

añongobia beromo fitún bariyé Ekoriabakuá Abasí Nseniyén Dibó maka maka Ndibo Muñón Nansere Asukurukuantiyén Sese erení apoyacho Ndibó Ngomo Sese Eribó eroko Mboko Beromo india Abakuá beromo unchécheré erekitón Ebión Ekoi isunekue Ndube kiko wanamoto obatiyé nandibá mayé kiko motangri ñanguiriri Ekueñón Obón beromo Mbara kandubia isún Ekue Eforí atón Muñón Abakuá Sese Eribó nyuate makatereré Akanansuá Abakuá baroko. Baroko Muñón kai baroko Eribó Obón Eribón mañene Obón baroko Muñón tete Baroko nansao Abasekesongo Abasikiñóngo: discurso del Isué
para presentar su plumero y colocarlo en el Sese Eribó. Se canta después: **Unchecheré eforí atón. E Isunekue Eribó Muñón Abakuá.**
Jeyei baribá benkamá Obón Iyamba. Ndike urako keawanantemio ndike urato Amanisón Amanisón eririo Bongó Amanisón erifé Ekue: dice Mpegó -o Nasakó- a cada indíseme o amanisón -neófito-, les da una vuelta y los introduce en el Fambá o cuarto sagrado donde los espera Moruá. Este los conduce uno a uno y los "planta" ante el altar.
Jeyei baribá benkamá. Obón Iyamba iten mbara Mpegó Mogobión Amogoró Tindé ibiokoko Narobia apangamaniyé Ngomo mowó ángomo Abasekesongo krikariká sere boroni arakankubia Muñón Apotacho Ndibó Mosongo akoropó ereniyo Ngomo Arakasuaka ya Butame: oración que dice Mpegó en la ceremonia de iniciación, cuando acompañado de Nkóboro y de Isué, que porta el Sese, dibuja el signo Arakasuaka en la cabeza del neófito.
Jeyei baribá benkamá. Soiro onkaño Abasí Obón Iyamba Yamba yambumbe ya mukundi obisoronantún arakankubia Muñón Apotacho Ndibó Mosongo Mosongo anónkebe Obo Iyá etié momí Abasí okambo biokarinán itén mbara mbara fembé kanko Eribó anantiyé anabetán

ofentó Abasí krikarí kasere boroni ura bakesón arabesuao Koblo ñene Abakuá: dice el Abasí de una Potencia al poner el Crucifijo en manos del indíseme o neófito y tomarle juramento.

Jeyei baribá benkamá soiro okaño Abasí: dice Mpegó en el rito de la Purificación de la Potencia, ya purificados todos los individuos, cuando toma en sus manos los dos yesos, mientras otros adeptos toman el aguardiente, el vino seco, el agua bendita y el incensario (la teja que se emplea para este oficio). Todos responden: **Ya yo.**

Jeyei baribá benkamá. Soiro onkaño Abasí. Soiro onkaño Abasí Obón Iyamba Obón Iyamba Ntrekrúkoro Abakuá tete yeripondó: Indíseme umparawao sere boroni arakankubia Muñón anamabó Nasakó umpabio ekobio ñene Abakuá: Nasakó, después de pronunciar esta oración, ante el altar, purifica de nuevo a los neófitos y borra las firmas, las marcas sagradas que Mpegó trazó en sus frentes, pecho, espalda, manos y pies, bajo la Ceiba. Mientras Nasakó cumplimenta este rito, se canta: **Buemba buemba ndeme Efor.**

Jeyei baribá benkamá. Soiro onkaño soiro onkaño su Abasí asere krúkoro Abakuá Obón eribón otomañene Obón asere kaúyo kambre etié Kisón etié Kiñongo afansón Antrogo Mokoirén erekitán ebión ndayo ebión birama borina Ekue Umpabio Bondá etié momí Nkandembo amantú ye Abasí Obonkaré asuko mbara kríkola waririampo anapijawaaun waneme Efik un waneme Efor Esisi kaítia akamba ñene Isún ñon kamá itiangre amana mana yumpagre ñana Obe otanko museré Ekue Usagaré: reza Nkandembo "plantado" sobre el ideograma de la comida de comunión con la cazuela de comida en la manos. Después la coloca en el centro del círculo.

Jeyei baribá benkamá. Soiro onkaño Abasí. Soiro onkaño Abasí. Abasí Obón Iyamba Yamba yambumbe atotobé yambumbé Etié momí Mpegó Mogobión Amogoró Tindé itén mbara ibiokoko Narobia apangamaniyé ereniyé Indíseme úmparawao ura bakesongo arabesuao Okobio ñene Efor: recita Mpegó cuando Nasakó ha borrado los signos que él trazó anteriormente en los Indísemes, fuera del cuarto sagrado bajo la Ceiba, y se dispone a marcarlos de nuevo.

Jeyei baribá ribá benkamá benkamá. Soiro onkaño su Abasí Asere kauyo kambremanbreñón Abaká Asere Ekón Abasí beromo Antrogo Mokoirén Abasí eñene Obón akambambe eforí Sisi Iyamba Sese Eribó nkiko une baraká une atayugue mbarankonó abarakó Obonekue obonekue nandibá beko beko mana mana Ekue nankibirí kamá ñene Koi Awanabá awanabá tin tin nandibá Mosongo amukabia nabereñón kiko motangri awana beko Butame awanariasa Efik awanariasa Efor: dice Ekueñón, hinca una rodilla en tierra, toma el gallo del sacrificio por las patas y las alas, lo presenta al ekorio y penetra en el Fambá. Se canta: **Nkiko ñankibirí awana morerá Bongó Kiko awanarianza Efik awanariana Efor.**

Jeyei baribá ribá Bakongó Asere krúkoro Abakuá Obón eribón mañene Obón asere miyá Otón ekeritán ebión ndayo ebión birama afansón yugué antrogo Mokoirén asukuara kuantiyén borina Ekue Umpabio Ibandá Etié momí Mpegó Mogobión Amogoró Tindé Iten Mpegó Ibiokoko Narobia akamba ñene Efor unwaneme unwaneme untokó unketá amanakuá Nkandembo Niobia nitún umbariyé Antrogo Mokoirén kaítia akamañene kondó añongobia beromo akamba boko mañene Efik mañene Efor Anasakó anabetán bekonsina ndana bon kuriko

udiampo anapijawa Sina Yantán fitún umbariyé isún ñon kamá: rezo del Mpegó para trazar el diagrama de la comida de comunión.

Jeyei baribá riba Bakongó bakongó Obón Iyamba Yamba yambumbé masretiene yamukundi Ekueñón Tankebo Ekueñón Arakueñón fafamuñi Ekueñón Achanganiké famá asokoro makuá Asakantión mantión besuao. Jeyei Bakongó Etié momí Isún Isué Eribó Ngomo soiro nteñene Obón Abakuá yantín Obón eriero mbara kandubia eforí Sese kondó Butame Sese amotofié Sese Akayabú Sese Mogobión Amogoró Tindé Akarawaso Eribó Ekón Abasí beromo asukuarakuantiyén beromo India Abakuá Obón Iyamba anantiyé anabetán sere beroni arakankubia Muñón Muñón Ekue Abasí asiaramo Nankóboro Mosongo añongobé Apotacho Eribó Ngomo fitún mbariyé krikariká ntumiá ofotón Abasí Obonekue amanipawá afoko minuá Kobio ñene Abakuá bakesongo arabesuao Okobibia kríkoro ñene Abakuá: reza el Isué ante el altar en el rito de la consagración del neófito.

Jeyei baribá ribá Bakongó Obón Iyamba Obón Iyamba eforí sisi Iyamba Yamba yambumbé ya mukindi Otankono momí Atereñón Tankewo Ekueñón Urobia Ekueñón Erobañe Ekueñón Ekueñón Akuarerán asókoro asókoro makuá Arakankubia Muñón Ekón Abasí beromo fitún un bariyé Ekoko biongo Kiko ñon akuá Efión ñanguirirí besuao Yugué Antrogo Makoirén Ekueñón disún Apotá Ndibó Mbara fembé Ibibiora araní Kakuba Kiko moto mbrachimán yugué tarakondó Ekueñón bekonsí eforí Sisi eforí Sese kondó Butane Beromo India Abakuá Soiro Ibondá fitún umbariyé Ekueñón arafembé efión kibí eroko Mboko Ekueñón Tankewo Changanike Fambá mbara kandubia Mokuba Boko Mokuba Ndibó yanyeribó Mokuba Ekue

añongobia Obonekue okobibia obatiyá nandibá mayé uraka Sese Ngomo Kiko atongobá íria Mokuba Erbó eroko Boko ura Bakesongo arabesuao Abasí Bomé:** reza Ekueñón colocado a la izquierda del neófito recién consagrado por el Isué con el Sese Eribó, sostiene la Mokuba elevándola en dirección al Fo-Ekue. A la derecha del neófito está Mpegó con su tambor y un pedazo de yeso en la mano. Se canta: **O Obonekue ayagara íria Mokuba yenyeribó Obón Ekue Sese Eribó nyuao Mokongo Ma chébere Obonekue arakankubia iria Mokuba yanyeribó.** Y Ekueñón le administra la Mokuba.

Jeyei baribá riba Benkamá Benkamá. Aminurama Isué Eribó Ngomo apotacho Ndibó Mosongo Arakawaso Eribó Sese Mogobión Amogoró Tindé Fitún bariyé erendió Mbákara Eribó eñón kani ma maka maka Ndibó ruñandió nkletati nabiga koi-ntati machereré ebión koi obisún beromo emingué ipomunansa Eribó konkai Muñón tete Muñón Abakuá muñón nansere Ebión ndayo Antrogo Mokoirén Akarawaso Eribó Isún Eribó maka maka Ndibó achecheré ketongobá Akanansuá Abakuá Baroko nansao Baroko achecheré añongobia beromo beromo india Abakuá Beromo Muñonkai Obón Eribón mañene Obón mbárika achecheré awarabá Tindé Eribó Abasí Bomé: oración que recita el Isué en el momento en que los Obones (los cuatro mayores de la Potencia), colocan sus respectivos plumeros en el Sese Eribó. Primero Mokongo, después Iyamba, Isue e Isunekue.

Jeyei baribá riba Benkamá Benkamá. Itén mbara Mpegó Mogobión Amogoró Tindé Akarí Bongó Mbara kandubiá Bongó Nkrima anankibia Ngomo eruje eruje Nkrikamo tarikondó añongobia

beromo boni Bongó: dice Mpegó al presentar el tambor de Nkríkamo. Mientras dibuja en éste los signos con el yeso amarillo, se canta: **Ngomo erujé erujé Nkríkamo tarikondó.**

Jeyei baribá ribá Benkamá Benkamá. Ntiyén Mpegó Mogobión Amogoró Tindé ibiokoko Narobia Ngomo erujé akamba ñene kondó fitún un bariyén eroko Mboko obatiyá nandibá Mosongo nandibá mayé Ekón Abasí añomgobia Ekue benkamá obé: oración de Mpegó para trazar el signo dentro del Fo-Ekue -fambayín o iriongo- sobre el cual se coloca el Secreto. Mientras tanto se canta: **Nandibá mayé ngomo abasekesongo, etc.**

Jeyei baribá ribá Benkamá. Soiro nkaño Abasí Soiro nkaño Abasí asere krúkoro Abakuá obón eribón mañene obón asere kaúyo kambre ambanurama ekiñongo beromo indiabakuá krúkoro mumbán tete yeripondó ntumitiá ofentón bakankubia Asankantión manantión dirá: al comenzar los ritos están todas las ofrendas dispuestas en el suelo con los Atributos (menos el Fundamento), y los individuos de la Potencia descalzos, quemando incienso. Nasakó toma las dos tizas y recita la anterior oración. Los adeptos cantan: **Sankantión manantión dirá Sankantión manantión ube Sankantión manantión besuao, etc.**

Jeyei baribá riba Benkamá Benkamá. Soiro onkaño Abasí soiro onkaño Abasí Aserendao Batamú yumba asukuarakuantiyén arakankubia muñón indio Abakuá Obón Eribó mañene obón etienimí Mpegó Mogobión ndibanekue Moruá Eribó ngomo ntiyén Mpegó Mogobión Amogoró Tindé Akarawaso Eribó. Iten mbara ngomo sa ngomo saroko Ngomo basaroko Ngomo manga manga arabesuao Abasekesongo Abasekiñongo Afia forima muna úmboto emuña Pitibaroko

akaribó Abasí Ekue Mpegó Ekue kufón abarantén abibán Ekue. Asoiro Ngomo Ngomo Narobia awanamoto keanamendó aberitán inoko Ngomo kiko aborokié ndora ndorañé bobián aberemá ítia **Mukanda ibiokoko Narobia nyuate makatereré nyuao aboronga Narobia ekobio ñene Abakuá:**
 rezo del Mpegó de pie ante el altar, para comenzar a trazar los signos en la cortina. El coro responde: **Ereniyo bakankubia Mpegó Mogobión.**

Jeyei baribá ribá nkamá Benkamá. Soiro onkaño Abasí soiro onkaño Abasí asere Krúkoro robonekue ata mañene Obón ntiyén ngomo Mpegó Mogobión Amogoró Tindé fitún bariyé akamba ñene Efor muna kondó añongobia muna akondobá itén mbaritén Mpegó Ukano bekonsí uritongo esisí barikondó yansí benkamá obe:
 Mpegó recita esta oración ante el altar con el yeso en la mano y traza los signos en la cortina. El Moruá le canta: **itén Mbara itén Mpegó.**

Jeyei baribá ribá ñankuko kondó mutié mutié mbira sankomenbira aprofené keateberé ataún mundirá botuba iriampo iriampo afonó nkiko mayí nkiko mokuba mokuba ñoete mokuba yuate yuamba yamoringué ataún yuyu beromo Ekue nantuyén aprofene keateberé munandibó munangoró: oración que se reza después del sacrificio del gallo, al preparar la mokuba o bebida sacramental.

Jeyei baribá ribá Yambaó Saekue Yyamba Efiméremo Krúkoro ítia Abasí Aro. Meñán Sankantión amanatión dirá Sankantión manatión obé Ngomo yuansa Ngomo Ekue Ngomo sae Abasé Kesongo Abasé Kiñongo ntre Ntré Ntroporumina Abasí Eñá eñá eñá Efiá efiá efiá Efió Nene Obón obiañe Bongó mofe

amanisombé benkamá: Atiende Iyamba, toma el Saekue. El obonekue va a nacer. El signo, por la virtud del yeso, del yeso amarillo y del yeso blanco, lo une a Abasí y a Ekue. Se ha tendido boca abajo para recibir la Voz. Ya tiene a Abasí encima. Chilla, chilla, chilla. Suene, suene, suene el tambor Divino, habla para que nazca el obonekue.

Jeyei baribá ribá Benkamá benkamá. Asoiro onkaño Abasí osoiro onkaño Abasí asere krúkoro ribonekue Asere kaúyo kambré mbanurako afansón yugué Antrogo Mokoirén erekitán ebión ndayo ebión birama añongobia Ekue Abasí nseniyén Abasisiaramo Abasí Nankoboró Mosongo añongobé. Jeyei benkamá ntiñón awana moteke Anamendó. Soiro Ibondá Usagaré maribá fitún beko beko Mpegó Ekue unchecheré unchecheré maka maka Ndibó Umbarieta achecheré Muna benkama Obé Irión Ngomo Mañón awaribio amutangá ntiñón Muñongo Ekue afansón yugué Antrogo Mokoirén Ekue Mpegó borina Mpabio erekitán añongobia beromo Mpegó Mogobión aminarama Bomé súkuo Aramiñán besunkaño su Abasí: oración que recita Mpegó una vez que ha trazado la cruz en la base de su plumero. Se sitúa frente a la puerta del Fambá, lo eleva y lo coloca después en el tambor. Inmediatamente se canta: **Unchecheré Muna.**

Jeyei baribá ribá ribá Benkamá Iten mbara Isué Eribó Ngomo yanti Obón eriero. Jeyei Benkamá. Yuansa baroko yuansa baroko Ngomo Sese Mogobión Amogoró Tindé Asúkuo eriero efori Sese kondó butame Obón Eribó Eribó nduberán Anabiokoko Efiméremo Ekue Efó atañene Obón Abakuá Echeché echecheribó Ngomo Isué Eribó man Sese maserimán Ngomo erujé erujé Akamán ñene kondó erujiné besuao Ekón Abasí ñanguiriri

Ngomo yansi Abasí ya yo: discurso que pronuncia Isué cuando, después de presentar el Sese y de sostenerlo estrechándolo con el brazo izquierdo, mientras presenta los dos yesos con la mano derecha, comienza a marcarlo. Se canta: **Ngomo yansi Abasí ya yo. Isué Eribó Ngomo.**

Jeyei baribá ribá ribá Benkamá. Soiro onkaño Abasí. Soiro onkaño Abasí aserekrúkoro Abakuá Obón. Asere Ekón Abasí beromo Abasí kiñongo Asere kauyo kambre etié kisón ita nanumbre Abasí Mendó Kairán yugué Antrogo Mokoirén erekitán borina Ekue makararikambira makararikambembe Umpabio Ibondá Asakantión manantión ube Sankantión manantión besuao: discurso de Ekueñón, cuando dando tres golpes en su tambor, sale a buscar la Voz Divina. Lo acompañan un okobio que porta una vela y otro que lleva un Ekón. Y reanuda su discurso.

Jeyei baribá riba Benkamá. Obesún kaño Abasí Atereñón Tankewo Atereñón kamá Ekueñón sokabia Ekueñón disún Ekueñón ufafá muñi muñi asokobo Iyamba Akoibá erobañe Ekueñón akererán Changanike Fambá Ekueñón ufansere Uyo Abasi Obón asokará konande Obón Iyamba sarorí eroko Mboko añán Batamú kuré Ekón Abasí Ekueñón sokabia kiko ñon akuá ñanguirirí besuao Mokuba yanyaribó. El Moruá canta: **Ekueñón mayarayará Ekueñón sanga nkanima.** Ekueñón vuelve a dar tres golpes en su tambor y reanuda su discurso: **¡Jeyei benkamá benkamá! Soiro onkaño Abasí soiro onkaño Abasí tié tié tié Ndibo dibó dibodibó Mbambarán mbambarán nandibó makaró mofé makaró mefé makaró amoreké akonfo fimba Efor Mpegó Mogobión beko beko akuniyó yambumbe maserí tongó karo Bongó asokuana Akurumina Uyo lori butame negui negui emiñán tete Ekue Mpegó.**

Hace otra pausa para que canten: **Ekueñón sanga kanima.**

Y continúa su nkame: **Jeyei baribá kamá Soiro onkaño su Abasí Ndibó dibó dibó asokaka asokaka ka ka edibó dibó baranbandi bomakaró mofé makaró mofé Akanabionké akanabionké Ndibó dibó dibó mbarambán dibó makaró makaró isún makaró amoreké makaró umpómponó añongoiro itiángre amana mana isún Mambere Efokiñongo Abakuá Efor beko beko awana beko butame Efori Sisi Iyamba...**

El Moruá canta: **Ekueñón sanga nkanima Ekue mayarayará sanga nkanima.**

Sigue Ekueñón: **Jeyei baribá bario benkamá. Soiro onkaño su Abasí onkaño su Abasí tié tié tié Dibó Dibó asokakaká asokakaka ñongo dibó ñongo dibó Ekueñón Yoyambio Akanarán Yoyambio nandibá fisí akanamia Ñaña ndike awanabá awanabá tín tín bakisibá nandibá Mosongo nandibá Ekue Bakisiba Ekue ñongo Efión Mboko ñanguiriri Mosongo awana beko beko awana beko butame efori Sisi Iyamba.**

Ñongo sibó ñongo sibó Akanarán yoyambio Akanarán emumio Nkiko moto yugué tarakondó Akurumina Tanse Mosongo kanko inuria kuna kanko nuria musón anandibá Mosongo emai abere mai nandibá Ekue fimba eroko Mboko sere nairán. Asere.

Se aprovecha esta pausa para cantar: **Uyo sere ñairán sere.**

En este instante del nkame o rezo de Ekueñón, con que según expresión de los ñañigos, "rompe", -comienza- el ritual Abakuá, llega la Voz Divina al Ekue.

Ekueñón vuelve a declamar: **¡Jeyei! baribá ribá ribá benkamá benkamá! Soiro onkaño su Abasí krúkoro biwi Usagaré nandió isún ñon** kamá Sikanekue Uyo Sikanekue Odán beko beko fremené makaró mofé amorenke Sikanekue amorenké awanabá tín tín beko ananarike nyuao Sikanekue Efor.

¡Jeyei! Soiro onkaño su Abasí soiro onkaño su Abasí Anasakó Umpabio Nasakó Amugarará Anasakó munansa añusoso Anasakó awana yusongo Umón kererá Anasosakó miobia eforí morina musi musi eforí niarén mbariyén tién tién yogoró aboretán Ekoumbre wanandibé Anasakó sako sako sako nakerembánndeme Efor Ekún basarorí sere sakamumbán.

Corre por el gandó -signo- la pólvora, se alza la cortina y sale del Fambá la procesión.

Ekue Ekue Sabiaka Mokongo Machébere. Ekue Sabiaka Mokongo Machébere: canta Moruá, el cantor y encantador de la Potencia cuando sale la procesión del Fambá.

¡Jeyei baribá ribá ribá benkamá benkamá! Soiro onkaño su Abasí. Soiro onkaño su Abasí. Asere krúkoro Abakuá Obón Eribón meñene Obón. Asere kaúyo kambre mbanurán ntiñón awana moteke Anamendó. Mañón nansere asosoiro ibondá Abasí nseniyén berome india Abakuá. Abakuá beromo keatongobiá isún dibó. Maka maka Ndibó ubiansene anakiñongo Muñon Abakuá Muñon tete indio gandó eñón makotero Achabiaka mokongo. Unchecheré unchecheré etón etón make maka Ndibó Ebión koi obisún beromo obatiyá nandibá mayé kiko motangrí ñanguiriri efión boroki ñangué. Nandibá ñon Obón beromo Apotacho Ndibó Mosong Muñon.

Abakuá Mokongo Bijurakambori: discurso del Mokongo presentando su plumero y colocándolo en el Sese Eribó. Anteriormente el Isué ha puesto el Sese sobre Ekue. El okobio canta: **Sabiaka Mokongo Mañón Abakuá Baroko Muñón kai Mikongo Bijuraka.**

Jeyei Bario Asoiro nkaño su Abasí Asere nkrúkoro miayereká ambia kuniñón Iyá Nasakó apampaná Iyá Iyá Iyá bekondó Nasakó ntiero asanga weri Mosongo Ngomo Mukarará awé eriero: el yeso blanco, color emblemático de los muertos, expresa que la Potencia llora a un hermano que ha dejado de pertenecer al mundo de los vivos.

Jeyei bario asoiro nkaño su Abasí. Asere krúkoro miayereká kuniñón Iyá Nasakó apanpaná Iyá Iyá bekondó Nasakó ntiero asanga weri Mosongo Ngomo Mukarará: reza Mpegó al dibujar con el yeso blanco los signos en el cadáver del obonekue.

¡Jeyei bario Bakondó! Yambaó etié ekríkaria obijuraka Ekón Abasí arominán inú nambe jeyé saroroko saroko ndeme songo ndeme ñongo: Abasongo le advierte al neófito cuando jura, que si traiciona su juramento pagará con la muerte, como Sikán.

Jeyei bario Muna Ubio Efiméremo Ubiamé Ña Nasakó Fambá kuré Nandió ukanaré afogokí nsene Boko subrikamá ñene aprofañé Nangobié Efor bese mutuna Murumbá ibio Isó Nasakó afraká iriokondó Nasakó amugurá Umpabio Nasakó kunansa eforí iká Nasakó Beko Beko Nasakó Fambá awañusoso Nasakó awá ñusongo Amugará otán kurí wanana Nkiko otambira Ña Nasakó bía wanusoso: se dice en el momento en que Moruá tiene a Nasakó y a Ekueumbre cerca de la puerta del Fambá y el Isué le presenta el Sese. (Nasakó vivía en una cueva, no quería jurar para poder castigar con su magia a los delincuentes y por sorpresa se le llevó al Baroko. Metidos en la procesión y obligados llegan al Fambá, él y Ekueumbre. Allí, purificado por su ayudante, Mpegó lo marca y se lo entrega a Isué que lo consagra con el Sese, y éste a su vez a Isunekue y a

Ekueñón para que los conduzcan ante el Fundamento. Una vez confirmados por Ekue los sacan en procesión.")

Jeyei barío ñankue Ekuerí managoró esí echitubé Obonekue Awerí apampaná Iyá Iyá Iyá bekondó Akuaramina sanga mañón Ekue ntuma aterendún Okobio asanga Komeñonbira Iyá profané ateberé aboró Keñongo asanga weri Mosongo sae meñonbira. Ñamgué peripé etá Mosongo kueri Iyá aseriránn yereká: tus hermanos te lloran, te despiden de Ekue, pues te marchas para siempre de este mundo con todos tus derechos. Te vas para siempre.

Jeyei benkamá Anasakó Umpabio borina Ekue eforí brandi Mosongo Mañongo pabio: dice Nasakó, en el Fo-Ekue, cuando va a tomar el Fundamento para lavarlo en la tina. Entonces Iyamba lo eleva y lo presenta al agua. Las palabras de Nasakó significan que con el permiso de las "Prendas" o poderes -de Mañongo pabio- se purifica a Ekue.

Jeyei benkamá benkamá Abasí etieñenebón bakankubia Abasí Abasí mikó Asuakaraku antiyén Iyamba nandokié Abasí Anandokié: dice Mpegó al trazar el emblema de Abasí debajo del emblema de Iyamba.

Jeyei benkamá benkamá Abasí nteñeneobón bakankubia eforí Sisí Obonekue trián kambán obonetián kanibó kunambere efión Sese Eribó kiko une nsenune Abarakó obonekue obonekue: dice Ekueñón presentando ante el altar el gallo del sacrificio. Con su sangre comulgarán los obonekues. Inmediatamente se canta: **Obonekue obonekue.**

Jeyei benkamá benkamá Abasongo ñuaka makatereré Itón Wambeke Ireme Otowañe akambamboko fitún bariyé Efiméremo ororó awán fumio Abasí mikó eforí Sisí iyamba: dice

Mpegó al dibujar el emblema en el regatón del cetro de Abasongo. Mientras se canta: **Abasongo ñuaka makatereré.**

Jeyei benkamá benkamá Asere kauyo kambre etié Kiñón afansón yugué Antrogo Mokoirén añongobia beromo Abasinseniyén. Itén mbara itén Mpegó Mongobión Amogoró tindé mbara kankubia Efiméremo otán Bonké mofé ekonetambre Efiméremo Ekue etete Efik unwetón Ekoria Usagaré Nandió ereniyo ibiokoko Narobia Amogoré Tindé, jeyei monina ambémba: oración que recita Mpegó al trazar la cruz y los óvalos en la parte exterior e interior del parche del Bongó. Se canta: **Bongó nerí nyenisón eriero.** Y: **Ngomo ntiyén Bongó erumé.**

Jeyei benkamá benkamá. Asere asere ánkuma batumú kuré krúkoro ñene obón Abakuá mokoirén asukuara kuantiyén iten mbara Mpegó Mogobión Amogoró Tindé mbara fembe ita Bongó Efor siro Akanabión iyá yo tete unbarino fitún bariyé Baroko Efor sina Sinayantán ararikue nyuao ntregrefión Yamba yamukumbán eforí kondó soiro Umpabio soiro Abakuá Ekue Efor Ekue Efik amana amanakorobé Efiméremo eforí sisi Iyamba. Soiro Ibondá ororó bétumé ibio tambre Baroko Efoisún Ibondá Isún beromo indianekue indiabakuá ntiniabón tan tan mofé Ekiñongo Eribó unbelaka Sese Nandió Ekiñongo Abakuá: dice Mpegó para trazar los signos en la simbólica tinajuela, que eleva ante el altar. Mientras los dibuja con el yeso amarillo se canta: **Ntiniabón Ngomo Akanabión. Sinayantán Sikanekue Efor**, etc.

Jeyei benkamá benkamá...Efiméremo fabaka nandibá Ekue-kanke Isún Eribó Ekueñón Ararisún Tacho bere Tacho Achanganiké Fambá Mpegó ereniyo fitún baribá Ngomo tangri akamba Boko Ngomo ma koú: dice Mpegó presentando el tambor de Ekueñón para marcarlo después. Se canta: **kanko Isún Eribó ngomo tangrí.** Y: **Ekueñón Mokó ngomo mokó u** etc...

Jeyei benkamá benkamá Ekueñón Tankewe Ekueñón urobia afafa muñi asokobé Iyamba Ekueñón achanga niké fambá: dice Mpegó al trazar el emblema de Ekueñón. Se canta entonces: **Ekueñón Sanga niké Fambá.**

Jeyei benkamá benkamá Esikandé waririón Efor kondondibó Eribangandó kendeke sanga ororó mokombre gandó bakarionga Efiméremo Mokondo Ireme: dice Mpegó para trazar su emblema en la espalda del traje del íreme Eribangandó.

Jeyei benkamá benkamá etiékon mañene Efik Efik mañene Efor Mokongo máuyo Uyo ubianse neaña kiñongo Mokongo Bijurakambori Mokongo Machébere ekón Abasí ntiyén ngomo basaroko: dice Mpegó al trazar el emblema de Mokongo en la cortina del altar. Trazará después el del Iyamba y el de Isué.

Jeyei benkamá benkamá Iten mbara Mpegó Mogobión Amogoró Tindé Esikandé waririampo Eñón sambaka. Eribangandó mutusiá kendeke. Mutusiá Eribó gandó Fakariongo gandó rikuá rikuá: palabras que pronuncia el Mpegó o escriba de la Potencia al trazar el gandó o signo de Eñón Sambaka.

Jeyei benkamá benkamá. Iten Mbara Mpegó Mogobión Muñón nansere Muñón Abakuá maka maka Ndibó Utraria. Chéchere Ekueñón Tankewo Ngomo tangri benkamá obé: con estas palabras Mpegó toma el plumero que adornará el tambor de Ekueñón, lo marca con la cruz y se lo entrega. Ekueñón no lo fijará en su tambor hasta que el Sese ostente sus plumeros. (Sólo el tambor de Mpegó, por representar el Orden, recibe su muñón antes que los demás).

Jeyei benkamá benkamá...Kanko Eribó awaranramio erendió Abasí Bomé: dice Mpegó alzando el crucifijo para trazar en su pedestal la cruz con los cuatro pequeños óvalos que simboliza la religión de los abanekues. Se canta: **Erendió Abasí Bomé.**

Jeyei benkamá benkamá makaró amoré Iyamba akongo Efor ngomo efori Sisi Iyamba: dice Mpegó al trazar en la cortina del altar el emblema de Iyamba.

Jeyei benkamá benkamá...Mpegó Mogobión Amogoró Tindé. Iten mbara itón bakuere ayágara moto Mosongo añongobé beromo India Abakuá itongobá Mosongo moto akambamba Eribó: dice Mpegó cuando toma el itón o cetro de Mosongo para marcarlo con el yeso amarillo, en la parte superior. Mientras se canta: **Itón bakuere ayágara moto.** Y: **Ngomo Ngomo biangomo,** etc.

Jeyei benkamá benkamá. Mpegó Mogobión itén mbara ibíokoko Narobia ereniyó mañé itón Achabiaka Mokongo indiogandó anabiokoko únkoro pon pon tereniyáe Sese kutón mapá moko itén umbarino Efor Mokongo Bijurá kambori: palabras que dice Mpegó para dibujar el emblema de Mokongo en su cetro. En este momento se canta: **Ngomo muñeitón Mokongo Machébere. Mokoitán Ngomo umbarino Efor**, etc...

Jeyei benkamá benkamá...Mpegó Mogobión itén mbara Efiméremo Akanawán Mokondó ireme éta ayansúsa Ekue Nkóboro: dice Mpegó para dibujar su "firma" o emblema en la espalda del traje del Ireme -Nkóboro-, la máscara y el interior de la sombrereta. Mientras tanto se canta: **Ngomo Abasekesongo Ireme Nkóboro.**

Jeyei benkamá benkamá. Mpegó Mogobión Akaribongó mutusiá Eribó situ Wanabekura Mendó Mpego Ekue ndibán Ekue Naekue

kuririón itia Mukandá ibiokoko Narobia Mpegó emíyonke Mokongo Abasí siaramo Mpegó bekonsí benkamá obé: oración de Mpegó para trazar su emblema debajo del emblema de Mokongo.

¡Jeyei benkamá benkamá! Ntiyén Mpegó Mogobión Amogoró Tindé ereniyo amiapá echirema wankomeko Ekiñongo Abakuá ndeme Efik meñene Efor. Ekón Abasí nwentón Efik Usagaré Nandió: rezo de Mpegó para marcar los tres Nkomos.

¡Jeyei benkamá benkamá! Ntrekrúdorori bonekue tete yeripondó mbara kankubia Ekue Eribó abatanga Na Moruá Eribó Ngomo Obón Aba ata nteñeneobón Abakuá yanti Obón eriero: dice Moruá Eribó al entregar el Sese Eribó al Isué. Sobre éste coloca los dos yesos, amarillo y blanco, que utilizará Isué para dibujar los signos.

Jeyei benkamá benkamá. Obonekue metieroró. Obonekue meta. Obonekue metán kambán. Obonekue metan kambán koneyo. Obonekue metán kambán kaniriongo siro mutu Abakuá kerefión afoko ten ten maserikamba kuri kamba ata yagasigabón: dice Isué en la consagración de un obonekue al descansarle el Eribó sobre su cabeza. En este instante todos los dignatarios, que portan sus atributos, los inclinan ante el Sese Eribó.

¡Jeyei benkamá benkamá! Obón Iyamba Obón Iyamba ntreporomina Abasí krúkoro ñene Abakuá Erikariká ntuminia sere baroni arakankubia Muñón inuá keaborotón inuá Okobi ñene Abakuá iten mbara Itón Wabeke Abasongo ñuaka makatereré kríkariká biura Abasonga: dice Abasongo al poner en manos del indíseme o neófito el sagrado cetro que simboliza la mayoría de edad, los méritos e importancia de una "tierra" o "nación Abakuá.

¡Jeyei benkamá benkamá! Otamo otán iriongo akamba ñene kondó isuaba saúsa Ekue Eribó beromo ndayo Isunekue Eribó kiko wanamoto:
dice Mpegó al trazar el emblema de Isunekue. Mientras Mpegó dibuja se canta: **Isunekue Eribó kiko wanamoto.**

¡Jeyei benkamá benkamá! Soiro onkaño su Abasí. Abasí itén mbara mbara fembé muñón Abakuá Ekueñón bekundi sunekue. Abasí koi muñón nansene Ekiñongo Abakuá Ekueñón Tankewo. Ekueñón ararisún nanguiriri Nkiko motangrí añongobia beromo maka maka Ndibó Isún kanko ribóa asorokó makuá unchécheré untaria unchecheré obatiyá nandibá Ekueñón Achanganike Fambá ura Bakesón ura Bakiñongo Okobio ñene Abakuá: dice Ekueñón cuando
presenta su plumero para colocarlo en su tambor, después que Mokongo, Iyamba, Isunekue e Isué han colocado los suyos en el Sese Eribó. El Okobio canta: **Ekueñón Tankewo utari checheré.**

¡Jeyei benkamá benkamá! Soiro onkaño su Abasí. Soiro onkaño su Abasí. Asere mi Iyá atón erekitón. Antrogo Mokoirén Ebión ndayo Ebión birama nbanurán ntiñón awana moteke Anamendó noiro Ibondá Usagaré maribá fitún baruyé Añongobia beromo keatongobia Ekoria Abakuá Ekoria nseniyén Ita dibó maka maka Ndibó Muñón nansere eforisísi Iyamba Borina Ekue asukuarakuantiyán Sese erení apotacho Ndibó Ngomo Sese Eribó eroko Mboko beromo india Abakuá Isún dibó Isún Efor maka maka Ndibó úncheche unchecheré Ebión Ekoi beromo Obón Iyamba obatiyá nandibá mayé Nkiko motangri borokí ñangué Ñon Obón beromo ntiñón erekitán ebion birama awarakasike Bongó Obón Iyamba eforí Sisi Iyamba mbara fembé úbiafetún muñón Abakuá Muñón tete baroko Eribó baroko nansao Akamansuá Abakuá ura

bakesongo ura bakiñongo Okobio ñene Abakuá: discurso del Iyamba para colocar su muñón en el Sese. Se canta después: **Muñón nansere Eforí Sisi Iyamba.**

¡Jeyei benkamá jeyei benkamá! Nyiro sokomú namberetó akamba ñene kondó Bongó etá maruya Ekiñóngo Abakuá utanko mukere afotoíto kiko ñangansene Kiko apotacho kiko motangrí naberefión Bongó yansene. Beromo india Abakuá Mbara kankubia Mbara fembé Bongó eruka meñón anantiyé anabetán awana chiriongo obatiyá nandibá mayé Ekueñón ara Mokobia Ekue esiki mai awana more bongokife añongabiá Ekue sanga borokié ureme kondó sere lorí wariampona elorí esánganá koko ñangansene: discurso de Iyamba para levantar a Ekue del trazo Oruna Akua, y llevarlo en procesión al Iriongo, después que éste y todos los atributos sagrados han sido purificados. Todos los dignatarios están de pie. Iyamba presenta a Ekue a derecha e izquierda y se canta: **Elorí elorí ampona Elorí isánganá.**

¡Jeyei benkamá! Mpegó Mogobión Amogoró Tindé itén mbara ibiokoko Narobia ereniyo indíseme úmparawao konde yayomá: dice Mpegó cuando comienza a trazar los signos de indiabakuá en el cuerpo de los neófitos: una cruz con los óvalos de Efor y las cruces de Efik en la frente, en las manos en el pecho, la espalda y los pies. Y se canta: **Ngomo ngomo biá ngomo.** Los signos se pulverizan con aguardiente, vino seco, agua bendita, y se sahuman con incienso. Eribangandó los purifica después pasándoles un gallo por la espalda. Un pañuelo estrechamente atado cubrirá los ojos del neófito todo el tiempo que duran los ritos de iniciación, en el Kufón Abasí o templo.

Jeyei benkamá. Ntiñón Muñón Urabi Muñón nansere Muñón Abakuá Efiméremo Obón unfabaké maka maka Ndibó emí kondó Ekiñóngo Abakuá Obón Nkríkamo nandibá Ekue: dice Mpegó que ha trazado la cruz en la base del plumero de Ekueñón y se lo entrega mientras el okobio canta: **emílondó Ngomo Abasekesongo.**

Jeyei benkamá: Ntreproromina Abasí tete yeripondó irioban sene ntumitiá arán kawa Eribó: dice Mpegó frente a la cortina del Fo-Ekue. Los integrantes de la procesión, al escucharlo, se ponen de rodillas.

Jeyei benkamá ntiyén Ngomo Mpegó Mongobión Amogaró Tindé fitún umbariyé ereniyo fambá fambá Nitanga akamán ñene Efor akamañongo añongobia Ekue esisí kuré batamú yúmba Fambá Ekue Efor: dice Mpegó, cuando una vez trazada la firma de Mokongo, que autoriza la celebración de los ritos, dibuja la del Fambá. El acto de trazar este signo el Escriba de la Potencia, se acompaña del canto: **O Fambá Nitangá.**

Jeyei benkamá Obo Iyamba kríkariká afokominuá itie momí Abasongo kobio ñene Abakuá Monina chekereké atayagasigabón itén mabara Itón wambeke Abasongo ñuaka makatereré krikariká ura Abasongo: dice Abasongo después que el néofito ha jurado y besado su cetro y lo ha retirado de sus manos. Se canta: **krikariká ura Abasongo.**

Jeyei benkamá. Obón Iyamba yamba ya mukumbán Aroko ibiorama kiko katongobá Bongó basaroko Mosongo arabesuao unfentón Abasí Arakankubia araka Muñón Asukuarakuantiyén Sese Eribó Ereni Sese Mogobión Abasí mpanaté Akayabú Sese Eribó nyuao Akarawaso Eribó Isué Eribó Achecheribó Ngomo Asere beroná krikariká mutusia kendeke Ngomo saroko

Obonekue okobibia Obonekue aberifión antogoyókikiko aberenuna Ekueñón aramuyeke akarawaso Eribó nyuate makatereré Amogoró Tindé Sese Eribó Arabesuao baroko kiko aborokiñangué kiko ura Obonekue: oración que pronuncia Isué para que el Obonekue pase la lengua por el pescuezo del gallo decapitado y mojado en la Mokuba, -la sangre sacramental- que en una Jícara o cazuelita tiene en sus manos Ekueñón.

Jeyei benkamá soiro nkaño Abasí ubiansene ubia ana kiñongo Mpegó Mogobión otansene ibiokoko Narobia orunakua Abasí munyere Anasakó eñón kanima akambé boko orunakua Abasíríri: oración que recita Mpegó al trazar el gran círculo, dividido en cuatro espacios y en cada uno de estos espacios un círculo, sobre los cuales se colocan los tambores, cetros y demás atributos sagrados para proceder a su purificación.

Jeyei benkamá benkamá soiro nteñene obón Abakuá, yantí obón eriero Isún Isué Eribó Ngomo: dice Mpegó al trazar en la cortina del altar la firma o emblema de Isué.

Jeyei benkamá soiro onkaño Abasí soiro onkaño su Abasí Obón Iyamba yambumbe atotobé yambumbe yambumbé Efor Yamundi obisoro arakankubia Muñón Mokongo Abasí siaramo Abasí Nankóboro Apotacho Ndibó-Muna-Ekue Etié momi Mosongo moto akamba mbaribó iten mbara fembe mbara Itón bakuerimina unkué Akuaramina unikué Ekue mentuyén Anamanguí besuao beromo Yambembe nkairán afomandikó obiata ngoró sufragayá Ngomo arukeso sanga Mañón Ekue ntuma Akuaramina ñankue asokaká kufón ñongo kabia Akuaramina asokaká karabalio Yamba ñankue akobiko asokaká: oración para llamar a los muertos al Ñankue o ceremonia fúnebre de un abanekue.

¿Jeyei Ñankue u! Ngomo Nangobia Obonekue ntara Abasí amará mara nantuyén: cuando se traza el signo que le corresponde por su jerarquía en la espalda al obonekue muerto, se le advierte en este canto que Abasí ha dispuesto llevárselo.

¡Jeyei! Sankantión amanantión dirá ino aforanó anuria isán onoria akeri suronfemia usuani oboria isán mumbieró Mbori añongogó Abasi nankera Ñankue nkenikén isiero narokuemia ñangotero Akerí irián suma orión Abasí: dice Mpegó cuando Aberiñán mata al chivo en el Ñankue - ceremonia fúnebre.

¡Jeyei yá yó awana toitó!: ¡Atención! ya hoy sonó el coco. (Coco: Fundamento de Efike Butón. Un coco que rememora el tambor Ekue con parche de chivo y que transmite la Voz de Tanse y de Sikán al Bonkó).

Jiña: excremento.

Jokoko akuá: voy a persignarme. Reverencia.

Jurá Abakuá kunán beretón ndugo ndugo: hablo con uno de los míos, con un hermano (cofrade).

¿Jurí Nandió Nkiko Abasí?: ¿Quién es más viejo, Dios o el gallo? Se responde: **Jura Kiko akamambá Abasí:** el gallo nació antes que Dios.

Kabá: están.

Kabatón Karabalí Ñangaíto: sociedad de esclavos importados del Calabar en la que tuvo sus comienzos el ñañiguismo a principios de siglo.

Kaberanitó: barba o patilla del chivo. También la que tiene una forma alargada que llaman chivo.

Kabia: sangre.

Kabutón o chabutón: brujo.

Kabuyo: justicia.

Kaguán Boko: traer là Voz, el Espíritu.

Kaitiá: caer, desplomarse un árbol o una rama. El güín de la caña brava cuando cae a tierra.

Kaitiá: arrodillarse, echarse al suelo.

Kaitiá arakankubia Obonekue amanipawa: canta Moruá cuando Mpegó ha terminado de dibujar en los neófitos los signos sagrados y estos se han arrodillado sobre un arakasuaka o círculo que encierra la cruz con los cuatro pequeños óvalos emblemáticos de la tribu de Efor "primera dueña del Secreto." Representa los derechos del neófito.

Kaitierón: carnero. Suele llamarse corrientemente al carnero Erón. Erón significa justicia, ley.

Kakibión: trasladarse de un lugar a otro. Ir del pueblo al monte.

Kakuba: gallo, "decían los antiguos por Nkiko, gallo."

Kakuba: sangre de gallo.

Kakumekue: "¡Sigue como vas!"

Kakureko: casa grande.

Kamá: "prenda", talismán, cazuela mágica en la que actuan energías sobrenaturales, por ejemplo, la cazuela mágica de Nasako.

Kamá: hablar, palabra.

Kamá Ireme Iyá bekó: la "prenda" -amuleto- la fuerza que anunció al Adivino la aparición de un pez sobrenatural en el río -la aparición de Ekue- cuando éste aún estaba oculto y no se había manifestado.

Kamá nibá: maldición, maldito.

Kamanferé: aprovechado, gorrón.

Kamá oguefé: hablar, expresarse.

Kamá ororó, Kama roro: el tambor sagrado. "Se llama así porque de ahí, de un río (Kamaroró) nació el que habló, y porque apoyando la caña en el centro del tambor habló (Kamá) el Misterio. Literalmente **kamá ororó:** habla centro.

Kama Ororó Abakuá: "la Voz de los Espíritus que en la redondez del mundo (que simboliza el parche del tambor), le habla al Abakuá.

Kamaororó: río limítrofe de los Araukón.

Kamaroró: río del Secreto. Potencia Habanera.

Kamaroró: es el río de Bekura con embarcadero.

Kamaroró Efor: río Sagrado donde tuvo su origen el culto a Tanse (Ekue).

Kamba: bendición.

Kambito Eribó: primer Eribó que se hizo en Cuba, en la Potencia primera de Efik, Efike Butón.

Kambito Eribó: coco. Fundamento objeto de adoración de la antigua Potencia Efik Butón.

Kambito Eribó: el coco -itiobé-, que sirvió de Ekue a la primera Potencia Efik en Cuba. En esas preguntas y respuestas a que son tan aficionados los ñáñigos y por medio de las cuales hacen patente su sabiduría, se nos informa: **¿Enewe kamanbá Efike Butón?:** ¿Quién es la Madre de los Efike Butón? Respuesta: **Kambito Eribó.** El Coco. **¿Echitubé akambán Kambito Eribó?** ¿Quién es la Madre del Coco? Respuesta: **Ukano Mambré.** El árbol. **¿Echitubé akamanbá ukano manbré?** ¿Quién es la Madre del árbol? Respuesta: **Itía roró.** La Tierra. **¿Echitubé akamanbá Itía roró?:** ¿Quién es la Madre de la Tierra? Respuesta: **Ekón Abasí.** Dios, la Naturaleza.

Kamusa: güira forrada con cuero de jutía.

Kamusa: teja para quemar incienso.

Kani: valla (en Otamo).

Kanabión Bengué: "la mujer, nuestra Madre que fue sacrificada."

Kanabón: procesión.

Kananán belefe: jueves.

Kananansuá: rifle.

Kanarán bran: "La Madre, el Secreto."

Kanarán merefé: la Madre de todos los tambores sagrados, (de los Bonkós).

Kambito Eribó: coco de agua.

Kandubia: Ekue.

Kanfloró: volcán.

Kanfloró: Potencia habanera.

Kangá: otro nombre que se da al Ekón.

Kanibó: pelo de la cabeza.

Kanibó arankankubia mañene tero makotero: "con el pelo se hizo ante el altar la primera consagración.

Kaniká: campana.

Kanikué: que no.

Kanilofiá: bugarrón o "marido de un jankuni" (homosexual).

Kanima: monte.

Kanima mbira: tierra de cementerio.

Kani Manká: embarcadero de judíos (profanos, ajenos a la religión de Ekue.)

Kani Mankámbairán yenisón: embarcadero de judíos en tierra de Usagaré.

Kankibio mañón jenekó Ireme Osairo Mañongo Pablo awana Kasina Mendó ndeme okobio: desde lejos oí el sonido del Ekón y de los tambores y vengo a adorar lo Divino.

Kanko: cuerpo del Ekue, pedestal, caja del tambor.

Kankó: arrodillados.

Kanko bioto Aberiñán: se dice en los funerales cuando se quiebra la tinaja que, con dos plumas horizontales, lleva un obonekue en la cabeza. "Es como si se dijese: a ver quién puede unirla otra vez, refiriéndose a que la vida del hermano se rompió."

Kanko Efor: se dio este nombre al Eribó en Usagaré, cuando se le trazaron los signos.

Kanko mbará kanko erufiaga akuá robeñalisén Bengué Yarina mabón ke akanapón: se le canta a un efiméremo (traje de íreme) blanco adornado con siete plumeros, todos blancos, que reviste un adepto para bailar en cierta Potencia matancera.

¿Kanko Menanko aberuñandió un Sese unyenebón anapijagua nandió?: ¿Quién con su poder autorizó la comida del Ekue y de los Obones en el embarcadero?

Kankomo Ndibó: tambor sagrado.

Kanko murifía Iyamba bemundi Efor Mokongo Iyá oteté mañón: Mokongo advirtió al Iyamba que guardase el Secreto de la consagración de Sikán que se realizó por medio de la sangre de Uyo.

Kankonuria: raya que se traza en la orilla del río.

Kanko utlogó Aberiñán: deshacer la palabra que en vida el iniciado dejó en el Ekue. "Esto se dice en el momento de romper la tinaja llena de agua donde cayó el espíritu del abanekue al morir, porque nacimos del agua, de Tanse, y al agua volvemos."

Kankubia: imágenes de Santos Católicos.

Kankubia eñenegabia: la cabeza de Sikán "cuando la colocaron sobre el Mosongo -Bongó, tambor sagrado a Ekue- y se dijo: ara kankubia ñene igabia ñenegabia anabisoró nantún."

Kankubia kende: altar.

Kankubia kende: cualquier Santo. **Kankubia kende Okandé:** la Virgen de Regla.

Kankubia kende maribá Yarina Bondó: "la Virgen de la Caridad del Cobre está en el mar."

KankumaArá kankuma ará yigabia: los huesos de Sikán se utilizaron para Fundamento del Sese, "y para que su espíritu viniera cuando lo llamaran."

Kankumanán yigabia: los huesos de Sikán que se tomaron para hacer las cuñas de Ekue. De ahí el canto satírico: **kankuma ará kakuma na yigabia.**

Kankuma nayí gablá anayi gabia: hueso del cráneo.

Kantión: veneno.

Karabalí bisí bisiní teni Baroko miñusá Ososó ndimaó yambumbé: "el congo Ekueñón vio que hacía falta un cuero, y cogió a un odosé que era quebrado. Le pusieron su piel al tambor, pero no sirvió. **Yambumbé ndimaó:** no sonó bien la Voz.

Karabalí Brikamo Apapa Efik: cabildo de esclavos del Calabar que celebraba sus ritos en el pueblo de Regla, en la bahía de la Habana, el 1834.

Karabalí kukrikuamé isayako kiyenyé: la esclavitud se acabó. Todos somos iguales, "decían los carabalí que eran mitad congo y hablaban congo."

Karabalío akarí mañón Yamba ñankue akobikó: palabras que se pronuncian en la ceremonia del Ñankue cuando se va a despedir al obonekue muerto.

Karabalío kurí mañón Yamba ñankue Okobio: el espíritu ya liberado del monina o adepto, "vuelve y se esconde en el río, en el agua que es origen de la vida, de Tanse y del Ñáñigo." Se dice en la ceremonia fúnebre del adepto, que Iyamba despide.

Karabalío Okambo: el Santo antiguo." Sinónimo de Tacho, Natacho, Naberetacho, "Santos que adoraban los bríkamos antes que apareciera Tanse; los bríkamos más viejos."

Karabalío wariliampo krúkoro ñene Bibí: "el Santo que adoró el bríkamo antes que a Ekue y que comía gente." Los bibí o ibibíos tenían fama de antropófagos.

Karagüaso: cáliz.

Karabí Okambo: se refiere al momento en que habiendo sido consagrado por el Sese, el indísime pasa andando de rodillas a ser confirmado por el Ekue. En sentido figurado karabilí Okambo es el Fundamento o Ekue.

Karibó kondó: pueblo, caserío de Efik.

Kariká: calabozo.

Kariká kufón: el cuarto o Fambá cuando en éste se castiga al obonekue que ha cometido un delito.

Kariká: carreta, coche.

Kasika Bongó kamba kamba ñene buto kamba kamba eforí prosomuto Moruá ntreñonobón Abasí Efiméremo nawerembá: "soy el Iyamba más viejo de Efor y por encima de mi brujería hay un Bongó que se llama **Bongó Munanga Mbori eforí asororí Ekue Efor.**

Kasikandé wararío afokandibó amandió Sese Iyamba fembé Eribangandó mutusiá kendeké gandó Mokombe Ekue butón murumba Yuansa asende gandó fo karióngo: nkame que dirige Nkríkamo al Ireme Eribangandó cuando este sale del Famba a purificar el camino.

Kasikuaneka: Sikán.

Kasikuaneka yumba yaya: "Sikán dio su sangre para la Voz."

¿Kasikán enewe ndobikó kurinitongo?: ¿Qué viste entrar en la güira? le pregunto Nasakó a Sikán. Sikán contestó: **Añene mi un sankemio isán isán antrogofó arogobiobio Odán Efik nankokó wanaribe Moruá:** soy una mujer, cogí la güira, fui al río, y no sé si el ruido que oí era el viento o salía del agua, del Odán.

Kasikawawi: mellizos.

Kauke: vela.

Kauke Eribó: la vela que se enciende en el Fambá en las ceremonias iniciales.

Kaune: cascarilla de huevo.

Kauko Erú kauko kauko nduñabia: ¿Qué representan las tres patas del Bongó Ekue? Respuesta: **Usagaré, Eforisún, Bakokó, Ekueritongó.** Las patas del Bongó representan a las tres tribus que tuvieron Ekue, a Usagaré, a Eforisún y a Bakokó.

Kawa: muerto.

Kawa kauñé (andiro andiro okawa): se le canta a los obonekues que han fallecido, en la ceremonia fúnebre del Ñankue.

Kawánboko: traer la Voz al Fundamento.

Kawá tauñé: el que se va de este mundo no vuelve más.

Keampoto: juramento.

Kefé: permiso.

Kefé Iyamba kefé: con su permiso Iyamba.

Kefembe: fuerte, estar fuerte, es grande.

Kefembe sangaritongó: rincón sagrado en el que brama el Ekue.

Kefembe sangaritongó: "qué grande y fuerte está ese Fundamento."

¿Kefe nantón eruká aguanangobia akoropó arombé mutié?: ¿Cómo pudieron agarrar al congo que le sacrificaron a Ekue? Se responde: **Asere ekón mifé.** Por el ruido del ekón. Lo atrajeron por la magia del sonido del ekón y apresaron. "Dicen que aquel congo, al oír el sonido del ekón, bien por curiosidad o porque tendría ganas de bailar, se aproximó a la fiesta que los obonekues celebraban en el monte secretamente. En la noche se oyó mucho más el ekón que a Ekue y a los tambores. Este congo no estaba jurado. Cuando lo vieron le echaron mano e inmediatamente le dieron su sangre al Fundamento. El hecho aconteció en Nyimiyá. Algunos viejos dicen que a este congo no lo mataron. Le sacaron sangre de la nuca, parte del cuerpo muy valiosa porque está cerca de la cabeza y en la cabeza está la sabiduría, y se la dieron a Ekue. El congo volvió a su pueblo."

Kende: altar (en Olugo).

Kende maribá Abasí yansa aberí yansa: las olas del mar que van y vienen. **Yansa maribá,** ola que llega a la costa; **aberí yansa** ola que retrocede.

Kende mokabiásisi: gente enferma, llagada, que viene dando tumbos. Significa también un viejo despreocupado que sufre de una llaga crónica que no se atiende.

Kendén yuao mokabia sisi: cañada que nace de un río. **(fikunakua nyuao:** de fikunakua nace **kendén yuao mokabia sisi).**

Kendiké: nube o celajes.

Kendike nyuao: el agua viene de la nube.

Kendegué: la que se aleja, marcharse.

Kenepén: pájaro.

¿Kené wariero tuerémbara koneyó?: ¿A quién dio usted la mano? Se responde: **Obane utá nariongo Usagaré tuerén bara akoneyo:** yo, de Obane, di la mano a Usagaré.

Keré: fuerza, violencia.

Kereké: pescuezo.

Kereké: oreja.

Kereké mutimbori Saekue mofé eforiama merulayé: se dice para ofrendarle la sangre del sacrificio al itón de Mosongo.

Kerempén, nkenenpén: pájaro.

Kerepó: cementerio. **(Asangá kerepó:** camina al cementerio).

Kerepó yankusé: con estas palabras se despide al monina que ha muerto.

Kerewá fokomimía osamio momí boro Butón: nosotros los hombres de Kereká apreciamos a esa imagen de la divinidad, (refiriéndose a la Voz divina, al Pez Tanse).

Kerewá mañón kurí kufón Nasakó fokominuá ñene nitongó: "el hombre (el marido de Sikán) fue a casa del adivino Nasakó a preguntarle sobre el Pez misterioso que su mujer había recogido en una güira.

Kerewá momi Umón yubia Manaó: ojo de agua donde se consagró al Bongó de los Ekerewá.

Kerewá Nankuko sire siro akanabión: son los Albinos, esclavos de Betongó. Comerciantes de plátanos (abereñón).

Keribé akaniyén anarikí obón tanfión: "el sol, el viento y la luna mueren como el más infelíz."

Keriké: nube.

Keritén yámbuni betongó Yambumbé Efor Efiméremo Ekue támba bakondodó Abakuá monina Batamú ten ten ñáñara ka: hazme caso Diablito, tiemble el cielo o se oscurezca la luna.

Kianfutu: juramento.

Kibá: mosquito.

Kibón awarantitié: muchos hemos hablado.

Kifán kiwí kiko motoriongo: primer gallo que sacrificó la Potencia Efike Butón en Cuba -al originarse esta Potencia.

Kifé: colocado, puesto. (**Ituá kifé:** la cabeza puesta). La de Sikán, simbolizada por la cabeza del chivo.

Kika yabesuá: pico del gallo (en Otamo).

Kiko: gallo.

Kiko ana Bonkó: la ofrenda de un gallo que hizo Efor al Bonkó de los Efik, llamándole a éste **Kiko - Nkiko ajaraní.**

Kiko anamenasa: gallo de pelea (en Otamo).

Kiko basarere: cresta del gallo (en Otamo).

Kiko Eforisún: gallo proveniente de Eforisún, el primero que se sacrificó.

Kiko ñangansene: gallo muerto, callado.

Kiko ñanguirirí moto: arrancarle la cabeza al gallo para que con su sangre humedezca la mano de Iyamba.

Kiko rufiaga omurumio Akanawán íreme: el gallo que se trajo para la iniciación.

Kiko uné: canta el gallo (en Otamo).

Kiko unelune: cacarear.

Kiko une une: cantar el gallo.

Kiko une yuansa barakó: el gallo y la gallina se aliaron en una loma.

Kiko ura Obonekue: se canta en el rito de la consagración de un Obonekue cuando éste, los ojos vendados, chupa la sangre de la cabeza del gallo que le presenta Ekueñón.

Kimia sentún: las vísceras del chivo sacrificado.

Kimifé: el día de los Reyes. Así le llamaban en Olugo, a la fiesta tradicional del 6 de Enero, en tiempos de la Colonia.

Kimbé Kimbé yumba asendé Iyamba amanariongo Bokobebe: un día, por vez primera, Ekue sonó en Bokobeba.

Kiñón: el neófito cuando acaba de ser consagrado por el Sese, antes de ser confirmado por Ekue.

Kiñongo: iniciado. El neófito después de ser confirmado por Ekue.

Kiñongo amakondú amókandú Efor: rey de una tierra de Eforisún. Se dice del abanekue que recibe el cargo de Nkóboro y que representa en la Potencia al antepasado Amakundú o Makundú Efor.

Kiñón ke awaretete kiñón ke atongobá merufé ke ayenirén Nyógoro minuá: mira hacia atrás que viene el diablo. Advierte el Moruá al Ireme para que proteja su espalda, pues de rayarlo a traición un Ireme enemigo, le invalidaría como ñáñigo para el resto de su vida.

Kión: San Juán.

Kiromia Efik: en Kunakua nace este río de un ojo de agua que se llama Ebioko Efik (Obane).

Kiromia Efik: se llama el río por tierra de Kunakua.

Kisón: hablar.

Kitán Kuriñán: lechuza (en Oro).

Kiwama: lechuza (en Briche).

Kobeñán: tigre.

Kobiyón Ita mokoité: pita de corojo.

Kochá bara tikochá bara karabalío okamba umpón serikondó ataún Moruá: "son los dos santos que cuidaban a Obón Tacho Ndibó, el dios viejo que adoraban los bríkamos antes que a Ekue.

Kofombre: pantalón del traje o Efomiremo del Ireme.

Kofumbre: traje.

Kofumbre: el sastre de la Potencia. Confecciona y cuida de los trajes rituales.

Koibá: embarcadero.

Koifán: príncipe de tierra Efor que arrebató el Secreto a los Efik de Itanga, en un afluyente del río de Obane. No estaba de acuerdo en que los Efik tuviesen Ekue.

Koifán: el abanekue encargado de barrer la Potencia. Queda a su cuidado limpiarla con un manojo de albahaca y de escoba amarga y de borrar los diagramas y demás signos mágicos que el Mpegó ha dibujado en el suelo, pulverizar sobre ellos aguardiente y vino seco. Arroja después a la calle el gallo vivo con que se han purificado los individuos de la Potencia.

Koifán: en el gran silencio de la noche, sacrificó un gallo y le dio la sangre al Bongó.

Koko: cuero (de chivo).

Koko aberomó: "firma" o ideograma del Baroko, trazado en el chivo que limpió Nasakó y que llamó así.

Kokobiongo: maestro (de la religión).

Koko iteremo: pellejo del pescado (de Tanse).

Koko mananbori mambori: el cuero del chivo.

Kokomién: gato.

Kokominandube: cocodrilo.

Kokomina ndube: el majá, "espíritu guardián del templo."

Komipá: octubre.

Koko mofé Obane mapá Mbákara kubia anakamberi: quien peló el primer chivo en Obane fue Mbákara, y cuidó de su cuero.

Koko mofé Ubani mapá Mbákara ubia anakimbai: en el embarcadero de Ubani Mbákara cortó la cabeza al primer chivo que allí se mató.

Koko munandiaga: "bautizo del cuero del chivo." La Voz Divina en el cuero del chivo.

Koko ñangansene: canta Moruá después que el Iyamba presenta a Ekue para llevarlo en procesión al Iriongo, terminada la purificación de la Potencia.

Kokoriké efé: Día de Reyes. En el pasado siglo, este día los ñáñigos desfilaban por las calles e iban como todos los cabildos Africanos, a recoger el aguinaldo del Capitán General. Las rencillas de unas Potencias con otras determinaban encuentros sangrientos, pues en esa fecha los Ñaítos zanjaban a puñaladas sus diferencias y rivalidades. Ya a fines de siglo se les prohibió salir.

Kokorikó: Aparecido, fantasma.

Kokoriko: bicho, animal, entre misterioso y sobrenatural. Amuleto.

Kokorito: gusano que se come a los muertos.

Kokoriko Abatabá Mendó: espíritu que en un amuleto domina a los muertos y que llevan los obonekues a los nlloros para preservarse de ellos. Se prepara con tierra del cementerio, polvo de huesos del cráneo, ceniza de una cruz, etc. Como base de este amuleto y continente de la carga mágica, se utiliza un okokué, un caracol de forma largada o un tarrito de chivo. Se tapa con una pequeña calavera de hueso que puede adquirirse en los mercados y tiendas de santería. Este amuleto se adorna con cuentas de colores: blanco, azul, rojo, amarillo. (1)

Koko yangansene: el bicho aquel que sonó y calló.

Komipá: octubre (en Olugo).

Komó: primer sonido de cuero y de madera.

---

(1) Véase fotografía en "La Sociedad Abakuá Narrada por Viejos Adeptos. Lydia Cabrera, Ediciones C.R., Habana, 1958.

Konafón: procesión.

Kondó: grandeza.

Kondó mafimba: lo más profundo.

Kondó motié motié motié umbira: Dios nos cría y nos mata.

Konkai: el mar.

Kon Kon: Ekón onomatopéyico; "el Ekón dice kon kon kon, semejando la voz del Pez cuando ya había muerto, pues a este Ekón, que era de madera, se llevó su Voz."

Konomí: pueblo en Efik. "Un pueblecito carabalí cuyos habitantes iban a trabajar a Irindó."

Kononbán: vendar los ojos al iniciado, o al Iyamba para que fragaye" (suene a Ekue).

Koria: nacimiento en la religión de Ekue.

Korobia: mentira.

Korokibia ñene migafia Akanafón: todo el mundo no sostiene lo que yo sostengo.

Korokó: zapato.

Korombán: lucumí. **Iría korombán:** tierra de lucumí.

Korondibé: el medio, centro.

Koropó, moropó, molopó: cabeza.

Kosikó: sabandijas subterráneas que devoran a los muertos.

Kosiyeremá: pata del chivo sacrificado que le corresponde a Mokongo.

Kosí yeri momo: cuando Mokongo vuelve montado en el chivo a recibir su cargo. "Viene del monte, desde la orilla del Baroko nandibá, de la orilla del río, al Baroko dentro del Fambá, donde será confirmado por Ekue."

Kotonunkue: hospital.

Koumbre: "el boticario", (en Oro). Médico que cura con la virtud de las plantas.

Koumbre, Ekoumbre: hechicero. Ayudante de Nasakó. "Fue un gran curandero."

Koúnko: zapato "de vestir elegante."

Krancio: la cabeza de cualquier pescado. "Cuando se hacen los tambores, dado que la religión nació de un pez, se tiene que poner una cabeza de pescado en la tina; no se pone en el Bongó sino en una tina con agua, figurando a Tanse."

Krikariká ura Mosongo: se canta cuando el Indíseme le jura al Mosongo el cetro que representa el poder de Ekue.

Krikariká ura ñongotemio: se canta en la ceremonia de iniciación cuando dichas las oraciones rituales del juramento, el indiseme besa los atributos sagrados que se ponen en sus manos.

Kríkola: cazuela, caldero.

Kríkola anaririampo: cazuela para cocinar.

Kríkola chembutón: reunión de substancias y objetos mágicos en la cazuela de Nasakó: un cráneo humano, tierras, huesos de ciertos animales, trozos de palos sagrados, y arriba un cuerno con un espejo en la base para ver lo invisible.

Kríkola uriampo: cazuela con comida.

Kríkola Abasí: niño acabado de nacer. El iniciado, el que acaba de nacer en la religión.

Krókoromisón: mitad de la calle.

Krúkoro: personas, grupo.

Krúkoro: en una iniciación, el conjunto de dignatarios en el Butame.

Krúkoro boluma numbré: la mosca zumba, suena el viento.

Krúkoro indiabón ararisún etié sangabia ntre ponipó akoirán unkeno akuri akoropó ekoria ayeripongó ata umbairán ápapa Efí Butón Abasí Ekue rirún ata nyugue Efike efión awana toito akuá Butón Moruá Bongó muñangambori Ekue asosorí: los esclavos africanos que vinieron a Cuba traían el recuerdo y el conocimiento de Ekue. Los Obones que entre ellos había se reunieron y recrearon aquí su religión. Para representar a Ekue consagraron un cuero de chivo y un coco. Crearon la Potencia Efik Butón.

Krúkoro keriwá efokominuá akuá ñene arafá Tanse kankubia Abakuá: los hombres decidieron matar a la mujer, acusándola de haberse robado el Secreto divino. "En realidad ella no se lo robó. Encontró a Tanse. Pero la acusaron de habérselo robado para tener el pretexto de matarla."

Krúkoro mafó keyó: enjambre de moscas.

Krúkoro mbomipó: hombres blancos.

Kua: "carabalí", una tribu.

Kuákuara: Abakuá, iniciado (en Otamo).

Kuananangui: boticario (en Otamo).

Kuankubero: ceremonia.

Kuampoto: juramento.

Kuantiyén: Santísimo Sacramento - refiriéndose a Mosongo.

Kuara: "juego" o función religiosa (en Otamo).

Kuaramita: naranja.

Kuarilú: Rey de Obane. "Ante Karilú, los Efik -Efik Kambán- mataron al primer iniciado, como en Efor los fundadores de la religión, mataron a la Sikanekue."

Kuchiyeramá: uno de los tres tambores o nkomos de la orquesta que toca en la fiesta, episodio esotérico del ritual Abakuá. Su sonido es intermedio entre el biapá y el bikomé.

Kuchiyeremá: era el único tambor que se utilizaba antaño en el Bani Ñampe, nlloro o despedida del obonekue, en vez de los tres nkomos que hoy se tañen, con las cuñas flojas, en las ceremonias fúnebres.

Kuefeuntre: garrote.

Kuendukué: irse, alejarse.

Kueñuza: lechuza.

Kuerepó: la tumba.
Kuesundia: yuca.
Kufombre: pantalón.
Kufombre: sastre.
Kufón mukefe basarorí reko muñé: el inodoro apesta.
Kufón: casa, habitación.
Kufón Abakuá nyegueyé nankaniká loribá
Abakuá nyegueyé: Abakuá Nyegueyé es una Potencia ilustre.
Kufón Abasí: templo, iglesia. Casa de Dios.
Kufón awarionké: casa donde se fabrican sombreros de guano o yarey.
Kufón Batamú seré: cuarto donde está el altar.
Kufón bayumba: el palacio.
Kufón bayumbao: templo a la orilla del río.
Kufón baroñé: casa con mala sombra. Casa "salada", desgraciada donde la gente se enferma y se muere.
Kufón: eñongoró: carcel, presidio.
Kufón erenobón: casa enlutada de negro. La habitación en que se celebran los ritos fúnebres - de obonekues- y otras ceremonias que se hacen para honrar y alimentar a los muertos.
Kufón guariongó: armario en la habitación de la Potencia donde se ocultan los sagrados atributos.
Kufón Iná: colegio, escuela, "cuarto donde enseña un maestro."
Kufón itia bayumba: casa que se improvisa a la orilla del río para depositar a Ekue.
Kufón kaniká: casa donde se hacen campanas de madera que no suenan, para usar en el ñampe o duelo.
Kufón kankubia: "casa de Santo", santuario, el templo.
Kufón kufón anundirá: la avaricia rompe el saco.

Kufón mafembé: casa buena, bonita.
Kufón malobí: retrete, excusado.
Kufón mamumdi: el hospital.
Kufón manirión: Santuario de Ekue.
Kufón mokefá: retrete común.
Kufón mongo: presidio.
Kufón muyabé: casa mortuoria.
Kufón nanchú: cárcel.
Kufón nanfoko: colegio integrado por sabios, o "los sabios en el Santuario."
Kufón ndibó: santuario.
Kufón niriongó: lugar en que suena el Fundamento, oculto por la cortina.
Kufón nitangó: primer portero del templo, el que abre y cierra la puerta del Butame.
Kufón nyiguiyí: "mi casa es palacio del príncipe."
Kufón nyogoró: presidio. Casa del diablo.
Kufón nyoró: presidio. Donde se llora.
Kufón ñongo kabia: capilla ardiente, cuarto que se prepara en la Potencia para colocar el cadáver del Abanekue y practicar los ritos funerarios.
Kufón ñongokibia: la sepultura.
Kufón ñongoró: presidio.
Kufón Obón abá: lugar donde se coloca la güira, como representación de Sikán (la güira en que llevaba el Pez).
Kuko mambere: la muerte.
Kukubara: un "santo" de los viejos carabalí. "Un santo de monte como Kadó, Anaé, Dada", -de los lucumí y arará-.
Kukuma proabia: tronada, cuando truena.
Kumbentantán mbokobia akuá besuá nyenisón Ekón Ireme nkubirán Eforisún Eforitán Efori Ntoki Ekue ñaña komo Ireme etá epó: lugar donde Eforisún consagró a Ntoki.
Kuna: embarcadero.

Kunabia: sonido, resonar.

Kunambere Efik: Potencia ñáñiga de la ciudad de Matanzas.

Kunanbere Ekerewá Pompomtemio Siró Akanabión: primer Iyamba de Kunambere, padre de Ekerewá.

Kunán chécherunandió Efik ura Abakuá: Efik recibe a Uyo, la Voz divina. Una autoridad consultada dice que esta frase está mal escrita. "No expresa que Efik recibe la Voz de Uyo. **Kunán** quiere decir las laderas de un río. **Cheche:** mérito. Ruñandió es un pájaro, el cernícalo, y **Ura Abakuá** es el nombre de una Potencia de Guanabacoa que ya no existe."

Kunansa: los ayudantes de Nasakó.

Kunantenke Moruá akurikuri: Venga el cantador (Moruá) a cantar.

Kunán yuao: río de la unión. "En que se realizó la unión de los espíritus. El río sagrado en cuya orilla se hicieron los trazos —Eñón suaka- del primer Baroko para el sacrificio.

Kuna ñene bibí: tribu bibí.

Kuna yarabia yurabia: playa de Obane.

Kundiabón: el tesorero de la Potencia.

Kundiké: fusil.

Kundú kundú: un pueblo del Calabar.

Kunkuné: lucero.

Kurako: sagrado.

Kurako: iniciado, sinónimo de amanisón y okobio.

Kuré: sonar.

Kurí: entrar.

Kuri kariká Ibondá Iyá: "entre, vaya a dormir." Debe decirse: **Nkrikariká nyorimán afogotón diré:** muchacho, vaya y métase en cama a dormir. **Kurí:** meter, entrar. **Kkariká:** muchacho o niño. **Ibondá:** luna, loma. **Iyá:** madre. Literalmente: entra niño luna madre.

Kurikariká umbeleká: "muchacho, ven acá, entra."

Kurime: soga.

Kurinamakuá: sacerdotisa que predecía las guerras y las enfermedades y tenía bajo su protección a todas las tribus de Efor.

Kurinán: arenque.

Kurinandí: tiburón.

Kuriñágansene: acto de esconderse en el agua el Pez sagrado, cuando nadaba libre en las aguas del Odán.

Kuri (akuri) wana tete obatá oriyamba ndike Bongó ke afragayá marikó afragayá orumé orumé chángana kerekó ndike ibó ñaña ko anakankubia biatán nlloro: Diablito, el Bongó que fragaya Iyamba llora a un hermano, entra tú y llóralo en el altar.

Kurukú yankibiri: eres ciego, no puedes consagrar. Sátira para Iyamba.

¡Kuso, kuso!: cállate, cállate. Cuando están hablando dos ñáñigos y se presenta un enemigo que puede sorprender su conversación.

Kusón: callarse.

¿Kusón natán bira okaibiana Obani mekonbirama?: ¿Quiénes pertenecen a la familia Obani? Lo correcto es decir: **¿Obane Boko birama Baroko fía?** ¿En cual territorio de Obane se oyó por primera vez a Ekue en el Baroko? Se responde: **Ekue Nyimiyá Nyimiyá nyenisón.** En tierra de Nyimiyá, en Africa.

Kusundaria: Ireme. "Era cojo." Acompaña a Awarandaria.

Kutón: escuchar, oreja.

Langandó: fantasma que al volver la Sikanekue del río, purificó el camino. Es el mismo Ireme Eribangandó.

Lebé: mirar.

Lebe kuaña: "carabalíes que no tuvieron Ekue, aquí en Cuba."

Lemipá: septiembre.

Linemoto Sese Isué Ntemén Kagua: un gran Espíritu de los que rodean a Ekue, hermano de Untomowá.

Lókoro: azúcar.

Longo: lebrillo, batea.

Longóbeke: féretro.

Lorí: bueno, buen hombre.

Loribá: cinturón.

Loribá Nkaniká: cinturón de cuero con cuatro o cinco cencerros que ciñe la cintura del Ireme.

Lubión: mono.

Lubrikán Menanko mbara kamusa ngomo asororí: Ekueñón en el momento en que traza el signo en la teja, donde se quema el incienso.

Lubrika Ménanko mbara kaúne asere: Nasakó al tomar la teja turífera.

Lusón: río.

Mafión: gallo.
Machébere: lugar entre Konamé Efik y Konamé Efor en el que tuvo lugar la consagración de Mokongo de Efik. (Mokongo Machébere).
Machekerón: lindo.
Machúkurukú: un espíritu.
Mafimba: invisible en lo hondo del río. Se refiere a Tanse.
Mafimba akongo Efor Musagaré Kufón banana moto Bríkamo Undiabanga Muñón Pitinaroko mbema Obón Eribón akuá lusón Makaró Efor Ekue ta mokondoroko Iyamba yambumbè: firma, título de la Nación del Bongó Efor Bongorí, amo de la casa de Mbemoró y de su monte.
Mafimba etá beroko eroró ma Efor (en bibí): se refiere al embarcadero y al río donde se celebraron los primeros misterios, en Usagaré Efor.
Mafimba Itombere aroko ma Efor: Ekue se hallaba invisible en el centro del río, ("después lo oyeron, cuando Sikán lo recogió sin darse cuenta que el prodigio se había metido en el güiro").
Mafimba Itón bere arororama Odán Efik Nankuko awanaribé Moruá: el río Odán, donde se escucharon los primeros chillidos de Tanse.
Mafión murumba: la brujería que hizo Nasakó con sangre.

Mafión niré baburecha mukundún luango babeyó: son los cuatro caminos del territorio de Eforinsún: uno va a la capitanía, otro a Eforiankomo, otro a Mukandó y otro a Boko Beba, a la cueva.

Mafogó: brujería.

Mafogoñé (en Otamo): brujo.

Mafrá: mucho.

Makachao, manán koleó: malo, hombre malvado. Hijo que se conduce mal con su madre.

Makairén: sol.

Maka maiá: extremo de una cosa.

Maka maka: plumas.

Maka maka: cola, parte trasera de los animales; cola del Pez.

Maka maka dibó beromo iromo serikondó: la pluma de Yuansa.

Maka maka dibó beromo koko aboroñé: la pluma de Nkóboro.

Maka maka dibó beromo koko batá Uyo kambo: qué bien sonó; sonó como el Pez (se refiere a Tanse, el Pez divino que sonó en el coco en que se hizo la primera transmisión de la Voz al Fundamento de la Potencia de Efik).

Maka maka dibó beromo ufia kondó: la pluma de Isunekue.

Makainaka ndibó beromo koko atongobé: la pluma de Mosongo.

Mákara: blancos. "le llamaron aquí a los hombres de raza blanca, como le llamaron mákara a los albinos de Betongo Kanfiero y Kerawá.

Makará: albino de la tribu de Betongó, Kanfiero y Kerawá en las que hay muchos. Eran traficantes de plátanos.

Makarará: blanco.

¡Makararíkambira wana ñongo ekombre!: ¡fuera de mi embarcadero! Puya.

Makarirán bira wana Ñongo ekombre: "si no sabes blanco, no te metas a opinar entre ñáñigos."

Makaró: embarcación del río del Calabar. Canoa fabricada con el tronco de una palma.

Makaró: la Voz, el sonido de Ekue.

Makaró: nombre de una tierra.

Makaró: personaje. Nombre de un rey carabalí que tenía la costumbre de pescar por el río en una canoa, acompañado de mujeres.

Makaró amoreké: nombre de un rey de la tierra de Efor.

Makaró Efor: "los obispos." Isué.

Makaterereé Iyaó Ekue borobúton Inuá: "el pez muere por la boca."

Makaterereé: fuerte.

Makobikó: Ireme. En su máscara sólo aparece un ojo.

Makoirén: oeste, viento oeste.

Makotero: procesión.

Makotero: se dice al conjunto de los siete Tambores rituales o kankomos cuando se están consagrando.

Mako yene Nkanima sanga baroko Fambá tero makotero suku bakariongo: ¡"Mira dónde traen a nuestra Madre de allá del monte"! El bakariongo que desfila en la procesión.

Makrí: blancos.

Makuá: matar, acción de matar.

Makuá: pestañas.

Makuá serisún: vé y toca el tambor.

Makuá sirén: pueblo de Africa.

Makurina Makuá: Nasakola o sacerdotisa de Ntacho, que predecía las guerra y las epidemias y tenía bajo su protección a los Ekoi-Efor. La existencia de Makurina Makuá es negada rotundamente por algunos obonekues -"Ñangaipó"-, se nos dice que Akurina Makuá es el calificativo que se aplica al ñáñigo perjuro o sacrílego. Años atrás era una injuria que podía costar la vida al que se atrevía a lanzarla a la cara de su Monina. Así, **Ntacho kuritenewán Akurina Makuá,** significa aquel que desprecia a los antiguos dioses y se aplica al ñáñigo que comete una falta de respeto hacia sus mayores.

Malogró: la güira llena de agua.

Mamariamba: Bongó Ekue y Sikán "en espíritu"-, Madre espiritual de los Abakuás.

Mamariamba Bongó Butame Abasí Obón keré: Para pedir la bendición de Ekue. "El Bongó, donde está nuestra Madre en el templo de Dios, me dé su bendición."

Mamarianbán: Madre, ("la palabra es carabalí, y así le decían también los hijos a las madres.")

Mamá yenebón kusón kusón komo umbairán nukán mbugará: mi madre en Guinea era mala, pero aquí es buena.

Mamba: nombre de una loma de Betongó. Rey que dominaba una gran extensión de tierra con lomas.

Mamba meri: otra de las lomas de Betongó.

Mamba miri erike Mamba Eribó Iyankré ¡wojó!: ¡cómo nos han traído esclavizados a esta tierra!

Mambán: "en esta loma hasta Kondamina había muchos tigres -leopardos- y los cazaba el rey Obibio Okondó en el monte Asokawa. Los llevaba a la orilla del río e invitaba a todos sus súbditos a comer la carne.

Mambera: "lo que está suspendido en el aire y no tendido en el suelo, como creen algunos ñáñigos". Fantasma.

Mambere: ropa de mujer.

Mambere Amoko mambere Akanawán: la ropa de Sikán. **Amako,** mira. **Mambere:** colgada.

Mambira: un pueblecito de Efik.

Mamborí Nansuaka: pata del chivo sacrificado que le corresponde a Iyamba.

Mamborí nansuao: pata del chivo sacrificado que le corresponde a Isunekue.

Mamembara: antebrazo.

Manaíno: preñez.

Manaká: especial, lo que es privativo de un personaje.

Manamana ñongo: estoy iniciado.

Manamborí Ekue: Ekue sonó por primera vez en el cuero del chivo. "En Bekura, lugar donde vivía Gindón, príncipe hijo de Aroko Sisi, Rey de toda la tribu de Usagaré."

Manandoke: estoy dentro de mi Madre (aludiendo a Ekue y a la Sikanekue).

Manangoró: el diablo. Se canta: **Manán Manangoró, manán manangoró.** Ahí viene el Diablo.

Manankolé: abandonado.

Mananté ororó: gobierno.

Manantión: persignarse, iniciarse.

Manantión nubé: con los brazos cruzados.

Manañongo barikondó Efor: obonekue de Efor, y el yeso consagrado.

Manga manga: grandeza, majestad.

Manga manga Bongó mofé achikiriongo ngomo sae saroroko awanakasike Bongó ngayamusa Bakariongo ekorio Sanga Bekondó asere ngomo Abasí kisongo yánsi yánsi ngomo: se canta cuando se dibujan los signos sagrados en el Fo-Ekue y en el altar.

Manga manga Bongó mofé chikiriongo ngomo saroroko tindé Iyamba Sese yúmba warakasike Bongó goma sanga bekondó eforí sisi mbara kandubia Bongó sarori: palabras que dice Iyamba cuando le entrega el Fundamento a Ekueñón para marcarlo con los signos sacramentales, y se canta: mbara kandubia ngomo sarorí Manga manga yabusé: se llevan al muerto por la voluntad del Todopoderoso.

Mangananga: grandeza.

Manglón: templo.

Mangró: rincón sagrado. El Foekue.

Maniaka: tomar aguardiente.

Mankereré binakié: muslo izquierdo del chivo que le pertenece a Isunekue.

Mankueré Ekoi-Ekoi Mankueré Mosongo Mañongo Moruá: palabras de la marcha cantada de Mosongo, en su consagración.

Mankiari: cocodrilo (en briche).

¡Mantuyé!: pronto, ven pronto.

Mantuyé: achacoso.

Mañón: río.

Mañón Bríkamo: río de bríkamo.

Mañongo: monte.

Mañongo bakoro: sabio. los antiguos, los del origen de la confraternidad.

Mañongobón: el Fundamento (Ekue).

Mañongo barikondó Efi Irondó: juramentado, perteneciente a Irondó.

Mañongo Pabio: "prenda" o amuleto, poder mágico de Nasakó. La acompañaba un majá y un cocodrilo. ("Mañongo Pabio sacramentó la güira de Sikán, que fue el primer Fundamento").

Mañón kibí: valiente. Al gallo de pelea se le llama: **Nkiko mañón kibí.**

Mañón otankerebá: "nuestro primer Eribó", palabras pronunciadas por los de Efik al adornar la tinaja con las plumas del gallo sacrificado.

Mañún: murió.

Mapá: matar, decapitar.

Mapá: derecho, ofrenda de sangre.

Mapá (obonekue mapá): se refiere a cualquier obonekue que no ha tomado sangre de chivo. A un iniciado sin "plaza" o cargo en la Potencia.

Mapairén Efión Kina: no me importa que me maten.

Mariamba: Ekue, así le llaman también en recuerdo de Sikán.

Maribá konkae: mar, mares.

Maribá Konkai: el Ireme Maribá, guardián de la tinaja con agua de río y de mar que se pone en el Fambá.

Maribakué Mañón bekundí nariongo Isunekue Abasí Ekoi: Sikán le entregó el Secreto que adoran los Ekoi a Isunekue.

Maribá Kufón Iyamba: "primer palacio"; palacio del rey, de Iyamba, cerca del mar.

Maribá Kondó Nankerewvá Okairankawa: marimba, cuando Iyamba "le dio la voz", es decir, la tocó.

Marubé: relamido.

Marubé: falsedad, cosa incierta, mentira.

Marulé: "confianzuado", un fresco, "relambido", petulante.

Maruyán: torcer.

Mayuyá Nkiko aprofinafia: retorcerle al gallo la cabeza.

Masause: título de Mokongo, "el que guarda su palabra."

Masause: despacio.

Masere ngomo: rayar el cadáver con el yeso blanco.

Maserikambó: viejo.

Masibá: la ceiba.

Mawá: mucho.

Mawán: dinero.

Mawán erié monina Mosongo moto Efiméremo Ekueñón mongobión akuá Ekue userefión akarán juraka Tindé: Mosongo, Efiméremo y Ekueñón compraron un congo, Ekueñón lo mató y le dieron su sangre al Bongó.

Mawán íke: dinero en oro (en Bibí).

Mayaka: "congos que tenían estrechas relaciones con los carabalíes. Estos los llamaban Erombé. Sus brujerías eran muy parecidas.

Mayira aferunkuo nawé Sese Obane: Sese forrado con piel de leopardo.

Mbá: a distancia de la orilla.

Mbabuse naberomo abere taibó: calla, que tú no sabes rezar ni trazar los signos con yeso blanco (en este caso en el cadáver del Abanekue).

Mbabusiañé: ábreme la puerta.

Mbachán: maní.

Mbagaró: boniato.

Mbaikán naró: piedra sobre la cual mataron al erombé (al congo que sacrificaron en Efik).

Mbaira mbara iká: se canta al poner la hierba en la pata de Mbori, del chivo.

Mbairán: muchos.

Mbákara: dignatario custodio de chivo y de su cuero. **Mbákara nambori kinsún:** Ireme de la tierra. **Sina manán korobé:** auxiliar de Isué. Su título: **Erendió Abasí Mbákara Sese ubia unfentón echecheribó ngomo Mbákara Sese.**

Mbákara anaborokisún akubia ana kambori: Mbákara por orden de Fokote (Nasakó) llevó el cuero del chivo sacrificado al Fundamento.

Mbákara Eribó: sustituto de Mbákara, sustituye también a Isué. A él lo sustituye Moruá Eribó.

Mbákara Eribó namborokisún akubia anakambori: Mbákara lleva a la consagración, en su espalda el cuero del chivo, que es el derecho de Ekue.

Mbákara kubia anakambori: Mbákara entrega el chivo a Ekueñón.

Mbákara kubia ekokó mofé nkrimatéte akamán boko mbori anabisún Bongó mofé Tindé Iyamba Sese yumba nsenisén ayágara efión erifonó: recita Ekueñón al presentar el chivo ante el altar y el Bongó.

Mbana sanga mobó Sese Eribó erení Ekue Uyo akanapón Ekue Uyo Abasí Bomé ndafia kereké Abasí Obón Efik Obón Efor: palabras con que se pide que se alejen "los malos" en el momento de hablar con el Santísimo. "Donde está Ekue está Dios."

Mbán beromo Ekuereñón mután ñánabia: la tinaja de la consagración.

Mbanikué: derecho, tributo del Ekue.

Mbanurán: luna.

Mbaochán: maní.

Mbara: tener en la mano –el Fundamento o cualquier otro atributo.

Mbara: mano (en Olugo). **Afañí tuere mbara:** detente y dame la mano.

¿Mbara kame awara kubia Moruá?: ¿quién chilló? Se responde: **Umparán arani Uriabón Efik akamaró Efuk akamaró Uriabón masongo otanke Efik otanke Obane aprosimí iriatóngo kuna ñene bibi faba Sese aborokawo akunsundaria Awaremí obonekue Efik. Otán kaniriongo Bongó obonekue Bongó Abasí Ireme Bongó Abasí Bomé:** se refiere a los Ireme Akusundaria y Aweremí que "no trabajan" en Cuba. (No ofician).

¿Mbara mañón makotero efori ñangurú meta mbiagam aroró?: ¿En qué lugar le quitaron el cuero al Pez para probar si servía para aparchar el tambor? Se responde: **Itia ñanga mañonkeré mayeritán otán museré.** A la orilla del río Fokondó. Esta pregunta se formula también así: **¿Mbara mañón mambarantemlo enewé eforí nangurumeta mbiagame aroró?** Y la respuesta es la siguiente: **Itiá ñongo mañonguiré Nasakó ayerositán umbeke otán Komusere.** En la orilla del río Nasakó le quitó el cuero al Pez para que la Voz se manifestase.

Mbara mbembe: la mano en el aire.

Mbara Saekue Iyamba Eflméremo Itiá Abasí Ekue nankirikí nkumbe tantán mboko fra arakasuaka Mokongo ya butame mbaron; Nasakó nawembán Ekueñón arafembe mbori arabesuao eseiro mbori anateirán akanawán boribó mbori mboriñe bakongo fimba ngomo yuansa ntuaba ngomo yuansa anumbirán abisundi mbori ñanguirirí Iyamba ñanguire Mosongo eroko mboko Ekue mofé mamboribo Sese nankiribí: se explica que Isué no puede presenciar el sacrificio de Mbori, el Chivo. Cuando éste va a realizarse, Isué recita esta oración y se retira para no ver la muerte del chivo (que es la muerte de Sikán).

Mbara saekue Iyamba Efiméremo itiá Abasí Ekue Ibondá nankibirí nkumbe tan tan mbokefia arakasuaka Mokongo yabutame Mosongo mbaromi Nasakó nauwenbán Ekueñón arefembé Mbori arabesuao eseiro anateirán isuakerumia inú berakatinde: se dice cuando Ekueñón arranca la cabeza del gallo ante el Ekue.

Mbara saekue Iyamba Eflméremo Itia Aramiñán Ngomo sa Ngomo Ekue Abakesongo Abasí Kiñongo ntreporomina Abasí afiaña ñene Yámba abiañe eroko Mboko Bongó mofé Amanisón benkamá: dice el Isué cuando en la ceremonia de iniciación introduce al Indíseme de rodillas en el Fo-Ekue; lo aproxima al Secreto, y Ekueñón se coloca a un lado del Indíseme e Isuenkue al otro.

Mbari, Mbarirí: vientre.

Mbarirí: nariz.

Mbaruflé: besar.

Mbarumao: la sangre en la cazuela para que Iyamba se humedezca las manos. "Es lo que se llama **Eforí Sisí Iyamba**", la brujería que hace hablar a Ekue.

Mbarumao: sonar, sonido.

Mbáta: pantanoso, fango.

Mbausé: puerta del cuarto Fambá.

Mbayakán: adelantar.

Mbayuká: ya marchó.

Mbayuká: agarrar, pelear asidas dos personas.

Mbeba (Mboko bebo): laguna en la que había muchas cañas y una cueva sagrada. La caña que se tributó a Ekue se cortó en los contornos de esta laguna.

Mbejé: tasajo.

¿Mbeko mbeke enew Ekue?: ¿En qué río del Africa nació Ekue? Se responde: **Mamba mamba su úsu ke arobikán Ekue.** Nació en el río del Calabar, que corre por muchas tierras.

Mbékere erí erikundi: la maruga que emplea el Moruá para llamar a un Ireme.

Mbékere: agitar. Sonar la maruga agitándola, o cualquier otra cosa.

Mbekue eririo gando eñón makotero Mokongo bijuraka: palabras que se pronuncian en el momento de consagrarse un Mokongo.

Mbema: Espíritu que vive en el Monte. Un genio del Monte como Nkanima. Este Ireme de aspecto horroroso ostenta una máscara en la que los dientes largos oprimen una lengua roja colgante, y tiene tres cuernos en la frente. El traje es de piel de carnero, confeccionado por los viejos de la Potencia Barakosó.

Mbema Sanga Kondó Amako ñene kanima: este Ireme contempló la muerte de la Sikanekue en el Monte. Vio que le ofrendaron a su espíritu una gallina blanca y tres huevos.

Mbemoró: término del Obane.

Mbemoró: una de las tres grandes Potencias Efik. En la Habana esta Potencia ocupó un local en la calle Zulueta, no lejos del Capitolio.

Mbemoró: nombre de una tribu de Efik.

Mbenari unké unké: reo o sentenciado con sus ataduras (se refiere al chivo).

Mbendí: fusil.

Mbengó: rincón.

Mbia: ñame.

Mbiaga: andando, andar.

Mbiaga Bibí: caserío en el territorio que ocupan los bibí (Efik).

Mbiaga Bibí, Beruna Bibí, Bisoro Bibí Ntate Bibí: Oru Bibí le consagró los plumeros (que adornan al Sese) y los atributos a los de Ntate Bibí.

Mbiama: perro.

Mbiamé: enfermo, grave, gravedad.

Mbiañe: daño, maleficio, brujería que se ingiere y mata rápidamente.

Mbiañe, Mbiara: mira (en Otamo).

Mbiro fimba Isún Eribó Efik: "fue Isunekue el que acabó la guerra entre Efik y Efor, por medio de su oración a la luna, que es la Virgen que adoran en tierra bibí."

Mbiwi: mujer prostituta.

Mboko, Mbokobí: cárcel.

Mboko: caña de azúcar.

Mboko bara mboko: caña cuando tiene el güín.

Mboko ñajabisoro atiyenemá yenekoi enewe awana yuansa obonekue nyemiyá Sese Eribó Eroko Mboko: "tengo derecho a hablar porque soy jurado -iniciado- en un partido muy grande."

Mboko Sese. Mboko Sese moni Fambá: la rama de ese árbol o la caña del Ireme que está en el Fambá.

Mboko Sese Mboko Sese moni Fambá aguayaka nairión obonekue masé nisén:

Dale rama a ese hermano que acaba de jurar en el Fambá y que ya es un obonekue, (le ordena el Nkríkamo al Ireme).

Mbómipó: tierra de blancos.

Mbonipó: blanco. "Cuando llegaron a Cuba los bríkamos cantaban: **asere kondó kawa yenirén ibana ananían kue awana biga yenisón itité mbomipó.**"

Mbó mi ñanga asune: pienso lo que voy a hacer.

Mbón: chivo.

Mbonerón, Bonerón: "un hombre muy afamado en bibí." A todo hombre sabio se le aplica este nombre. "Los sabios allá en Guinea, eran pleitistas, es decir, que hablaban mucho, discutidores, oradores. Muchos traficaban con los negreros y les procuraban esclavos. Bonerón hablaba inglés, como todos los carabalíes que estaban en ese negocio con los blancos."

Mbóngue: "congos que lindaban con la tierra de los bríkamos." (En el canto que acompaña a una historieta, se hace alusión a ellos: **Mbongué mbongué bongué iré dio é Bongué bonguilé dió bongá**).

¿Mbonibé?: ¿Qué haces ahí?

Mbonini: pensar.

Mborama nandibé Moruá Ngomo motafia niyerewama Mutanga Abasí kesongo Abasí efori oblosún Efik ayerendá Mpegó ítia ororó Efor Usagaré: explica este nkame que Mpegó temía que los Efik le arrebataran el Fundamento y se lo confió a Moruá para que lo llevase por el embarcadero de Mutanga a tierra de Ororó. A fin de que lo reconociera la gente de Efor, dibujó en éste el emblema de Iyamba.

Mbori: chivo.

Mbori Abasí mendó kairán mbori atereremina Ekue: el cuero del chivo, en el que al fin resonó perfectamente la Voz Divina, tras las muchas pruebas que hizo con otros cueros el Adivino (Nasakó).

Mbori akaniriongo: el chivo de la consagración. "Cuando Mbákara conduce al chivo ante el Ekue, en ese momento Ekueñón le oprime bruscamente los testículos, para que berree y deje su voz en el Secreto, en Ekue. Entonces los dignatarios, los jefes de la Potencia cantan: **Akuá mbori borokí ñangué.** Ya puede ser sacrificado este chivo."

Mbori anabesún: la cabeza del chivo sobre el Bongó.

¿Mborianabisún rukambira abisumbí?: ¿Qué hierba se ata a las patas del chivo? En el Ñankue o ceremonia fúnebre, la hierba escoba amarga, **Ifán mukeré.**

Mbori anamensueñón abatabá Bonkó Nyemiyé Ekue arogobiobio Efik Abakuá Monina Bembé: Nasakó le ofrendó al Bonkó la sangre del chivo y le presentó la cabeza decapitada como tributo.

Mbori anateirán: acto de presentarle el chivo al Secreto.

Mbori eteñón wembán mbori eteñón kefá: la vida y el cuero del chivo le pertenecen al Bongó. (El Fundamento).

Mbori Iká: el chivo que se le sacrifica a los muertos.

Mbori Itum ya beresó: la cabeza decapitada del chivo.

Mborikó: segundo título de Isue (del Isué de Ebión Efor).

Mborikó Oborikó, Nyimikó Enemikó: nombres que se dan al chivo en el Ñankue o ceremonia fúnebre (**Mbarikó,** en el acto de oprimírsele los testículos).

Mborí mbara Iká: se dice al momento de ponerle la hierba en la pata al chivo.

Mborí mbaraíka: chivo preparado por Ekueñón en la ceremonia fúnebre.

Mborí mbaraíka: la hierba con las raíces hacia arriba que se ata en las cuatro patas del chivo que será sacrificado en el Ñampe o ceremonia fúnebre.

Mborí mboriñé bakongo mafimba: acto de presentar Mbákara al chivo con los signos dibujados en la cabeza, en el lomo, los costados y las patas.

Mborí menú mentiero: se canta en la ceremonia fúnebre cuando el chivo que se sacrifica cae asfixiado por el Anamanguí.

Mborí menú mentiero: "cuando el chivo cayó en desgracia."

Mborí menú mentiero: palabras que se dicen en el momento de amarrar las hierbas sacramentales a las patas del chivo que se ofrece en sacrificio, antes de ser presentado por Nasakó. **Mborí menú mentiero** significa chivo que va a ser sacrificado o como se traduce corrientemente, "chivo en desgracia." En la ceremonia fúnebre o Ñampe, al chivo se le atan a las patas manojos de hierbas con las raíces hacia arriba, y así lo presenta Ekueñón al Fundamento diciendo: **Mborí Iká**: "el chivo para el desaparecido."

Mborí menú mentiero: el chivo del sacrificio cuando ha berreado ante el Ekue y va a ser conducido al patíbulo (al patio y colocado sobre el signo Eñón Suaka), donde se le sacrificará de un palazo en la frente, y en la nuca si se trata de una ceremonia fúnebre.

Mborí Monina unfaran Ekue: el chivo, por su cuero, es nuestro hermano en Ekue.

Mborí muñaka: el chivo que se sacrifica a los manes del abanekue fallecido.

Mborí muñaka: el berrido que lanza el chivo en el Fo-Ekue cuando al presentárselo a Ekue se le aprietan los testículos y lanza su berrido doloroso.

Mborí muñaka kani mambira kondó motlé: Epó anamé epó nyugue erebetó asokó menombira aberitán mogó: se canta para despedir los derechos del muerto. (Los restos del chivo sacrificado en un Ñankue o ritual fúnebre, que se llevan al cementerio).

Mborí muñaka mboriká nkamá: el chivo que va a ser sacrificado grita en el Fo-Ekue (en el momento en que Ekueñón o Nasakó le oprime los testículos. Esto se hace lo mismo en la ceremonia de la iniciación que en la de la muerte. El objeto es hacerle gritar para que deje su voz en el Fundamento).

Mborí Namboribó Sese: el chivo del sacrificio cuando se presenta al Sese.

Mborí Nekré: el chivo en el ritual fúnebre.

Mborí Nforikria: chivo que no tiene tarros. "Chivo murga, de tarros cortos, que no puede ser sacrificado a Ekue."

Mboriñé Bakongo Fimba: nombre del chivo cuando Mbákara, el guardián de los cueros, lo trae con los signos de la consagración dibujados en los cuernos, en las patas, en el lomo y en ambos costados.

Mborí sanga weri awañerima Ñankue: que le envien al muerto sus derechos. Dice Mpegó dando la orden con su tambor, en la ceremonia del Bani-Bani Ñampe. Anamanguí está encargado de llevar las ofrendas y los restos de Mbori en un saco al cementerio.

Mborisún: la cara y la barba del chivo sacrificado.

Mboroyé: mosca.

Mbrabaní: tabaco fuerte.

Mbríyo: las estrellas.

Mbroche, Mbroyé: mosca.

Mbugará: vapor.

Mbugo: mucho, en cantidad.

Mbuma Efor: rey de Efik, del territorio de Eforí Gumán.

Mbuman Efó: rey de Eforisún. Según los antiguos asumió el mando de la tribu a la muerte de Eró Efá.

Mbumba: carroña, cosa que apesta.

Mbusé: puerta del cuarto de los misterios (Butame).

Mebó: excelente, lo mejor.

¿Mefembe naberetó obonekue echitubé?: ¿Quién fue el obonekue más sabio?

Mefe ntigán: el infierno (en Olugo).

Mefón: bueno, benéfico.

Meiré: cascar.

¿Mekré bayasina kondó akeretambre bansene mokuba?: Puya que insinúa la duda de que estén completos los derechos u ofrendas que se le llevan al ñáñigo difunto al cementerio en un saco. **Mekere:** ajonjolí. **Bayasina kondó:** la jícara que contiene el ajonjolí, el maní y las demás ofrendas machacadas. **Akeretambre bansene mokuba:** la sangre para el muerto. "Tal pregunta no consentiría yo que se me hiciera", comenta un ñáñigo viejo.

Mekré, mekremé: cascarilla de huevo.

Melembá: hueso, esqueleto.

Melembá: nombre que se da a Sikán antes de la tragedia.

Melibán: esqueleto.

Melulú: piedra.

Memba: ya voy.

Membara: brazos y manos.

Menanko: cabeza de la jutía (ekuón).

Menangue mbori Ekue sansorí anawe sansorí: el primer Bongó se aparchó con la piel de un carabalí bibí. Se refiere al Bongó de Orden "Mpegó"que se usa en Viernes Santo; está adornado con plumas de pavo real y no le toca más que Nkóboro.

Menanko: jutía. "Nasakó vio que su sangre era buena para sacrificarla a los Espíritus, y se la dio en el río Odán. Se le sacrifica a los muertos. Es como dicen los ñáñigos "un derecho exclusivo de muertos."

Menankó amurumbé: "un camino en el que se va a hacer alguna brujería." Desde luego, con una jutía. Se nos propone también esta traducción: brujería de jutía", **amurumbé** es brujería.

Membara: mano.

Mene: mujer.

Meneke: baile.

Menguene ndubia; menguene Ndibó: oigan al Todopoderoso. Dice Ekueñón al darles la mokuba a los hombres que fundan una nueva tierra o Potencia.

Menkuabo: buey.

Menú mentiero: carga mágica incluída en el Sese y compuesta por Nasakó.

Meñón: de noche.

Meribé: nueve.

Merilé: diez.

Meró: bobo.

Meró bebán: espera.

Merondú: trastornado.

Merendubé: eso no sirve.

Merulayé: cargo interino en la Potencia (un dignatario o un abanekue que tenga méritos adquiridos en la Potencia y sustituye al que se ausenta).

Meruñabia: espíritu del primer Nkríkamo.

Mesón: día.

Mesón aborobó Mosongo Ndibó Akurumina ñauro borobó Iyamba ángaye: el día se va, y con el día se retira la Voz de Ekue que el Iyamba hace hablar.

Mesón borobó Ndibó Ekue iró munanganyé: se va la Voz, pero su fuerza continúa acompañándonos.

Meta: batea. Batea de madera que se utiliza para meter el Ekue cuando lo lavan y para el agua lustral de las consagraciones. Representa el mar y el río en que nadaba Tanse, "pues el mar y el río se comunicaban en la tierra en que se adoró a Tanse." Cuando se mete el Bongó dentro de la batea, Ekue se llama **Bongó Meta**, -el tambor en la batea.

Mifontanko mageyú: atención Fundamento. Se dice en vez de Jeyei.

Mifontanko najeyei mafión murumbá: "escucha, surtió efecto la sangre y la brujería que hizo Nasakó para obtener el sonido sagrado.

Mi fontanko Ndibó, mi fontanko Abakuá: Santo por naturaleza, parche del tambor sacramentado.

Mifoyo: el pecho.

Mifrana: casa o bohío (en Otamo).

Migueñe: chivo viejo con olor a berrenchín.

Míkua: sal.

Milibán: esqueleto.

Mimba karausé: vino seco para dar con la Mokuba (mezclado con la sangre). **Mimba** es aguardiente de palma y "en Cuba se le dice mimba al aguardiente de caña."

Mimba kariká: aguardiente común.

Mimba, bimbo o bimba: el vino de palma de los bríkamos. "Los criollos no lo probamos, decían ellos que parecía leche de guanábana y que era muy rico."

Mimba sanga molopo: irse la bebida a la cabeza.

Mimba sanga moropo ntufé moropo ntufé: usted se ha emborrachado y tiene perdida la cabeza.

Minane: mi hermana.

Minú: lengua.

Miñanaró: lugar en tierra Orú donde fabricaban tambores y otras piezas del culto.

Miñán belefé: viernes.

¿Miñarosa Moruá?: ¿Quién marcó a Sikán? Se responde: **Amiñarosa Moruá.** Moruá "rayó"a Sikán.

Misén komo muñón komo muñón kae: "¡hermano, qué lástima nos da ver tu plumero caído!" Lamentación de los cofrades durante la ceremonia fúnebre ante al "plumero", atributo sagrado, del ñáñigo difunto. Este simboliza el cargo que desempeña, y ahora, acostado en el tambor, su tránsito.

Misén komo Muñón komo muñón kae afaniké afanikó umbeleayé kusón kusón Moninaó: hermano, qué dolor contemplar tu plumero caído, pues terminó tu existencia en este mundo: lamentación para los funerales de un Obón. Se refiere a su Muñón o plumero, que representa la dignidad del extinto, y que se coloca inclinado e invertido en una tinaja.

Miserá yega yega sigaba ke umón asigabá: para ser igual que yo, tiene que saltar este río.

Mituta amanatemi Iyá: los itón o cetros de los jerarcas que fueron unidos por Nasakó al cuero del Pez Sagrado en el primer Fundamento.

Mobandú Efor: primera Potencia o Cabildo de esclavos bríkamos que en las primeras décadas del siglo pasado fundó en Cuba el ñáñiguismo. Estos consagraron la de Efike Butón.

Mofé: bote o canoa en que viajaba el rey Mokaró.

Mofé: barco de vela.

Mofé: "Ella", Sikán.
Mofé: puesto, poner.
Mofé anausí: siéntese en el sillón.
Mofé ntia: poner en el suelo.
Mofó: canoa, bote.
Mogó: abajo, debajo.
Mogó: tierra.
Mogó: yeso.
Mogó: enterrado el cadáver.
Mogobia: tierra. Mogobia Efor: una cueva que está en territorio de Bekura (Efor) en la que "chilló" Ekue.
Mogoró: cueva.
Mogoró: el Ireme Nkóboro.
Mogoró Tindé: ilustre, grande, bueno.
Mogo yunkeno Efor Abasí Bomé yumba Efor ibia Ngomo Moruá kerebá mbiaga Baroko fembé Ńkanima Abasí Ibondá Efor kuré Ekobio Abakuá: enviado por Nasakó, que buscaba la más sonora reproducción de la Voz de Ekue, al morir éste (Tansi), llegó Mpegó a tierra Mukanda para que Yuansa le diese la arcilla para dibujar los trazos sacramentales. Este le dijo que lo acompañase para que los Obones le pagaran un tributo por el yeso. Mpegó y Yuansa fueron a tierra Ibondá Efor.
Moingo: güira, calabaza (en Olugo).
Moíngo Okorowá: aguardiente de palma.
Mo itona bariyén bekonsí bekonarenke erio okambo betansí insún tan tan mofé: "se cantó cuando cortaron el palo de la ceiba sagrada para el tambor -Ekue- que hizo Nasakó."
Mokabía: sangre.
Mokabia: rey.
Mokabía sisí: sangre corrompida.
Mokafá: la esquina.
Mokaitén: la caña de Mokongo.

Mokandá Efor: la tierra de la arcilla amarilla de Mokandá, "el yeso con que se escribe lo que no se puede borrar: **nyuao manga manga tereré**".

Mokefá: excusado.

Mokindán: madrina (en Isuama).

Mokó: Ekueñón.

Mokó: esclavo, verdugo.

Mokokó: polvo de yeso que se introduce en una vasija con un líquido que contiene alcohol. Cuando se endurece, se emplea para trazar los signos y recibe el nombre de Mokokó.

Mokokó: título de la Potencia Bakokó.

Mokokó Isán Isán alakamba Efiméremo Obón Iyamba: para venderme y comprarme tienes que traer la firma del embarcadero (de Mokokó).

Mokokó Nseni: nombre de una Potencia desaparecida.

Mokombé: cocodrilo.

Mokondó: "saco", traje del Ireme, hecho con cuero de carnero y con cuernos en la máscara o isún.

Mokongo: representante de la justicia suprema, El Poder militar.

Mokongo: "Eyairo Sisi, jefe de Efik, juró que no se revelarían los misterios de la religión; y lo mismo juró Isué, que era rey de Afiana."

Mokongo Aeakasuaka: título de Mokongo.

Mokongo baribá kondó Sese kondó makerefé kutón ña Nasakó umpón makerefé: se dice en el "reconocimiento" o consagración del Mokongo o jefe de una Potencia.

Mokongo nekonsí masause butuba beyo efión Nkriko arogobiobio: dice Ekueñón al tocar el cetro de Mokongo con el pescuezo sangriento del gallo sacrificado.

Mokongo Biakonsí eforí Sese Iyamba: título de Mokongo.

Mokongo Bongó nsuako Iyamba kokomuritiá: Mokongo ordenó a Iyamba que vendase los ojos de Sikán para que no viese la operación mágica que hizo Nasakó en la orilla del río con el fin de que Tanse no muriese. **Bongó obirón suako moñón eforí Tanse eforí muritiá.**

Mokongo bijura kamborí: título de Mokongo.

Mokongo Buya Buya Mokongo ya Butame: Mokongo en presencia del Secreto.

Mokongo Forita aritá: se le dice al Mokongo cuando se dirige al Iriongo, -Fo'Ekue.

Mokongo Intén mbara itón kanima Abasí obomé amantión dirá Mokongo masause nantiero mofé ñansuga Eroko Mboko amanabia ngomo eroko isán eriero apanpanaberetó itón asiamá ata mañón kurina kondó eñón dirén Esese mundiaramo isún berene isán eriero mbiarikue baribá kondó itón ngomo asarorí itón bereké

Mokongo bijuraka: esta oración se pronuncia en el momento de recogerse el bastón de Mokongo, que está colocado en el gandó o símbolo **Oruna Akua.**

Mokongo Machébere: título de Mokongo. El valiente, el guerrero.

Mokongo Makoiko: título de Mokongo.

Mokongo Ma Uyo: título de Mokongo.

Mokongo Masause: título de Mokongo.

Mokongo Muchángana: titulo de Mokongo.

Mokongo rikua rikua sanga kondó itón nitongo afomá sere Bondá mberenambere: "Mokongo saluda un árbol que está en el monte y al cual va la Virgen. Ese palo (la ceiba o la palma) es de Efor y de Efik" -se adora en Efor y en Efik.

Mokongo siaramó Abasí siaramó mbara kasike nyogo Mokongo: Mokongo fue purificado y despojado de todo mal (por Nasakó, en el origen del culto a Ekue).

Mokongo Tamborí: título de Mokongo.

Mokongo Uyo Butame: título de Mokongo.

Mokongo Uyo mauyo: título de Mokongo.
Mokongo ya Butame: título de Mokongo.
Mokongo Yabu Yabu: título de Mokongo.
Mokongo yerino Abasí siaramo Bekonsí Sikanekue Efor Sese Ekoi eforí eforí Bondá Usagaré Nandió Mokongo bijuraka mumio asuko eriero Seseribó nyuate makatere Esereribó erení nyuao mbara fembé: oración para colocar en el Sese el plumero de Mokongo.

Mokoró: territorio en que habitaba la tribu de Abarakó Sisí. "Después de Nurobia estaba Mokoró, un lugar solitario donde crecían unas güiras enormes que utilizaba la gente de Abarakó para muchos menesteres. Servían de vasijas. **Aminiwá**, les llamaban a las jícaras la gente de Abarakó, y en ellas recogían la sangre de los sacrificios (Mokuba).

Mokoró: güira para hacer jícaras. "Por primera vez sonó Ekue en una jícara que dio nombre a la Potencia Efik Mokoró, en Guanabacoa."

Mokoró: se le dice a Guanabacoa, pueblo cercano a la Habana, porque allí funcionó el primer juego, Efik Mokoró.

Mokoró: cuchareta que hacían los Abarakó con las jícaras.

Mokuba: bebida sacramental, compuesta de sangre de la víctima, aguardiente, vino seco y zumo de las ofrendas. Los ñáñigos llaman al acto de ingerirla, "tomar la hostia".

Mokuba: la cazuela que contiene todos los derechos u ofrendas machados con aguardiente, vino seco y sangre de gallo o de chivo.

Mokuba añonguinikó, añonkinikó: nombre de la Mokuba en la ceremonia fúnebre de Isunekue. Se le canta: **Mekré akere tambré bansene Mokuba.**

Mokuba aransé: nombre de la Mokuba que toma Iyamba en su juramento.

Mokuba Aransene: la Mokuba de comunión de los neófitos. Isué se la da a beber ante Ekue después que han pronunciado todos los juramentos.

Mokuba Arénsene: la Mokuba del Iyamba para tañer a Ekue mojándose en ella las manos. La humedad facilita la fricción de la caña "y fortalece a Ekue y lo alegra."

Mokuba Ebirión Beromo: la bebida sacramental del Mokongo.

Mokuba Eforí Ika: la bebida de comunión de los abanekues que hoy administra el Isué en la ceremonia de iniciación, y que primitivamente bebieron de manos de Nasakó los siete primeros hijos de Ekue. "Los siete de las Siete Tribus."

Mokuba Eforí Nibio: ofrenda de sangre que Mokongo envía al río con el Ireme Eribangandó para los espíritus de Tanse y de Sikán.

Mokuba Eforí nibia Mokongo ebirión Mokuba beromo yanyaribó: la Mokuba de Mokongo.

Mokuba Eforí Obia Mokuba ebirión kuyogo atamá fimba nkamá: la primera Mokuba que preparó Nasakó para hacer hablar a Obón Tanse (el Pez sagrado).

Mokuba Eforí Semia: nombre que se dio a la Mokuba cuando Nasakó transmitió la fuerza, el espíritu, del primitivo Ekue al **Ekue Muna Mbori**, el Ekue con caja de madera y parche de cuero de chivo.

Mokuba Ekue erebotó amanatete erifá okuana eroko Mboko: título que le dio Nasakó a la Mokuba del Fundamento destinado a Ekue para fricar la caña de Castilla el Iyamba u otro sacerdote con potestad para tañer el tambor sagrado. "Mokuba Ekue fue el nombre que le dieron Nasakó y Ekueñón a la que se le ofrenda a Ekue. La sangre de los sucesivos animales que se sacrificaron para obtener la Voz, se guardó y se ofreció a Ekue con la del chivo en el primer sacrificio que se hizo de este animal."

Mokuba kuyogo: sangre que se coloca junto al Fundamento para oficiar Iyamba.

Mokuba kuyogo eta ma fimba nkamá: la Mokuba para que suene el Secreto.

Mokuba mekre: la que bebe el iniciado.

Mokuba mutankeré: título que le concedió Nasakó a la Mokuba cuando se la ofrendó al Bonkó de los Efik.

Mokuba Natobia: Mokuba que le fue dada a Usabiaga, guardián de la loma de Bakokó.

Mokuba Ndibó anandibá EKue. Mokuba nikué asoko mbanikue Tanse Ndibón achababá moina nandibá Mosongo nandibá mai asokó nabia erifá okuané eroko Mboko: sangre del sacrificio dedicada al Pez Poderoso, que Nasakó ordenó derramar en el primer embarcadero que tuvo Efor. "Y en esa ocasión, como hoy, se hace cantando: **Kanko munakanko murumbé nteflón ¡oh! Ekue Ekue Usagaré."**

Mokuba ñóete; Mokuba de bakri Ñampe: Mokuba de la ceremonia fúnebre, compuesta con la sangre de un gallo negro.

Mokuba ñongo sibo arakakubia muñón Mokuba ereni yanraribó erifán okuane Eroko Mboko: la sangre del sacrificio que se recoge en una cazuela. Nombre que Nasakó y Ekueñón le dieron a la sangre que consagra a los obonekues o miembros de la sociedad Abakuá.

Mokuba ñongo soko mbanikué ekokó mutankere Ekue ntá rorí Bonkó: palabras que pronunció Nasakó al darle la Mokuba al Bonkó, en tierra Efik.

Mokuba Yanyaribó: la Mokuba de Isué.

Mokuerire Ndó: elefante.

Mokuire: nombre del Mokongo cuando se produjo el misterio, la aparición y la captura de Tansi. Era el hombre más viejo y aguerrido de la tribu, a quien el Nasakó protegió en todo con su magia. Al realizarse el fenómeno anunciado, Nasakó le dijo que buscase un palo sagrado en el que resonaría la Voz. Mokongo reunió a todos los demás viejos de la tribu, fueron al monte y cortaron un tronco de ceiba y lo llevaron a Nasakó para que les hiciese el Secreto (el tambor). Mientras cortaban cantaron: **mo itona barillén bekorón bekonaránke erio okambo betansí ensu tan tan mofé.**

Mokuire, Mokongo obonekue kan kan ñongo Baroko: el primer hombre que nació en el Baroko. Padre de Sikán según unos; marido según otros.

Mokuire añongobión: título de Mokuire.

Mokuiremo: antecesor de Mokongo. "Era congo."

Mokuiremo Bakurirama: título de Mokuire.

Mokuiremo Machébere: título de Mokuire.

¿Mokumba kesón?: ¿de dónde eres? ¿de qué Potencia? Se responde: **Mokumba keñón Abakuá Efor Mutanga Efietete Obane,** dirá el nombre de la Potencia a que pertenezca el interrogado.

Mokumbán: soldado.

Molopo: cabeza.

Molopo sangañampe: cráneo.

Momba: hombre.

Mombán: hombre.

Mombán fokominuá krúkoro mefé kurí aberitán ndiminuá Kerewá miñán Ekue: "los hombres preguntaron en qué afluyente del río se encontró a Ekue." **Nasakó fokominuá erofán komarike:** Nasakó les dijo, "en un lugar donde todos ustedes beben agua, en Erofán kamariké", un río de poco caudal que puede pasarse a pie de una margen a otra. Efor y Ekerewá están cerca; una parte pertenece a Efor y otra a Efik.

Mombán ¿souso orobikán Ekue?: hombre, ¿dónde nació Ekue?

Mombara: brazo (en Olugo).

Mo mí: yo, mí.

Mo mí apaparemo eparafemio longorí Ekue Yambaó: "los hombres esperan mi obra." (**Apaparemo:** jefe, capataz).

Mo mí Abasí Nkawa Efik nkawa Efor: "Yo, Abasí, soy grande en Efik y en Efor."

Mo mí diampo: yo como, yo tengo hambre.

Mo mí ibana ñan Abasi moropó: "a mi, mujer, no le quita la cabeza nadie más que Dios. Dijo Sikán cuando sospechó que iban a matarla. Pero Nasakó le dio a beber una sustancia que la mantuvo inconsciente hasta la hora del sacrificio. Casi todos los ñáñigos creen que enseguida se llevaron a la mujer y la mataron. Según los antiguos fue todo lo contrario. Hasta que el Adivino no consultó con los espíritus que dominaba y no supo exactamente lo que debía hacerse en beneficio de la tribu, la tuvo en su casa, en el monte. Y todo esto no se hizo de hoy para mañana. Sikán estuvo mucho tiempo presa en poder de Nasakó."

Momikié: cerdo.

Momí Nkríkamo ba Iori akuá nkiko afomako Abakuá okobio Efor atatá munankabia: Yo soy Nkríkamo, hijo del Bongó. En mi consagración se mató gallo.

Momí ñankuko Ekue ndeme Efor: soy un ñáñigo valiente de tierra Efor.

Momí nyene Efor: soy de Efor. Mis antepasados eran Efor.

Momí seré Isunekue Bongó Mosongo moto akambambá Eribó Sese efori Abakuá: saludo a Isunekue y a Mosongo, el segundo bastón, al viejo Sese Eribó, la brujería de Efor. O de otra manera: "saludo a Isunekue, a Mosongo, en el nombre del Padre y del Santísimo Sacramento."

Mondé: yo mismo.

Moni: chico.

Monichú: hombre rico.

Monina: hermano en el seno de la religión Abakuá.

Monina angoró akondó mutié mutié úmbira Mokuba ñoete: un hermano ha muerto y se le ha administrado la Mokuba Ñoete que se da a beber a los muertos. Anamanguí sostiene el cadáver y Ekueñón le vierte la sangre en la boca.

Monina ankuma: se dice cuando el obonekue apoya su cabeza en la cabeza del chivo.

Monina ansiré krúkoro anabiaka Mbauné: los grandes amigos están juntos.

Monina insiré, iansiro: amigo del alma.

Monina menon kuabo abanekue nkurí sanga mantagoyó: hermano, hoy es el día de tu juramento, mañana será el de tu muerte.

Monina nkuma: la cabeza del chivo sacrificado. "Es como una cabeza humana. Es la cabeza de Sikán."

Monina nsirí: dos obonekues que profesaron juntos.

Monina nsiro: neófitos que se inician juntos (en Otamo).

Monina Ñankue tébere Abasí ayoninó kantión akurí: Dios no ha matado a nuestro hermano; nos lo han matado con un veneno. Se canta cuando se sospecha que la muerte de un cofrade ha sido producto de un maleficio. O para desesperar a Anamanguí y que éste multiplique las muestras de su dolor.

Monino o asanga kerepó: el hermano se lleva a enterrar al Campo Santo.

Mongió: rincón donde se sitúa el Ekue, oculto a la vista. "Así se le llamaba en Africa."

Monglón: cueva en la que escondieron a Sikán.

Monkuko: loma de tierra Obane donde secretamente se reunían los hombres de la tribu para celebrar sus ritos.

Moreré: tributos, ofrendas de comida al Ekue.

Moriámpo: tengo hambre.

Moribó: todo.

Morimbé: aldea Orú Apapa.

Moringuí: "fragayar", sonar el Bongó el Iyamba.

Moró: desgraciado.

Morobí: excremento.

Morondó: dinero en cantidad.

Moropó: cabeza.

Moropó afoko tentén: "cabeza que tiene inteligencia", inteligencia.

Moropó indiabón: cabeza de obonekue, que tiene jerarquía de Indiobón.

Moropó Insún Nankobio: la cabeza del chivo sacrificado que se deja secar a sol y sereno. Cuando se crea una nueva "tierra", Nasakó traza en el cráneo el signo de Eroko Mboko y ante la jefatura de la Potencia la alimenta, es decir, la frota con las ofrendas machacadas embebidas en sangre, vino seco, aguardiente y agua bendita. Esta cabeza "es la del primer okobio, que fue Sikán". Se deposito en una jícara o en un plato y se cubre con un género blanco. El día en que la nueva Potencia celebra su plante, la cabeza desfila en la procesión. Se coloca en un recipiente sobre una tinaja rodeada de siete manojos de albahaca que lleva Nasakó marchando junto a Isué con el Sese Eribó. Con frecuencia la acompaña tambien un crucifijo.

Moropó munankigua: cabeza del gallo sobre el Fundamento.

Moropó ntufé: mala cabeza.

Moruá: voz, la voz del Ekón.

Moruá: poeta, cantante.

Moruá: dignatario Abakuá. "El que le habla a los espíritus", íremes.

Moruá akairosa ngomo akanapó ireme Akanawán: palabras que dice Moruá (Nkríkamo) cuando marca al íreme Akanawán.

Moruá Báni: el Moruá cuando oficia en las ceremonias fúnebres.

Moruá Eribó kerebá ebia ngomo kerebá Mpegó ntiyén: palabras que se refieren a la entrega del yeso con que se trazan los signos sacramentales. Moruá fue quien le entregó la arcilla a Mpegó.

¿Moruá Eribó Moruá Yuansa awara kasike Bonkó?: ¿Cuál de estos dos Moruá es el poeta? Respuesta: **Moruá Eribó obonankén.**

Moruá Eribó Obonankén: es el padre de Moruá Yuansa, el poeta. "Su padre Moruá Eribó obonankén le dio a tomar en su jícara agua sagrada de la que él bebió en su consagración, y por este motivo se canta: **Moruá Eribó Obón Abá umón iboborá.**"

Moruá Erikundi: el Moruá cuando sale agitando una maruga a buscar la Voz de Tanse para llevarla al santuario.

Moruá Ngomo: ayudante de Mpegó.

Moruá nsenerá nseniriongo: "para Moruá no hay nada oculto."

Moruá ntate Moruá mpabio atere Moruá mañene bibí: mi padre fue Moruá en tierra bibí, en Africa, por eso yo sé tanto aquí en Cuba (en Bibí).

Moruá riongo beroko bekuse: Moruá no sirve para nada. Ñangaliana, dice Saibeké, que da la siguiente traducción. **Moruá,** el dignatario, cantor de la Potencia que llama al íreme cuando sale Nkríkamo con su tambor a traer el Espíritu al Ekue. **Riongo, Iriongo:** rincón en que se oculta al Ekue y signo sobre el que se coloca. **Beroko** por **baroko,** que significa ceremonia y el signo sobre el que se arrodillan los que van a ser jurados, y huevo. **Berusé:** purificación: **Beroko bekusé:** limpieza que se hace a los abanekues con un huevo después de un **Niloro** o ceremonia fúnebre.

¿Moruá Tanse yankuko chitubé Isún kemio?: ¿Por qué cuando murió el Pez pudo sonar Ekue? Respuesta: **amanayín atotobé Ekueñón kamaró besuá efión Sikán Ekue Efor:** "porque en el Yin llamaron al Espíritu y Ekueñón le dio la sangre de Sikán, que era la dueña del Ekue de Efor. Sonó por la sangre de Sikán".

Moruá Yuansa: "hijo de Moruá Eribó".

Moruá Yuansa: el encantador; canta y encanta. "Todo lo obtiene por su voz".

Moruá Yuansa awarakasike Bonkó: Moruá el poeta de la Potencia, el mensajero.

Moruá Yuansa Moruá Sese Eribó Moruá erikundi awana batientién Eribangandó Ekue mba isún Isunekue Eribó iguerifé fembe Ekue surubiañé Ekue nanumbre osoiro iró eromisón tereré awanfumio: esta oración se dice cuando comienza el "plante". Iyamba hace sonar a Ekue y el íreme Eribangandó acude a saludar al Fundamento. El día de Año Nuevo los individuos que integran las Potencia, la casa que esta ocupa y todos los atributos sagrados se purifican con una paloma. Nkríkamo sale del Fambá con la paloma en la mano, Eribangandó le sigue con idea de arrebatarle el ave que representa el Espíritu Santo y que el Nkríkamo deja escapar. Eribangandó corre en vano en pos de la paloma y vuelve al santuario manifestando su tristeza.

Mosoko: cetro o bastón de Iyamba.

Mosoko: antigua Plaza en Potencias de la época colonial que ya no se desempeña.

Mosoko: esta dignidad existe en las Potencias Orú Apapa, Orú Bibí y Okobio Otán. Orú.

Mosoko: íreme Kambara.

Mosongo: dignatario depositario del cetro que guarda las especies de la consagración. "Era jefe en Ubani, traficaba con chivos". ("Abakuá se constituyó como una liga de naciones. Mosongo era de tierra Efik, Isué de tierra Orú, Iyamba de Efor, etc.).

Mosongo: el Ekue o tambor sagrado creado para la confirmación de los obonekues. Esta palabra significa divino, sagrado, santo, poder sobrenatural.

Mosongo: el cetro o itón que acompaña al tambor Mpegó al sacrificio de Mbori, el chivo. Este cetro es hueco hasta la mitad para contener fragmentos de los tributos del gallo y del chivo y el nombre escrito en un papel, del hombre que ha jurado fidelidad a Ekue. Estas especies se reducen a polvo. "La oreja del chivo oyó el juramento que hizo el obonekue". La lengua del gallo simboliza la lengua que lo formuló. Advertido el adepto del castigo que le depara la "nación" si no cumple al pie de la letra las leyes Abakuá, esos polvos lo destruirán. En el Mosongo, dicen los ñáñigos, "se guarda la vida o la muerte del obonekue".

Mosongo: guardián dueño del cetro que está autorizado para salir fuera del Fambá, a presenciar todas las ceremonias que van a desarrollarse. Cuando Mpegó hace los trazos simbólicos, Mosongo está a su lado. Cuando llevan a ejecutar el chivo, a la cabecera de la víctima con Mpegó y un monina que lleva una vela encendida. Los tambores tocan mientras se mata, y en ese momento se canta **¡Awambana o awambana!**

Mosongo: se le dice también a la ceiba, por sagrada.

Mosongo awanaribó tete Obón Iyamba awana Mosoko Eribó awana Ekue Irén najekue nandibá: se refiere a la consagración de las cañas al pie de Ekue en el río.

Mosongo akereké mutián Bori saekue mofé aforiama mélula ayé: dice Mosongo cuando introduce en el interior del itón o cetro del mismo nombre, la lengua del gallo y la oreja del chivo.

Mosongo Asereré: título de Mosongo.

Mosongo Aseseré awana moto Awana yin Mosongo Ekoi: el tambor sagrado de los Ekoi, "es la voz de los antepasados", de los antiguos Ekoi.

Mosongo Awanaribó: título de Mosongo.

Mokongo Bakueri: título de Mosongo.

Mosongo bariri bakue: "con los intestinos de Sikán se adornó el Fundamento". Sin embargo, "los intestinos de la Sikanekue sólo adornaron al Itón o cetro de Mokongo". Al pie de la letra esta frase se traduciría: **Mosongo,** tambor. **Bariri:** vientre. **Bakué:** adentro.

Mosongo biá kueri: Mosongo representa el Poder Sagrado. El dignatario Mosongo se halla presente con su cetro en el momento del sacrificio y le comunica a Ekue que éste se ha efectuado. "Mosongo es el testigo supremo".

Mosongo Ekue: El Fundamento -Ekue- creado para la confirmación de los obonekues. "Padre de todos los iniciados". Es un cetro --itón-, acompaña al tambor de Mpegó al patio de la Potencia -al río-, donde se sacrifica a Mbori.

Mosongo Kambamba Eribó: título de Mosongo.

Mosongo Mbaroni Nasakó nawembán: Nasakó rodeado de sus testigos y de Mosongo, "el testigo supremo".

Mosongo Moto: título de Mosongo. El Fundamento.

Mosongo moto atotobé Yamba eroko Ekue: Mosongo confirma la autorización para que comience el Plante. "Mosongo es la confianza de la nación mientras el Iyamba hace hablar a Ekue, **atotobé**".

Mosongo muto atotobé Iyamba eroko Ekue: Sin Mosongo Iyamba no puede sonar a Ekue. (Porque Mosongo le entrega ritualmente al Iyamba la caña de Castilla).

¿Mosongo moto samarama amanayín makurlemán?: ¿Cuál fue el primer Mosongo que metió el gǜin en el itón?

Mosongo Nalongo nantán muságana yimba ndokanawán yoyambio: primer efomiremo o traje de íreme (diablito) que hizo Nasakó, cuando nació la Potencia Bakokó en Usagaré. "A este saco de Fundamento Nasakó le puso el Pescado (símbolo de Tanse), en la máscara".

Mosongo Sokaká: título de Mosongo.

Moté: aceite.

Moteke: yeso.

Moteke anamendó: el primer yeso con que rayaron a los reyes en el primer Baroko.

Moteke Kiñón kokorietán Baroko ninyao kerepé Efor: palabras que se dicen cuando se coloca el Fundamento en el trazo de un **Baroko ninyao.**

Motekembere biokoko: "cuando la arcilla se endureció se le llamó Motekembere": **yuansa Naroko Ngomo mbara chitubé okué aberitán.**

Moteke menbán boko virorasa mombán: "Mosongo fue a la orilla del río a buscar agua". Pero, nos objeta un viejo ñáñigo, "Mosongo no tiene que ir a buscar agua. Al pie de la letra dice: **Moteke**, yeso, **Mombán**, hombre. **Boko**, firma. **Birorasa**, mancha. El hombre estampa su firma en el Fundamento (una cruz), al iniciarse.

Moteke nambán kiñongo ntumayé obonekue mapá: se refiere al obonekue que consagraron para sustituir al sacrificio humano y que fue el chivo. Lo juraron -lo hicieron obonekue- y lo mataron para darle la sangre a Tanse y hacer con su cuero el parche en que resonara la Voz del divino Pez.

Motemio: traspaso del espíritu.

Motikí: poco.

Moto: autorización.

Moto: jengibre.

Moto: hueco, cavidad. "lo que está hueco como el interior de un tambor". "Todo objeto hueco se llama **moto**".

Moto: limo que traía la caña de Castilla cuando la llevaron del río a la casa del brujo Nasakó, y con la que hizo el Saekue, que hace sonar a Ekue.

Moto bríkamo: hablo bríkamo.

Moto bríkamo Usagaré maribá Abasí akasiá Umpabio Ibondá: los bríkamos han sido grandes por su fe y por el poder de Nasakó. Su "prenda", Umpabio, fue la madre de todos los bríkamos.

Motofié: sacramento.

Moto Komoto akamá yene Efor el okobloko: por mucho que sepas sé más que tú. En sentido figurado.

Moguyún: dame.

Mpabia Ereno aprofina Bonkó unefión erorí: estoy orgulloso de ser negro, negro puro.

Mpairán: cuchara hecha de jícara. Algún ñáñigo la llama Mokoró, "por que en Mokoró se hacían cucharas de jícaras, y en aquel lugar se producían güiros que eran famosos por su tamaño".

¿Mpanaí?: ¿Quién es usted?

Mánai: afecto.

Mpanai mpana moto: reunión del cielo y de la tierra.

Mpanaté: recuerdo. **Abasí Sese mpanate Sese Akayabí Ekueñón ararisún:** el recuerdo del sacrificio de Sikán, sustituído por el del gallo, fortalece con su sangre a todos los Espíritus Abakuá.

Mpauria: el que ha profesado.

Mpegó: "escudo de la Potencia". Dueño de Ngomo, del yeso con que se inscriben los signos de la iniciación en los adeptos, trazan sus firmas o emblemas los dignatarios y se dibujan todos los símbolos.

Mpegó: significa también silencio, ya que cuando el okobio que desempeña este cargo toca su tambor, todos los circunstantes permanecen en silencio. Tres golpes que da Mpegó en su tambor imponen silencio.

Mpegó: el tambor que impone el orden. Representa la ley. "cumplidor de las órdenes del Poder Absoluto." Como el de Ekueñón, es cilíndrico, mide unos 35 o 40 centímetros de alto y otros tantos de diámetro. Los ñáñigos lo llaman "el Ekue que puede ser visto" **Ekue Eremiyo**. Es el Fundamento más antiguo, "anterior a Ekue" y puede sustituírlo. "Se creó para sacrificar a Sikán e imponer la ley". El Mpegó, con los otros dos Fundamentos, el Ekueñón y el Nkríkamo, acompañan al Sese Eribó en el altar de la Potencia y presencian ceremonias que se desarrollan fuera del Fambá. Lo adorna el plumero que simboliza el espíritu del personaje Mpegó. Con los toques lacónicos de este tambor comienzan y finalizan los Plantes. El primer Mpegó se selló con cuero de jutía.

Mpegó Akaribongó: título de Mpegó.

Mpegó Aminará Efor Ngomo Iorí kiñongo Abasí Itia Mukanda Efor mokoirú asankantién

awanantión dirá Moruá kuyanse eremeñón

Abakuá Efor: en los tiempos en que Nasakó buscaba afanosamente un medio para reproducir la Voz de Tanse que había muerto, envió a Mpegó a tierra Mukanda para que por mandato suyo pidiera a Moruá Kuyansé que le entregara a Ngomo, el yeso para hacer los trazos sacramentales. Y que al tomarlo de mano de Yuansa se santiguase y cantase: Abasí Iorí Ekue Mukanda Efor.

Mpegó asuretemio kiñón nure: "para dar las órdenes y hacerlas cumplir en la ceremonia fúnebre del Ñankue".

Mpegó Bikán Ekue: el tambor de orden Mpegó, que sustituye a Ekue. "Este tambor fue anterior a Ekue."

Mpegó Ekue areniyo: título de Mpegó. El tambor que puede ser contemplado.

Mpegó Ekue Iyamba: título de Mpegó junto al Iyamba.

Mpegó Mongobión Ekue ereniyo: Mpegó autoriza la ejecución de los ritos con su tambor que puede ser visto.

Mpegó mogobión Akaribongó Abasí Mpegó Ekue: dice Mpegó al trazar su emblema en su atributo. Y se canta **Bakokó Narobia...**

Mpegó Mogobión akaribongó atotoró neguí miñantete Mpegó Ekue: Dice Mpegó al tomar su plumero ya purificado, para comenzar el rito.

Mpego unarosa: trazando un signo.

Mpegó un chéchere muna: el plumero o chéchere colocado en el tambor.

Mpeke Mpeke: senos de mujer.

Mpenipé: Cigarro.

Mpeupé: ratón.

Mporó: jarro.

Mporo meko: vaso.

Mpóto: jefe de los Bibí que pactó con los Efor y uno de los fundadores de la Sociedad.

Mpotoko, Mprotokó: botella.
Mpotoko aterere: botella fuerte.
Mpotoko bilan: botella con aguardiente.
Muchandadayo: rayos solares.
Muchandán ndayo: el sol naciente.
Muchandayo: embarcadero.
Mufúa: nariz.
Mugo: cueva donde se escondía el Pez.
Mukabla: sangre putrefacta.
Mukabla Sisi mukabla erombe: sangre putrefacta; la sangre del congo que se sacrificó a Ekue.
Mukará: albino. Eran esclavos de Mbemoró. Estos esclavos se pusieron de acuerdo con el rey de Ekerewá, Kanfioro, y pactó con Efí Efiguéremo, rey de Efik, para declarar la guerra a Betongó. Fue aceptado al pacto. Se lanzan a la guerra Ekerewá y Efik Mbemoró contra Betongó; le ganan a Betongó, y el comercio que tenían los albinos pasó a manos de Efik Mbemoró y de Ekerewá.
Mukarará: blanco, europeo, color blanco.
Mukarará: albino.
Mukeré: barrer. (Ifán Mukeré, barrer con escoba amarga).
Mukereré: quitar.
Mukrí: blanco.
Mukundié Efor: título de un gran personaje de Efor.
Mukundu Burukaka Nambiro Nyinaka Nkóboro Ekoi Efor: "es el íreme más temido de todas las costas del Calabar." (El íreme Nkóboro, "de aspecto horrible").
Mukundú Efor burukaka nyinaka: íreme, espíritu de un gran antepasado de tierra Efor, (el Nkóboro de Efor).
Mumangalú: callarse. En silencio.
Mumbán: hombre.

Mumbanfa: nombre de un congo que se sacrificó en Betongó, en la cueva llamada Boko Beba, para utilizar su piel como parche del tambor sagrado, pero su piel no dio el resultado apetecido por Nasakó, y este dijo ¡ndimaol no sirve.

Mumbankoró Obé Obé: primer rey -Iyamba- de Ekerewá.

Mumbé yeyei narako abanekue chekereke amanisón: tenemos valor cuando profesamos (la fe Abakuá).

Mumio: sangre.

Mumio umón Keneri Efor nangandó Mañongo Pablo: Mumio es la sangre de Sikán mezclada con aguardiente corriendo por el ríc. ("El cuero del Pez lo quemaron con aguardiente de palma, hicieron un polvo, se ligó con la sangre de Sikán y el ayudante de Nasakó, por orden suya, lo echó a la corriente del río. (**Mañongo Pablo:** la cazuela mágica, **Ñangandó:** el líquido que fluía por la superficie del río Keneri Efor. **Emumio:** sangre mezclada al aguardiente de palma, con la que Nasakó dominó a los espíritus.")

Mumipó: la policía.

Mumiremo nyibe bioramo: piedras que pintaban como yeso, que el príncipe Otawañe cogió en una loma de tierra Orú y con las que sustituyó a la tiza para pintar en el cuerpo y en la cabeza los signos sacramentales.

Munanga: literalmente, **muna:** cuero. **Anga:** sonido, hablar, Cuero habla.

Munaé: bendito, sagrado.

Munambán y Tembán: dos lomas de Usagaré.

Munandiaga: coco, calabaza, en que resonó la Voz en el río de Usagaré.

Munandibá: nombre que recibe el parche del Fundamento después de ser consagrado.

Munandibá y Munandibó: son dos lomas de tierra Efor y los nombres de dos viejas Potencias habaneras.

Munandibó: segundo Fundamento de Efor.

Munandibó Efor: nombre del primer cuero en que se obtuvo la trasmisión de la Voz Divina.

Munandibó Efor: nombre de una Potencia de Matanzas.

Múnane: hermano mío.

Munanga: cuero. El parche de Ekue.

Munanga atereré: objeto fuerte (Ekue).

Munanga Efor: es el cuero, "padre del tambor de Efor".

Muñanga Karibongó Abasí Sanga Muñón: nombre de una Potencia. **Munanga:** parche. **Karibongó:** "juez y parte". **Abasí:** Dios. **Sanga Muñón:** bastón de Iyamba. (En la Potencia Ebión Efor.)

Munanga mbori: cuero de chivo, parche del Tambor Sagrado.

Munanga ngarabanú: el cuero del Secreto, que se aparchó con la piel de la espalda de Sikán. Se le llama así el parche del tambor original.

Munanga ngarabanú fusiantén erú kamá: "la piel de Sikán que se utilizó para que hablara Ekue se tomó de su espalda creyéndose que era la más fuerte."

Munanga nyabiaroko Iyamba ntarabé: oración que dice Iyamba al marcar el cuero del chivo sacrificado en el ñankue. "Esto es falso," nos advierte un ñáñigo viejo. "Iyamba no dibuja, no raya los signos en los hombres, ni en los animales ni en los atributos. Su oficio consiste exclusivamente en tocar el Ekue en el rincón en que lo oculta una cortina; en recibir al indíseme y despedirlo a su muerte". **Nyabiaroko** no tiene sentido para los viejos consultados. **Ntarabé** o **Ntará** significa hermano.

Munanguí Anamanguí besuá beromo Ñampe asoropá asanga beretó Mosongo nkaniká amelembán achiminikako mañón kokoríkamo batabá bani ñampe Abasí mayobino Mboko bakurero atara Mokuba nyugue mofrasí Mboko sisi Boko bakurero ñampe kokoriko abataba agañike mbanganchene tebere Amanaguí: en el bani ñampe o ceremonia fúnebre, comunicándole a Ekue que calle. Resumiendo se nos traduce: "muerto, espíritu sagrado va andando por el camino". (El cadáver es conducido al cementerio).

Munankabia: gallo (en Olugo).

Munankebé: cuero, el parche consagrado que los Efor en Usagaré, le dieron a los Efik.

Munankebé: Potencia habanera.

Munankene Ireme Taipó: el primer íreme de los Abakokó cuando fueron consagrados. Toda Potencia al nacer recibe un traje de íreme, que se llama "saco de Fundamento", con la firma o signo de Sikán.

Munankubia: muna: cuero. **Kibia:** yin, la caña de Castilla que apoyada en el parche de Ekue produce el sonido por fricción.

Munansa: la reunión de Nasakó y sus seis auxiliares.

Munansa amunansí: "la brujería llevada al palo y al cuero": es decir, al parche en el tambor que se hizo primeramente con madera de la sagrada ceiba y se selló con el pellejo del Pez, después con el de Sikán y por último con el del chivo.

Munansa amunansi asoroúyo kondó: quedaron unidos los espíritus de Tanse y Sikán.

Munaniloró: llanto, duelo.

Munatanse: cuero del Pez.

Muna Tansemí ngomo saroroko Ekue etá Obón Iyamba: Iyamba marca en el Bongó el signo sagrado con el yeso amarillo.

Muna Tanse Eribó: la piel de Tanse en el Eribó (En los orígenes).

Mudié: sapo.

Mundiré o Mundirá: un muerto.

Muni Bongó: el Nkrikamo en función de verdugo. "El Castigador".

Muni Bongó: el tambor de Nkríkamo que ordena la pena. "Los sabios de Erón Ntá tienen Muní Bongó -como todas las Potencias- para castigar a los hijos malos".

Muni Bonkó: se llama al obonekue que toca el Bonkó. "Esta plaza se creo en Efor. Bonkó Ekue Efik, se llamó en Efi, porque Efor no les dio Ekue a los Efik. **Ekue Nchemiyá Bongó Erumé erumé efotoíto Iyamba ntrekurí Mañongo Pablo Nchemiyá Bongó,** es decir, se les dio a los Efik un tambor alto para que sonase en Nchimiyá. **Erume:** la Voz. **Efotoíto:** consagrar, consagrado por los Efor. **Ntrekurí:** meter. **Mañongo Pablo:** la prenda o cazuela mágica de la que se tomaron las substancias necesarias -tierra de cementerio, polvos de los huesos de Sikán, etc.- para introducirlas en el tambor antes de sellarlo con el cuero del chivo.

Muñabia: transmisión de la Voz divina.

Munabié kufón Erenebón: el templo está enlutado.

Muñabré: cortina del kufón Ndibó, cuarto de los misterios Abakuá.

Muñabré kufón Erenobón: la cortina del santuario enlutado.

Muñambré: la cortina del Fo-Ekue. Oculta el misterio.

Muña muñanga mbeto Abasí Itiá mogó: "por grande que usted sea, la tierra se lo va a comer."

Muñanga Ekue: Potencia habanera.

Muñanga Efor karibé Abasí: tribu de tierra Efor, Usagaré.

¿Muñanga Efor ngarabanú afusiantén krukamá?: cuando se repartieron el secreto ¿qué parte le correspondió a Muñanga? (**Muñanga Efor:** territorio o nombre de una Potencia. **Muñanga:** cuero que suena. **Afusiantán:** fuerte. **Krúkama** por **erú kamá:** hablar la brujería, sonar el Ekue. El parche es **erú:** brujo).

Muñanga mboto: vivimos por la voluntad del Altísimo.

Muñangué: el cuero del congo que fue sacrificado a Ekue.

Muní: sentenciado. (**Afambaná muní:** el reo, el chivo se lleva al Fambá para presentarlo al Fundamento, **Abasé Keñongo**).

Muñón: plumero.

Muñón Abakuá: el plumero de un dignatario en vida.

Muñóngo: el secreto de los Efor (Ekue).

Muñóngo Efor: séptimo Fundamento de Efor.

Muñóngo Efor Anakurí Abasí Ndibó Muna Mpegó: título del Ekue Mpegó. El tambor de Mpegó.

Muñón kae: el plumero de un dignatario que lo representa cuando ha muerto.

Muñón Nandibá Mosongo: la adoración de Efik. **Muñongo:** secreto. **Nandibá:** orilla. **Mosongo:** lo divino.

Muriansún: espíritu. Uno de los siete espíritus de los antepasados que rodean a Ekue.

Musa: teja criolla que se utiliza para quemar incienso en el rito Abakuá. En Africa este incensario se hacía con la parte más gruesa de la yagua verde. La candela no la quemaba del todo por la humedad, y ardían en ella las hierbas olorosas.

Musa: llanto del Isunekue.

Musagará: polvo para embrujar soplándolos - como el **afeché** de los lucumí y el **malembo mpolo** de los Nganguleros congos.

Musagará: limpieza, purificación del camino, las materias que han servido en una purificación.

Musekele Ntati kamá Biokondó Orú: los de Ntate cuidaban carneros, y los de Orú cultivaban ajonjolí, y trocaban ajonjolí por carne salada.

Musi: árbol, bosque.

Musokaítia: corojo.

Musón, mesón: sombrero.

Musón benikuá erume Ekue Butame: no se penetra en el sagrado recinto **(Butame)** donde está EKue con el sombrero puesto, ni con zapatos ni con armas.

Musua Kaitia Sese Anakaúyo: el güiro, tambor en tierra Efik.

Mutairobia eforí aniare: hierba para purificar al chivo.

Mutanga: Potencia habanera.

Mutanga Efor Akaribongó: Okobio Usagaré, el primer hijo de Usagaré. Potencia consagrada por la de Usagaré.

Mután ororó Isunekue nkiko wana moto ndima mokiré: Isunekue es el dueñón del redaño y del gallo.

Mukete: yeso.

Mutekémbere mbere: mokuba y yeso machacado.

Muti: verdugo.

Muti: "castigo de Nasakó". Cuando el abanekue sale malo la brujería de Nasakó lo castiga.

Muti muti: malo malo.

Mutiá kereké sanga molopó: oreja no puede pasar cabeza. Este refrán es muy corriente entre todos los negros; lo emplean el Babalawo, el Padre Nganga y el obonekue.

Mutia roko sanga roke beba: muchacho, ve a la escuela a aprender.
Mutia roko sanga rokofia: lo que yo sé, tú lo ignoras.
Mutié: verdugo.
Mutiki: chico, pequeño.
Muto aché kereké: "juraron de corazón".
Motofié: "equivale al Santísimo Sacramento; el Sese Eribó".
Muto achekereké: jurar, jurar de corazón.
Mutua: fidelidad, ser fiel; cumplir el obonekue su juramento.
Mutua cheribó: jurar el iniciado sobre el Eribó. Jurar fidelidad al Eribó.
Mutua ñanabia bururú ñangué Obane Efik Isuakara mandí: "ya Efik juró, ya tiene Ekue". Son las palabras rituales que hoy pronuncian los dignatarios de una Potencia cuando le entregan Ekue a una nueva.
Muyabé: chino.
Muyabé: indio.

N

Naberetó: gracias.
Nabiaka: reunión de personas.
Nabisoró: separado; decapitar.
Nabisoró nantún: la cabeza separada del cuerpo.
Nabusú: "ekoi y bríkamo es lo mismo".
Nachekerón: linda.
¿Naero gandó maribá?: ¿Estuviste en Africa (metafóricamente).
Najebia: el ojo de agua donde nació Ekue.
Najekue bubú keakanapón akanapón akana menoiró ebunentén doga frafrané akominusa: "hermano, el barco de vela que viene entrando trae contrabando de la tierra nuestra" (trae esclavos africanos).
Nakiorimá añeniroma: pueblo, Capitanía de los Otamo.
Namanguí besuao: Anamanguí, el íreme que cuida del cadáver del obonekue durante las excequias fúnebres y el entierro. No lo abandona un instante.
Na mañón: nombre de una tierra o agrupación.
Nambá ñimia akereflón: se canta al presentarse la cabeza y la sangre del chivo a Ekue.
Nambembe: loma.
Nambira: espíritu que se materializó mediante la sangre del Pez (Tanse).
Nambira: el Espíritu en el Secreto encarnado por la virtud de la sangre del sacrificio.

Nambira Otán Uyo Nambira: el espíritu (Uyo) manifestado en el Bongó.

Namborí: Iyamba.

Namerutón: encarnación de la Voz de Tanse y de Sikán en el parche del tambor.

Namerutón: sonar el Ekue.

Namuriaga enekiñongo Efiméremo Ekueñón anurosanga ananguirosa ana besuaga Efor muñanguereré eta Oro wama Sese: Ekueñón después que sacrificó al chivo en el río, le cortó la cabeza, la puso sobre su tambor y lo cubrió con el redaño. "Igual hizo con la de Sikán."

Namusagará: cementerio.

Nanabión obonekue awarionké: el primero que se inicia de un grupo de neófitos.

Nambloro: jícara, vasija, plato hondo.

Nambloro Moto: el hueco de la jícara o vasija.

Nandibá: orilla, margen del río.

Nandibá: lugar donde se arrodillan los hombres.

Nandibá: abrojo.

Nandibá Baroko: signo, ceremonia de consagración de grandes Plazas en la orilla del río. Consagración. El primer Baroko o "juego".

Nandibá biorama: costas de Efik.

Nandibá disún: purificación en la orilla del río.

Nandibá emáe: hacia donde va Ekue; el Pez divino por la orilla.

Nandibá emae: orilla del río, del río propiamente o del río simbólico trazado con yeso en el patio de una Potencia, donde se arrodillan las Plazas, para que el Mpegó dibuje en sus cuerpos, con yeso amarillo, el emblema de los cargos que van a desempeñar en el futuro.

Nandibá fifi: abrojo.

Nandibá fisi: lugar en el río donde se verifican las "limpiezas" mágicas. La limpieza que le hizo Nasakó al Pez antes de llevarlo al templo y presentarlo a **Tacho, Ntacho y Naberetacho (Naberibé Tacho Nandibá Pomponó)** los antiguos dioses que adoraba la tribu de Efor. Purificación en la orilla del río.

Nandibá fisi akanayín umón eriero umón ayó bibí Abasí ña Nasakó kuri betán urenbana ndeme Efor akuritón Mosongo bakueri. Mosongo bakueri Mosongo moto bakurimo basokaka efori Sisi Iyamba anamuto afabata babekondó basarori Ekue Mukambán: la madre del güin -Saekue- es el río, y Nasakó le ordenó a Mosongo que lo cogiera del río y lo entregara a Iyamba. Esta oración puede decirla Mosongo al darle el güin al Iyamba. Cuando después del "plante" Nasakó vuelve a purificarlo, se guarda dentro del bastón o "palo Mosongo" con la carga mágica que éste contiene.

Nandibá mai abere mai: el Fundamento en el rincón sagrado, en la orilla.

Nandibá mayé: los hombres arrodillados en la orilla del río.

Nandibá Mosongo: el punto sagrado del río en que se halló el Pez. La Fuerza, el Espíritu del río. Padre de Ekue. Orilla sagrada. Fundamento de los Efor.

Nandibá Mosongo: Potencia habanera.

Nandibá Mosongo Abasí nanumbre Ekoi bumia Nandibá Ekue Nasakó Uyo eremi umón Abasí eritongo ekotó Sisi Iyamba Efor: los abanekues de Mukanda sostienen que esta fue la primera oración que rezó Nasakó en el río con todos los Obón contemplando el sol. Pidió que la Voz de Ekue se manifestase y mandó a **Eroko Sisi** que rogase para que el espíritu de Sikán trajese al espíritu de Tanse.

Nandibá Mosongo monina Sikán diré: sin Sikán no hubiéramos tenido Ekue.

Nandió: Potencia y lugar en el territorio de Usagaré.

Nandió: comida.

Nandiwara: estrella que sale a las cuatro de la mañana.

Nandokie: derecha.

Nandokie ndoklé: de derecha a izquierda.

Nandubia: oído.

Nandubia Efik otán konefor: "Efik tan sagrado como Efor". ("Lo que se escucha en Efik -el rugido de Ekue- es tan sagrado como el sonido que oyeron los de Efor"

Nandué: cocodrilo hembra.

Nanduklé: calle.

Nanfokó: ilustrado, ilustre. Sabiduría, sabio. Mujer ilustrada. **Ibana nanfokó.**

Nanfokó: palacio.

Nangobia Efor efori Musagará Eribó banamoto unbríkamo mañón Ekue Akamaró efori Sisi Iyamba: se dice al practicar un sacrificio a la orilla del río.

Nangobié: el curandero (Nasakó).

Nangobié Efor Agaragá Tindé: Nasakó cuando vio -valiéndose de sus medios mágicos- la futura aparición de Tanse y lo vaticinó al jefe de la tribu.

Nangurupá: montar el Ekue sobre otro tambor para transmitirle la Voz divina; sacramentarlo cuando se crea una nueva Potencia.

Nankabia: reyezuelo comerciante de esclavos, en Efik.

Nankibio arañaibiokoko: el primer yeso que se le pone al Meta.

Nankobero: Nasakó el fundador.

Nankobia: cabeza de Sikán que luego simbolizó la del chivo en el sacrificio, y que se coloca sobre el Eribó.

Nankuko: gran guerrero, por cuyo territorio atravesaba el río -de la Cruz- allí llamado Odán.

Nansó: sol.

Nansoko: loco.

Nansón Nankabia esisi Abarakó Abarakó akurukawa afoimé Abarakó esikisiki ñangué tisún mbara kunabia esisi Mokabia Efiméremo Mokabia obikán omá murumba Yuansa Ekue amiyisún Erufiakewé Obane ñongo iro Bongó okransio Bongó barorí: el íreme Erufialewe, hijo del Fundamento de Pitinaroko, fue el Ireme de la consagración, que consagró la Potencia --los objetos sagrados- de los Efik Abarakó. Y le pagaron un derecho a Biabanga.

Nansuaka: el güin.

Nantiberó: embarcadero.

Nantiberó nantiberó Mosongo wana moto Iyamba mafimba: Iyamba está autorizado para hablar de lo más profundo.

Nantún: tener.

Nantún kifé: la cabeza del gallo. Por la tarde, cuando Isué pasea al Sese en la procesión la llevará en la boca.

Nantún mofé Iyá beroso: la cabeza del Pez separada del cuerpo. **Nantún:** cabeza. **Iyá:** pez. **Beroso:** separada, separar.

Nanumbre: persona que sufre un castigo. Se dice que Iyamba, **Itebañe nanumbre,** sufría de ceguera, y que andaba a tientas y despacio: **isán isán nanumbre aprosoribá.**

Nanyegueyé: iglesia.

Napá: agosto.

Naró: cualquier persona rica.

Narobia: laguna de Eforinsún.

Narobia Sokobó narobia: cañada, arroyo.

Narofo efou seré: gallo de varios colores.

Narukié: calzada.

Nasakó: el Adivino (de las Potencias).

Nasakó abekairán subríkama ñene aprofañe anangobié: Nasakó escogiendo las hierbas necesarias para las purificaciones y demás operaciones mágicas.

Nasakó afogokimusa Bongó erukameñón: Nasakó limpiando el Bongó, sahumándolo con el incienso que se quema en una teja (musa).

Nasakó afogoki musa Iyá eruka meñón: Nasakó limpió al Iyamba una vez que éste se enfermó gravemente en illo tempore, lo mismo que purificó al pez Tanse cuando fue hallado por la Sikanekue.

Nasakó afogotí Bongó eruká meñón: Nasakó purificando el tambor.

Nasakó akuririongo: Nasakó, que estaba fuera, ha entrado en el cuarto donde está el Misterio, el Ekue.

Nasakó alorí muñón: Nasakó cuando tiene en su mano la pluma del Sese Eribó.

Nasakó beko beko: Nasakó cuando se marcha del templo. Título de Nasakó.

Nasakó bekombre: "fui guapo en mi tiempo".

Nasakó bekombre oro: Nasakó de la tribu Efik Anarukié.

Nasakó bekombré ororó: título de Nasakó.

Nasakó bekombre otanke ñene Orú: en tierra de Kene (Orú) la mujer de Nasakó fue también la de Iyamba. Yuansa la mató. Ella parió junto a una palma, por lo que se dice Eurime Nkamiñén. "Dicen que en tierra Orú una mujer le fue infiel a un Iyamba, y Yuansa la mató por mandato de Iyamba. Esto es lo que todos sabemos. Y se dice que parió al pie de una palma, porque el hijo que traía al mundo no era de aquel Iyamba de Orú. El Iyamba no pudo consentir aquel ultraje. He oido decir que las mujeres carabalí botaban a sus hijos al río, cuando engañaban a sus maridos". ("Eran muy livianas").

Nasakó bekombre otán kenene Orú: el Adivino Nasakó de Efik Anakurié. **Bekombre:** su instrumento mágico. **Otán:** embrujo. **Keñene Orú:** una mujer de tierra Orú. "Nasakó engañó a esa mujer, la embaucó, y al poco tiempo por su magia, ella fue su amante. De esta unión nacieron veintiún hijos que formaron una tribu en la que todos eran parientes, hijos, nietos, biznietos. Esa mujer de Orú era mujer de un príncipe muy mujeriego, que no paraba en su casa. Fue a pedirle a Nasakó que le amarrase y Nasakó la amarró a ella. Esa tribu se llamó Efik Anarukié".

Nasakó betán Abasí anamendú umón merofia ekoi bati bati iñún barofia brusón barán Ekue brusón amanantión obiana kiko irún irún kere mbara Nasakó ekón Abasí ñiró ntati achecheré: Nasakó con el poder de Dios, con el agua sagrada las hierbas y el gallo, limpió -purificó- los plumeros cuando los trajeron de Ntate.

Nasakó Bokoirán sumbikamá ñene Efor anangobié aprofané: Nasakó adivinó cuales eran las siete hierbas buenas para Ekue.

Nasakó eforí Bongó sawaka Ekueñón sokabia erendió Abasí: se canta mientras se lava el interior de Ekue.

Nasakó Ekueñón Iyamba: Nasakó oficiando con Ekueñón e Iyamba.

Nasakó Ekumba Sororí: título de Nasakó.

Nasakó Ekueúmbre eruma bakurero boko erugriyé nkamá Usagaró nyugue mutambó Isunekue agüerí abata mundira Nkanima ntuta monina erebesó: palabras que pronuncia Nasakó (el Kunansa) dirigidas a Nkanima indicándole que recoja las ofrendas mortuorias y las lleve al cementerio, a la tumba del hermano caído y le haga saber que se ha cumplido con él.

Nasakó Erón Sese akurirlrión: Nasakó adivinando por medio de los siete mates que le sirven para vaticinar. Estos mates los arroja sobre un plato hecho de güira o de madera, que unta de una substancia blanca que contrasta con el color de las semillas del mate.

Nasakó foinuá itamaó akuá ibana Yuansa krúkoro aberitán: "el adivino Nasakó le dijo al marido de la Mujer que había que matarla", - a Isún, marido de Sikán.

Nasakó fokominuá osamio ñene iruá kerewá: las mujeres, dijo Nasakó, no pueden apreciar la divinidad de Tanse como los hombres.

Nasakó fokominuá Tanse kankubia krúkoro etié ñonobón ápapa newé osamio: Nasakó (consultado por el marido de la mujer que halló el Pez) dijo que los ápapa Ekoi debían adorarlo como a una divinidad.

Nasakó forótamo: Nasakó cuando prepara un cuerno para guardar la pólvora. Título de Nasakó.

Nasakó itia ororó efó mutasia fembé ekón Abasí kendemesón Akuaramina angó aterré angongó Iyá ekoi anafembé Ekue Efor: oración que dijo Nasakó para "controlar con el ekón a los siete espíritus de los siete Antepasados que acompañan a Tanse, el Pez de los Ekoi, y a la Sikanekue encarnados en el cuero de Ekue".

Nasakó kunansa eñón kanima Umpabio eñón kanima: se canta cuando Nasakó, el brujo de la Potencia, cubre de pólvora el gandó o trazo mágico y la hace explotar a todo lo largo del mismo arrasando con todas las impurezas y malas influencias.

Nasakó kundimayé de Bekura: sucesor de Nangobié. Título de Nasakó.

Nasakó kundimayé ripá matereré atangaiforó ndimao mbarakanene bekombre ororó eforí nkarí mbara iká Abasí kondafión asubikamá ñene eforí Ekueñón aberebutón banbán unbekó awaripó aberomino Fambá: con esta oración Nasakó entrega a Ekueñón las hierbas rituales para purificar a Ekue.

Nasakó kuribetán: Nasakó cuando se sienta a preparar sus embrujos. Título de Nasakó.

Nasakó kuri betán Ekue kurefe oruma akuá basirirí wembán meta kuri Eribó obonekue menumentiero eforí ama yeneká aché chereré indiobón: Nasakó y Ekueúmbre colocaron en el Sese los Plumeros, símbolos de los espíritus de los Antepasados Ekoi.

Nasakó Kuribetán Umpabio amana ñongo Ekue Sisi barikondó barikondó Efor erori Muñón Muñóngo baranekue ñongo sibón Obane mpá moto semi Kisongo otanga Efiméremo Obane Mbemoró eremomó Abasí umpabio Abasí nseniyén akurumá umiama ñongo Mokoró Obane: Efiméremo le dio facultades a Nasakó para hacer en Obane Efik, lo que quisiese. Salieron a buscar la Voz y se trajo arcilla de Mokoró para trazar los signos, el emblema de Obane Mpanamoto. Llamaron el espíritu de Tanse, pero no se escuchó la Voz. Nasakó resolvió partir para el territorio de Abarakó y allí en sus lomas sacrificar un gallo a los manes de Sikán y atraer el espíritu de Tanse.

Nasakola: bruja, hechicera.

Nasakó lori muñón: el Nasakó cuando purifica los plumeros. Título de Nasakó.

Nasakó mamboró nkamá: Nasakó cuando habla.

Nasakó mbori menú mentiero: Nasakó condenó al chivo a ser sacrificado.

Nasakó mereketamo chenikawa burana nkeleye erembiaromé fikeloria baruna arogoró erenkeloria seretón direnkawa aberesuá yeretún ñekirán profana Okanko nkeniké isoroma Nyenibón aloria cherendá nuriañón musontobia mundikaká nansao betansón fanañón Iyamba bonansene beñán bani kako: oración para la presentación del chivo en las honras fúnebres de un dignatario.

Nasakó mugará Umpabio seneti: Nasakó le dio a tomar a Iyamba agua de su Prenda -cazuela-, habitáculo de las fuerzas que maneja el hechicero.

Nasakó Nangobié Efor: el primer Nasakó de la historia Abakuá, Jefe de los Adivinos de la tribu de Efor. "El que preparó todas las brujerías de Efor".

Nasakó Nawembán: título de Nasakó.

Nasakó ndiminifán: Nasakó en el momento en que encanta una escoba. Nasakó prepara una escoba con sus siete hierbas. Todos los brujos, en todos los tiempos, se han combatido unos a otros con su hechicería. Nasakó preparaba su escoba con ciertas hierbas para aniquilar la brujería de sus enemigos". ("Fermín Méndez, el brujo de mi pueblo, tenía su caldero -Nkiso- llamado Kukuñongo, y a la entrada de su puerta una escoba preparada mágicamente. Una vez siendo yo un niño, cogí yo esa escoba para espantar una rana. El viejo me regañó severamente y dio las quejas a mi madre. Mi madre se consternó. Y es que aquella escoba, como tantas otras preparadas por los brujos, son una fuerza, tienen un espíritu en ellas. Las de Nasakó y las de los Ngangas son como los Eleguas de los Babaochas, guardianes de las puertas y de las casas. Rechazan las brujerías, no dejan pasar a los malos espíritus que quieren introducirse en éstas para dañar. Con ellas barren los brujos los maleficios.")

Nasakó ntieroró: título de Nasakó.

Nasakó ntipá Sikán sansuwero nawembán: Nasakó dominó con su magia poderosa a Sikán, anulando su voluntad.

Nasakó ntuñé: título de Nasakó.

Nasakó Ñamurumbán: el brujo. (**Iyamburumbán:** el de la brujería del pescado sagrado Tanse).

Nasakó sako sako: título de Nasakó.

Nasakó sako sako Nasakó nawerembán Efiméremo ito ito Efiméremo ito ibá: Ekún balorí sarorí kondó Efor ke eyene Efor: palabras que se pronuncian cuando Nasakó enciende la pólvora que arrastra todas las malas influencias en el momento de comenzar el "Plante" o cualquier ceremonia que celebre la Potencia.

Nasakó Sakusá: Nasakó cuando trae las hierbas del monte.

Nasakó sanga Nkanima: Nasakó va personalmente al monte a buscar los palos y hierbas que necesita su magia.

Nasakó sanga nkanima afakariongo mokombre: Nasakó llevó la brujería a la boca de un cocodrilo, en el río, en lo profundo del monte.

Nasakó sanga nkanima ntañe ndime ifán ntre krúkoro erieté Nasakó aforotamo Nasakó kundimayí Nasakó ntieroró Nasakó kurí obonekue iruete: "Nasakó, que en Africa no era más que el brujo de la tribu (importantísimo, pues él lo hizo todo) iba al monte a buscar hierbas para curar. No entra en el Butame porque no está jurado". Se le hizo jurar engañado.

Nasakó Sankantión manantión besuao beromo Abasí Eremomó Sese moto epití Efor epití Efik Ireme Efik okagua Efor: soy un hombre autorizado por Abasí para oficiar en Efor y en Efik.

Nasakó sapa kuereñón: Nasakó en el momento en que purifica una de las cuatro esquinas -llamadas los cuatro vientos- o puntos cardinales del cuarto sagrado.

Nasakó sipa materere: "un Nasakó ya viejo que no trabaja y que sólo se ocupa de limpiar. Un Seritongó maestro.".

Nasakó sume sume: título de Nasakó.

Nasakó Tekombre orosó: título de Nasakó.

Nasakó temeroko Fambá: el Nasakó purificando con el gallo el cuarto santuario o Fambá.

Nasakó teni teni anamutu fembe ñajekue kundimayé akuá ñongo Sinayantán awana ñongo teniansene efión yene yene amí fiankoró tenewán Ndemá migafia yene mitón kambá molopó semi semi nawerembán ayeretamo kifé sokabio: Nasakó ordenó que llevaran a Sikán a **Ndamá Obón kuriko** y en lugar secreto se la sacrificara. Y ordenó que le diesen su cabeza y su sangre. Las órdenes de Nasakó fueron acatadas.

Nasakó terembio Kanko miseré efori mañene Efor eforí Ekue Erominán soiro Ibondá amantiyé ororoki Obane mayerendún kanko Obane kanko Orú ekrúkoro ñene Bibí: cuando no dio resultado en el cuero de un carnero la trasmisión de la Voz de Ekue, Nasakó, reunido con los Obones, les declaró que iría a buscar la Voz a Obane, y que tuviesen cuidado con las piedras que servían de base al Fundamento.

Nasakó ubia burañé: Nasakó adivinó el mal que aquejaba a Iyamba.

Nasakó Ukanaré: de la tribu Abakokó.

Nasakó Umpabio eñón kanima Nasakó borina eñón kanima Nasakó Nawerembán eñón kanima Nasakó miobia eñón kanima Nasakó Anabetán eñón kanima: Moruá proclama los títulos gloriosos de Nasakó mientras éste riega sobre el trazo de la limpieza la pólvora que guarda en su cuerno.

Nasakó Umpabio eriero abedureñé: Nasakó con su tarro mágico trabajando, encantando.

Nasakó wembán: el Nasakó cuando prepara la brujería.

Nasawama: suciedad, impureza, brujería.

Nasawama: lechuza, desgracia.

Nasawama kurina Bongó: tu bongó está sucio.

Naseritongo: maestro, sabio. **Naberetongo**, se dice también corrientemente. El que goza reputación de ilustrado.

Naracho: adoración.

Natacho: antiguo dios de los bríkamos, con **Tacho y Naberetacho.** "Eran tres estos santos viejos carabalí."

Natakua: maestro, sabio.

Naubioko: parte del río sagrado en que Mokongo oyó a Ekue. **(Naubioko Kutón).**

Naubomía: la Voz.

Naubomia: no me ha respondido.

Naundirá: tigre.

Nanwambembe: embarcadero donde se hizo el primer Baroko en Betangó, autorizado por el rey de Bekura Mendó.

¿Nawé akaná? ¿Echekendeke ata sanga weriñampe?: ¿Quién es tu madre hasta tu última hora?

¿Nawé Betongó?: ¿Qué quiere decir Betongó? En Africa, Betongó es una loma de Efor.

¿Nawé Bongó itia?: ¿De qué era el parche del primer Bongó en Guinea?

Nawembán: la brujería; la magia de Nasakó, gracias a la cual dominaba su tribu.

Nbá: orilla.

Nbakará: blanco. "**Nbakara o mbakara** eran también unos congos chiquitos y fuertes que vinieron a Cuba. Eran muy brujos".

Nbán: pasar de un lado a otro.

Nbán: embarcadero.

Nbán Efor Mokoró fembe Ekuku biga biga sosó mbara etanko múseré Ekueñón arogamá: "cuando hallaron a Ekue, Ekueñón quiso trasmitir la Voz". "Ekueñón llamando la Voz de la Madre, el Espíritu, para llevarla al tambor".

Nbán faramandina: un hombre útil.

Nbanurán: luna.

Nbara itún Ntikón: acción de sonar un **Bakriñampe,** cráneo. "Con la cabeza de un muerto y cuero de chivo se hace un tamborcito para llanto, -para llorar a un Obón cuando éste se muere. Se tañe exactamente igual que el Ekue".

¿Nba sause?: ¿A qué Potencia pertenece? (**Nba** significa orilla; **sause,** despacio).

Nbefumá: cantar.

Nbeke: remos.

Nbekenekén: bote de pesca.

Nbeke nekén akuara namusón: el bote se aleja, remando.

Nbiamiro: tierra en que murió Yuansa, situada entre Obane Efik y Nunanguebé Efor.

Nbira: mira.

Nbirán: nombre de un río en Efik.

Nbliyo: estrella.

Nbofiankoro okeririón pana amana nboto muña: alusión a lo que se realizó en el templo **-ekoririón pana-** durante la iniciación.

Nboko mokobí: la cárcel.

Nbonerón: hombre que gozó de mucha fama en tierra Bibí.

Nbrabani: vendedor de tabaco.

Nbrabanú: tabaco.

Nbríkamo aberitán inoko: lugar del que se saca arcilla para hacer yeso.

Nbriyo: estrella.

Nchawa: nación carabalí.

Nchene nerí: pleitista.

Nchibiró: escondido, secretamente.

Nchimiyá: sonar.

Nchimiyá: tierra de. "Allí fue sacrificado y desollado un congo. Su piel se utilizó para sellar el Bonkó, Fundamento de los Efik".

Nchimiyá: chillar el Bonkó. **Nchimiyá Bonkó.**

Nchiten chitén: menearse, una cosa que se mueve.

Nchófiro, nchópiro: café (en Olugo).

Nchori: pene.

Nchuí: castigo. **Obón Nchuí,** se le dice a Nkríkamo en su calidad de ordenador de los castigos.

Ndabeké: tabaco.

Ndabo, ndaba: amigo, amiga. (He oído a algunos ñáñigos llamarle **ndabo** al tabaco.

Ndaferé: murió.

Ndá fereké: carne salada.

Ndaferé: carne fresca (en Otamo).

Ndafia Abasí, Abasí awereke: Dios vino y se fue.

Ndafia akukrebión: el sol y el viento son sagrados.

Ndafia awereké Abasí Obón Efik: Dios en el cielo y Obón Efik en la tierra.

Ndafia awere ke Abasí Obón Efik: nada mejor que los Efik, ironía de un abanekue de Efik a otro de Efor.

Ndafia wereké: Dios nos ampare.

Ndafión Sese Eribó amananbáe: palabras que pronuncia Ekueñón al derramar la sangre del gallo en el Sese y en los demás atributos sagrados, con excepción del Ekón.

Ndambaké: tabaco.

Ndana: comarca de Wanabekura Mendó. "En Ndana mataron a Sikán en un monte."

Ndana: lugar entre dos lomas, una en Efik y otra en Efor, por donde pasa el río que recibió la sangre de Sikán como tributo.

Ndao akamá yusongo monina akawá anyeré: ven, mi casa está abierta para todo el que sea Abakuá.

Ndaria: Ireme manco que se apareció en tierra de Obane cuando juraron a Efiméremo. Otro Ireme se manifestó a la vez, Akusundaria, y era cojo. Intentaron apoderarse de ellos, introducirlos en el Fambá, pero desaparecieron por el camino de Mbemoró.

Ndawa kamayusón monina kamanyere: la puerta de mi casa está abierta para que entre mi hermano.

Ndayo: hermano en religión.

Ndekeke: padrino (en Olugo).

Ndeme Efía ayereká okobio: Ireme que se manifestó en la consagración de Efor y de Efik (era el espíritu de Sikán).

Ndeme ferúnkuo akuamiko eforí mbiaga Iruá: en tierra de tigre el mono no puede bailar.

Ndemepá: las alas del gallo.

Ndemesongo ndemeñón: por los siglos de los siglos, Amén.

¿Ndená?: ¿Dónde estás?

Ndiagamé: la jícara, o sea, la mitad de la güira, usada como plato.

Ndiagamefé: rata.

Ndibó: San José. Santo.

Ndibó: poderoso, divino.

Ndibé: europeo.

Ndibe gandusao: cazadores de fieras, de leopardos.

Ndibó Efor: lo sagrado de Efor.

Ndibó Efor: partido de hombres de raza blanca de Guanabacoa. "Se proclamaron poderosos. Cuando los negros se enteraron hubo broncas por aquel nombre que ponía de manifiesto su arrogancia. Se les prohibía a los moninas salir sin camisa a la calle. Solían ir a Matanzas."

Ndibo onkayei aboserón Monina akámanyere: mi embarcadero está abierto para mis hermanos.

Ndibó tete Mosongo ñampe: Ekue llora junto a Mosongo en el Ñampe.

¿Ndibó tete Mosongo ñampe?: ¿Cómo si Ekue murió (el Pescado), luego siguió sonando? Respuesta. **Ñanguirirí Fabaka ñanguirirí Mosongo anandokié:** "porque cuando murió dejó su sangre en el trazo -signo- que estaba en la güira, y su voz en el Kankomo".

Ndifón guidón Nyegueyé ekobio erenobón: un príncipe libre en tierra de bríkamos, de Bekura.

Ndike: mirar.

Ndike burato keobón Efik: crucifijo. Se coloca -"representación de Abasí"- en el medio del altar de una Potencia con los objetos sagrados del culto de Ekue.

Ndike kurako keawara itemio kurako ke awanisón abanekue eririo manwé abanekue erifoekue: palabras que dice el oficiante cuando, después de arrodillados los neófitos, ya marcados los pies, las manos, las piernas, las espaldas y el pecho con los signos sagrados, son purificados con aspersiones de agua bendita, albahaca, vino seco, aguardiente y humo de incienso. Después se les hace poner de pie para que penetren en el santuario, donde son purificados de nuevo con un gallo, Y Mpegó les traza en la cabeza, el signo **arakasuaka.**

Ndiké motá ike: mezquino.

Ndike nankubero ndibá Mosongo: adiós, hasta la vuelta. (¿Sátira?)

Ndike tata bón Iyamba Ekueñón añarisún ekueremí ñanga Abasí: diablito, saluda al Bongó, a tu Ekueñón y a Abasí. (Ñangaliana)

Ndike un mañón moto bríkamo mañón Usagaré: fantasma que aparecía en Urana. Se le veía en el Embarcadero, en el río y en la loma. Al río se le hacían sacrificios humanos una vez al año.

Ndikeyé: cazuela.

Ndike yua: (Ndike nyua manga manga tere): firmar, hacer el iniciado la cruz en el Bongó Ekue.

Ndimawó: inservible. **"Eñene ndimaó":** esa mujer no sirve.

Ndimawó: botija.

Ndiminifán: quitarse.

Ndina: mala sombra, "salación".

Ndina: lo malo; pecado. Enfermedad natural o producida por alguna brujería.

Ndina akarawá ndina amokoirén: primer gallo que después de presentarlo a los cuatro vientos le sacrificó Ekueñón a Ekue.

Ndina karawá ndina mokiré: gallo de limpiar, purificar a los okobios.

Ndina Mokuire: gallo de la consagración.

Ndinde: hierbas de Efor.

Ndinde Efor anamusa inápondó: purificación de las hierbas en tierra de Efor.

Ndira numai: cerca de la puerta.

Ndira ngandusae isanga iwanke uria: se dice para presentar las comidas.

Ndobeyán: estrella.

Ndochán: pimienta de Guinea.

Ndofia wereké Abasí Obón Efor: Dios en el cielo, el ñáñigo en la tierra o el rey de Efor en la tierra.

Ndoga teke ndoga itón ñagurupá: la música está tan buena que alegra.

Ndoga Tete Ndoga: el repiqueteo, la música acordada de los tres nkonos o tambores de la orquesta Abakuá que acompañan los cantos y a cuyo son bailan los Iremes o diablitos.

Ndoga Tete Ndoga: otro nombre que se da al tambor de fiesta, el **Nkomo Binkomé.**

Ndokié: izquierda.

Ndokarán akarawán yuyambio: acto de "llamar la Voz de Ekue". No quiere decir que siempre que se llama a Uyo hay que vestir el traje en que se materializa el espíritu de Sikán. "Cuando Ekueñón ha llamado la Voz y ésta se acerca, el Ireme Eribangandó, puesto el **Akanawán,** viene con una jícara de agua en la mano. Ekueñón le dice ¡**Eribangandó! Umón Nandibá okambo nyoroguí.** Eribangandó se agita, suena las campanas que cuelgan de su cinturón y arroja el agua al suelo. Esta agua refresca al Espíritu, que entra fresco en el Tambor Sagrado. **Umón Nandibá Okambo nyorón** significa el agua del lugar sagrado en el río, en que Sikanekue sacó a Ekue en su güira. Apenas Eribangandó arroja el agua de la jícara, se escucha el bramido de Ekue en el Iriongo. Un abanekue agita al mismo tiempo los cencerros -**Nkaniká-** delante de la cortina que lo oculta, en señal de júbilo."

Ndokairán Nkokanawán yoyambio: un hombre revestido de Ireme que representa a la Sikanekue o a un antepasado. En este caso el fantasma que se vio en Ibondá, que era el de Sikán.

Ndoko minoko Mokongo arabesuá Moruá kuarendibé: "Ave María Purísima! ¡mira como nosotros nos estamos divirtiendo aquí, y cómo están nuestros hermanos en la Gloria!" (Alude a los antepasados que comparten con los abanekues la alegría de la fiesta).

Ndoko ndiminoko araroko Mosongo arabesuao Eribó Guaso makaraguaso moto chekendeke Mosongo Obón Iyamba ata Efiméremo mochukurrikú ekrúkoro Wanabekura nkáura kiko bagarofia Warakasike Bongó Efiméremo Iyá

kondondó Abakuá Akanarán merefla Akanarán

Mañón: el Credo de los Abakuá que se reza cuando después de purificado el santuario o Fambá, se van a manipular el Ekue y el Sese.

Ndomeñán Nsibó: lucero divino.

Ndomeñán Ndibo Efor: el lucero divino que brilla en Efor.

Ndorañé: Mpegó cuando traza la cruz en los tambores y canta: **Ndora Ndora ndorañé,** que significa marcar los atributos divinos cuando están signados.

Ndoyamtikín doya itón aroropá: conjunto de tambores.

Ndube: santuario. Es además un título.

Ndube: guardiero, del Templo.

Ndube mokimbán barankó: "Isunekue guarda bien el secreto".

Ndugo: la sombra que apareció en la boca del pozo invocado por el Nasakó.

Ndugo: hechicero.

Nduje: tío.

¿Nekue afokankó Ndibó Muna Ekue?: ¿Quién dio al cuero el poder de atraer al Espíritu? Se responde: **Otán burumba Ekue amanayún Nasakó Umpabio.** Nasakó, con el poder de su magia y su talismán.

Nene: fe.

Nenumekibá: mosquito.

¿Nerán akondobiana baroko Ekoi muñón?: ¿Qué título le dieron al Moruá en el Baroko? Respuesta: **Moruá Eribó mayanisén anán kerafia ngomo sairión otiyén abayendun Abasí makoniten:** le dieron el título de Moruá Eribó Ngomo. Lo recibió en el baroko de tierra Efik y le entregaron el Eribó que él mismo rayó (marcó con los símbolos).

¿Neriero?: ¿Qué desea?

Neri: embarcadero.

Nerón: oso.

Newarisún: una tía de Sikán.

¿Newe?: ¿Dónde?

Newe Afokondó Ndibó muna Ekue otán buranba Ekue amanayín Nasakó umpabio: Nasakó con su magia llevó la Voz al Bongó, y la Voz brotó del yín apoyado en el cuero.

¿Newé Bongó meta seré kondomina?: ¿Cómo la Voz -el Espíritu- fue al **Bongó meta?** Se responde: **Akuarumina Ekue Ekue Isún Ekue Mosongo mbramichán.** Gracias al poder de Dios y al sacrificio lo recibió Isunekue en el parche. Y se continúa interrogando. **¿Enewe Afokanko Ndibó muna Ekue?:** ¿Quién le dio espíritu, Voz, a Mosongo? Se responde. **Otán buramba Ekue amanawín Nasakó Umpabio:** se lo dio Nasakó con su magia.

¿Newé ekori otán Baroko eforí Sisi Iyamba? ¿Newe ñurenitén mbarakandubia eforí Sisi Iyamba eta mafimba ndibó?: Con estas palabras preguntan los que saben cuando se está haciendo un Baroko o Potencia que por necesidad tiene que fundarse sin la presencia de Iyamba.

¿Newe Isán Malamba?: ¿Cuál fue la última palabra que dijo Iyamba? ("Ñangaliana. ¡Esto es impostura reglana! ¿Quién sabe la última palabra que dijo el Iyamba?")

¿Newe Krúkoro ntomewá?: ¿Quien era el hermano del hombre que mató a la mujer (a Sikán)?

Newe Mosongo bariribá Ekue: "las tripas de Sikán fueron los cáñamos del Mosongo" (tambor sagrado) y estas palabras las pronunció Nasakó. Y las tibias sirvieron para las uñas del mismo.

Newe nandokié: la Voz que sale del centro del Fundamento.

Newe ri yerekami: que le vaya bien.

Newe umón kaniká eromiyé: Barakó a lo lejos escuchó a Ekue. **Newe,** adonde. **Umón,** agua, río. **Kaniká** sonido de campanilla).

Newe un enerio nomi: ¿Dónde está mi hermano?

¿Newé yampamisún kamko mbori o Newé yampan kanko mbori: las tibias de la víctima sirvieron de base al tambor. "Por eso usamos dos trozos de caña para colocar a Ekue".

Nfá: aquí.

Nfé: luna.

Nfrisá Efor: cementerio. "Cada bríkamo le dio al camposanto un nombre que era el de la tierra de sus antepasados."

Nfuñi: papel.

Nfuñi: pan.

Ngandusae: cazador.

Ngarabanú: nuca.

¿Ngarusá saroroko Tindé?: ¿Qué te hicieron para que pudieras ser Iyamba?

¿Ngión bero irión batabá muñón Ekue nkaure Eforisí Iyamba?: ¿De qué tierra fue el primer ñaíto?

Ngó: leopardo o tigre.

Ngojián: pimienta.

Ngolo: congos vecinos de los carabalí.

Ngomó aforí Sisi Iyamba: se canta en el momento en que Isué traza en la cortina del altar el emblema de Iyamba.

¿Ngomo achankueriero Uriabón Mosongo? ¿Quién es su familia? Es decir, ¿a qué Potencia pertenece? Se responde: **Mbara kunabia Efik Mokabia** o la Potencia a que se pertenece.

Ngomo Afé: carbón.

Ngomo Amanaká: el yeso con que signaron al Iyamba de Efik.

Ngomo arabesuao: yeso para marcar el Fundamento.

Ngomo basaroko: yeso amarillo, para la iniciación.

Ngomo Ibenké: yeso rojo.

Ngomo makará: yeso blanco. Se dice en el momento de trazar los signos en los abanekues, en una ceremonia de ñankue - en señal de duelo - "porque Ekue ha perdido un hijo y está de duelo". El yeso blanco simboliza la muerte, al contrario del amarillo que simboliza la vida.

Ngomo makará Asanga weri asanga weri ñankue: con este canto comienzan a marcarse los signos sagrados en el cadáver de un obonekue.

Ngomo manaka: el yeso con que dibujaron los signos de la iniciación en la cabeza y en el cuerpo del Iyamba.

Ngomo maserendé awana Bakokó Betongó Efor nansuga nandibara: el yeso para trazar los signos se encontró en una loma situada entre Bakokó y Betongó.

Ngomo masereré: corcho quemado para pasar sobre las marcas o trazos blancos dibujados en el cuerpo de un alto dignatario en sus honras fúnebres o "despido".

Ngomo mbákara: yeso blanco.

Ngomo orunakua Abasí rirí Ngomo Ngomo blángomo: mientras Mpegó traza el signo orunákua **Abasí rirí,** los demás oficiantes cantan estas palabras.

Ngomo talbó: polvo de yeso blanco. Se llama el acto de rayar a los hermanos por quienes Ekue tiene duelo. El día del **Nlloro,** a todos los obones y obonekues se les trazan los signos respectivos a sus jerarquías con yeso blanco "que es el color de los espíritus de ultratumba."

Ngomo tete bakankubia: el altar está rayado, es decir, Mpegó ya ha dibujado los símbolos en el altar.

Ngomo unwario: cruz que se hace con yeso.

Ngomo Yuansa: el primer signo que se traza en el chivo, firma.

Ngomo Yuansa ntuaba: yeso con que se traza la "firma" o símbolo de unión, en el chivo.

Ngoniflé: ciempiés.

Ngoromé: pelo.

Ngrí: leopardo.

Nguakaré: güira.

Nguá kemió: camino del cementerio.

Nguaña sambaka sanga ka kumekue: eres tan porfiado que persistes en tu idea. Canto de puya.

Ngüékeré: cazuela.

Nguenche: piojo (en Olugo).

Nguimí kanarán: sonar el Ekue por el alma de un obonekue. Llora, Madre. **Nguimí,** lamento, sollozo.

Ni: defensa, defenderse. "Nadie va al patíbulo por su voluntad". **Arani kakuba:** el gallo aletea, se defiende cuando lo van a matar.

Nifá: la Virgen del Carmen.

Nifó: Apapas de tierra Efik.

Nipawario Ekueñón kerafia kiñón Abasí: se dice al preparar Ekueñón la **mokuba Ñoete,** en el ritual fúnebre, Ñampe.

Nipó: cedro.

Nitanga maserecé: corcho que se quema en la llama de una vela para signar a los muertos a la vez que con la tiza blanca; también se usa con el propósito de enlutar las firmas en los atributos sagrados.

Nitankene Efor: la cueva donde se metía el Pez, en el territorio de Araukón, que pertenecía a Usagaré. **Nitankene Efor Nitán bayumba:** "el Pez nadó por todo el río".

Nitankene Efor Nitayumba: nombre de un tramo de río sagrado donde se creó la Potencia Araukón.

Nitankene orobanduma Efor makaro mofé: nombre de una embarcadero del río Kamaroró.

Nitongó: la güira vacía.

Nitongó ibana sina yantán: una mujer (o Sikán) que va con su güira a la orilla.

Niyún: centro de un tambor.

Nkabubia: comer (en Otamo).

Nkabuyo eteñemebón tentén yenifó: se le llama al guardián del Secreto en tierra Oru.

Nkalá: cejas.

Nkalá: la cabeza.

Nkalú: luz de velas.

Nkalú Abasí: vela bendita, o literalmente: vela de Dios.

Nkalú bakankubia: la vela que el neófito sostiene encendida en la mano mientras se inicia.

Nkalumapá: el sereno, hoy el policía que hace guardia de noche.

Nkalú mapé: vela que en la ceremonia fúnebre de un abanekue se le enciende al cadáver.

Nkalú Matongó: la vela que se pone encendida ante el tambor de Ekue. La vela que sostiene el neófito durante la ceremonia de iniciación.

Nkamar: hablar.

Nkamba: vieja.

Nkame: elogio salutación, discurso, relato.

Nkame: oración.

Nkanai: "bautizo", consagración de atributos.

Nkandamo nibio Iyamba mbán yiro: Iyamba autorizó a Nkandemo para que pueda hacer la comida de comunión. (Muchos ñáñigos dicen Nkandembo).

Nkanderinón: comida.

Nkangue: esta voz -bantú- la emplean también los ñáñigos como los mayomberos o "paleros", individuos que practican la magia blanca o negra importada a Cuba por los esclavos procedentes del Congo. Significa amarrar. Nasakó el día anterior a un plante, **nkanga**, liga, amarra mágicamente, es decir, asegura las cuatro esquinas y la puerta de la casa en que se celebren los ritos.

Nkanibó: pelo.

Nkaniká: campana cuadrangular que en número de seis portan los Iremes atadas a un cinturón de cuero que hacen sonar contínuamente. En los comienzos de la Sociedad en Cuba, los Nkaniká eran de madera, para no llamar la atención, pretenden algunos viejos. Tradicionalmente debía llevarlos en los bajos del pantalón y en las muñecas de las mangas. En el Ñankue las campanas del Ireme, -de Anamanguí, que tiene a su cargo velar continuamente junto al cadáver y cumplir otros oficios- se taponan para impedir que suenen, o se sustituyen por otras de madera que se hacen con güiras pequeñas. Antiguamente, en los Nlloro Anamanguí solía traerlas en la espalda.

Nkaniká ero ibá o Nkaniká loribá: cinturón con campanas que se ajusta con la ñonga (adorno de pita) que en forma de faldellín cuelga detrás.

Nkanima: Ireme del Monte.

Nkanima: dios, espíritu del Monte que los ñáñigos nos comparan al dios Osain de los lucumí. Dentro de la Potencia su función consiste en recoger los testículos del chivo y los restos de ofrendas para llevarlas al Monte. Los lleva en una jícara, de la que sacará los testículos para colocarlos debajo de un árbol. Esta ofrenda es para los Muertos. Una vez que la ha colocado no puede mirar atrás.

Nkanima: bosque, campo.

Nkanimá: embarcadero, monte y orilla de río. El patio de la casa que ocupa una Potencia, idealmente, es un embarcadero, un trozo del monte y del río sagrado.

Nkanima Ekón anamendó Abasí anamendó: Nkanima va con el Ekón al monte a traer la Voz divina.

Nkanima sueka ntiberó: palo derecho que se utilizó para fabricar el cetro o itón de Mokongo.

Nkanufé: muerto (en Isuama).

Nkaño: bueno.

Nkure Afrakaune: se ocupaba con Batangá Barongá del ritual de la comida de comunión.

Nkauke Eribó: vela que se le enciende en el Fambá al Eribó y se coloca junto a éste.

Nkaura: el carro de los Muertos.

Nkaura: rezar, "aunque muchos dicen que es caja de muerto".

Nkaura: calle.

Nkelán, nkelén: espuelas.

Nkelén nkiko: espuela de gallo.

Nkene: sufriré pero no hablaré, dijo la Sikanekue.

Nkene ñankue: Ekue mantuyén: su espíritu abandonó su cuerpo.

Nkene nkene Ñankue Ekue nantuyén: tu cuerpo y la sombra de tu cuerpo están dentro del féretro.

Nkene Ñankue: la sombra del muerto.

Nkenepén: pájaro.

Nkenekén barumao: el pájaro va a hablar. El pájaro que vio desde el árbol el sacrificio de Sikán. Es un canto que entonaban los viejos en las fiestas, cuando llegaban los buenos cantadores, para darles un pie. Todavía se canta Nkenepén barumao Nkenepén... y sirve de estímulo a los cantadores.

Nkenepén barumao: "era el pájaro que vio desde la ceiba el sacrificio de Sikán."

Nkenepén barumao nkenepén Efó kominuá nkenepén: el pájaro de Efor, Nkenepén, que cantaba y habló. Contó lo que presenció, el sacrificio de Sikán.

Nkenerí: agua con sangre.

Nkenerí: sacrificio de chivo.

Nkenerí Efor: sacrificio del chivo consumado en Efor.

Nkenesú Isún Ekue awerí: pernil izquierdo del chivo sacrificado, que se le presenta al Fundamento antes de echarlo en la cazuela de la comida que se prepara para el muerto en el Ñankue. En esta ceremonia se hierven sin pelar las ofrendas de viandas, ñame, plátano, etc., con la caña, el maíz, el ajonjolí, y se manda a un abanekue que las lleve al monte para ofrecerla a los muertos y las deje bajo un árbol. Un árbol que dé sombra. Esta comida no se cocina ni los vivos la comen. Si se trata de un alto cargo, el chivo vivo se lleva al Butame y se le presenta al Fundamento. Se le dice: **Mbori Iká**, y el Ireme Anamanguí lo asfixia. Muerto el chivo, que ha de ser pequeñito, apuntándole apenas los cuernos, se introduce en la caja del muerto para que éste se lo lleve el otro mundo. Los simples iniciados se llevan a la tumba un gallo que les sirve de almohada. Así se le devuelve el que trajo a su juramento.

Nkenikén: cencerro.

Nketá: taburete, silla.

Nketikén: cencerro.

Nkefe: gallo en el sacrificio.

Nkefe nantumbe nkiko nantuario: se dice cuando además del gallo del sacrificio, se mata otro gallo después de traerse la Voz. Se coloca la mokuba o cazuelita que contiene su sangre sobre el signo o sobre la firma del muerto, en la ceremonia fúnebre.

Nkiko: gallo. La pechuga del gallo le pertenece a Iyamba. El anca derecha a Mokongo, la izquierda a Isué. El ala izquierda a Isunekue, la derecha a Ekueñón. La cabeza a Nkóboro.

Nkiko afé afé, Nkiko afé: pavo, guanajo.

Nkiko afé afé: gallo jabado.

Nkiko akuá: gallo que se ha sacrificado para el juramento de los neófitos.

Nkiko ana Bonkó: derecho que Efor otorgó a Efik para sacrificar el gallo al Bonkó. **Nkiko araní:** nombre que los Efik dieron al gallo del sacrificio.

Nkiko arani Bonkó: derecho, tributo que pagó Efik a Efor para sacrificarle al Bonkó.

Nkiko arani kakuba: el gallo derramando sangre.

Nkiko ararisún: el gallo preso (**ararisún**), atado en el Fambá, con el cual Nasakó purificará a Iyamba.

Nkiko arogobíobío: gallo para "plante" de fiesta.

Nkiko atere ñon komo Irene Abakuá: canta Ekueñón con el gallo del sacrificio en la mano ante la cortina del **iriongo o Foekue**.

Nkiko awaririampo sanga beroko bekusé: palabras que significan que la ofrenda para un abanekue difunto la lleva al monte un miembro de la Potencia.

Nkiko awaririampo sanga beroko bekusé: el gallo cocinado y el huevo con que se practicó la purificación en una ceremonia fúnebre, todo se lleva al cementerio si es posible, o al monte, donde irá a recibirlo el desaparecido, en espíritu.

Nkiko bagarofia: gallo indio.

Nkiko barakanune nkiko abarakó: "tan necesario es el huevo como el gallo".

Nkiko bereñe: gallo sin cresta (no sirve).

Nkiko beritán inoko amana kuririongo isankeno Efor: "para traer la Voz al Ekue hay que sacrificarle un gallo".

Nkiko borokiñangué: "el gallo del sacrificio dejó su aliento en el Fundamento".

Nkiko borokí ñangué ngomo basaroko okobio ñene Abakuá: Ekueñón al trazar una cruz con el yeso amarillo en las patas del gallo ya purificado lo equipara a un obonekue. Su vida, como una vida humana, le será sacrificada a Ekue.

Nkiko boroki ñangué okobio ñene Abakuá: "este gallo es el primer derecho -ofrenda- que recibe el Fundamento para consagrar a los hombres."

Nkiko dinán dina: gallo para purificar a los okobios, -hermanos.

Nkiko eriñangansene asere Ndibó muna: Ekueñón canta estas palabras que significan que el gallo que lleva en sus manos es para sacrificárselo a Ekue.

Nkiko eriñangansene asiamá asiamé apotacho Bongó: palabras que se dicen al presentar el gallo del sacrificio al Bongó, describiendo sobre éste una cruz.

Nkiko eriñangansene Ndibó munaé: palabras que pronuncia Ekueñón al colocar sobre el Bongó el gallo que se le ha sacrificado.

Nkiko erión erión aseiro erión nkiko atongoro bonetán chiminikako mañón Nasakón eñón kanima Eforí kuri kaíto Efiméremo sanga kondó: Nasakó fue al monte a buscar la brujería para fundar la sociedad. La brujería estaba al pie de la palma. El la sacó, la metió en una cazuela y se la entregó a Efiméremo, que la llevó al Butame.

Nkiko feafé: pavo.

¿Nkiko fura kiwama urán ton atongobá?: ¿Quién es la Madre (Potencia) donde juraste ser abanekue?

Nkiko inuá berenuna awana batindé: la lengua del gallo sobre el Fundamento.

Nkiko inuá berenuna Moruá tiba Bongó aranikakuba minuá nyuao: la sangre o la lengua del gallo hacen hablar a Ekue. Palabras que pronuncia Ekueñón al arrancar la lengua al gallo que ha sacrificado y colocarla sobre el parche del tambor sagrado.

Nkiko Irión: gallo que está dentro del Iriongo, (secreto).

Nkiko irión irión asoirión irión Akikó atongobé wetá chiminikako mañón Nasakó eñón kanima Eforí kurí kaitó Efiméremo sanga kondó maribá konkae chitubé: el primer trabajo que Nasakó hizo en el monte fue purificar al Pez con un gallo.

Nkiko Iyá Berenkú o berenú: la lengua del gallo sobre el Fundamento. (La lengua se coloca sobre el parche del tambor sagrado Eribó. Se la arrancan antes de desprenderle la cabeza).

Nkiko jigandé ma jigandé: el gallo con el que Nasakó practicó la primera purificación.

Nkiko kankufón: valla de gallos.

Nkiko mapá: sangre de gallo de iniciación simple. (Juramento de indíseme).

Nkiko maruyá aprofinafia: palabras que dice Ekueñón al arrancar la cabeza al gallo del sacrificio.

Nkiko maya weri mokuba ñoéte: el gallo en que apoya la cabeza el obonekue difunto, dentro del féretro. Quiere decir que de ese gallo él tomó la mokuba cuando se inició, y que se le devuelve al finalizar su vida para que le acompañe en su viaje al otro mundo.

Nkiko mayé: gallo negro o de color oscuro. Negro es el gallo que se ofrenda en el Ñankue.

Nkiko mayé awerí mokuba ñoéte: se dice al ofrendarle la sangre del gallo al muerto en la ceremonia fúnebre.

Nkiko mayé awerí Mokuba Ñoete: la Mokuba que se le vierte en la boca al obonekue muerto, sostenido por Anamanguí.

Nkiko mayewerí: gallo para ofrenda a un muerto.

Nkiko Mogobión efón atongobé: el gallo ya muerto, cuando está debajo del Fundamento y recibe el sonido de Ekue en pago de su sangre. (La víctima que se une a Ekue).

Nkiko mokuá: gallo prieto. Es el gallo que se le pone en el ataúd como almohada al muerto.

Nkiko Mokuba: sangre de gallo para la comunión de los abanekues.

Nkiko motoriongo: el gallo sacrificado y puesto debajo de Ekue en el lugar sagrado.

Nkiko najinandé: canta Ekueñón cuando arroja el gallo con que ha limpiado los sagrados atributos, en el **butame o kufón.**

¿Nkikó narofé efón seré?: ¿De qué color eran los gallos? (Se refiere a los gallos de los primeros sacrificios).

Nkiko ndemepá: la cola del gallo.

Nkiko ndina: gallo para limpieza. Se pasa por la cabeza y el cuerpo de los indíseme y abanekues para purificarlos.

Nkiko ndire moropó kuá awana Sese: palabras que pronuncia Ekueñón al colocar sobre el Fundamento la cabeza del gallo.

Nkiko ntún mofé Ekueñón ekibón Abasí: Ekueñón pone la cabeza del gallo sacrificado sobre el Ekue para atraer la Voz Divina.

Nkiko nua berenuna: la lengua del gallo sobre el Fundamento.

Nkiko ñangansene asene Ndibó muna: el gallo se coloca sobre Ekue "para que él vea que está vivo." Antes de ponerlo, Ekueñón describe una cruz sobre el tambor con el gallo y dice, **Asiamá asiamé.** El gallo queda inmóvil, como hipnotizado. Después se mata. Se da su sangre al Fundamento y a los demás tambores sagrados y atributos, y el cuerpo se pone debajo del Ekue. Se dice entonces: Ekiko mogibión eforí atongo bé: "se pone debajo del Fundamento para que reciba la transmisión, es decir, la Fuerza de la Voz de Ekue."

Nkiko ñoete kakimbre okoirán: gallo para la purificación del cadáver de un abanekue.

Nkiko rukié rukié aparendó ñene nkiko: el gallo que no sirve para pisar, sirve para que lo pisen a él. (Puya).

Nkiko sáe: gallo amarillo.

Nkiko sipama tereré: se canta en el acto de purificar el altar con el gallo que recoge todas las impurezas.

Nkiko sitaramo: gallo blanco.

Nkiko une Bongó arakakuba Ekue: el gallo y todos los demás derechos.

Nkiko una: el gallo nacido del primer huevo que puso la gallina.

Nkiko une: gallo, gallina.

Nkiko une arankanbia abakó: yo pagué mi juramento completo, es decir, pagué los tributos estipulados. (Parece más correcto decir: **Nkiko akuá arakakuba amako: Nkiko,** gallo. **Akuá,** muerto. **Arakakuba,** sangre, **Amako,** ver).

Nkiko une une yuansa barakón: el gallo y la gallina unidos en la loma.

Nkiko unsererán: pavo real.

Nkiko unsererán: pluma de pavo real.

Nkiko yabutón yayabuta: gallo con una hermosa cresta.

Nkiko yayabasere: gallo desprovisto de cresta. "No sirve para el sacrificio. No puede ser sacrificado un gallo tuerto, cojo, ni falto de cresta o de espuelas."

Nkiko yugué tara kiko tarikondó yagasigamá krúko obonekue Obón Iyamba: el gallo que se sacrifica en la consagración de Iyamba.

Nkitá: extremo del capuchón del Ireme.

Nklenta: Potencia habanera.

Nklentá nabiga koi: traficantes en plumas de aves para hacer los plumeros que se utilizaron para adornar los objetos sagrados Abakuá. Tenían el monopolio de los plumeros que vendían a los miembros de la Sociedad en el Calabar.

Nklupá: año.

Nkobe: machete.

Nkóboro: "el Ireme de la fe". Es inseparable del Sese Eribó. Lo acompaña en las procesiones, y apenas "llega la Voz" (Ekue se posesiona del Fundamento), Nkóboro baila ante el Sese. Presencia la iniciación de los neófitos apoyando un pie en el borde del Ekue e introduce a los espíritus debajo del tambor sagrado.

Nkóboro: hermano de Abasonga.

Nkóboro: Ireme Nchuí, "Ireme malo". Guardián del recinto sagrado castiga y persigue a los que intentan profanarlo o sean enemigos de la Potencia.

¿Nkóboro akanambiro Ekue eruñón Ireme Efik?: ¿Por qué Nkóboro es hijo de Ekue? Respuesta. Akamá Eribó ñongon pabio isán akanarambiro Isunaka arasundi: "porque él fue a buscar al espíritu y adoró al Fundamento al pie de Iyamba."

Nkóboro Ireme Chú: título de Nkóboro. El castigador.

Nkoime: barbada o adorno de pita que termina a la altura del pecho el capuchón o máscara del íreme.

Nkombán Bongó Akuaramina: "el Espíritu el tambor" -se refiere a la operación del Nasakó realizando la transferencia del Espíritu al Ekue." El primitivo tambor que era la mítica calabaza sellada con cuero de pescado.

Nkembán Ekue tumbarere: encarnación, manifestación de los Espíritus.

Nkomo: tambor para la música de fiesta Abakuá. Son los que se emplean en las ceremonias esotéricas de la Potencia. Por esto los nkomo no son "tambores de honor", sagrados y exclusivamente litúrgicos, como el Mpegó, el Nkríkamo y el Ekueñón, "que no dicen más que lo que tienen que decir, sin contar el silencioso y divino Sese Eribó y el invisible y pavoroso Ekue. Pero aunque no son "tan serios", tambien están consagrados, la Voz les ha sido transmitida y como todo tambor, son objetos religiosos que "el ñáñigo respeta".

Nkomo Baibá: el tambor de fiesta número dos o **Nkomo Kuchi Yeremá.** Es de tono mediano.

Nkomo Biapá u Obiapá: tambor de la orquesta de música Abakuá que inicia el toque, "El gallo o salidor". Mide 35 centímetros de alto. Se le llama también el número uno.

Nkomo Binkomé: el más pequeño de los tres tambores de la música de fiesta Abakuá. El número tres, "el que da un solo golpe".

Nkomo Ibá o Nkomo Biapá u Obiapá: el tambor de fiesta No. I. Su sonido es grave.

Nkomo Iroibá o Nkomo Biankomé: el tambor No. 3. Emite un sonido agudo.

Nkomo kuchi o Kusi Yeramá: tambor de fiesta más pequeño en longitud que el Obiapá. Se le llama el repicador, el de los tres golpes y el No. 2.

Nkondi mpabia o Nkondo bafia: la p... de tu madre.

Nkopo eriero tairo guaro erubiana ngueretán Efik: en tierra Efik mataron un congo para darle su sangre al Fundamento y un pájaro quería comerse sus ojos. (Las autoridades consultadas no conocen esta frase que alude al congo que efectivamente, mataron en tierra

Efik, donde "cada vez que era posible se le mataba un ser humano a Ekue". En Cuba, sólo una vez se sacrificó a un congo en alta mar. "Un pescador que apresaron los ñáñigos de Akanarán Efor que eran blancos por cierto, y no los de Uriabón como se dice. "El Bongó de Akanarán Efor fue el único que aquí recibió sangre humana como en Africa".

Nkoró: escudo. Nombre de la firma que se estampa con yeso amarillo en el Sese de Efor y en el Eribó de Efik.

Nkoró: "firma" o signo en el parche del tambor de Ekueñón.

Nkorokó: zapato.

Nkrí: embarcadero.

Nkrí Akamanyere mpabesó: "Nasakó pidiendo que le trajesen su **mpabesó**, su espejo mágico".

Nkríkamo: un guerrero.

Nkríkamo: el más pequeño de los tambores litúrgicos. Los ñáñigos le llaman "el hijo más chico de Ekue". Es el atributo del Nkríkamo, "que fue un brujo poderoso e inexorable. Invoca, conjura, conmina y guía los pasos de los Espíritus, Iremes o diablitos", que lo obedecen ciegamente. Mientras los otros dos Fundamentos o tambores -Mpegó y Ekueñón- se tocan con una mano, el Nkríkamo suena su tamborcito con un pedazo de caña.

Nkríkamo: el dignatario autorizado para llamar y mandar a los Espíritus, Iremes. Va con Ekueñón a buscar la Voz divina y tiene a su cargo hacer cumplir los castigos que ordena Mpegó con su tambor. El tambor Nkríkamo se utiliza para anunciar el castigo que se aplica al abanekue que delinque. El máximo castigo consiste en "llorarlo" y celebrar sus honras fúnebres como si hubiese muerto. Su alma se despide y el Bongó Nkríkamo sustituye en este caso a Ekue, "que no puede castigar a sus hijos". Este tambor no guarda luto en el **nlloro o Ñampe**. Mpegó lo marca con yeso amarillo, mientras los demás tambores o Fundamentos se señalan con yeso blanco.

Nkríkamo anirofé: "el hijo más chico de Ekue", en sentido figurado porque el Nkríkamo es el tambor más pequeño de la Potencia.

Nkríkamo Awanañongo: Nkríkamo va al monte.

Nkríkamo Batabá muñón: Nkrikamo fortalece su plumero.

Nkríkamo batá una ifónkoro: título de Nkríkamo.

Nkríkamo Bonkó: título de Nkríkamo junto al Bonkó.

Nkríkamo Erumirumí Basaroko: Nkríkamo en el momento en que Mpegó le traza los signos de su ministerio.

Nkríkamo Wanañongo: título del Nkríkamo.

Nkríkamo Waririampo: título del Nkríkamo cuando se alimenta.

Nkríkamo iwandocha ibiorama etike muna ibio yansi ibio nurama akamá ororó EKue Ekueñón nkanurema iyamba eñón nanbae yerimá osisí orama: Nkríkamo es el guardián de una ribera del río y Ekueñón de la otra.

Nkríkamo Wanañongo: título de Nkríkamo.

Nkríkamo wandocha: Nkríkamo ofrendándole maní a Ekue.

Nkríkamo Waririampo: título de Nkríkamo cuando se alimenta, compartiendo la comida sagrada con los demás dignatarios.

Nkríkamo Waririampo atabataúñe úne ifónkoró: Nkríkamo es tuerto, perdió un ojo en la guerra. Otra versión dice: "Perdió un ojo al mirar el secreto."

Nkriyá: Nkríkamo.

Nkriko: un pueblo bibí.

Nkrúbero Ndibó Ekue enerobero ndibomé nkrúbero ndeme Efor nkrúbero ndeme Efor Bongó itia Abasí aprokurí itia mogó soko menonbira kokoriko nbayakán: los hombres de Ekue -los iniciados- somos iguales en Efor y en Efik porque profesamos la misma religión y porque Abasí nos cría y después nos mata, y los gusanos debajo de la tierra nos comerán a los dos.

Nkruko mombán dafañón ñanfonfikán: todos los hombres aman a Dios de corazón.

Nkrúkoro: (forma criolla en vez de Ekúkoro.) Personas asistentes a la fiesta Abakuá.

Nkuenanikó: araña peluda.

Nkuere: pluma.

Nkuereleyo: pluma de escribir.

Nkuko: jutía.

Nkukón: jutía.

Nkuma: hermano en la religión.

Nkuma anayigabia: la cabeza de Sikán en la consagración de los primeros siete grandes de la confraternidad. (Iyamba, Mokongo, Isué, Isunekue, Mpegó, Ekueñón, Nkríkamo.)

Nkuma añene ngafia: la cabeza de Sikán en el Sese Eribó (representada por la cabeza de un chivo).

Nkuma Ekrúkoro mombán Abasí ntreñe nobón Eforisina sanga Bakondó yumba eroko ndoko Akurina pondó: todos los hombres somos iguales a la hora de la muerte.

Nkumá eñene Bibí faba Sese aboró kabá: aquí está reunida la gente del territorio Bibí que viene al de Ubani a "plantar", iniciarse.

Nkumbe tan tan bokofia: "iglesia de Ekue."

Nkumí: son los carabalí briches, "que comían gente." "Son Bibí y son los dueños del cuero, del tambor sagrado."

Nkuniñón itiá mogón: debajo de la tierra.

Nkuniñón sanga Abakuá: el individuo que pertenece a la Sociedad Secreta Abakuá.

Nkurí: joven.

Nlloró: (Llanto o Ñampe): A esta ceremonia que los ñáñigos celebran para honrar a sus muertos, suelen darle muchas veces el nombre de "Levantamiento del plato", que es como llaman los devotos de los Orichas lucumí a este rito, que con idéntico fin se practica a la muerte de un Babaocha o una Iyalocha. En la primera habitación de la Potencia, se sitúa una mesa a manera de altar vestida de negro, con el emblema del desaparecido y el Palo Mokongo. Un Ireme custodia este altar. En la otra habitación un catafalco con los emblemas de los ñáñigos desaparecidos que son objeto de estas honras. En esta habitación se marcan todos los Iremes. En la siguiente un paño negro con una cruz blanca en la pared, hace de fondo a los tambores forrados de negro y a los "derechos" u ofrendas. Junto a Ekue el Bonkó enlutado. Cada media hora, con una maza, el mango forrado con una tela negra, se da un golpe en el Bonkó. Las Potencias invitadas al Llanto o Nlloró acuden con sus "cañas" -sus cetros o itones-, con su Mpegó, un efomiremo o traje de Ireme, y le entregan como limosna al Mokongo que celebra el Nlloro, un peso y cinco centavos. Se viste a los Iremes, y éstos se turnan, relevando a los que ofician y lloran en la Habitación en que está el catafalco. Junto al Bonkó, en esta ocasión, se situarán dos Mokongos para la guardia. Se recibe a los jefes de otras Potencias tocando los nkomos, el Ekón y la maruga, erikundi. Se prepara una comida que Nkanima llevará al cementerio. Terminados los ritos, los que saben y Nkaman fácilmente -conocen la lengua de los Abakuá- toman el Mpegó y se despiden de todos los muertos que se han llorado. Hablarán con Ekue, disertarán sobre la muerte, exhortarán a los moninas a consolarse de la ausencia de los hermanos caídos, "ya que Dios dispuso llevárselos de esta vida". Desfilan todos en procesión entonando el canto fúnebre: **Epó epó Musagará epó epó**. Se quitan después los géneros negros del altar, de la pared y de los atributos. (Estos se entierran). Se purifican los obonekues, y una vez todos inmaculados, se prepara todo para "romper" de nuevo --continuar la ceremonia.

Nmaba bijuraka: "juraste al Santo que tenía escamas de pescado (Tanse).

Nñemerén afoniké: hijo que no le da nada a su madre. Mal hijo.

Noé: valer, valor.

Nomapá: noviembre.

Nomí: yo. Por ejemplo: **Nomí Ekueñón**. Yo Ekueñón.

Nomí apararemó aparafomé longorí Ekue Yambaó: los hombres esperan mis obras.

Nomí asanga itiá kande: yo voy a mi tierra, a mi "regla".

Nomí asanga kanima nbira itiá mogó: me voy al monte.

Nomí Ekueñón Tankewo Nchénguene Kerombia Nchégere keanfamba: "Ekueñón era rey congo -de Nchénguene Kerombia-, fue testigo de lo que pasó y exigió que le diesen parte en el Secreto. Todo lo había visto desde el río, pues éste atravesaba por su territorio. Renunció a su corona por ser Abakuá.

Nomí itía Karombán: soy de la costa de Africa.

Nomí iria Mokuba Bongó Biabanga manánbori okambo nomí: tomé la mokuba de Biabanga, Bongó viejo que es mi Madre.

Nomí Obón sene aproseribá: me voy, hasta mañana.

Nomí unpón atábaseke songo akurí nyerimán afogotó: yo voy a dormir, a acostarme.

Nóngoro: grillo, grillete, cadena que se pone a los presos en los tobillos para impedirles andar.

Nonkiré: aura tiñosa.

Nonotamo: juramento.

Nosamio aprosemí samio: "eres Abakuá porque juraste en el cuero, pero no porque debías serlo". Se responde. **Prosamio semí emomí etié koneyo ekobio ñene Abakuá:** "Soy como tú un hombre y por eso soy Abakuá."

Noure: "transmisión", dar Voz al Bonkó.

Npauria: iniciado.

Npeke npekue: senos.

Nperipé: ratón.

Nrié Mboniné: jutía.

Nsaparapá nyogo: "se va el diablo" que se tiene encima o "se va la maldad", el mal que se tenga. ¡Fuera diablo!

Nsene bosetó muña fitún Baroko: palabras que dice el Isué al terminar la ceremonia de consagrar a los neófitos.

Nsemisén: camisa.

Nsenisén Akanawán: "saco", traje de henequén del Ireme o diablito.

Nseniyén: Potencia habanera.

Nseniyén Efor: Potencia de la ciudad de Matanzas.

Nseniné: huevo.

Nsisiyogo: autorización.

Nsokí: maldición, castigo.

Nsokí: "maldición de Ekue", o mejor dicho, maldito por la Potencia. Se dice al sentenciar y castigar al abanekue delincuente, llorándole en vida, si la falta es de extrema gravedad. Se le hará morir por la acción de este maleficio.

Nsoki nbiamé nsoki Iyamba indiminuá ekrúkoro Erón Efik Efiméremo Obón Ntuí: "esta fue la maldición que le lanzó Anastasio Camacho de Erón Efik a un okobio -cofrade- que pidió trasladarse a la Potencia Abakuá Efor. Los Erón Efik lo lloraron y lo maleficiaron marcándole el Nasakó un plazo de siete días para morir. Camacho murió a los siete días, castigado por la injuria imperdonable que había hecho a Ekue. Fue llorado con el tambor de Nkríkamo, única pieza con que puede llorarse en vida a un cofrade; pena máxima -la de muerte- que impone secretamente la justicia de la Potencia.

Nsoró: el día.

Nsoró: reunión diurna.

Nsuyén: ojos.

Ntabia: callado, en silencio.

Ntá otati Nchemiyá ororó Obane: lugar de origen del Bonkó, **(Nchemiyá)**.

Ntara: espalda. La parte superior de la espalda en la que se traza el signo de la primera iniciación y luego el emblema del cargo que el obonekue desempeñará en su Potencia.

Ntara kiko asokobó Iyamba erorí waririampo mafrémené: Iyamba le dice a Ekueñón, trae el gallo y las ofrendas, la comida de Ekue.

Ntate: eran vecinos de los Bibí, se dedicaban a la cría de carneros.

Ntate achecheré baroko muñón Abakuá: la tribu de los Ntate vendía los plumeros a los que fundaban una Potencia.

Ntate Bibí: tierra de los Bibí.

Ntati Ntate: nombre de una tierra del Calabar y de una Potencia de Guanabacoa, vieja Potencia creadora de los **Ntati Bibí**.

Ntayo: derecho, amistad.

Ntayo atarán Uyo kondó: palabras que pronuncia Isunekue al tomar su plumero, ya purificado para comenzar el rito.

Ntekeñe: uña.

¿Ntele yugué barako mbambaró keakayé efión?: ¿Cómo se llamó el primer gallo que mató Efike Butón? Se responde: **Kifán kiwi kiko motoriongo.**

Nteme: flotar, lo que flota o flor de agua. Algunos entienden que Ntame es el color blanco: **Nteme mukará**, por ejemplo, es algo blanco que flota.

Ntemeara: "sangre blanca", -agua.

Nteme ara: sangre, sacrificio al Bongó en la orilla del río.

Nteme kawa: espíritu, fantasma que no pisa la tierra.

Nteme maribá: chino. "No: **nteme** es a flor de agua, flotando y **maribá** es mar".

Nteme nkawe uñón aiteré Anamanguí besuao beromo: se canta en el momento en que Anamanguí toma la cazuela llena de sangre para colocarla sobre el signo o emblema del obonekue fallecido.

Ntemeñón mbekue yin Mbara fembe: tomar y poner la pluma en el saekue o cañuela.

Ntenefión: padrino.

Nteni: vena.

Ntenisún: caballeros.

Ntenisún: vena.

Ntenisun nyiguiyí: sangre azul, de príncipe.

Nteñenebón: "un título de Isué y de todo el que tiene facultad para llegar a lo más profundo de la religión Abakua. Los bríkamos le dieron este título a la Sikanekue, porque halló el misterio: **Sikanekue Efor nteñenebón Abakuá.**"

Nteñenebón: Isunekue.

Nteñón: cielo.

Nteremeñón Abakuá: Abakuá es fuerte.

Ntí, nsí: tierra.

Ntiero: caserío.

Ntiero: desgracia, desgraciado.

Ntiero momiñón Mosoko akanawán yeré Mosongo añongobé: te alcanzará la maldición de Mosongo y de Nkóboro si no cumples el juramento que le has hecho al Secreto.

Ntifia: leña, haz de leña partida que lleva el neófito a la iniciación.

Ntifia akuri Butame Eroko Mboko nawerlero ntifia: la leña evoca y simboliza dentro del Butame, a la que sirvió para asar los restos de la Sikanekue.

Ntikón: cojo.

Ntinaró: malo.

Ntiniabón: adornos.

Ntiniabón: la güira original -de Sikán- que hoy sustituye en el Fambá de casi todas las Potencias, una tinaja. Al pie de esta tinaja, símbolo sagrado de la güira en que estuvo Tanse, se pone una gallina blanca, tres huevos, dos velas encendidas, tabaco, vino seco y aguardiente. (En Otamo).

Ntí ntí: cantidad, mucho.

Ntí ñaró: peor, malísimo.

Ntí ñaró ífo kamo: que mala es mi suerte.

Ntiñón: cielo.

Ntipá: inducir.

Ntipá: astillas de leña de árboles sagrados. Entran en la composición del agua lustral del Nasakó, con las siete hierbas profilácticas, cuatro de las cuales se llaman las hierbas blancas -hojas de ceiba, albahaca blanca, escoba amarga, espiga de palma-, agua de coco, vino seco, aguardiente de palma, plátano, maní, ñame, cascarilla de huevo, carbón. Todo lo cual, bien estrujadas las hierbas y desbaratados los alimentos se pone con un huevo, en una tina o lebrillo lleno de agua. Esta agua se llama **Wemba o Eremomo.**

Ntipá: trocitos de leña que debe llevar el neófito a su iniciación. Simbolizan la leña original de la primera comida de comunión.

Ntiyén: naturaleza.

Ntiyén: hormiga.

Ntobre: cuchillo.

Ntogó: pescuezo.

Ntogoyó: nuca.

Ntogoyó: estar preocupado. Según algunos ñáñigos, en sentido figurado, porque **Ntogoyó** es apretarlo a uno el pescuezo.

Ntogoyó: garrote, agarrotar.

Ntokí: bajo, de poca elevación.

Ntoki: frescura, calidad de fresco.

Ntoki Eforí ntoki tibaró awana fimba eforí moteke mbere yanyaribó awanarimbe Efor Bongó Yukaya: título de Ntoki, "el hijo más sabio de la Potencia Eforisún".

Ntomiñán: pies.

Ntomiñán mbaira: los pies torcidos hacia afuera.

Ntomiñón: pie. Así le llamaron a un ñáñigo famoso del siglo pasado, que dio muerte a otro ñáñigo en la Habana y huyó a pie a la ciudad de Matanzas, donde fue capturado. En la cárcel hizo el Bongó de la Potencia Uriabón, que cuenta más de ochenta años de fundada. Fue creada por la Potencia Ibiabanga, que ya cumplió un siglo. Uriabón creó también las "tierras" de Efik Abarakó y Betongó.

Ntomiñón ekua nene: los pies torcidos hacia adentro.

Ntomiñón Sanga Abakuá: africanos en la Potencia.

Ntomiñán Sanga Abakuá: voy andando a la Potencia donde están plantando los africanos.

Ntóngoyo: pescuezo.

Ntonomiko: mono.

Ntre: bueno, bendito.

Ntre: fuerte, fuertemente.

Ntre poromina Abasi Anasakó Umpabio anamutu fembé nawerembán eforí morina wemba ndeme

Efor: Ekueñón y Nasakó preparan la **wemba** en dos tinas, una de las cuales se lleva al Fo-Ekue y la otra se deposita frente al altar o **bakankubia.** Al oficiar el Nasakó pronuncia las palabras anteriores e inmediatamente responden cantando los obonekues de la Potencia **Wemba wemba ndeme Efor. Wemba wemba anawembán.**

Ntre betán betán afrosimañón Bakuá Usagaré Nandió: te compro y te vendo con tu mismo dinero.

Ntre kurí Mosongo kuritón Eforí mutián mbori saekue mofé amá merulayé: la brujería de Ekue se guardó dentro del itón Mosongo, para castigar a los abanekues si algún día se vuelven traidores.

Ntreñenebón: oculto, poder oculto.

Ntreúmporomino Abasí: el Secreto o tambor sagrado sostenido sobre el indíseme, apoyando sobre el signo de indiabakuá trazado en su nuca la pata del tambor sagrado marcado con el signo de Iyamba. Se dice entonces que "tiene a Dios arriba". Al sonar el Iyamba a Ekue, el espíritu penetra por el símbolo de la flecha en la cabeza del nuevo adepto. "El neófito no sabe lo que tiene encima, pero siente que es Dios lo que está sobre él". Se dice también del espacio que ocupa la cabeza del neófito entre las piernas de Iyamba en el momento culminante de la iniciación.

Ntubia: cabeza.

Ntufé: malo, estúpido. Un bruto.

Ntuí: ceremonia de muerto. (**Ntuí muna lloro Ekue:** Ekue está chillando por un muerto.)

Ntuí munán lloro: despedir el espíritu de un obonekue.

Ntumayé Eforí amokitán: Nasakó carga el Sese, (prepara las substancias mágicas, la Fuerza que reside en el Sese).

Ntume itia: arrodillarse, arrodíllate.

Ntún mayé aberitán mogó: la cabeza rasurada del abanekue muerto con el signo Arakasuaka trazado con yeso blanco. Los mismos signos de la iniciación que en vida se le dibujaron con yeso amarillo, se le dibujan con yeso blanco al cadáver.

Ntuyén: "un pájaro parejero".

Ntuyén: cojo.

Nuandune: tercera tecla de la marímbula.

Nuburunomba: bruja.

Nuene: dedos.

Numa: hierba.

Numankueria: guerra.

Númbre: aire.

Númere: volar.

Nuná: las teclas de la marímbula, "instrumento que se tocó en la trasmisión de Efike Butón". Los Efike Butón llevaron el Espíritu a la marímbula, y de la marímbula la trasladaron al tamborcillo de coco. "La marímbula y la caracola que trajo la Voz de Monte, dieron vida, alma al coco". Una vez que el espíritu pasó al coco, fragayaron en el parche de cuero de chivo del coco; pero no tenía mucha sonoridad. Así fue que el coco de los Efik Butón fue sustituído en Cuba por un tambor de madera, y hoy no es más que una evocación". "El coco era un símbolo del misterio de Tanse."

Nuna: hierba.

Nuna apa: quinta tecla de la marímbula.

Nunanbekue: cuarta tecla de la marímbula.

Nunanbekue asakuarakua nkalú Odán nsenlyén nandibá Baroko: transmisión de la Voz sagrada por medio de la marímbula en el primer Baroko de Efike Butón.

Nunanbori: sexta tecla de la marímbula.

Nunan jeyeyó: séptima tecla de la marímbula.

Nuna nune: segunda tecla de la marímbula.

Nunekue: Habana.

Nunkue: capital.

Nurenitén: por necesidad. "Por necesidad se sacrificó a Sikán para que se oyese a Ekue".

Nurenitén Borokibia: Voz divina, (de Ekue). "Cuando mediante el sacrificio, la Voz del Espíritu se escucha en el Tambor".

Nwaña: ni uno ni otro. Ni una cosa ni otra.

Nwegueré: cazuela.

Nyagamé: plato.

Nyao: la procesión (en Otamo).

Nyegueyé Efor: "esta Potencia fue la gloria de Abakuá en Cuba, con sus cinco ahijados y su Embarcadero".

Nyeme: jutía.

Nyene: persona.

Nyene Efik: individuo de la tribu de Efik.

Nyene Efor: individuo de la tribu de Efor.

Nyene Afá: mulata.

Nyenisón: iniciado.

Nyenisón: africano.

Nyeré: tripas.

Nyeremiko butuba nsenune: el perro come huevo. Perro huevero.

Nyeré ñandi munkere: las tripas del pescado (Tanse).

Nyereyé: malos ojos. Aojar.

Nyerimá, nyerimán: caballo.

Nyimiyá: nación de tierra Efik.

Nyimikón: San Lázaro.

Nyisón nyenisón: africano.

Nyobinó: robar.

Nyogó: diablo.

Nyogó makuá: diablo muerto.

Nyógoro: diablo.

Nyógoro: Ireme o diablito de Efor que iba en la procesión a Efik cuando llevaron al hijo del rey de Efik ya consagrado Abasongo.

Nyógoro mawá: rey rico de Efik que vendía muchos esclavos a los traficantes de ébano.

Nyomea, Nyorimá: caballo.

Nyoróiko mawán Efik: la tierra de Efik es muy rica.

Nyuao: el rio sagrado, caudaloso.

Nyuao: unido.

Nyuao: borracho.

Nyuao magán manga manga tereré: está escrito y no puede borrarse.

Nyuate makatereré nyuao etámini epá erugué kanko erugué erugué eruguerón Abasí aromiñán erendió Usagaré: arrodillados los hombres de Efik, rinden pleitesía a los Efor, sus padres en la religión de Ekue.

Nyugá: la faldeta o especie de sayuela con vuelos del traje de los Iremes.

Nyugue: cuchillo.

Nyugue: "derechos", ofrendas en especies y animales.

Nyugue Abasí apón: "nosotros adoramos a la luna".

¿Nyugue alorí betán asoko mbanikue?: ¿Cuál fue la primera sangre que se le dio a Ekue? Se responde. **Efión tete amanantete asoko mbanikué:** se le dio su misma sangre como derecho, tomando su sangre en un algodón y ligándola con la de Sikán.

Nyugue erebetó: el sacrificio más sagrado, "el que une con Ekue y con Sikán."

Nyugue erebetó asokomeñón bira: se dice cuando van a enviarse los derechos al cementerio.

Nyugue noíno: todas las ofrendas de los muertos.

¿Nyugue eribetán efión asoko banikue?: ¿Cuál fue la primera sangre que le dieron el Bongó? Respuesta. **Efióntete ámana tete Akuaramina asokomú:** "cuando le arrancaron la piel al Pez le dieron su propia sangre para que su espíritu siempre viniera al Bongó".

Nyukenlirá: cama o catre.

Nyumba yayó: ya di sangre. La frase completa es **Obonekue nyumba yayó.** Soy un obonekue que ha dado sangre para ocupar su Plaza. Se llama también a la ceremonia que se le hace a los cuatro jefes. Así Andrés Petit cargó el Sese de su compadre Jacinto Semanat con el pelo del centro de las cabezas de los cuatro jefes. Con el espolón del gallo se les hace una cruz en el pecho, se les saca sangre y esa sangre se recoge en cuatro capullos de algodón. La sangre de cada jefe con su nombre escrito y envuelto en el algodón se coloca dentro del Sese en la parte en que se pone su pluma. Allí en el Sese, que contiene además otras sustancias mágicas, dejan los jefes "su cabeza y la vida, si no cumplen con sus deberes, la misma brujería que han jurado los matará".

Nyúnsene: sonido.
Nyurubé: venado.
Nyurubeke: ruido.

Ñaekue beramo nkiko ukano berekana umón Sese kurí nangando Nasakó ekón Abasí Usagaré Nkanima enewé Kambo ñene eforí: "soy un hombre viejo y quiero saber de la brujería de Efor". Respuesta: **Ekue Efor wara Ambia Abakuá Odán Sierón Ukano:** "Odán es más viejo que Sierón y Ukano; aunque Sierón es mayor, Odán tiene más cabeza que Sierón Efik".

¿Ña Ekue beramo kiko Ukano Bera Umón Sese kurí nangandó Abasí Usagaré nkanima nawe ñe mefó?: ¿Nana, qué haces en el río, qué haces en la ceiba con el gallo de la brujería?

¿Ña Ekue beromo kiko ukano berá Kanawán mu mu Sese kurí nangandó Nasakó ekón Abasí Usagaré nkanima newe akamanyene Efor?: ¿Quién le hizo la primera brujería a Ekue al pie de la palma y qué título le dieron? Respuesta: **Efiméremo Obón lyamba awana kasike Bongó Kambá Kambá ñene butón kambá kambá ñene Efor aprosomuto chemenembán Abasí Efiméremo nawerembán eforí Sisi Iyamba:** "El Iyamba de Efor fue al primer brujo que tuvo Ekue y en Usagaré recibió el título de Eforí Sisi Iyamba".

Ña Ekue nangandó Fambá Ndokié afomako Ekue aprosenisén: "Diablito, sal del Fambá y mira a Ekue que está en el río". Le dice el Moruá al ireme. Y se refiere, no a Ekue, sino al Baroko, la ceremonia que se celebra en el río.

Ñairén: dientes.

Ñairión: el río, en Africa, de los Efik Efiguéremo.

Ñaitúa: todo el rito Abakuá; dicen los abanekues que de esta voz se deriva la de ñáñigo, ñaña, ñaito.

Ñaitua monina yeneké ubane kerepó mutié kanimanbire: Diablito, el verdugo va a ahorcar a tu hermano.

Ñaitua nomifán eriongo: limpiar los ángulos del cuarto sagrado. Antes de salir del Fambá un Ireme limpia sus cuatro ángulos.

Ñajabisoro bisoro kamá Boko: la cazuela de la consagración. La Mokuba. Se dice kamá, hablar. **Boko,** Espíritu ancestral, voz, porque la sangre "es la que hace hablar en el tambor a los Espíritus, reviviéndoles con su fuerza. Sangre es vida."

Ñampe: muerto, funeral, entierro.

Ñampe: alzar el féretro del abanekue.

Ña Nasakó afonó Nasakó nawenbán. Nasakó Kundimayé okanko Seseribó Mokuba mekré bayasina kondó Seseribó yobinó afó Kanko kurí Mañongo Mpabio: lamentación que se recita ante el cadáver del obonekue y que repite la del primer Nasakó, cuando aquel no pudo con sus artes mágicas salvar al primer obonekue que pereció en la confraternidad.

Ñandi: curar.

Ñana itá musón paranamuto: el Ireme que se dé rama en la sombrereta (que se purifique con el manojo de albahaca que lleva en la mano). Orden del Nkríkamo al Ireme.

Ñaba Obe: manifestación de Nkanima, dios del Monte. Los ñáñigos lo comparan con Osain, dios de los lucumi.

Ñana Obé Ireme ñana Obé kanima warañongo: el íreme que está en el Monte, el Eribangandó.

Ñandi: cuidar.

Ñandukié nandukié aprófana kufón abaireme makará: sal a la calle y no tengas cuidado, no te preocupes de la policía... (en Bibí).

Ñanga: aquí o allá.

Ñanga beto beto: presentando al chivo.

Ñangabión: el majá. Divinidad del río y protectora de muchos nativos del Calabar que pasaron a Cuba en las cargas de ébano. El majá es muy venerado por los ñáñigos, así como el cocodrilo, guardianes de ríos y lagunas. Se les ofrenda chivo, gallo y jutía.

Ñangabión ñene mio okambo nkanima: el majá enroscado en la güira de la mujer que halló el pez en el monte viejo.

Ñangabisuá: sinónimo de abanekue, iniciado.

Ñanga Ekue Uru Kondó EKue barakondó Afomiremo Efik: "Efik fue bautizado por Efor, porque Efor le dio ropa". (No es cierto, protestan las autoridades.)

Ñanga Ipe: nombre que se da a la copa de madera que contiene el ramo de albahaca. A estas copas antaño se les incrustaba pedazos de nácar, se adornaban también con caracoles.

Ñangaípo: Carabalí, negociante inteligente.

Ñangaíto: ñáñigo.

Ñangaítua: fiesta ñáñiga. Ritos.

Ñangaitua belamo belamo ñangandó: "Cuando yo me muera, ¿Quién me va a cargar? Respuesta. **Umbelamo kinsún:** "Tus hermanos te cargarán".

Ñanga kokobiongo ekrúkoro borañé: Aquí están los maestros observando lo que hacen los discípulos.

Ñangomoto: pescuezo del gallo (en Otamo).

Ñangansune: pensar, pensando (en Olugo).

Ñangarike: remar, bogar.

Ñanga Súne: tierra del cementerio.

Ñangué: la mujer (Sikán).

Ñangué: quejido de la Sikanekue al tiempo en que Ekueñón, el verdugo, le oprimió el pescuezo.

Ñangué: último.

Ñangué mbo nini monina: hermano, ¿qué piensas?

Ñanguereré binkié: la pata del chivo que le corresponde a Isué.

Ñanguereré ekié: la pata del chivo que le corresponde a Mokongo.

Ñanguereré mbekué gandó erikundi isambekue gandó erikundi: momento en que Mokongo se dirige hacia Ekue. Dice: Voy andando al lugar donde Uyo (Ekue) está sonando. **Ñanguereré,** pies. **Mbekué,** andar. **Gandó,** trazo que simboliza el río sagrado y **Erikundi,** sonido.

Ñanguereré obinankié: la pata del chivo que le corresponde a Isunekue.

Ñanguereré okié: la pata del chivo que le corresponde a Iyamba.

¿Ñanguereré okié Isué ikuénene?: ¿Qué pata del chivo que se sacrifica le pertenece a Isué? La pata izquierda delantera.

Ñanguiria añikó: acto de presentar al Fundamento el cuero del chivo que se ha sacrificado. Es "ñangaliana", según los viejos abanekues que me informan.

Ñanguiriri: la sangre del sacrificio goteando sobre el Bongó.

Ñanguiriri: cuando el Fundamento recibe sangre de chivo y suena con el máximo de fuerza.

Ñanguiriri Bayona: "aristócrata, conde, persona bien nacida". ¿Trátase de algunos negros que pertenecían a los Condes de Bayona, fundadores de la ciudad de Santa María del Rosario, poco distante de Guanabacoa y Regla, baluartes del Ñañiguismo? Muchos esclavos de familias nobles habaneras integraban la Sociedad Abakuá.

Ñanguirirí besoko: ¿"Quién fue al monte a buscar el palo para el Fundamento?" Respuesta: **Mosongo mutangrí.** "Fue Mosongo".

Ñanguirirí biorama: el Fundamento sonando a la orilla del río. Consagración en la orilla del río.

Ñanguirirí biorama Otajeregobia Obani Mbemoró: pueblos de iniciados más cercanos de Obani, Mbemoró, Otajerigobia.

Ñanguirirí Mosongo: sangre que está en el parche del Fundamento de Mosongo.

Ñankeraré Bikué: la pata derecha del chivo que le pertenece a Mokongo.

Ñankereré Ikié: muslo derecho del chivo que le pertenece a Iyamba.

Ñankereré Okié: la pata izquierda delantera del chivo que le pertenece a Isué.

Ñankibá: afeminado.

Ñankibia añikó: se dice al presentar el cuero del chivo sacrificado en las exequias fúnebres de un dignatario.

Ñankibia añikó: las vísceras del chivo que se sacrifica en el Ñankue o ceremonia fúnebre de un Obón, y se arrojan en una loma o terreno baldío para que sean devoradas por las auras.

Ñankue: el muerto. (Abanekue).

Ñankue o Ñampe: se llama a las ceremonias fúnebres de los iniciados.

Ñankue: "misa de". El objeto de los ritos fúnebres, es el de liberar de toda atadura terrena el espíritu del obonekue, quien no puede si estos no se celebran, alcanzar la paz eterna junto a los Antepasados, en el país de los muertos. Así es un deber sagrado de la Potencia practicarlo a la muerte de un obonekue y pagarles un tributo consistente en un gallo si es un simple obonekue, y en un gallo y un chivo si es un dignatario. ("Allá en el Calabar se le sacrificaban esclavos a los muertos"). El **ñankue o nlloro** como también se dice a las exequias fúnebres, tiende a separar el alma imperecedera del cuerpo perecedero. El cadáver se somete a los mismos ritos lustrales de la iniciación, tan importantes en la liturgia Abakuá, y por el sacrificio se fortifica la esencia inmortal del adepto, al alma, "su sombra", que toma, como todos los espíritus, el fluído vital, la fuerza de la sangre, "que alimenta a los muertos" (sic.). Por último, el objeto del **nlloró** - de "llorar", honrar al muerto- es el de alejarlo de los vivos. "Que se vaya fresco y satisfecho, convencido de que no tiene que volver". El **nlloró** debe celebrarse cuanto antes, "pues las deudas pendientes con los muertos son muy peligrosas". El muerto que no se ha despedido de Ekue es una sombra perdida que está atormentada. Sufre y le hace daño a sus moninas."

Ñankuerusa: lo mismo que ñangaliana. Se aplica al lenguaje secreto de los ñáñigos cuando no es correcto y la mayoría de las voces son inventadas por ellos mismos. Jerga

Ñankuo sako menombira aprofemene ateberé ata mundira Obón kesongo Obón kiñongo jeyey ñankuo ata kurina kondó epó musagará: juraste, profesaste ante Dios, en tu sueño eterno no te acuerdes de tus hermanos que lloran tu ausencia.

Ñansuga: Espíritu.
Ñaña: el íreme.
Ñaña: rama, la hierba -albahaca- que lleva el íreme en la mano.

Ñaña: el Eribó.

Ñaña fo maniké Pitinaroko monina ñana kase anakasina Bonkó: Diablito, sacúdete y dale rama, (purifica al Bonkó).

Ñaña itá musón paranamuto: el íreme que se dé rama en la sombrereta, (que se purifique con el manojo de albahaca que lleva en la mano), Orden del Nkríkamo al Ireme.

Ñaña itongó: el Ireme junto a la palma, o **Yaya itongó.**

Ñaña ko afó ura kobiko mperifé noino uriampo changa nakairemo nkobiko yamá paó: Ñaña miara, el ratón fue a robarse la comida y lo mató el gato.

Ñaña kokóko benakó ntre afogoró irenkaño: Diablito, arrímate a la pared y toma el fresco.

Ñañangó: ñáñigó.

Ñaña Obe: Ireme; fantasma.

Ñaña Obé: manifestación de Nkanima, Dios del Monte.

Ñaña Obé Ireme Ñaña Obé Kanima warañongo: Ireme que está en el Monte, el Eribangandó.

Ñaña Obé Ñaña Obé Nkanima wana ñongo Ekue Yambaoré: Iyamba entrega al Ireme Nkanima los derechos que se llevan a la ceiba y a la palma, después del plante. Esta es la función de Nkanima. Va también cuando se rompe un atributo sagrado, a buscar un trozo de madera para arreglarlo o para sustituirlo fabricando otro nuevo. Iyamba lo dice entonces: **Iyá iyáitongo itongo Nkanima wana ñongo.** Nkanima tiene que ir a buscar todo lo que del monte necesita la liturgia. En el caso en que el Fundamento se raje, Nkanima recibe la orden de procurarse la madera para componerlo: **Garomamá Nkanima wana ñongo.**

Ñaña Otán Ekue monina yereká Ubani molopó mutié kanima nkaura ñana: a tu hermano, el verdugo lo va a ahorcar.

Ñañareke: exprimir. Las cañas, después de cortadas, se exprimen afuera, en el patio, pues esta operación no puede hacerse dentro del Fambá. El azúcar de la caña se mezcla con sangre, aguardiente, vino seco. Las demás ofrendas se machucan en un mortero -maní, ajonjolí, ñame y plátanos. Esta es la composición de la Mokuba, la bebida sacramental.

Ñaña urio orogó biobio itiá makobiko errukurrubé ñangabión pon pon werekembán abaniremo Bonkó: Diablito, mira el majá que ondula, y luego ve a darle rama (a purificar) el Bonkó con el mazo de hierba. Le dice Nkríkamo al Diablito.

Ñañifare: ladrón.

Ñeiremo: dientes.

Ñeirén: dientes.

Ñeke: yemas de los dedos.

Ñeke: desgracia. Tener **ñeke**, tener mala suerte o darla.

Ñeke mbán: uñas.

Ñekemboto: mono africano. Según otros ñáñigos, **ñekembot** es el machango -mono americano-, "que trabaja en los circos".

Ñene: mujer.

Ñene: indica relación de familia, unión -**Ñene Efor**.

Ñene mí (eñemí) Tansi kondafia seme fión kiko merefiá: sacrificio del gallo para Sikán y el misterio de Tanse. "No podía sacrificarse de noche. Mataron a Sikán al amanecer, y para matarla se le dio un gallo a la Prenda de Nasakó".

Ñeneká: amigo.

Ñenekiba: mosquito.

Ñene metón: el curandero.

Ñenemio: ahijado.

Ñene nitongó kurí moropó iñón kurí Odán arafa umón Tanse inuá: la mujer salió de su casa con una güira a buscar agua al río. Al sacar el güiro lleno de agua habló el Pez dentro de éste. (Historia de Sikán).

Ñene nkiko nbofia kaero: cuando la gallina se echa cubre a sus hijos con las alas.

Ñenewán ñene metansi kandafia un semefión nkiko morofia: la sangre del gallo que sustituye a la sangre de Sikán, y su ropa, que simboliza el Bakariongo o estandarte de las Potencias. (En Olugo).

Ñenewetona: Madrina (en Briche).

Ñinguí fabaka ñanguirirí añanguirirí: palabras rituales que se cantan cuando el Padrino -al crear una nueva Potencia- coloca su Bongó sobre el de los ahijados y la sangre del sacrificio que derrama sobre su Bongó cae sobre aquel. "Estoy alimentando al recién nacido". Se alude al Ekue nuevo como a un recién nacido que mama el pecho de su madre.

Ñiñi tuiborama: cazuela de muerto.

Ñipaguario Ekueñón karafia kiñón Abasí: Palabras que dice Ekueñón cuando prepara la Mokuba, bebida sacramental. (Jerga de Munandibá).

Ñirasa: nombre que se da a la teja que sirve a los ñáñigos de incensario en las ceremonias fúnebres.

Ñoé: valer; valor.

Ñoé mesurí: conformidad.

Ño Ireme seme kutongo obonekue kankán ñongo Baroko Akarambó Naubíoko Atenené Miyao Awarán kanima Mokongo bijurá Kamborí: Mokongo estaba en el monte a la orilla del río. Oyó la Voz de Ekue y se lo dijo a Nasakó. Este colocó un guardiero -a los Iremes mellizos **Abere y Moko**- para vigilar la orilla del río. Mokongo andaba con un chivo. "En Africa Mokongo montaba un chivo". (Historia de Sikán).

Ñongá: Adorno de pita que ciñe la cintura del Ireme y forma por detrás una especie de abanico.

Ñongo: Fundamento. El Ekue. Amuleto. Oculto.

Ñongó: pueblecito carabalí cuyos habitantes iban a trabajar a la mina de Irondó.

Ñongo: monte, campo, sabana.

Ñongobia; añongobión beromo: nacimiento del primer plumero -**Beromo**- de Mpegó.

Ñongobia añongobón beromo Ekue Iyambao: oración que se dice al colocar en el Bongó el plumero de Mpegó.

Ñongó biraní: un lugar en la sabana, en el monte.

Ñongo biraní Ekue ibonkó: nombre del lugar donde se consagró el Bonkó de Obane.

Ñongobó Manaká: lugar en el río de Obane. Allí se purificaron los cuatro Obones para recibir a Ekue.

Ñongobón: Ekue, el Misterio. Lo oculto. Objeto de la adoración de los abakuá o ñáñigos.

Ñongobón Ekue Ñongo: Ekue oculto en el Monte.

Ñongojagua: consagración.

Ñongo jawa: Sentenciada en el monte. (Sikán).

Ñongo Kabia: el monte por donde andaba perdido Otowambeke, el hijo del rey de Efik, durante las hostilidades de Efor y de Efik. Andaba cazando leopardos y fue hecho prisionero por los Efor. A través de Otowambeke, a quien los Efor iniciaron, recibiendo el cargo de Abasongo, se llevó a cabo el pacto de los Efik y de los Efor.

Ñongoneri: El Fundamento, Ekue en el embarcadero.

Ñongo Serón Nkereké: el único que vio cuando cogieron el Secreto fue el Pájaro. "El pájaro que estaba en una ceiba mirando cuando mataron a Sikán, se llamaba **Nkerenkén**".

Ñongo Suako: se llama un tambor de caña brava que se hizo en la fundación de Efike Butón, para consagrarlo como Fundamento. Pero la caña brava estaba verde, y al secarse, al poco tiempo, se encogió y fue necesario sustituirlo por un tronco de madera de cedro. La caña brava produjo una voz muy poderosa, y por esto se tiene siempre un canuto de caña brava en las Potencias, con un "yín" adentro, en recuerdo de aquel Fundamento.

Ñongotangri: lugar del sacrificio.

Ñongo Tangri: nombre del lugar donde se consagró el primer cuero de chivo de tierra Efik.

Ñongrí Obón Bonkó: dijo Nasakó cuando daba el último sonido el Bonkó de los Efik, y le fue trasmitida la Voz divina.

Ñonguirapa o Añonguirapa: pata derecha del chivo que le pertenece a Mokongo, en la ceremonia fúnebre **Bani bani Ñampe**.

Ñonkiré: Aura tiñosa (en Otamo).

Ñuakré: retorcer.

Ñuirán: nombre que toma el río Odán en tierra Efik.

Ñurenitén borokibia: Materializarse el Espíritu, resonar la Voz divina.

Ñurenitén borokibia ño uro: ya el Espíritu (Ekue), se marchó, dejó de sonar, -cuando cesa la ceremonia.

Ñusongo: el zumo de las hierbas trituradas.

Obakoraso: rey, padre de los jimaguas. Este rey era del territorio de Mbemoró.

Obanchó Ireme Ifán tereré erú kamá ñeñe Efik erú kamá ñeñe Efor: Diablito, saluda a todos los de Efik y Efor.

Obandi: "firma" o signo de Bonkó Ekue.

Obandió: la Santísima Virgen María.

Obane o Ubani: el primer embarcadero del río en territorio de Efik. En él se sacramentó el primer Fundamento de Efik. Recibió el título de **Efik— Abakuá.** "Todas las Potencias de Obane adoran el mar".

Obane: el río de la "rama" o tribu de los Efik. (No confundir ni decir **Ubane**, que es yuca".)

Obane: capitanía de Efik.

Obane Efikiñongo Efik ndiagamé: las jícaras de la liturgia de Efik.

Obane Efik mokondó: los efomomiremos, trajes de "diablitos" de los de Obane.

Obane efirewa Sese nkene eñenimotán: el Secreto en el rincón para tomarle juramento a los neófitos.

Obane Grande: sus siete hijos en la Habana son las "tierras" de **Ibiabanga Efik Efiméremo, Uriabón Masongo. Efik Barondikamá. Erón Efik, Apapa Efik, Efik Kondó, Efitete Obane.**

Obane Nakibiorama o Nambiorama: río donde fue consagrado el Iyamba de Efik, **Efí Efiguéremo Obón Iyamba.**

Obane Nakibiorama Otá y Jerejobia: mellizos de tierra de Obane. Eran hijos del rey Bakoroso de Obane. **Nakibiorama:** mellizos. **Otá** es también el nombre de un pueblo y de una "nación" o tribu Carabalí.

¿Obane ndé mefó obane ndé mefí newe oriampo obane?: ¿De qué se mantienen los ríos de Efor y de Efik? Se responde: **Obane ndé mefí obane ndí mofé oriampo Obane kendé maribá:** Ambos ríos se alimentan del mar.

Obane nerí kuná beritongo: río **(Neri)** en el territorio de Obane.

Obane otán kerebá otán kerebá Obane: así dijeron los de Efik al recibir su primer Fundamento.

Obane sekibiá Obane awanañongo: lugar internado en el monte donde se hizo el sacrificio en Obane.

Obane Sese kondó: Potencia de la ciudad de Matanzas.

Obane soiro awarantemio Efor kembá: el río de Ubani bañaba más de treinta y cuatro territorios.

Obankenerekí Efor: Nankobero.

Obankeré nandi munkeré: la güira sagrada donde se introdujo el Pez.

Obankeré ñandi munkeré: las tripas del pescado dentro de la tinaja.

Obanko mumio muñongo Ekue: derramando sangre sobre el Bongó (Ekue).

Obán nene: cetro o bastón -**itón-** de Mokongo en el momento de transmitírsele la Voz Divina, la fuerza sobrenatural. **Obán Nene** es el segundo cetro de Mokongo.

Obanté: Matanzas.

Obantué: tribu, territorio de los congos, vecinos de los carabalí, que baña el río **Masinde Owé.** Los obantué beben en el río Mbemoró.

Obasé Erón brumé: ya encarnó o se manifestó la Majestad Divina. (Ya bramó Ekue).

Obatamú seré: iniciando en el Batamú.

Obatiyada awayusongo awanusoso nbá kurí Efor wemba barobó: Nasakó triturando sus hierbas para darle el zumo a Iyamba que estaba enfermo y curarlo.

Obatiyáya: machacar, machacando.

Obatiyaya awañusongo mbá kurí Efor wembán bokembán: Nasakó y su ayudante Ekueumbre machacando las hierbas para curar a Iyamba.

Obebé: "divinidad". "Como un **Obatalá** de los bríkamos". **Obatalá** es el dios creador de la humanidad según la mitología lucumí, (yoruba). Nuestra Señora de las Mercedes identificada en Cuba como **Obatalá** por los lucumí, y los ñáñigos a ejemplo de éstos con **Obebé**.

Obega nufié: neblina.

Oberomo Iyamba amana Ekoi: "Dios y la naturaleza son testigos".

Obesokesi yayó: "día de la adoración", de la iniciación y del juramento a las fuerzas que rigen la vida del ñáñigo en esta y en la eternidad.

Obia: espacio superior a la derecha del Ekue de Bekura Mendó en el que trazó el rey Eroko Sisi, el óvalo emblemático de la tribu de Efor.

Obia: templo.

Obiabangá: peñasco.

Obiabanga: "tribu, que como los Afababetó y los Anglón, están en territorio de los Efor".

Obia eforí obia eforí semia obia eforiká: el proceso mágico de la trasmisión de la Voz Divina, del Ekue a otros tambores.

Obiana: espacio izquierdo superior del parche del Ekue de Bekura Mendó en el que trazó el rey de Efik Sisi Iyairo la cruz flanqueada por los signos de Efik y de Efor, -dos crucecitas de Efik y dos óvalos de Efor.

Obianisún: uno de los siete espíritus de antepasados que acompañan a Ekue.

Obiañé: mirar. **Obiañé krúkoro erenobón:** mira ese negro que viene por ahí.

Obiañe ifonkoró iruá: que no ve con sus ojos.

¿Obia obiara?: ¿Dónde estaba el Pez? Se responde: **Nangobiá Akuri Umón.** Escondido en el agua del río.

Obia obiará: por mucho que ande yo lo alcanzo. Puya.

Obia unfetón Abasí: "templo con todos los Santos y Dios". (Se refiere al de la Iglesia Católica).

Obio unfentón Abasí: palabras con que saluda el ñáñigo el altar de la Iglesia Católica y "a todos los Santos presididos por Dios".

Obigara eñemeré Ekue usa: palabras que se pronuncian al trazar en el fondo de la tinaja, el signo que representa a Sikán. Un círculo dividido en cuatro por una horizontal y una vertical, esta última rematada por unas "patas de gallina" que simbolizan las tres primeras Potencias; en cada espacio, los óvalos que simbolizan los ojos de Tanse y de Sikán.

Obijuraka mundí Isunekue: "mérito que adquiere Isunekue hasta morir". Isunekue es el dignatario que cuida de la Voz Divina, "dueño de los parches del Fundamento". Representante de Sikán en la Potencia.

Obina: genio, divinidad, equivalente para los descendientes de carabalí (Efik) al Elegua de los lucumí (yoruba).

Obiomundi: espíritu del primer Isunekue.

Obioselán: rey Bumá.

Obioselán: uno de los siete Espíritus de antepasados que acompañan a Ekue.

Obisundirá Ekueñón ñana Efó Ekue: Ekueñón revestido con el traje de Ireme ante el Fundamento de Efor.

Obirionsá: el rabo del chivo.

Obiroma anameruñé Bonko Ekue: Obiroma, llevó a Efor la música de Efik, "que no tenían los de Efor". Versión que contradicen los ñáñigos viejos.

Obironkae: costado derecho del chivo, que se marca con el **arakasuaka** cuando va a ser consagrado y sacrificado.

Obironsia: nombre de la cola del chivo que va a ser sacrificado a Ekue.

Obisorio, obisoriñán: "Dios ve, El sabe".

Obiuraka: evocación.

Obí urá kamborí: "repetir lo que hizo Mokongo en el Monte", es decir, que fue al Baroko con un chivo para sacrificarlo al Fundamento. (Mokongo penetra en el Fambá cabalgando un chivo.)

Obi yaya monina awerí: ya se acabó el monina, (abanekue).

Obiyaya Monina werí, Obiyaya obiyaya: tu vida terminó, hermano. Canto fúnebre.

Obobanitén Efó: espíritu del primer Abasongo de Efor.

Obó Iyamba Ekueñón iriongo araka muña: Iyamba autorizó a Ekueñón a matar en el iriongo el gallo del sacrificio.

Obó Iyamba itun mayé asanga were beyuí eson bayankán sufragayá ngomo erugé: cuando se pone la cabeza del chivo sobre el tambor de Ekueñón.

Obón, Obó: rey. Título. **Obón Iyamba, Obón Isué,** etc.

Obón: rey, jefes de las Potencias. Los dignatarios de mayor jerarquía.

Obón Abá: adivino.

Obón Akanapó: "un hombre, que según dicen algunos ñáñigos, vio el sacrificio de Sikán, aunque que otros dicen que el sacrificio de Sikán se hizo tan oculto que no lo vio más que

Mokongo y Moko -Ekueñón- que fue el que la mató.

Obón barinsún: "es día grande en Guinea".

Obonekue: soldado. "Grande como un rey por la virtud de Ekue".

Obonekue Abasi akana merurú: hermanos, cofrades, purificados en nombre de Dios con la albahaca.

Obonekue aferefión: se canta cuando el indísime después de consagrado por el Sese chupa la cabeza decapitada del gallo que le ofrece el Isué.

Obonekue afonó: es el iniciado que lleva varios años en una Potencia, y que por méritos adquiridos en ésta y sus conocimientos de Abakua está autorizado por los jefes para ver el Secreto. "Se le da vista". Otros obonekues, también por sus conocimientos y lealtad a la Potencia son "facultados" para sustituir cuando sea necesario a cualquiera de los grandes dignatarios o jefes en el Fo-Ekue, cuando hay Plante. Ekue continuamente recibe el homenaje de visitantes, y a cada salutación debe sonar. "El es la Voz de los antepasados muertos que le contestan a los vivos que se han unido a ellos por la sangre de Sikán", trasmutada por la magia de Nasakó en la del chivo.

Obonekue akanabión: ceiba. Su título dentro de la orden Abakuá.

Obonekue apanparana musa: el obonekue que es consagrado para ocupar dentro de la Sociedad un alto cargo. El que ha bebido sangre de chivo, porque al jurar su cargo debe tributar a Ekue el sacrificio de un chivo.

Obonekue atemeroko Fambá: el neófito cuando lo llevan al cuarto del misterio, el **Fambá,** para juramentarlo.

Obonekue aweri fe awana prokurí asarirán: ese obonekue se va, pero su recuerdo queda entre nosotros.

¿Obonekue Bongó konetambre añongo anarikié Abakuá bakoroñé?: ¿Quién marcó el Bongó? Se responde: **apotacho Mokongo moteke anakiriongo: Mokongo** lo marcó con yeso sagrado, en el rincón sagrado.

Obonekue Bongó Sangrí: el último obonekue que se inicia. Se puede llamar así mientras no se inicie otro indíseme o neófito, que a su vez se llamará obonekue **Bongó Sangrí.**

Obonekue chekendeke Abasí mukubañañaribó ntrelorí Butame senó fitumbariyén Obonekue ñanibo: el iniciado que le juró a Abasí de corazón y bebió la mokuba para bien suyo.

¿Obonekue Efor\ata erenke simba Efor taré keñongo Abakuá?: ¿Qué nombre le pusieron al primer hombre consagrado en Usagaré? Respuesta: **Obonekue mete metén kaniriongo emumio ekonetambre tero makotero Abakuá kerefión eforí Sisi Iyamba:** el primer hombre consagrado recibió el título de **Obón-Ekue-meta-Eforí Sisi Iyamba.** El primero fue Iyamba, el rey de la tribu de Efor.

Obón Ekue ekona Abakuá Efor: el yeso consagrado.

Obonekue eririo Bongó Obonekue erifé Ekue eforí muti muti unkochá trikochá karabalí okamba seri kondó ata un Moruá yeniyén: dice Isué situándose al lado del indíseme ya consagrado por el Sese Eribó para llevarlo al Fo-Ekue y que sea aceptado y confirmado por Ekue.

Obonekue eririó manwó makuri Abasí Ekue arogóbibio: mientras haya Dios habrá Ekue.

Obonekue ibonekue Moruá: "dime cuantas estrellas hay en el cielo. Respuesta: **Isún disún Bomé kuambira nseniyá:** "Dios nada más lo sabe". Esto lo decían los ñáñigos de la Potencia Nseniyén.

Obonekue Ibongó monina Mosongo krúkoro ribonekue ntrebaroko Fambá: (aquí se mienta el nombre de la Potencia del nuevo obonekue). Isué, al final del rito de la iniciación de un neófito en los misterios de Ekue, lo lleva vendado y lo sitúa de espaldas a la puerta del Butame. Se organiza inmediatamente la procesión. Los iniciados se colocan detrás de los sagrados atributos y se les advierte que al salir la procesión se les quitará la venda que durante toda la ceremonia ha cubierto sus ojos.

Obonekue itá: un iniciado solo.

Obón Ekue itiá Baroko kamá Eribó nankuta binora Ekue Obón nantán: palabras que dijo Mpegó **(Obinara Bomé)** en el primer Baroko cuando dio el yeso para "rayar" a los obones.

Obonekue kankán: el chivo que trajo Mokongo al Baroko para consagrarse.

Obonekue kankán Mokongo obijurá kambori: el chivo con que se consagra Mokongo: este chivo no se sacrifica, lo guarda la Potencia. El día que muere hay que hacerle "llanto" igual que a un obonekue. "Es como un ser humano".

Obonekue kankán ñongobá: Mokongo, "el primer obonekue que nació en el Baroko para el gobierno de la nación".

Obonekue kankán ñongobá akoró pon pon teni yao: "se dice porque Mokuiri -Mokongo- fue el primer hombre que tuvo conocimiento del Misterio, y llevó a su hija con el Pescado sagrado al santuario del adivino".

¿Obonekue kerefé mberogama Bongó ke aprokurí?: ¿Por qué el obonekue se fue -murió- y dejó su nombre -o su aliento- en el Fundamento? **Nyuao manga manga tereré:** porque lo que se firma no se borra. (El compromiso que se contrae con Ekue es eterno.

Obonekue maserendá: el muerto es mudo.

Obonekue mbanteré awarionké sere mumio makotero nkanima ikú yaya eforí Sisi Iyamba: título que se da al Ireme Abasongo.

Obonekue mbremerí atererima Ekue Moruá momi ke yayó obonekue ntayo moteke mbere yanyaribó obonekue munán de Ekue momí kemafembe munanga abarorí Isunekue noinó Sikanekue noinó tumbé Baroko Sikanekue nyemé efión akoneyo Aberisún karoko umpón mawó Afokondó Uyo wasagandó maribá india obane akuniñón sanga Abakuá mafimba itá Baroko Isunekue akaniká eromiyé brikamo ntarabia anamañón: Isunekue tiene el nombre y el título de Sikán porque la acompaño al río donde apareció Tanse. Nkame.

Obonekue metán kaniriongo siro mutu Abakuá kerefión: cuando surge una disensión entre obonekues, estas palabras les recuerdan que profesan la misma fe y que los obonekues están unidos por un lazo sagrado que les obliga a amarse como hermanos.

Obonekue Mosongo: el dignatario que tiene como atributo el Palo Mosongo. Este itón o cetro representa la justicia de Ekue. Es también el que presta juramento al itón Mosongo.

Obonekue Mosongo: después de sacrificada Sikán se consagró a un hombre de la tribu; Nasakó lo tuvo quince días encerrado en el **kufón** y se llamó **Obonekue Itá Mosongo.**

Obonekue ntemesoro fambá: reconocido (jurado) en el cuarto del misterio.

Obonekue ntlero: el ñáñigo en desgracia, el que por haber cometido una falta está temporalmente alejado de la orden o definitivamente despedido de ésta.

¿Obonekue nunkue obonekue eriero amanantión ará Nkanima barokondó Abasí aromiñán Ekue barorí?: ¿Quienes fueron los Obón que consagraron el Primer Fundamento de Biabanga en la ciudad de Matanzas? Los de Ntate.

Obonekue nyenisón amanantión ará ayereká o Ekue Obonekue erobé: el carabalí inició, hermanó aquí en Cuba a los criollos por la virtud del cuero del chivo.

Obonekue nyenisón manantión ará: "los que sacrificaron y juraron allá (en Africa) y vinieron a Cuba iniciados ya en Efik, fueron reconocidos en Cuba".

Obonekue nyenisón amanantión ará: los fundadores del culto a Ekue y de la Sociedad.

Obonekue nyenisón obí añé Tanse Bongó meta indiobane inuá krúkoro: los Obonekues iniciados en Africa hablaron.

Obonekue nyuma: chivo que se sacramente rodeado de los principales dignatarios.

Obonekue nyuma: el Bongó transmitiendo la Voz divina. Se dice cuando con el pescuezo sangrante del gallo que ha sido sacrificado para consagrarlo, se le traza al neófito una cruz en el pecho.

Obonekue nyumba: Ekue sonando (en la iniciación del neófito).

Obonekue nyumba jayaya: el obonekue ya iniciado en Usagaré.

Obonekue obleñeñairén nsenisén isunekue Eribó sukurukuatiyén mokuba akuá Iyamba Eribó ekoirión Abasí: "el que está consagrado con el Sese y los demás atributos y ha bebido la mokuba".

Obonekue okobíbia: Obonekue recibiendo la consagración del Sese.

Obonekue panpará namusa: se les llama así a los que se han iniciado, después del Baroko o reunión de todas las Plazas de una Potencia.

Obonekue Sabianaka Obonekue Ibongó: se dice para salir de espaldas del Iriongo o Fo-Ekue, al indíseme que sacramentado por el Sese Eribó y confirmado por Ekue ha devenido Obonekue.

Obonekue sanga kasindo: Obonekue con la cabeza debajo del Bonkó -del Ekue- en la ceremonia de iniciación.

Obonekue unwario: el oboneke al que se le ha trazado una cruz en la frente con el cuello ensangrentado del gallo.

Obonekue urakankuma: el obonekue, alto dignatario, que ofrece el sacrificio de un chivo en vez del gallo de los simples obonekues. "El obonekue que juró con la cabeza del chivo".

Obonekue yumba yaya: "la que dio su sangre", puede decirse de Sikán, sacramentada por el mismo Pez, "la primera iniciada obonekue porque el pescado espontáneamente chilló sobre su cabeza".

Obón Eribón atakuá Iusón: amo de la calzada o camino de Mbemoró.

Obón Fambá sanga beyo emomí kurianboko: se dice al entrar en el Fambá y saludar el Secreto.

Obonifán: hierba blanca.

Obón Ireme otán Efikondónewe Iyamba ndeme Efor Inuá borobutón: estas palabras dijo el Iyamba de Efor cuando vio al Ireme de Efik.

Obón Isue Kiñongo Abakuá ina amuria seme Efor añongo unsiro obón Isué orofembé Kiñongo urana Kiñongo añongrima irán dumé Efor ntuama añongo iro Abakuá: dijo Isué en la loma de Ibondá en tierra de Usagaré cuando terminó de consagrar las piezas de Ekoria Abakuá. Esto fue en la consagración de los siete hijos de Efor.

Obón Iyamba asukuo eriero mbasa Sese Eribó eroko Mboko atemene Isué Eribó echecheribó Krikariká sere boroni arakankubia Muñón itén mbarafembé Sese Eribó Erení Tacho kuna fembe añongobia beromo Ekue Eribó Krikariká bi uraka Sese: dice el Isué al poner en manos del neófito el Sese Eribó para consagrarlo obonekue. Se canta **Isué Eribó checheribó Krikariká bi uraka Sese.**

Obón Iyamba Ekueangoró Ekón nteme sanga Abakuá Erón Efik Sanga ñankue aé e eriero: Dios que es la divina potencia se ha llevado a ese hermano y nosotros lo lloramos y le rendimos el último tributo.

Obón Iyamba Ekue Aromiñán Obonekueamanipawaunfentón Arakankubia Ekue afoko minuá krúkoro fembe Obonekue Bongó: dice Isué en el Iriongo con el indíseme puesto de rodillas ante al Fundamento, entre Ekueñón e Isunekue, dirigiéndose a Iyamba. El Ireme Nkóboro que da fe del juramento se halla presente al lado de Iyamba. Ekue responde (Iyamba frica el tambor). Por última vez se advierte al neófito que está a tiempo de anular su juramento. Pero su decisión es irrevocable.

Obón Iyamba Ekue Sanga kondó sita bara itón siki barayín atu kamá borokiñangué: Iyamba antes de comenzar su oficio, examina el Bongó y observa si los derechos -las ofrendas- están completos.

Obón Iyamba itún mayé asanga werí beyuí esón bayankán su fragayá ngomo erugé: se canta cuando la cabeza decapitada del chivo se coloca sobre el tambor de Ekueñón. En las exequias fúnebres de un obonekue. Al chivo --en la ceremonia del Ñankue- después de asfixiado, se le corta la cabeza y se abre el cuerpo en cuatro partes. Una de las patas que le corresponde al dignatario que ha muerto, se marca con yeso blanco, y las demás patas del chivo, con yeso amarillo. La pata con el signo del muerto se le incluye en la caja. Las demás se envían al río como ofrenda a Tanse y a Sikán.

Obón Iyamba krikariká sere beroni arakankubia Muñón iten mbara Kanko Eribó Kanko aborobúon inuá Monina chekendeke Okobio ñene Abakuá krikariká uraka ñongo temio: dice el Isué cuando el indíseme ha besado el crucifijo que se pone en sus manos al iniciarlo. El crucifijo fue introducido en la liturgia Abakuá por un ñáñigo catolizante: el pardo Andrés Petit.

Obón Iyamba ndeme Efor ndeme Efik amanán bara kríkola batabá yanyaribó mokuba: el rey Iyamba, que es grande en Efor y en Efik, toma en sus manos la mokuba. (Se le dice al Iyamba en el momento en que va a beber la sangre).

Obón Iyamba Obón Iyamba etié momi Mokongo Abasí siaramo: dice Mokongo de frente al Abasí oficiando en el juramento del neófito. Y continúa: **Mokongo ya ntame iten mbara itón siá áramo Mokongo ya Butame iten mbara itón siaramo anabioko ofentón Abasí arakankubia ntumitia krikariká inuá keaborobúto krúkoro ñene Abakuá.**

Obón Iyamba Obón Iyamba krikariká sere boroní arakankubia Muñón iten mbara Itón siaramo inuá keaborobúton inuá Monina chekendeke ata yagasigabón Kobio ñene Abakuá ura Bakesongo kríkariká ura Mokongo: dice Mokongo en el rito del juramento después de formuladas las preguntas que ha de responder el futuro abanekue a quien da a besar su cetro. Al retirarlo de sus manos se canta: **krikariká ya urá Mokongo.**

Obón Iyamba Obón Iyamba Yamba Mosongo ntreporomina Abasí krúkoro ñene Abakuá krikariká sere boroní arakankubia Muñón Iten mbara Itón bakueri ayagara moto: dice Abasonga al poner su cetro en manos del Indíseme para que formule su juramento.

Obón kereñandé múkere: pescador que hace nasas para atrapar peces.

Obón kuna yuansa ndeme Efor: los que presenciaron y fueron testigos de la comunión original -**yuansa**, unión, alianza- con la sangre de Sikán.

Obón kuririé Obón ndiminikuán: los Obón, los jefes, hablando de lo profundo, (de los misterios de la religión).

Obón Nanfé o Ninfé: Santa Teresa.

Obón Ntuí: Bongó de Nkríkamo.

Obón obón Abakuá: el que se está consagrando. En el momento en que presta juramento ante el Sese Eribó. Acto seguido, confirmado por Ekue se convertirá en obonekue.

Obón obón atiyenebón itón sukó Bakariongo kurí eyenisón najebia Akanawán direé: "quemaron a Sikán". "Una mujer que era su comadre prestó la ropa con que amarraron sus restos a un palo y la quemaron. Ese túnico y ese palo, representa el Bakariongo o bandera".

Obón Obonekue: el chivo que se sacrifica y que se signa como un hombre.

Obón Obonekue: era un cargo que antaño ejercía algún docto abanekue en su Potencia. Tenía facultad para ejercer cualquier función dentro de la misma. Solo individuos muy capacitados eran merecedores de este honor. Sin embargo, se suprimieron sus prerrogativas porque la sapiencia incuestionable y la inflexibilidad del Obón Obonekue daba motivo a terribles disputas y desavenencias.

Obón-Palito: el obonekue que toca los palitos o clave en la fiesta ñáñiga. Dos palos de una cuarta de largo, redondos y pulidos que hacen son chocando uno contra otro. Se fabrican con maderas duras, como el guayacán - Gaicum officinale, L.- de jiquí - Pera bumelifolia, Gris.- de yaba - Andira Jamaicense (W.Wr.) Urb.- quiebra hacha - Copaifera hymenaefolis, Moric.- sabicú y otras.

Obonsene: Potencia Habanera.

Obonsene mofé sito Wana Bekura: nombre de una Potencia.

Obonsene Moruá: la Voz en el rincón (del Fambá).

¿Obonsene Moruá bako yin nandió?: ¿Quién fue el primero que bebió la sangre (la Mokuba o bebida sagrada) en esta tierra? Se responde: **Apapa Efik Moruá Monanga Mbori.** Los **ápapa Efik de Monanga.**

Obonsio Batanga Efor: Potencia que tuvo su origen en **Guanamokoko Efor en Situ Ñon Bakokó.**

Obón siro tansiro ñangué: estamos conformes, somos un solo pensamiento.

¡Obón siro tansiro ñangué ete Mosongo bia kuerí!: de acuerdo hasta la muerte.

Obón Tacho: Dios Todopoderoso, divinidad ante la cual Nasakó presentó al Pez Tanse. "Dios viejo" de los Apapa, Efor.

Obón Tacho Ndibó: la vieja Divinidad que adoraban los **bríkamos añene Ekoi** antes de la aparición de Ekue. Nasakó que era sacerdote de **Obón Tacho Ndibó,** limpia, prepara y consagra al Pez en su santuario. "Este santo bríkamo, **Obón Tacho,** no vivía en la casa; su santuario estaba en el monte, en un **kakureko,** como un vara en tierra, hecho de pencas de palma y a la orilla del río. Por eso decían los viejos, como dijo Nasakó y sigue diciendo, que con palo (árbol) y agua del río él hace todas sus brujerías".

Obón Tacho Ndibó ndafia Eribó sagaré kanima akamba ñene Efor Ndafia Abasí kibó yampán Abasí Beromo afanseré Obón Iyamba Isué Eribó Ngomo ñaberetó iyaó kufón nitongó kunafembe Abasí moto Isué Eribó Ngomo Sese Eribó erení Sese Eribó mpanaté akayabú akayabó maserí okambo Obón Tacho un koró gewe Ekue erón erumé Abasí arominán erendió Abasí erendió Abasí Iyá kondondó kurako keawaron temio: oración para Isué en sus exequias fúnebres o llanto. "Para devolver su Espíritu a la vasija en la que Sikán cogió el Pez, es decir, enviar su Espíritu al mundo de los muertos".

Obón Tanse: el rey Tanse. "Tanse era un rey antepasado antiquísimo. Su espíritu se encarnó en el Pez". "Obón Tanse es Ekue; el que suena en el tambor. El Muerto".

Obón Tanse: Potencia Habanera.

Obón Tanse Moruá Tanse Eribó: "la primera Voz de Tanse en el Eribó". "Obón Tanse habla en el Eribó."

Oboserón: la Divina Majestad.

Oboserón erumé: cuando comienza a producirse la Voz divina; significa que el Espíritu está en el tambor.

Obrindi: nombre que se da al parche del Bongó.

Ochana bión suakara mi nansé etán roropá: un día muy grande de fiesta para los **kuákara** (ñáñigos).

Ochanganá: guerra.

Ochá kuarana bigá bigá: cascada o agua que baja por un declive.

Ochibirión otán maberento: ¡Como ese día no hubo otro! (refiriéndose a una fiesta importante que tuvo mayor lucimiento que otras).

Ochikuma: "una aldea del Calabar".

Ochofirá, chofirá, kofirá: café.

Ochamé: "aldea en el Calabar".

Odán: nacimiento del río sagrado, que luego al fluir de su curso tiene otros nombres según el territorio que atraviesa.

Odán ayere mumio: lugar donse apareció Ekue.

Odán bataúyen keno morumba Sese: descubrimiento de Ekue en el río sagrado Odán.

Odán Efik: una tribu del Calabar. Nankuko era su jefe o rey.

Odán Efik: Potencia de la ciudad de Matanzas.

Odán Efik Nankuko: Nankuko, jefe de este territorio en los días en que ocurrió el hallazgo del Pez. Era un hombre de gran espíritu guerrero. Como el prodigio estuvo en sus aguas, y los Efik ambicionaban el Secreto, provocó hostilidades y reclamaciones con los Efor.

Odán Efor Odán Efik bata Uyon kene morumba aseré: "en Odán que es el mismo río de Efor que pasa por Efik, se oyó chillar a Uyo, las brujerías de los Efik y las de los de Efor".

Oerukoro indiabón ararisún etié sangabia ntre ponipó akoirán unkeno akurí akoropó ekoria ayeripongo ata umbairán ápapa Efí Butón Abasí

Ekue rirún ata nyugue efike efión awana toito akuá butón Moruá Bongó munangabori Ekue asororí: esclavos africanos que vinieron a Cuba traían el recuerdo de Ekue. Los obones que había entre ellos se reunieron y recrearon aquí su religión. Para representar a Ekue consagraron un cuero de chivo y un coco.

Ofentón Abasí: pleitesía. Adorar, rendir homenaje a Dios.

¿Ofirio ofirio mañón apá?: ¿Quién trajo el agua sagrada? Se responde: **Mokongo mañón toirama Asanga ñon apá.** Mokongo, que tomó el güiro con el agua sagrada de manos de su hija. "Se dice también: **Mokongo mañón toirama asanga kufón obón abá:** Mokongo cogió la güira (con el misterio) que traía su hija del río sagrado y lo llevó a casa de **Obo Abá,** el Adivino, Nasakó".

Ofón kemio: habla bien.

Ofó: San Dimas.

Ofó: allá.

Ofonarí: divinidad o espíritu bravío equivalente al oricha **Ogún,** dios del hierro y de la guerra de los lucumí (yorubas).

Ofonarí: San Pedro, **(Ogún).**

Oforenifá: la Virgen de Monserrate.

Ofuabiré: pata trasera derecha de la jutía que se sacrifica como tributo a los muertos.

Owañé: es bueno, sirve.

Oweñe Erume akuritán Ekue Ndokisón añongobia beromo akamaribó Abakuá tereñón: "cuando me juraron (iniciaron) el espíritu del Pez estaba dentro del Bongó. Por eso soy Abakuá. Todos mis derechos (tributos) estaban completos".

Oguasún: pata izquierda delantera de la jutía que se sacrifica como ofrenda tradicional a los muertos.

Okabiaga ebibí asagaíria: para siete vicios, siete virtudes.

¡O Isué Eribó Ngomo Ngomo yansi Ibasí ya yo!: se canta al trazar Mpegó el emblema de Isué en la cortina del altar.

¿Okamba mananga Ekue kurefón nini nyenisón itia ororó?: ¿Cómo se selló en Africa el primer Ekue Efor? Se responde: **Manga manga Tanse Bongó meta:** se selló con el pellejo del Pez en que se materializó Obón Tanse.

Okandé: madre de Agua, la Virgen de Regla. Equivalente a la **Yemayá** de los lucumí y a la **Kariempembe** de los congos Angola.

Okandé awana moreré: ofrenda alimenticia que se le hace a la Virgen de Regla, **(Okandé).**

Okandé Wanamoré: la dueña del Mar. La Virgen de Regla, Patrona del Puerto de la Habana.

Okanfioró: nombre del embarcadero de una Potencia en Africa.

Okanfioró: tribu del Calabar.

Okani: viejo.

Okankabi: junta, asamblea (en Otamo).

Okanko: caja del tambor de Mpegó.

Okanko Efor eni Mañón ntenefión Tansi Bongó meta erekiñongo Eroko Mboko yagasigamá Mañongo barokó erekitán Otán ñene Efor brunsini ñene Ibondá betán Ekue Usagaré mana ñongo Ekue otán kiré akamba Boko añongobiá beromo añongobiá Ekue: cuando se llevó el Fundamento sin Voz, pero con la sangre de Tanse, a través del monte hacia Ibondá, Nasakó iba buscando la Voz, la materialización del espíritu de Tansi.

Okanko okanko: gente de la orilla, de las costas (Efik).

Okanko menanko bedobedo: habla Efor y Efik.

¿Okanko menanko newe fo inuá?: ¿Qué habla? Respuesta: **no mi Efó kaminuá ndé mefó.** Hablo en lengua de Efor.

Okanko mumio muñongo Ekue: sangre del sacrificio a Ekue.

Okanko ntuma jayayá okanko erukembán eforí itón ororó mukeré Ekue seserefión barari nkaño ororó mokimbán ororó afabetó muñón Ekoi eforí Bondá Sagaré nandibá Eforí Nusagará Ntoki Eforí ntoki tibaró awana fimba situ Wanabekura Mendó Yamba eforí muna Tanse Baroko nandiwara Efor. Itongo ayeré Itongo Eforí basiondi akambambá yene Efor Ukano sanga Abakuá: Se refiere a "los poderes mágicos transmitidos a las ramas (Potencias) de Eforisún "cuando la brujería surtió su efecto":

Okanko únkomo eforí ánkomo osangrimoto moto bríkamo Mañón Usagaré: para consagrar el tambor Mpegó. El tambor más antiguo, el primero de la sociedad Abakuá. **Okanko:** tambor que impuso el orden. **Eforiankomo:** la brujería del tambor. **Osangrimoto:** la sangre vertida. **Motombríkamo:** fue al río de Usagaré.

Okán kufón iborá ibloborá iboranú: el güiro que contenía el agua sagrada del río en el **kufón** o templo.

Okaño: bien.

Okawá Eforisún okawá Eforiántoki okawá Eforigumán otanké Bongó yukawa: Ntoki es el primer hijo de Eforisún, y **Eforigumán** es el segundo.

Okawanbako nkrimafión erimatete: el redaño de la víctima fortalece a Ekue.

Okeané, okekaní: pata delantera derecha de la jutía, que se sacrifica como tributo a los espíritus.

Okefé: permiso. **Okefé Fambá:** pidiendo permiso para entrar en el Fambá.

Okifún: hablar.

Okobiana Moní Bonkó: el dignatario que tañe el Bonkó.

Okobiana amoribó Usagaré ntén Baroko Bongorima muna Bonkó Obane afabetó orongrima Ekue afan dugón ara tié tié Nyemiyá Abasí nyemí Ekó: estas palabras fueron pronunciadas por **Okabiana -Moní Bonkó-** y se traducen: ahí llevan la grandeza de mi tierra. Llamó al **Bonkó Efik Bongorina Mune Bonkó Obane.**

Okobio: tierra, partido, juego, nación e individuos que forman su gobierno.

Okobio: iniciado, nacido en la religión.

Okobio Efik konkay ápapa obane: los de Efik aparcharon sus tambores.

Okobio Makarará: Los primeros hombres blancos iniciados en Cuba por Bakokó. (Por Andrés Petit, Isué de Bakokó). Importante Potencia se pretende que integrada por jóvenes blancos "de muy buenas familias habaneras", que dio origen a la de **Makará Efor, Echene Mbión, Ekorio Efó Masongo.** Se llamá después **Akanarán Efor.**

Okobio muña muña Obane Sese kondó: sabio, el cofrade de Obane más sabio.

Okobio Ndure: Potencia de los Efor en Cuba.

¿Okobio ñairión Mpegó amunará?: ¿Mpegó, de dónde es tu plumero? Se contesta: de tierra Efor, porque de allí salió todo. **Okobio:** miembro de la sociedad Abakuá. **Ñairión;** rio de tierra Efik. **Mpegó amunará bomé:** el dignatario que cuida el orden, que representa a la justicia en la sociedad.

Okobio ndure: guardianes de Ekue.

Okobio sanga kiñongo monina munangoro o munan lloró: cuando muere un hermano todos debemos llorarlo.

Okokué: caracol. Nombre del que tenía Ibiabanga en Africa. "Era un caracol grande, cuyo sonido abarcaba por lo menos de tres a cuatro kilómetros y se comunicaban por medio de ese caracol."

Okolobá: uno de los siete espíritus de los antepasados que rodean a Ekue cuando está sonando su Voz en el tambor.

Okolobáe Efor: espíritu del primer Nkóboro de Efor.

Okonamá: una aldea del Calabar.

Okonomá: territorio que baña el río de Obane.

Okonsí: campana.

Okoria nkimifé obón Mbákara isún: primera consagración.

Okorió: ojos (en bibí).

Okorio Efor Mosongo: "lo más grande de Efor".

Okorio o Ekorio Efor Taibá: segunda Potencia creada por ñáñigos blancos.

Okoririón: iglesia, templo.

Okoró bafina: vino tinto.

Okorobema: majá.

Okoro besuá: vino seco.

Okoro besuao: se dice al pulverizarse o rociarse el vino seco después de la purificación por medio de las hierbas y del gallo.

Okoro makua: aguardiente.

Okoromibó: aguardiente.

Okoro mimba: el aguardiente en la botella.

Okrúkoro Ekue ntún: todos estamos en una gran fiesta, jurándole y venerando a Ekue.

Okrúkoro mombán atafañikó ñikó: todos somos hijos de Dios.

Okrúkoro Okobio ñene indiabakuá nyenisón aó umbairán tete ayeripongó: reunidos los que profesan la religión Abakuá.

Okuanamé: una aldea del Calabar.

Okukaro bulama numbre: las moscas zumban, el viento suena.

Okuko ibana une: gallina.

Okún: equivalente del Dios **Changó** de los lucumí, -yoruba.

Okún: pólvora.

Olamio: rey de los Olugo.

Olamio Efor: espíritu del primer Aberisún.

Olinimóto Sese: espíritu del primer Isué.

Olobá: junio.

Olobanapá: palacio.

Olugo: "En el territorio de esta tribu se cultivaban unas güiras enormes que se cambiaban por ajonjolí y maní. Por su tamaño servían para guardar dentro a los niños."

Omalé Efor: espíritu del primer Nkanima.

Omariongo: territorio que baña el río de Obane.

Ombán o Monbán: hombre.

Ombán nkeneñón Sese obón itá bayumba: "gracias a Dios y a la Tierra porque hemos salido bien". Frase que se dice al terminarse un Plante. El ñáñigo se congratula y da gracias en nombre de todos porque no ha habido altercados, y los ritos se han desarrollado apaciblemente.

Omó: ocho.

Omó Ekue Efor: los dos espíritus, el de Tanse y Sikán, unidos y presentes en el parche del tambor.

Omo kutá: la güira en que originalmente estuvo la cabeza de Sikán.

Onánkrako: vaca.

Onán oracho: vaca.

Onbré: cañón.

Ondamaza: marzo.

Onibiabamusá: equivalente de **Obatalá**, dios de los lucumí, -yorubas.

Onifé: equivalente de la diosa lucumí **Oyá**. La Virgen de la Candelaria.

Onifomá: un equivalente de **Elegua**, dios lucumí de los caminos, las puertas y el destino.

Onirumia mbaranabia Ekueñón: palabras para significar que el tambor de Ekueñón está en función fúnebre.

Onoña: recuerdo.

Onoña amanambákamaribó tinsún ñangué keneñón kamá: "comentario que se hizo en el pueblo acerca de la desaparición de Sikán", cuando la mataron.

Onúmbirán: costado izquierdo del chivo.

Oñorufá: la Tierra.

Oñorufá: equivalente de **Naná Bulukú,** diosa de los lucumí y arará.

Oñurolani: San Francisco.

¡O o Ekue mokoíko!: se canta cuando se retiran los objetos sagrados, tambores o itones y los géneros negros con que éstos han sido cubiertos en señal de luto, el tiempo que duran las ceremonias fúnebres que se les rinde a los iniciados. Estos géneros se depositan en una palangana blanca, a la derecha de la entrada del Batamú.

¡O! Sikándé o Sikándé wariríon Efó kondó Nandibó amandió Esese Iyá fembe Eribangandó mutu chekendeke gandó mokombe amurumba yuansa asendé gandó fakariongo errukurrube ñangabión: evocación de la historia de Sikán que se recita al comienzo del rito.

Oraña: piedra sobre la que escamaron al Pez.

Orifafa ribonekue: piedras traídas de Najebia sobre las que se paraba la Sikanekue. Las tres piedras sobre las que se montó el güiro o la tinaja que contenía el Pez Tanse. "En cada piedra se sacramentó un Obón en el baroko Nandiwara".

Oré: recibir. (**Yambaoré**: recibir del Iyamba).

Orobierá, Orobuerá: trasera izquierda de la jutía que se sacrifica como tributo a los muertos.

Orofia: chivo.

Orogabia, Orogofia: limpieza, purificación.

Oroguyón: nariz.

Oroguyón: oreja (en Olugo).

¿Oroko wañe awari tiki Abakuá?: ¿De dónde eres? Se responde: **Moruá ntate yenisón:** soy Moruá, oriundo de Africa, de Ntate.

Orongrimia Ekuenafandugón: transferencià del Bongó al Bonkó. (**Bongó:** tambor de Efor. **Bonkó:** tambor de Efik que recibió la Voz Divina del Fundamento de Efor).

Oroña okambo: piedra plana en la orilla del río sobre la que se extendió la piel del Pez, en el origen del drama Abakuá. "La piedra vieja".

Oroña kamba iyá kondondó: el Pez tendido sobre la piedra.

Ororó: trazo, círculo y centro del mismo.

Ororó: centro del parche del tambor sagrado.

Ororó: redondo. Redondez.

Ororó basiondi Ekue barankonó: nombre que tomó el lugar donde se dio a Ekue la primera sangre, (se cumplió la sentencia del sacrificio).

Ororó kanko nuria ntún bajayaya: "cuando venía Iyamba por el río de **Fokondó,** por la parte que conocen los iniciados por el nombre de **Tumbán Jajaya** y que conduce a un territorio de Efik que linda con **Wasamawé,** se encontró con unos jimaguas. Uno se llamaba **Ndaria** y el otro **Kusundaria.** Iyamba los inició y les dio el título de **Obonekue Aseremí ntumba jayaya.** Iyamba llevaba el Fundamento con la brujería que Nasakó le había hecho a Tanse, la más fuerte, la del espíritu del primer Obonekue. La hizo con el tronco de un árbol que tenía virtud Santa. Por lo que se dice **Yukawa Yumba Muna". Yukawa:** tronco. **Yumba Muna:** sonó el Pez en el parche. (Caja de tambor y parche).

Ororó kanko ntuma yaya kanko erukembán itongó yeré itongó ororó afabetó muñón kaé efori anabondá Usagaré nandibá efori Musagaré Efori Ntoki obisoró wana Bekura Iyamba efori muna

Tanse naroko anandiwara itongó yere itongó eforí besundi akambambá yenefé ukano sanga eforí mayene eforí eforí mayene wán eforí sisi irotán oserimá Bekura Ibondá eforí meteke mbere awanarimbe Efor Ekue ñana Ireme Taipó ikama eforinkomo ikondó eforí kondó. Bumán Eforí Bumán Eforinsún eforí sisi Iyamba Ekue Efor Bongó yukawa: se refiere a las "tierras" de Eforinsún, Eforí Kondó, Eforí Bumán, Eforí Ntoki, Bondá, que concurrieron a la consagración del **Bongó yukawa,** en **Wanabekura Mendó.** Transmisión que se hizo del Pez a la Ceiba, es decir, al tambor construido con madera de ceiba y parche de cuero de chivo **-Bongó Mbori-** que fue en la que oficiaron el **Ireme Meta** y el **Ireme Taipó,** ambos Iremes antepasados de los Eforisún.

Ororó kié orororó afiá orofié: refrescar la mente.

Ororó kiñongo unkene sokibia mukue ayoribá obonké erimá bakondó Efiméremo nyumba krúkoro Barondó unkene erumé Efor. Ekue Barondó Ekue Usagaré kamañongo Efor Wana Bekura Mendó Borokibia Obiansún okawa yumba Bongó Efik etá Efiméremo Obón Iyamba Okobio Barondó mbioro Ekue Amukán sene ororó ñangré Barondó Efik Ekue Efor Bongó Efik suwa krúkoro Barondó: esto dijeron los Obón de tierra Efik cuando se reunieron en la consagración de **Barondó,** tierra que linda con las de **Biabanga** y **Betongó.**

Ororó mután ororó Isunekue nkiko wana moto ndura ndina mokiré: Isunekue es el dueño de las vísceras del chivo y del gallo. Una autoridad ñáñiga objeta:-" Nadie es dueño de lo que se ofrenda a Ekue. Los derechos le pertenecen a Tanse, a Sikán y a los Antepasados". Lo que dicen esas palabras es: **Ororó:** centro. **Mután:** fragayar, sonar. **Nkiko:** gallo. **Wana-moto:** hueco del tambor. **Nduna ndina mokiré:** el gallo con el que un Ireme, plantado en la puerta del Fambá, donde está Isunekue, purifica a los okobios". Puede significar también que Isunekue ha metido el cuerpo del gallo sacrificado en el hueco del tambor.

Ororó okaño: centro del parche y nombre del tambor.

Orotoyín oroto apanawá: la unión del cuero y de la caña de Castilla.

Oroto yin oroto apanawá: fricando el yin, la caña de Castilla.

Orú: las Potencias de tierra Orú ostentan siete palos (cetro). El **Mokongo, Mosongo, Abasongo, Besoko, Mosoko, WanaMosoko** y **Mbákara.**

Orú Abakuá: Potencia habanera.

Oruapapá: justicia de tierra, en Orú.

Oruapapá: soldado de la Marina, policía marítima.

Orú ápapa itía kairén itango bensún: "Orú tiene filiación con las Potencias de Efik y de Efor".

Orú ápapa kondomina mofé: territorio que linda con Efor y Efik llamado de los **Orú Apapa -Uyo Bibene.**

Orú ápapa Uyo Bibene ñene Efor: frontera que divide el territorio de Efor de los Bibí.

Oru Bibí: allí se hallaba una fortaleza que dividía el territorio de **Sierón** del de **Ntate.**

Orú Bibí, Ntate Bibí, sierón Bibí apo itié bibí ¿enewe Orú bibí?: siendo un mismo territorio ¿Cómo es que está dividido en dos? Se responde: **Orú bibí yereka Ikónapaoitié Ntate Bibí.** Porque en Orú Bibí hay una fortaleza que divide el territorio de **Sierón** del de **Ntate Bibí.**

Orú Bibí: Potencia habanera.

Orú Bibí yere kaikón apotié Ntate Bibí: la fortaleza que separa a **Sierón** de **Ntate.**

Orubana: vecindad.

Orubona ntayo: vecindario. **Ntayo** significa amistad. Vecino.

Orú bremerí: la güira en tierra orú.

Orumá: pasear.

Orumakua Abasirirí: trazo que se dibuja en medio del Fambá para colocar los objetos sagrados del culto.

Oromeke: territorio que baña el río de Obañe.

Oruna akua: el trazo que se hace para el rito purificativo, previo a toda ceremonia Abakuá. Trazo sobre el cual Nasakó tritura las hierbas. (**Oruna Akua** significa triturar, matar hierbas, pues las hierbas tienen "vida y fuerza").

Oruna Akua Abasirirí: limpieza, purificación general y reunión de brujos. Se cantan estas palabras cuando se practica alguna operación. mágica.

Oruna eribe: descendiente de Oru Apapa, (Potencia).

Orú Nansuaka: firma del Fo-Ekue en tierra Orú.

Orune: dedo.

Orúnnfrisá: cementerio.

Orú nfrisá Efor: cementerio de los Efor.

¿Orú nkenefión Sese obón nkenefión: ¿En qué parte del territorio **ápapa Efor** recibió el Sese el primer sacrificio? Respuesta: **Ntán nkenefor Apapa Efó itá bayumba Ntán.** Así se llama el lugar donde se reunieron los obones en **Araukón,** y allí rayaron y le dieron la primera sangre al **Sese obón.**

Oru nwañurón Ubio Ubane unsangawá Umón eriero krúkoro indiñenewán afomako Nasakó nawerembán awán Sese Abakuá mayisón unkorobé Efó: Ekue nació en Orú. En Efor lo cogieron. Murió y Nasakó hizo la brujería que captó la Voz.

Orupá: esclavo.

Orupó: escribiente.

Orutanse insunapekue akuririango Bongó muñangué: cuando la guerra de Efik y Efor cogieron un congo y le arrancaron la cabeza.

Orutenten bisorió asoropá: "en Orú se vio que la mujer escondió algo muerto". (En tierra de Orú, la Mujer **(Arúmiga)** anunció a las tribus el hallazgo del Pez. Lo cual se dice también: **Bisorio obisoriñán asoropá Orú. Nene Tanse Orú bameró bisorio bibiota:** "el secreto que la mujer escondió era el ave con que en Orú limpiaron a Ekue. **Apapa Orú akamabioko nkuko eruamán káwa:** nombre del ave (gallo) con la cual purificaron a Ekue en tierra de Orú.

Osairo makobiko murumba mañón Mpabio: Diablito, mira la brujería de Nasakó, le dice el Nkríkamo al Ireme.

Osairo mañonoiro unseiro mañonó ubrasi yerigubia Ireme Awaririongo: Ireme, vamos a tomar vino seco y aguardiente en el Butame. Esto le dice el Moruá al Ireme Awaririongo, que oficia en las iniciaciones. El Ireme suele sofocarse permaneciendo demasiado rato en el cuarto de los misterios con el caluroso traje de Diablito. Al Ireme que oficia en el Fambá le pertenece como tributo un gallo, y por la ambición de ese gallo, aunque suda a mares y se ahoga, no sale del Fambá.

Osamanga: territorio que baña el río de Obán.

Osamio Efó: espíritu del primer Aberiñán.

Osangrimoto bríkamo mañón Usagaré: sangre que se vierte en la corriente del río. Sangre derramada.

Oserinánkawa: un cazador.

Osikandé wario iro Efó kondó mañongo sanga bekondó: "si no hubiese sido por Sikán no hubiésemos tenido Ekue."

¡Osikandé! Osikandé wario irio irio Fokondó Ndebó amandió Sese Yamba fembe Eribangandó mutu chekendeke gandó mokombe murumba Yuansa asendé gondó fokoriongo errukurrumbé ñangabión: "Ella fue sola (Sikán) a buscar agua al río divino, alabado sea el Poder de Dios y de la Naturaleza. El hombre es muy fuerte porque llevó un derecho para la boca del cocodrilo y del majá, que están en el río, y la brujería que une a los dos espíritus." En esta oración se hace memoria de Sikán y de Nasakó, que le manda al río su tributo con Eribangandó para que los ritos se desarrollen tranquilamente y sean benéficos. Esta oración debe decirse siempre.

Osirinambere efión akoribá: lugar en el río donde se sacrifica.

Osiro mako biko Mañongo Mpabio amanandió manan yurubé ke afokankoró errukurrubé ñangabión Ireme afokanko ita musón naberromba ke aborokié Fambá: no tengas miedo, Ireme, los majases están peleando, pero tienes tu resguardo en la sombrereta.

Osobianbón, Osobianabón: padre de Mokongo.

Ososó: nación, tribu carabalí.

Ososó: donde está la Voz de Ekue.

Osófro miñón tete: el Pez no tiene pie.

Osofró móniño tete osofró móniño tata kalabarí waririampo kruko ñene bibí: Ireme, mira que viene una mujer a traerte la comida. Se dice para indicar que viene una vendedora con frituras, mojo de yuca, jaibas enchiladas, y otras comidas típicas de los plantes.

Osuanó mombiraño: la cabeza decapitada del chivo, al taparle los ojos cubriéndola con el redaño.

Osukurukuán antiyé: Todopoderoso, sacramento.

Otachananá awasaringui emae: el Iyamba haciendo hablar a Ekue en el rincón del misterio.

Otacho aberetacho uña uña Otacho Aberetacho unkoró ponpón nandibó Efiméremo ntubiaka jewemio erón erumé: palabras que se le dicen al Ireme ordenándole que tome las ofrendas y las lleve al río para los espíritus de los muertos y de los antiguos dioses bríkamos, Otacho y Aberetacho. ("Los Santos viejos.")

Otaibo taibo (makarará): yeso blanco.

Otájerejobia: mellizos.

Otana afanaró Ekue Efik Efiguéremo otamo bibí muñabé: "hablo otamo y bibí ápapa porque esas son las lenguas que más se entienden y dan razón de Ekue.

Otamo afanaró kisón mapá: hablo mucho en **otamo ápapa.**

Otamo fanfugú Ekue cheniché: donde canto no puedes cantar. (Le dice el que sabe **otamo** a otro que lo ignora).

Otán: primero.

Otán: nombre de un pueblecito carabalí cuyos habitantes iban a trabajar a Ibondó.

Otán: primera Voz.

Otán: uno.

Otán: plumero de Mpegó.

Otán baroko Efor siro Akanabión: en el primer Baroko de Efor, cuando los cuatro Obón se arrodillaron frente a la güira y oraron para obtener la Voz.

Otán buramba Ekue amanayín Nasakó umpablo: el poder de Mokongo se lo dio Nasakó con la Fuerza de su prenda, (amuleto, fetiche).

Otán Efor: territorio de Efor: nombre de una Potencia de Regla. Antigua Potencia, uno de sus Mokongos, Pablo Osuna, hace más de treinta años, era un hombre de raza blanca.

Otán Ekue monina yereká Ubani molopó mutié kanima nkaura: Diablito, el verdugo quiere ahorcar a tu hermano.

¿Otangabia biokoko añongobia beromo Obón aterekiñongo chitube Moruá?: ¿Cómo se llamaba el primer Mokongo y por qué cojeaba Ekueñón?

Otanirión: tribu del Calabar. (El Otamo se habló mucho en Cuba).

Otanirión: Potencia integrada por hombres de Otanirión, en tierra de los Otamo. "En Cuba no existió esta Potencia".

Otanirión Iyamba munán yiro: Iyamba de la Potencia de los Otamo, **Otán Irión.**

Otaniroko: árbol grande.

Otán kanenú: tigre hembra. "No sirve para forrar Bongó".

Otanke Efik: Potencia "que fue creada en Africa como **Otanke Obane** y **Otanke Ororó**".

Otanke Efik nuá borobuté: Efik habla mucho.

Otanke Obane: Potencia que creó en Africa **Otanke Efik.**

Otankomo u Otán komusere: la primera vez que resonó la Voz, cuando Nasakó la llevó al parche del tambor.

Otán komó Efor Otán komó Efik tanka suaya ya bekondó Abasí: lo mismo es Efor que Efik, todos somos hermanos e hijos de Dios.

Otán komó Ireme Okambó: aquí estoy, hecho un Ireme viejo.

¿Otán kone Efor?: ¿Qué dice usted de Efor?

Otán konefó, Otán konefí: lo mismo Efor que Efik.

Otán muñón: santo, sagrado.

Otán mañón sanga kondó yamelulú úndia Efor sewarikambó: en Africa soy un hijo menor y cuando alcance cierta edad me gobernaré.

Otán na Otán Abasí eroyín: ven a ver a mi Ekue tan bonito.

Otán Nungre Sese amotangrí: Nungre, Rey de Otamo, que autorizó a Efik para rayar, dibujar, los signos sacramentales en los objetos y en los hombres.

Otán otán nameroró awemio Abasí Bomé sosó ndimaó: después de Dios, **Abasí Bomé,** aquí mando yo.

Otán Otán ñene obón okuere ñenisón sukubariongo Efó newe nkiko: alude al estandarte y al gallo del sacrificio.

Otán parañonobón parañonobón Moruá: ese Moruá es de mi tierra y es mi hermano.

Otansé Moruá Tanse Eribó: espíritu, la Voz santa y terrible del Pez.

Otán unpabio Abasí miñón foko ke awarantán: Ireme, el que te habla es Moruá mandado por Dios.

Otán Uyo nambira: primer sonido que reveló al Espíritu del Pez materializado en el Bonkó.

Otán yeremo nyeiro iro yaramawá errukurrubé Ekue parakamba warakasike Bongó Ukano Mambré Ukano Mambré Ekue Ireme munangayé: viejo **nkame** con que se iniciaba una junta extraordinaria de la Potencia o cualquier ceremonia.

Otán yere Umón yere iro iro káwa kira mawá kukurunambé yambumbé Ekue bakaranawán nakamba awara kasike Bongó Ukano Mambré Ekue Isún Munán gayé: dice Mpegó después de dar tres golpes en su tambor y quitar de éste su plumero. Los nuevos obonekues y el Okobio de la Potencia que se encuentra en estos momentos en el Fambá y que han desfilado en la última procesión, proceden a quitar los plumeros del Sese, del Ekueñón y del Nkríkamo. Los íremes que han desfilado en la procesión se despojan de sus sacos o **efomiremos.**

Otá obó Iyamba ndike Bongó Ekueñón ararisún Ekue eromiñongo Abasí konkobiro: a falta de Iyamba lo sustituye Ekueñón.

Otara: agarrar.

Otara: masculino.

Otara ororó Mokongo nkiko mokiré: Mokongo mata un gallo encima de Ekue. Un viejo ñáñigo consultado rectifica. Mokongo no hace la limpiezas, ya que esa operación le corresponde a otro dignatario. Tampoco sacrifica, oficio que desempeñan Ekueñón o Isunekue que están dentro en el Fo-Ekue. Y de los sacrificios fuera del Fambá, se ocupan Aberiñán y Aberisún. Mokongo, jamás.

Otara sufoitía Orú ápapa awanaká: en tierra de Oru hay una palma que divide a Efik de Efor.

Otaribe kamá uñé erie erikundi nandibá Ekue onerí onerí otán kawanboko: oración de Abasongo al Rey de tierra Efik. Este pidió un derecho vivo a Efietete por la devolución de Abasonga.

Otán etán fana mumia: no hay duda.

Otana fanamá eruru pana mumia: no hay más que buscar.

Otatá Obó Iyamba ndike Bonkó Ekueñón anarisún akuará miñonga Abasí: El Moruá le dice al Diablito: baila bonito, tus esclavos están tocando el Bongó para ti.

Otemeroko Fambá: primer guardián de la puerta del Butame.

Otén mbara mañenitón krikariká urá Mokongo: En la ceremonia de iniciación, después de responder el indíseme a las preguntas que el Mokongo le hace en voz baja, le entrega su cetro o itón para que éste jure y lo bese.

Oteribachó: "uno que murió".

Oteyo bianyaroko oteyo bián yendín sun Okobio sankón bira ekokorikó: ya no existe nada para ti, en el Baroko no te veremos más y de ti no quedará nada. Canto fúnebre de los muchos que se entonan en el Ñankue, "para hacerle comprender al muerto que debe resignarse y darse cuenta de su nuevo estado".

Otiena: loma.

Otí kosi: no hay aguardiente.

Otinde Sakarakuán nkalú: la primera pieza sagrada -tambor- que se hizo en Efor fue la de Mpegó. **(Barieta kauko).**

Otochana: no oír, no te oigo.

Otón: sol.

Otón Maseromá: la mujer del rey **Nyiwiyí,** familia noble de Efor.

Otón yure onoún yeré iro iro kirimawa akukoró Mambé Yambumbé Ekue bara kamba awarakasike Bonkó Nchemiyá ibionó Munán gayé: esto dice Mpegó situándose frente a los tambores de la música en la procesión dentro del Fambá.

Otóto: todos.

Otouyón dugón: pitirre.

Otowá Mamba: hermano de **Otowane** y de **Otón Mbeke,** hijos del Rey de Efik.

Otowá Mbeke: hijo del Rey de Efik que recibió la plaza de Abasongo consagrada por los Efor. Primer Abasongo de Efik.

Otowandocha: Ireme. El espíritu de un Nkríkamo en el momento de realizar un rito, como el de llamar con su tamborcillo a otro Ireme que le obedece.

Otowañe Otowambeke yuansa Efiméremo Nkanima Efiméremo eroko fimba awán fumio mbokofia erume berekondo enefe inua Efor ndibó erogo tete eretún eko isán isán kendeme bo tero makotero Nkanima enewe eretún Ekue Eforisisi Iyamba akuri mikó iñán Borotindé mamba Ireme Otawañe: se refiere al episodio de la desaparición de Otowañe al oscurecer el día. Iyamba lo mandó a buscar. Le dijo que llevase a Nasakó las ofrendas rituales.

Otowañe Otowambeke Moruá ngomo mbekeré erié erikundeawantete Efietete mbayé awanfumio: se refiere a la ocasión en que se dio por perdido a Abasongo en el monte **Ñongo Kabia** de Efiguéremo, mientras guerreaban las tribus de Efik y de Efor.

Otowané otowambeke Moruá Eribó Ngomo mbekere erí erié erikundi awanatate efietete mbán mbayé awana fumio inaboneron tindé: forzado por la guerra que sostenían Efiméremo de Efik y Efietete, Otowañe se ocultó en el monte. (Al terminar ésta, Moruá lo buscaba tocando una maraca.)

Owandocha: maní como ofrenda para Ekue, cuando está mezclado con plátano, caña, ajonjolí, arencón. El maní cuando no se utiliza en calidad de ofrenda se llama **bachán.**

Owaña erume akuritón Ekue ndokisón añongobiá beromo akanaribó Abakuá teriñón: "cuando entré a jurarme (el neófito en el cuarto sagrado) el espíritu del Pez estaba dentro del Bongó. Por eso soy obonekue".

Owokirún: lamentación.
Oyara merobia Obane: el primer Isué que hubo en Obane.

Palabiga beremisón: echar fuera, despedir a uno de alguna parte.
Palabiga so so: lárguese, fuera de aquí.
Pampaná: el río revuelto.
Pampaná musa eñene kaitía aprosemene itón nkalú akanawán boribó: se dice para encender la vela y proceder al sacrificio del chivo.
Pampaná soúso yabekondó: el muerto silencioso en su tumba.
Panamó: miércoles (en Otamo).
Pangalanbokó: iglesia.
Pangamaniyé: espalda.
Pankán: pluma de ave.
Pankán naserendé: pluma de Pavo Real.
Pankán naserendé mbeke Eribó Kurima Usagaré: del Pavo Real se tomaron las plumas que adornaron el Sese Eribó.
Pankí: policía.
Papá Obón borikí ñankue: el chivo muere sólo una vez. "Y el chivo se come una sola vez."
Papá roró: ahí viene el Diablito, (el fantasma de un **ápapa**).
Paramafión subríkamo ñeniforo: guao, hierba mala.
Paranambeke: sombrereta o sombrero chato que se coloca por detrás a la altura de la nuca, en la careta del Ireme.
Paranandibé: sombrero de paja.
Payankán: huevo de gallina.

Payankán senune: el huevo con que se practica un despojo o purificación. El daño --enfermedad causada por un hechizo- lo recoge al huevo.

Peripé: cigarros.

Perupé: papel.

Piti: brujería.

Pitibaroko akarawaso Eribó Ndibó mifontanko Baroko Tindé: Isué ordenó a Mbákara que les diese a tomar a los que iban a iniciarse (en los misterios de Ekue) el agua sagrada de la güira.

Pitinaroko: "tres ramas distintas" (Potencias) "y un mismo tronco". (Tres personas distintas y un solo Dios verdadero).

Pon pon: el remate de hilos de henequén de la careta de los íremes.

Pon pon irúa iró nkanima: un palo solo no hace un monte.

Pon pon mañón maserike awarantemio san kabuyo ekoko ke akurí Fambá: entra al Fambá que la policía te va a prender. (Se le dice al íreme).

Pon pon mañón pon pon maseré pon pon awarantemia sankabuyo koko arorokié Fambá: Ireme, corre al Fambá que viene la policía y podría verte y llevarte preso (antaño cuando estaban prohibidos los plantes y el ñáñigo debía temer la visita inesperada de la autoridad que los llevaba presos).

Potarenke: aura tiñosa (cathartes aura).

Poúmpo: capirucho del insún o máscara del traje del íreme o Diablito.

Prosilia, profilia: sacrificio.

Protokó: botella.

Protokó mimba: el aguardiente en la botella.

Puncheneri: peleando.

Rikua arokañe: flecha.
Riongó: lugar escondido, oscuro, oscuridad.
Riongó: bohío.
Riongo (eriongo): adentro, oculto, apartado.
Riongo Butame: cuarto sagrado, el telesterión de los ñáñigos.
Robeña: país montañoso de lomas altas. "Las montañas de Efik, en Obane, desde las que se ve el mar".
Rondó: güiro.
Rorobia: mentira.
Rukurrubé: serpentear, ondular, ondulante.
Runabia: abrojo (para hacer y quitar daño). "Hay abrojo macho -**runabia**- y otro que es como un bejuco, que recibe el mismo nombre, y aunque es hembra tiene la misma virtud".
Ruñandibó ruñantán undió undió sere Abakuá: en tanto tiempo que eres abakuá, ¿qué aprendiste? (Sátira a un Abakuá ignorante).
Ruñandió: pájaro. Cernícalo (Tinunculus Dominicensis).

S

Sabiaka: corriente del río.

Sabianá: madre de Mokuire (Mokongo). "Aquí en Cuba se le dice **Anasabianá**."

Sabianá: sabiduría.

Sabianaká: profesar (ingresar en la confraternidad).

Sabianaká: el neófito con los ojos vendados, durante la iniciación.

Sabianaká: "estoy consagrado".

Saekue: "el hermano de Ekue". La caña de Castilla que frica el Iyamba apoyándola sobre el sello del tambor, que produce el peculiar sonido de Ekue. "Los Orú emplearon para hacer hablar al misterio, en vez de la caña de Castilla, la espiga de la palma".

Saerotete: entrometido.

¡Saero tetereñe!: ¡sale, entrometido!

Safakoró: judío, el que no está iniciado en los misterios Abakuá.

Sagaritongó: fuerte, poderoso.

Saibeké: sabio.

Sakaramantiyén: compadre.

Sakuá akua mbriagamé ororó Ekue sanga kumbo Abasí Abasí maramantuyé: "temprano fue tu fin, apenas comenzaste, acabaste."

Sakuba kairongo: estandarte.

Sakumbento: famoso ñáñigo del siglo pasado.

Sakumbento eh!: "amigo leal de los hombres", se cantaba en elogio de Sakunbento.

Saku-saku: nombre que según algunos ñáñigos tiene el conjunto de mates (siete) de que se sirve el Nasakó para adivinar. (**Saku-saku** es también el nombre que los brujos de sectas congas le dan a su amuleto y al espíritu que lo anima).

Salamanké (atongó): general español. (Salamanca).

Saluaka: órgano genital femenino.

¡Sambaka pomponó obón bomikó!: ¡sal de aquí salao, desgraciado y mal hermano!

Sambio, Saume: incienso.

Sampaeriero: insolente, fanfarrón, chusma.

Samperiero kobio misara: perseguido por la desgracia, estar de malas.

Sanakauria, sandre: comida.

San Ekue: la caña de Castilla o **saekue** en el que se aloja el espíritu de Sikán. Su extremo se adorna con una pluma de gallo blanca. "Ahí está su alma".

Sanga: religión.

Sanga: amigo.

Sanga: caminar, ir de un lado a otro.

Sanga Abakuá: reunión de Abakuas junto a la ceiba sagrada, desfilando en la procesión.

Sanga barandeke Nasakó nawembán: las siete hierbas de Nasakó juntas.

Sanga Baroko mo Fambá Ekue kuékué: palabras que se cantan al volver la procesión al Fambá. Volvemos al Fambá donde quedó Ekue.

Sanga bekondó asanga bekondó: llevar lejos a un lugar oculto. Por ejemplo, la cabeza del chivo que permanece hasta que termina el plante sobre el Eribó, Nkanima la lleva a un lugar escondido, donde nadie la encuentre.

Sangabiá: miembros de una misma Potencia.

Sangabiá unsiro: cofrades, hermanos de religión, abanekues.

Sanga were ñankue: cadáver, llevarse el cadáver.

Sangaworo ñankue gandó Erikundi: se canta en el momento de abandonar el cadáver la casa mortuoria para ser conducido al cementerio.

Sanga ibío ibío: vamos andando (a la tierra de los ibibío).

Sanga ibío ibío: sigamos andando hacia adelante, después de habernos detenido un rato.

¿Sanga jeyé?: ¿Cómo está, amigo?

Sanga jeyey teñón Abakuá: la firma del Bongó está bien.

Sanga kusón kusón monina kusón okobio efión nteme soko menonbira mbayaká: paciencia hermano, que te vas (al otro mundo) tus derechos irán completos.

Sángala prosilia mokabia kokó epiti Efiméremo mawebioni: Iyamba, cuidado, que las gentes de Efik preparan un embrujo.

Sangamabó: irse, ya se fue.

Sanga Mañón sanga kondó Erón: el Espíritu encarnado.

Sanga Mañón Ekue ntuma Sanga Mañón Ekue ntumaó: palabras que se pronuncian al sacar el ataúd del foekue en la ceremonia del Ñankue para colocarlo sobre el emblema del difunto.

Sanga Muñón: el Sese adornado con los plumeros. Quitar los plumeros, **muñón,** del Sese.

Sanga Muñón sanga kondó erón erumé: "el Espíritu Santo ya está encarnado", es decir, ya se escucha la Voz de Ekue.

Sángana kusón monina kusón okobio efión ntume soko menonbira mbayaka: hermano, paciencia, todos tus derechos están completos.

Sangarabán Ekue Nasakó nawembán oya yo má: Nasakó purificando.

Sanganbarán Ekue no wenbán: Nasakó purificando. Ayudado por Ekoumbre u otros de sus **kunansas** (auxiliares), con las siete hierbas, el agua, el vino seco y el aguardiente que pulveriza otro **kunansa**, y el incienso que se quema en una teja. El coro responde: **Anamabó anamabó sanga baranekue Nasakó nawembán. Anamabó** significa que se limpia para que se vaya todo lo malo. "Lo malo lo estoy botando", **anamabó,** que lo malo se aleje".

Sangantión (sakantión): manantión besuá beromo: se dice al persignarse.

Sangarié riekón: la Isla de Pinos.

Sagaritongó: rincón.

Sanga wagró ñankue gandó erikundi: palabras que se dicen al salir con el cadáver del ñáñigo al cementerio.

Sanga wanekón: váyase lo malo fuera, a la calle.

Sanga weri ñampe: el muerto se va.

Sangrimoto: se le llama a la sangre vertida en el embarcadero de Usagaré. Potencia habanera.

Sankantión manantión ará: se canta cuando se le ofrenda al Bongó y Ekueñón comienza a preparar la mokuba.

Sanko o sanko meñonbira: nacemos para morir.

Sankubia kende Maribá: arriba del agua está la Virgen.

Sansuwéremo: loco.

Sansuwero: emborrachar. Se entiende también que **sansuwero** es hipnotizar, es decir, tener el brujo bajo su dominio la voluntad de una persona o de un espíritu, "como Nasakó tuvo a la Sikanekue, hasta que dispuso su muerte".

Sansuwero. Ekue Sansuwero: cuando el que fragaya ni oye ni entiende lo que le dicen y el Ekue suena atropelladamente.

Sansuwero: loco.

Saparapángoyo: despedirse, irse.

¡Saparató!: ¡sal de ahí! **¡Asaparata nyogo!** Sal de ahí, diablo!

Saraibeke: un pueblecito de Obane (Efik).

Sarorí: la lengua.

Saumio: incienso. "El que quemaban los carabalí era el de costa, que hay aquí también. Lo secaban con las semillas, luego hacían polvo y lo usaban para quemar y limpiar." (Andres Kuiri dixit). "Polvos de los restos de Sikán fueron el primer incienso".

Saumio saumio abasekesongo: se canta mientras Nasakó incensa.

Sausé: despacio.

Saume tindé: el incienso con que se ahuma el signo que se dibuja con tiza amarilla en el cuerpo de todos los iniciados. (Mientras se traza este signo se canta **Unarosa sanga narobia**).

Sawaka: sexo femenino.

Sawakó: intestino.

Seirón kaño kondondo umón maribá itiá: soy del rey y mando en mar y tierra.

Seiro makondondó teberé ketén abanekue meta afomaseré Yamba: vi a mi madre y a mis hermanos reunidos, gozando de salud.

Semé: ser, es, estar.

Semeño: cocinero (en Otamo).

Semeño: trabajar.

Semeñón: trabajador.

Seme seme mtiero: desgracia.

Semí: nombre de un pueblecito carabalí cuyos habitantes iban a trabajar a la mina de Irondó.

Semi semi semi esemi Ibiabanga muñón Pitinaroko Bakokó mana mana nseniyén: se canta mientras los cuatro obón levantan con los dientes la cabeza decapitada del chivo, y la colocan sobre el Bongó. Al mismo tiempo que los obones ejecuten este rito Nasakó canta: **Obón sire otán siro ñanwé.**

Senisó: camisa del íreme.

Sensuni: zurdo.

Serediñén difión Mpegó bajura abaké femé: si en Guinea no hay mulato, ¿Cómo me vas a dar una relación de Ekue? (Puya).

Seremba: cangrejo.

Seré ndemeñón krúkoro obonekue: buenos días obonekues.

Seré ndemesón krúkoro obonekue: buenas noches todos, señores.

Serén diñén abairemo fibia erofián baira: sal de aquí, mulato.

Serepó: falleció. **Monina serepó:** nuestro hermano falleció.

Seri mabó: loma de Apapa Efor. Loma en tierra de Efor.

Seroño: vientitrés.

Sese: tambor en forma de copa, "que fue la jícara que se puso Sikán en la cabeza y luego se adornó con las plumas del gallo que se le sacrificó después que la mataron, para resucitar a Tanse con su sangre. Con su cabeza hizo Nasakó la primera operación mágica: la de unir su espíritu al de Tanse y llevarlos al Bongó".

Sese: "el Fundamento figurativo de Abasí, el Todo Poderoso, Dios, que consagra y autoriza." "Simboliza el Poder de Dios." "La Madre Naturaleza.

Sese: guarda la sangre de los hermanos, su pelo; contiene su aliento, las especies de su juramento, tierra del cementerio y otras substancias mágicas.

Sese abatá Uyón keno: lo sagrado sonó en tierra Efor.

Sese awanañongo únkue nantarimé barakondó Mosongo Miñanaró okoro mawó: Isué fue a recibir el Sese a tierra Orú, en la orilla del río Miñanaro.

Sese Boro Kibia eñóuro: El Espíritu que se queda en el Sese.

Sese ekún elorí lorí: el poder de la pólvora beneficia a todos. (**Sese:** poder. **Ekún:** pólvora. **Elorí lorí:** bueno.)

Sese Ekún elorí lorí ba yumba obonekue metián kun fena efená efitún bariyé: el poder de la pólvora es bueno, beneficioso, va al infinito, el humo deshace lo malo. EL obonekue se arrodilla para ser purificado y entrar limpio en el santuario a recibir la consagración del Sese y a ser confirmado por Ekue.

Sese Eribó: el primer Eribó fue la cabeza de la mujer Sikán colocada en una jícara y adornada con las plumas del gallo **(motangri)** que se sacrificó a su espíritu.

Sese Eribó: "La Madre Naturaleza", lo definen los ñáñigos. "La representación del gran poder de Dios." "La Majestad Divina, y abusando del sincretismo que los blancos, con el famoso Isué de Bakokó, introdujeron en las Potencias: "La Copa de la Hostia", "El corpus Christi". El **Sese Eribo, Akanarán,** madre de todos los ñáñigos, es un tambor insonoro y sacratísimo en forma de copa con asas cuyo parche se cose en los bordes o se pega con cola. Al contrario de Ekue el Sese Eribó puede ser contemplado. Está expuesto en el altar **-kankubia-** de la Potencia, y su custodio, el Isué, lo lleva en las procesiones y lo saca del Fambá para presenciar aquellos ritos que se celebran fuera de éste. La forma de copa con dos asas se atribuye a Andrés Facundo de los Dolores Petit, que a mediados del siglo pasado inició a hombres de raza blanca en los misterios de Ekue. Esta copa, según nuestros viejos informantes, simboliza la mitad del güiro, la jícara, en que originalmente el brujo creador de Abakuá guardó la cabeza de Tanse y la de Sikán. Existe, aún que no es corriente, el Sese Eribó en forma de pandereta, como el que Fernando Ortiz describe en sus "Instrumentos de la Música Africana." La función de este tambor en el rito de iniciación es la de consagrar al neófito. De ahí que se diga que "el Eribó lo bautiza y que hace de un judío un cristiano". En esta ceremonia inicial el Isué lo pone en manos del **Indíseme** o neófito diciendo: **Obonekue mentieroró Obonekue meta Obonekue Obonekue metán kambán Obonekue metán kambán koneyo. Obonekue metán kaniriongo siro mutu Abakuá kerefión afoko ten ten maserikambá kurí kambá ata yagasibón.** Al terminar la oración lo apoya en la cabeza del neófito. El Sese es receptáculo de una fuerza poderosa. Sus primitivos dueños eran los **Orú, -Orú bibí.** Pertenecía a una mujer, **Orumiga.** Los hombres se apoderaron de su secreto. Orúmiga fue sacrificada como la Sikanekue. El Sese Eribó, -la pieza sagrada y más lujosa de la Potencia- se adorna con caracoles y piel de leopardo. Tres **checheré,** plumeros, se fijan en agujeros practicados en los bordes o en las bocas de los sostenes que cierran su cuerpo.

Sese Eribó araní: bautismo. (Por medio del Sese Eribó se consagra a los neófitos).

Sese Eribó asokobeto awana Seseribó. Awana Sese yun Akurumina eririo: Se dice que el Sese Eribó representa el güiro con el Pez dentro, que llevó Sikán en su cabeza.

Sese Eribó tete abakankubia: altar del Gran Poder. "Contiene el poder del Cielo y de la Tierra".

Sese Eribó un fabakeriongo bayuana: palabras que se pronuncian en el momento de colocar horizontalmente los **muñones** -plumas- encima del Sese.

Sese kondó: sacrosanto.

Sese Mokimbán: el Sese ya cargado con su magia.

Sese namokimbán: lo son todos los que pertenecen a la Potencia. El Sese de la rama de **Wana Bakokó Efor.**

Sese namokimbán: todo lo perteneciente (la brujería en el Sese) a la Potencia **Wana Bakokó Efor,** famosa Potencia en la historia del ñañiguismo, a la que pertenecía el célebre Andrés Petit.

Sese namokimbán: "brujería" que Andrés Petit, a semejanza de Nasakó, guardaba en el Sese que representa la güira sagrada de Sikán y la güira primitiva de Nasakó en Efor.

¿Sese niraka biotambre Ubane Obane mayira Eribó mayerénduno?: ¿quiénes fueron los primeros que consagraron el Eribó?

Sese omakuta: "Sese que viene cargado; es decir, con la brujería dentro, muy fuerte".

Sese Orú eñene bawá Ibondá obiañe: la mujer (Orúmiga) le presentó el Sese a la luna.

Seserike asosorí: Ekue suena bien.

Siamá Bonkó Nyemiyá Efik Abakuá Nasakó Bomé Ekue nandibá Ekoi: con estas palabras Nasakó terminó al amor de las estrellas, la consagración del Bonkó.

Siamá Bonkó siamé Ekue menonbira yayó: le dijo Moruá al Moni Bonkó después de consagrado y de serle trasmitida al Tambor la Voz Divina: "tocarás para vida y para muerte".

Sibón: voz.

Sierón: un arroyo.

Sierón Bibí: el pueblo más grande del territorio de los Ibibio. El más poblado.

Sierón Bibí: Potencia que pertenece en Cuba a la rama de **Odán Efik,** es decir, que fue creada por **Odán Efik.**

Sierón Mpoto: el jefe del territorio de Sierón Bibí.

Sieró Mpotó: justicia mayor de Bibí.

Sieron mpoto amana Ekoi: gobernador o jefe que introduce la religión en territorio Bibí.

Sikán: mujer, mujeres.

Sikán: la primera protagonista del drama Abakuá. La mujer que halló en el río materializado en un pez, el Espíritu que veneran los Abakuá. El alma de esta mujer está presente en el **Yin,** la caña que produce el sonido de Ekue, el objeto adorable, y es también la víctima propiciatoria. "Era hija de un rey de Efor, **Iyamba Suwo Manantieroró,** que antes del hallazgo del Pez se llamó **Eroko Sisi.** Cuando Sikán volvía con el Pez, que se había metido en la tinaja, su padre se apoderó del güiro ("pues era un güiro y no una tinaja lo que servía a Sikán para llevar el agua a su casa") lo escondió en una cueva y ordenó a su hija que guardase el mayor secreto sobre lo que había encontrado." En esta versión de la historia de Sikán y su trascendental hallazgo no aparece en primer plano el paper importante que juega el Nasakó o brujo, quien realiza todas las operaciones mágicas que culminaron, después de muchos ensayos, en la reproducción de la Voz de Ekue, manifestación del Espíritu. Aquí es el propio Iyamba quien con un pedazo de tronco de palma fabrica "el primer Fundamento", Iyamba se consagra él mismo en el río sagrado y le comunica el gran Secreto a los mejores hombres de la tribu. En posesión de Ekue, "de la Voz Divina"- los Efor prosperaron rápidamente y se hicieron temer de las demás tribus. "Sikán pasó a la tierra de los Efik, que era vecina, y casó con el hijo de **Chabiaka, Efiméremo,** y ... contó lo que sabía. Les dijo en qué consistía el secreto de los Efor que ella había jurado guardar. Los Efik resolvieron entonces atacar a los Efor y apoderarse de Ekue. En plan de guerra remontaron el río en sus canoas. Apenas supieron los Efor que los

Efik venían a combatir con ellos, prendieron a Sikán, o bien -porque esta historia de Sikán se cuenta de distintos modos- "en el sitio en que la vista domina desde alto las dos tierras, de Efik y de Efor, los Efik secuestraron a Sikán". Ambas tribus llegaron a un entendimiento. Y cuando el Iyamba de Efor, en el río, preguntó al jefe de los Efik: **¿Efik kondó agoropá?** -¿estáis conformes, de acuerdo? aquel respondió: **Momí afokondó agoropá.** Estamos de acuerdo. Todos los jefes lavaron sus rostros y sus pies en el agua del río y parlamentaron bajo la palma sagrada. En fin, los Efor iniciaron en su religión a los Efik y ambos resolvieron inmolar a Sikán porque había revelado el gran secreto de la tribu. Pero esta mujer, que tanto sabía, de traidora se convirtió en un ser muy sagrado y fue venerada por los Efik y los Efor".

De ahí que al sacrificarse el gallo en los ritos de iniciación - el gallo representa a Sikán en la consagración de obonekues que sólo tienen el grado de **kesóngos** - el dignatario Ekueñón les arranca la lengua, porque Sikán traicionó y para que el futuro hijo de Ekue no hable como habló ella, y no revele los misterios de la confraternidad. Sikán es la madre mística de los Abanekues. "Sin Sikán no hubiera habido Ekue". En otra versión de la misma historia de Sikán Efor, hija de un viejo, venerable y aguerrido jefe, que más tarde se llamará Mokongo, jefe del poder militar absoluto de la nación, Sikán no traiciona el Secreto, pues tan pronto recoge en su güiro casualmente a Ekue, cuya aparición ya espera el adivino, que acecha los pasos de la mujer y tiene apostado espías en su camino o guardianes que son Iremes -espíritus- que purifican su senda y apartan a su paso a un majá, es trasladada inmediatamente a un santuario donde permanece prisionera e incomunicada de todo el pueblo. Nasakó, que consulta continuamente con su oráculo -en este caso un espejo mágico o unas semillas de mate- decide matarla cuando **Tanse**, el Pez Divino, muere dentro del mismo güiro, con objeto de recuperar la fuerza sobrenatural que abandonó el cuerpo perecedero del Pez sagrado y revigorizarle con la sangre de Sikán. Durante la noche es conducida secretamente al suplicio por su propio padre, a un monte oscuro junto a la orilla del río. **Allí suko, su mutié** -verdugo-, futuro Ekueñón la estrangula y después le troncha la cabeza que coloca en la güira. El cuerpo es descuartizado, parte de los huesos quemados y utilizados como incienso; la carne con la sangre consumida en la primera comida de comunión de los primeros adeptos. Parte de sus intestinos adornaron la güira, el bastón de mando de su padre y el cuerno en que Nasakó guardaba las substancias mágicas que le sirven para sus hechizos. Sus ojos Nasakó los puso sobre el parche de piel que tomó de su espalda para cubrir la apertura del güiro y donde volvió a resonar, pero no estruendosamente, la Voz de Ekue. Por su sacrificio el espíritu de Sikán está unido a Ekue y se le trae al Bongó. Con él viene también el alma de Sikán.

Por último, en esta otra versión Sikán no era casada. Era **belemé,** virgen o soltera. Pero "tenía amores con **Isún**", quien la representaría en el santuario al constituirse la Sociedad, con el nombre de **Isún-Ekue.** Nos advierten los viejos ñáñigos que todos estos acontecimientos, el hallazgo de Sikán, sacrificios humanos de que nos hablan otros "tratados", la transferencia de los Espíritus al Bongó sellado por último con el parche del chivo, el primer Baroko de Usagaré, etc., etc., no se suceden inmediatamente uno tras otros, sino que entre ellos medió mucho tiempo. Además, cada tribu en la "confederación de tierras que juraban Ekue contaba sus propias historias, y esto a veces confunde, pues se habla de hechos parecidos que habían sucedido en lugares diferentes".

Sikán Abakuá ekombán ntombarere: por Sikán, Nasakó le otorgó a Isunekue el título de **Obi Uraka Mundi**.

Sikandé wario: la persona de Sikán.

Sikandé waririongo afokonko Dibó amandió Sese Iyamba Eribangandó mutusia kendeke gandó mokombé Ekue Bután murumba yuansa sendé fakariongo sukurubeñán ñangabión: palabras que dijo el Nkríkamo al Ireme Eribangandó para que éste apartara al majá y al cocodrilo del trillo por el que pasaría Sikán llevando el Secreto.

Sikandé waririongo Efor: la mujer que descubrió el Secreto de Los Efor.

Sikandé waririongo Efor Sikandé: Sikán en el santuario. **Sikán waririongo Efor:** lugar secreto, oculto, en Efor. **Waririongo:** el Fambá, el santuario.

Sikanekue: "Sikán después que encontró a Ekue". "Sikán unida a Ekue".

Sikanekue aborotafia yambumbé Sikanekue Efor: Sikanekue fue al río y al volver sonó la Voz dentro de su güiro.

¿Sikanekue eñene mi baibó?: ¿Qué se hizo con los restos de Sikanekue? Respuesta: **O mí baibó ñenemikán mí baibó.** Los restos se quemaron y se guardaron sus cenizas.

Sikanekue Nipaó Nipaó: el Espíritu de Sikán. (**Nipaó:** espíritu).

Sikanekue yenemí akanabo Sikanekue ñene baibó: palabras que se dicen al ofrecer los "derechos" al Fundamento (tambor sagrado).

Sikankién: mujeres.

Sikán melemé: doncella.

Sikán ñene mikán mi baibo: los tributos de Sikán: una gallina blanca, tres huevos y una tinaja con su signo.

Siké siké: las tripas de la Sikanekue, que sirvieron de cáñamos en el primer Bongó.

Sina: arena.

Sinaina unbarina isún baibó: Espíritus, los de Ekue y el Sese Eribó.

Sina yantán: la tinaja en la arena.

Sina yantán kakureko umón: la tinaja es la casa del agua.

Sina yantán kurí moropó ewene Sikanekue nyene: la Mujer con la tinaja en la cabeza atravesaba por tierra de **Bumán. Bumán Sese Sikanekue Efor amaka maka nyene Sikanekue:** mira a la mujer de Efor en nuestra tierra. **Enewe abobinuá Okobio Sikanekue erlé krúkoro arogo bíobió:** Sikán le dijo a los hombres que la escuchaban: **Ndike ororó isán isán wanañongo ikó mawán Ekue nteme taroroko:** voy a vender el Secreto en mucho dinero, y seré una mujer poderosa. **Akua betán awere mujio sume kefé efión awañima awanatere:** y ellos dijeron: matémosla y quitámosle el Secreto. **Ekueñón arafembé akoneyó ñajekue akuririongo arafá nkobé moropó nyene Sikanekue. Efor Ekueñón nbara akorobé chitubé ñene inuá ñajeku akuririongo:** y le cortaron la cabeza y Ekueñón recogió su sangre en una güira y con su sangre alimentaron el Secreto.

Siro: título, categoría. Un personaje.

Siro aboroké beromo itón: el que manda en la procesión y lleva el itón, el bastón. Significa también: el que manda, manda.

Siro aboroké beromo itón: en Africa el que manda usa barba. (Puya).

Siro Akanabión: nombre que le dio Nasakó a la ceiba.

Siro akanawán kubere mitón Isué: en Africa Isué usa patillas.

Siro bakanansuá fanaroko muñabé: soy un varón reconocido.

Siro bekonsí Abakuá: consagración, nacimiento de la "religión".

Siro kamba baroni newé Obonekue: título del primer Obonekue.

Siro mbekorié mberemitón Isué: En Africa, Isué es el único que usa patilla (barba).

Siro Nyiguiyí ekoria ntenisún: "familia de príncipes", aristocracia. Nobleza de sangre.

Siro siro: iguales. De la misma categoría.

Siro unbarina ña Nasakó Efiméremo atereñán Iyamba anamutu nchene krúkoro: si en tu Potencia hay un Nasakó -un buen brujo- en la mía también lo hay.

Sise: autorizado. (El objeto que consagra obonekue al neófito, Sese).

Sisi: autorización para echar la sangre en el arroyo que nace del río.

Sísi barankonó barankonó Ekue Abarakó Sísi Nasakó temí temí mayerundún asosó iro Mañón Umpabio Boko Ndibó brandi Mosongo makrí ñene migafia tere makobiko Bongó basaroko Bongó yansere ekoko aramó Nkiko yagamoto yugué Iorí betán efión asokabia efión asokabia Abarakó Abarakó Obane Efiméremo otán Ekue: en las lomas de Abarakó se sacrificó un gallo y se derramó la sangre sobre el tambor sagrado. Pero Nasakó comprobó que la Voz de Ekue era menester ir a buscarla a Efor y acordó ir con los Obón y celebrar allí el Baroko.

Sisi Eñón: "podrida hablará mi peste". (Palabras que se le atribuyen a la Sikanekue durante su martirio).

Sisi-Yamba: nombre que recibe la flecha vertical, al centro de las cuatro que componen el emblema del Iyamba. Simboliza a **Ikondó**, rey de su tribu, de quien fue heredero.

Sito Bongó baraka baraka fembe: las tres patas del Fundamento.

Sito ñon Bakokó: esta ilustre Potencia dio origen a las siguientes: Ekorio Efor Masongo. Ekorio Efor II. Abakuá Efor. Munandibá Efor. Araukó Kobio Mukarará. Eforí Nandibá Mosongo. Eforí Itongo. Makaróm Efor. Ndibe Efor. Ekorio Efor III. Nseniyén Efor. Ebión Efor.

Sitiabón: jefe de los Efor, padre de **Kanabionké**.

Situ Umón: buena alianza.

Situ Wanabekura Eñón Bakoko: en Wanabekura se obtuvo la perfecta resonancia de la Voz Divina para la consagración.

Situ Wanabekura Mendó awana Bakokó Efor Abakuá Efor sukubakariongo: nacimiento de la rama de Efor Bakokó en Wanabekura Mendó.

Sobabá: jueves.

Sobapá: viernes.

Soiro: atención, prestar atención.

Soka: el mar.

¿Sokabuto sugerema namerembá?: ¿Quién ha visto a la lechuza con dinero?

Sokanko najekue ebión sokanko najekue irikundi kisón ndokiñón umón mí umón keñón chángana kairemo: andan junto a mí como **Ibebe** y después me criticas. Así el gato huye del agua. ¿Por qué tantos meneos si le debes un derecho a la tierra?

Sokambán: sombra, fantasma.

Sokawa beruma sokawa: quitar las impurezas, quitar lo malo. Dice Nasakó cuando purifica con el mazo de hierbas profilácticaas. Estas hierbas, siete en total, se echan en una vasija con agua de río, de coco, aguardiente de palma, vino seco, maní, plátano, ñame, cascarilla de huevo, carbón, polvo de incienso, sal y un huevo. Con el mazo de hierbas mojadas en esa agua asperja y limpia-las máculas a los neófitos diciendo también: **anababó, anamabó.**

Sokimbán: cachimba.

Sokobó sokobó: acércate más.

Sokonó: ojo.

Sokonumbre: la luna.

Sokoró: azúcar. (**Sokoró íbo:** azúcar dulce).

Sokoró Makuá: persignarse.

Sokotán kanima Sokotán kambá namutike musagará okambo: anda, sal viejo desgraciado, que tienes espolones como los gallos.

Sokotó Nkanima Ekue yabú yabú Eribó fomá mi Ekue yereká Nboko Nkanawán itón iruá: "qué lindo mi Ekue allá dentro, y a mí me están dando palos. Mboko está cargado". Se dice del Obonekue que ha delinquido y el Ireme Mboko, dentro del Fambá, lo castiga pegándole con un trozo de caña. Esa caña está "cargada", preparada de antemano. A un iniciado sólo se le puede castigar con una vara de caña.

Songobea: lombriz.

Sontemí: San Pedro.

Sorondo: domingo.

Sosó pampaná: río revuelto. (**Soso,** río, de **ososó; pampaná,** revuelto).

Soúso: callado.

Suaka: trazo, emblema.

Suaka: parte superior de la firma o trazo.

Suaka eñón suaka baroko suaka erendió Abasí eñón Butón Efík awana toito Bongó mainanga mbori Ekue asosorí: Bendito sea. Dios guarde a Efik Butón. (Esto se dice cuando se traza el signo **Eñón-Suaka**).

Suakaniyé: canillas.

Suama nirión eruana akuariansa akamaroró itia
Bundankeré: Suama y Bríkamo hicieron pacto de Ekorie Abakuá en itia Bundankene.

Suaniyé: calavera.

Subusu: callado, silencio. Se dice también **su usu.**

Subusu Ekue nkanima: Ekue callado en el monte.

Subríkamo: hierba de Ekue.

Sugo: mirar.

Sugo Ateriñón: nombre de Nasakó, el Adivino, que miró lo oculto.

Sugo awarantemio eroña amanamba kamáribo Butón Boko birorasa siki ñangué tisún: Eruke amanawán tisún ñangue unkene ñon kamá: cuando la familia de Sikán la encontró muerta y vieron sus cenizas, hicieron una fiesta.

Sugo nandiwá Bengué: los albinos de Efor en tierra de Betongó.

Sugo nandiwara bengue: mira la estrella detrás de la loma (Bengue) en Betongó.

Sukobakarión Sikanekue Abakuá: estandarte de los Abakuá, que en los orígenes de la sociedad fue la túnica de Sikán. O su piel.

Suko betán betán fierumá: "usted no sabe nade".

Suko Bakariongo: bandera de una Potencia. Estandarte.

Sukúo eriero: un título de Isué.

Sukururú makuán: persignarse.

Sumo kafá o Isumakafá: cambiar el cuero o parche del tambor.

Sunekue bekaramawán kembo tete Ekue Muti Muti Abairemo Bongó: castigo a todos por igual, a viejos y a jóvenes.

Sunekue betán yambumbé ntairo yambumbé Mbemoró: palabras que dijo el Iyamba de Efor al llegar al territorio de Efik.

Surabia: lo profundo, inmenso.

Susuná: despacito.

Suwo manantieroró: se le dice a Iyamba; padre de Sikán.

Suwo nandiwara berigué: los albinos de tierra Betongó.

T

Tabe kuañe erielú: cielo.

Tabia: dos reales.

Tacho Eribó Kuna fembé Akuaramina ten ten anarikue nyuao Isún Eribó Eribó ereni nyuaoe maka makatereré maka maka ndibó krúkoro briwi Usagaré Nandió Isún ñon Kamá: el primer Sese fue la cabeza de Sikán puesta en la jícara. Después se le adornó con la pluma del gallo que se le sacrificó, **Nkiko Motangrí,** y con ella Nasakó consagró a los cuatro Obones (Mokongo, Iyamba, Isué o Isunekue). La cabeza de Tanse estaba en la güira. Se le adoró hasta que el espíritu de Tanse fue trasladado al tambor fabricado con cuero de chivo.

Tacho fero Ekue ñámoe Obón kúkoro: el que sabe mucho (conoce el misterio) no muere.

Tacho y Naberetacho: Santos anteriores a la aparición del Pez y su culto.

Tacho Naberetacho eñón Tacho Obón Tacho ndibó unkoro pomponó otairión nandibó Efiméremo ntubiaka ewemio Ekue erón erumé: "Lleva la ofrenda a los dioses viejos que adorábamos en Africa cuando no había Ekue".

Tacho Naberetacho pomponó nandibó Efiméremo ntubiaka Ekue erón Erumé: Hermano, llévenle la comida a los santos bríkamo que se adoraban antes de la aparición de Ekue en la tribu.

Tacho Natacho Ana Beretacho: Oremos a los antiguos santos del Calabar. Esto se canta al comienzo de los ritos, cuando todos los miembros de la Potencia están arrodillados ante el altar donde Nasakó, invocando a Abasí, presenta los dos yesos con que trazará las marcas sagradas en los objetos que van a ser purificados.

Tafia kontafia akanán mandiré Isún Konumón akabiá Ukano Benkosi Abá Ireme Ntate asendé: la madre de la religión es una Ceiba.

Tafia Mbori boriki ñangué: el chivo sólo se escapa una vez. (No se muere más que una vez.)

Tafia meñonbira Biabanga aweri Obonekue afoniké indiabón afonikó o Biabanga atakurina kondó: los antiguos Moruá salían a buscar a los Espíritus del cementerio, y agitando un ekón de madera recitaban esta oración anunciándoles la muerte de un servidor de Ekue.

Taibá: el nkomo o tambor número dos.

Taibó: yeso blanco para dibujar los signos en el muerto.

Tairén sawaka: pene, orificio, trasero.

Tamén kawa: guardián del templo en tierra Orú.

Tanfañón: sordo.

Tanfañón tikoñiko: el ritual de la consagración cuando se practica tan secretamente que apenas se oye a Ekue.

Tanfión: fortalecer (poniendo en el Fundamento la empella del chivo).

Tanfión Bongorí Efor: mérito del Fundamento antiguo de Efor.

Tanfuño tikonikó: sordo.

Tankewo: Ekueñón, el Verdugo de la Potencia, responsable de los derechos y del sacrificio.

Tansiro Birama: título del Primer cuero de chivo; del primer parche del Bongó que emitió la Voz sagrada.

Tansiro ekueriñongué: oye la voz de Tanse sonando en el Ekue.

Tansiro ñangué: título que recibió el cuero del chivo en la primera consagración.

¿Tansiro ororó Iyamba?: ¿Cómo se consagró Iyamba? Como todos los Obonekues con el Sese Eribó.

Tantán mofé: la "iglesia" que se construyó para guardar al Pez Tanse.

Tanse o Ekue: Pez divino, que con Sikán da origen al culto Abakuá. Su piel se tomó para aparchar la calabaza sagrada y fue consagrado por Nasakó ante los dioses de su templo con su "Prenda", amuleto.

Tanse: Espíritu poderoso de un gran Antepasado de los Efor-Ekoi. "Ese espíritu andaba metido en un pez y nadaba por el Río Sagrado del Calabar, que tiene forma de cruz."

Tanse asisirán moñongobión beromo Efor: "la grandeza de Efor es el Pez que adoran los Abakuá."

Tanse Bongó meta: güiro con sello de piel de pescado que fue en los orígenes de la sociedad, el primer Ekue.

Tanse Bonkó meta Akurumina ururú: el espíritu de Tanse se reveló en el Bonkó.

Tanse kurí ntiniabón ita Baroko Efor ndokairán yoyambio echitube Moruá: cuando el Pez se convirtió en Ekue ¿qué fue lo que dijo? Respuesta: **dibo makaro mofé babankó mama nañarike.** Estas fueron las palabras que pronunció Sikán al escuchar el sonido de Ekue, lo divino dentro de su güiro.

Tanse Moruá Eribó ngó basaroko Bongó itá basaroko Bongó itá Ekue Iyambaó: el Eribó que se forró para la consagración de Iyamba con piel de tigre "y de todos los obonekues del pasado y del presente." El Sese debe de estar forrado con piel de tigre. "La necesidad obliga muchas veces a la imitación de tigre."

Tanse ntabia: Tanse callado (dentro de la güira, en casa del Adivino).

Tanse ya sisirán: el Pez murió.

Tarisún: tío de Sikán.

Taro fero Ekue ñampe Obón krúkoro: el que sabe no muere (el que conoce el misterio y está unido a Ekue).

Tararoko: agarrar.

Tata Bonkó: nombre de un pez que había en los ríos del Calabar, parecido al morito.

Tata Bonkó: literalmente Padre, Papá Bonkó.

Tata Muni Bonkó: el obonekue que toca el Bonkó. Este tambor se toca fuera del Fambá. "Los carabalí no lo tocaban sentados como hoy; se guindaban el bonkó del hombro y lo tocaban de pie".

Tatán Dugo Ndugo: rey que reinó desde niño en Usagaré.

Tata obón Yansuga amana ntié ororó: el primer Iyamba en la religión de la tribu de Usagaré. Dueño del Embarcadero. "Embarcadero es un lugar en el que se sacrifica a los espíritus un gallo, un chivo, una jutía, y se le ofrenda caña, ajonjolí, plátano, ñame, arencón, maní, jengibre, vino seco, aguardiente, agua. Revestido de íreme un iniciado entra en el río, sacrifica de un palazo en las narices a la jutía y derrama su sangre en el agua. Toma un gallo, le arranca la lengua primero y después la cabeza y vierte la sangre. La lengua la tira lejos. Dentro del agua, en el Embarcadero, sacrifica al chivo que sujetan dos obonekues; lo atolondran asestándole un golpe en la cabeza y allí mismo en el río lo degüellan. Un poco de la sangre que debe correr por el río se toma en una jícara para llevarla a Ekue, con todos los derechos u ofrendas. En esta jícara se echa un poco de sal, aguardiente y vino seco y se revuelve la sangre con un trozo de caña para que no se coagule (la Mokuba). Con ese mismo trozo de caña se pinta con sangre una cruz en el parche del Secreto, en la parte exterior y en la interior, y después a los atributos sagrados. Las ofrendas, mezcladas con sangre se echan al río. Las reciben los espíritus de Tanse, de Sikán y de los antepasados. La Potencia que ha consumido el sacrificio, se llamará dueña de un embarcadero: como **Wanabekura Mendó** es dueña del **Embarcadero Itiá kairé Itongó Besún, y Obane, de Atrafia Boko.**

¿Tauyo ndugo aprokandiké iná komo ero?: ¿A qué tanto orgullo si tenemos que pagarle tributo a la tierra? (Si hemos de morir.)

Tebekuañé erlélu: cielo.

Tébere: no atacar. Calma, tranquilidad.

Tébere: "No lo ataques", le dice Moruá Nkríkamo, el dignatario que manda a los íremes y los atrae con su oración, cuando uno de estos amenaza con su caña a algún asistente a la fiesta Abakuá, que se sitúa en el espacio en que baila.

Tébere akundiabá: "calma, déjenme hablar".

Tébere keindia gamé amako kabuyo mbomipó: quieto y no hables, que ahí viene un blanco que es policía.

Tébere kunakua: poco a poco.

Tébere menegandubia inuá kembiagamó: para que hables conversador... Se le dice al gallo al arrancarle la lengua.

¿Tembán akondomina mefé kankubia añongo iro echitubé erombe amako unkeno? Amananguí besuá beromo: en la consagración apareció el espíritu de un congo cuya imagen se reflejó en el río. ¿Cómo se llamó? **Amanangui besuá beromo.**

Tembana Isún: hermana de Sikán.

Temen kawa: Ireme poderoso.

Tementina mi: "lástima te tengo".

Temeroko: el que cuida a la puerta del santuario, alerta a que no penetre más que aquel que está autorizado, o no inspire sospechas a la Potencia.

Temi eche ta miyo agoro niche da mado adó awá agwagwona: Dios en el cielo y yo aquí.

Temio: iniciación, iniciarse.

Temio: la religión.

Temio: los espíritus.

Temio efori motemio: traspasar la "brujería", (el espíritu) de un tambor a otro.

Temio temio obiará: "no van lejos los de alante si los de atrás corren bien". **Teni:** unido.

Tenité: hierbas de color blanco.

Tensión: la dentadura de Sikán. El Sese en recuerdo de su dentadura se adorna con caracoles de Guinea.

Teñón Abakuá: primer signo Abakuá.

Tere makotero antrogofoko mokairén Isué Eribó makuri Fambá: Isué despues de haber llevado el Sese en la procesión, dio gracias a Dios y a los cielos (a los cuatro puntos cardinales).

Terembá: cangrejo.

Tereñón: fuerte, valeroso.

Tereñón kamá: guerrero. **Tereñón:** fuerte. **Kamá:** hablar. Tereñón fue el nombre de una Potencia que existió en la Habana, en los Barracones. Eran muy pendencieros y por eso se dieron el nombre de **Etereñón:** guapetones, valientes, fuertes.

Tero makotero: la procesión que desfila en las ceremonias Abakuá.

Tere Mokotero ñene tiniabón obón itiá Isué benkamá: palabras que pronunció Isué al realizarse el primer Baroko.

Tero makotero suko bakariongo: palabras que anuncian la llegada del estandarte representativo de Tanse y de Sikán. Con estas palabras cantadas en coro se lleva el Bakariongo al Fambá, junto a Ekue. En tierra Efik se canta: **Ekue sabiaka Mokongo machébere:** porque Mokongo es "el hombre grande de tierra Efik" y el dueño del Bakariongo - estandarte de la Potencia- y "lo mismo en Efik que en Efor".

Tero makotero suka bakariongo: sacrificio de Sikán y consagración del Bakariongo o estandarte de la sociedad.

Tero makotero Yambe yambumbé Efor oranda mañene efión bakribafión okobio ororó: la Mujer Sikán fue la primera que le dio su sangre al Bongó, por obra de Nasakó-.

Tero makotero yene itiá kamabón itiá yenebón kamá: estas fueron las palabras que pronunció Isué en el primer Baroko.

Teromo: uno.

Tete: el Pez. "Tete significa pez de agua dulce, biajaca. Como Tanse era un pez, antes, los obonekues que desempeñaban los cargos más importantes de la Potencia, cuando iban a "plantar", la noche anterior a los ritos, tenían un pez vivo dentro de una tinaja con agua, en representación de Tanse". Esta tinaja se colocaba frente a la cortina que oculta a Ekue. Todavía algunas Potencias matanceras continúan observando esta tradición.

Tete ntabia: pez callado. El Pez sagrado, Tanse, antes de ser capturado.

Tiamá tiambori: tu madre es de mal vivir.

Tiaroroba: embustero.

Tié tié: acércate, acercarse.

Tifia, ntifia: leña. Los neófitos llevan tres mazos de leña a su consagración, que se destina a cocinar la comida de comunión.

Tikoñikó: sordo.

Tikoñikó arogaré: bizco que ahoja a los niños. (**Biañe faró,** que su mirada hace daño.)

Tindé: categoría, privilegio, honor, mérito insuperable.

Tioromí: arroz (en Otamo).

Tiré tiré: llamar, llamada, llamando.

Tombre: ofrenda.

Tongo akuá ñene kakureko umón yibia fansaúme okobio ñenenemikán akuó Sikanekue nyene baibó: a Sikanekue la mataron porque era dueña del Secreto y no quiso entregarlo. "Sikán dijo: **Awañé awañé umón eriero itía kisón itía keñón asoaka unké ñene ¡fuá itá itá!** Me matarán porque soy la dueña de Ekue."

Tongobé: féretro.

Tororó: dos.

Totobeko: Isunekue junto a su plaza.

Toto Beko Mamá: "habla, Madre", se le canta al Ekue.

Toto Beko toto beko: un sonido del Bongó Ekue.

Tubikán: cuerno.

Tubikán: toro.

Tueré: dame.

Tumbán jayaya: parte del río Fokondó por el cual se va al territorio de Efik, colindante con Wasa Mewe.

Tuta: los cetros -itones- de Mokongo, Abasonga y Mosongo.

Tutón nandubia: escuche.

U

Uane: pariente, (en Otamo).

Ubane: río de Ubane. También se dice Ubani.

Ubane: yuca.

Ubane ndeme Efik Abasi Keindia gamá: soy el rey del Embarcadero sagrado de Bibí y Efik.

Ubane ndemefi Ubane ndeme Efor neriero iriampo Ubane: ¿Cómo se alimenta el río de Ubane que cruza por Efor y Efik? Se responde: **Obane ndeme Efik, Obane ndeme Efor uriampo Obane kende maribá.** A ambos ríos los alimenta el mar.

Ubani: "los Bibí, en el territorio de Ubani (u Obane) se aliaron a la tribu de los Efor. En Usagaré celebraron una gran comida que se llamó **Iria tete Akamañene Efik** y le pagaron derecho a la tierra y al mar. A la tierra porque Sikán era una criatura de la tierra y al mar, porque Tanse lo era del mar. Los ingredientes para aderezar la comida de los hermanos se fueron a buscar a **Wanañongo Ekombre.** El rey de los Bibí se llamaba Awambero. Llamó al tambor **Bongó Eruka Meñor Awamberó**".

Ubani amiñaró Efik amanán koibá umón keneri Eribangandó muto obigaramaniya rakuá ondiobón nkeninbán: reconocimiento del primer Embarcadero en río de Miñaró, en tierra de Obane.

Ubelé Kanabián nake aumetán: la vela que se enciende en el Butame para apartar los malos espíritus y alumbrar en las tinieblas el espíritu de Sikán.

Ubén: huevo.

Ubia: interés. Lo que interesa.

Ubia burako Bongó okorubia: ¿Con qué madera se hizo el Bongó? La misma pregunta se formula también. **¿Newe itón mambariyén Akanarán Abakuá?:** ¿Con qué palo sagrado se hizo el Bongó? Y se responde: **Itón mambarí Akanarán Abakuá.** Se hizo del tronco de Ceiba que Nasakó le mandó a cortar a Mokongo. Para cortar la Ceiba se canta: **¡Jeyei! Itón mambariyén Bekonsí benkonaranté eriko okambo betansí isún tantán mofé:** Mokongo envió a los más viejos de la tribu, que purificaron la Ceiba, la cortaron, la trajeron al santuario y Nasakó hizo el **kankomo**, la caja del tambor.

Ubia Eritanse kuene boko: los óvalos que representan los ojos de Tanse en los diversos símbolos Abakuá.

Ubia fentón o unfentón, o Ubia fitón: el plumero de Iyamba (que adorna el tambor).

Ubiama o Ubiana: mariposa.

Ubia nisún kuene nisún Boko: los dos óvalos que se trazan debajo de la flecha horizontal del signo o emblema de Iyamba simbolizando los ojos de Sikán. Estos óvalos aparecen en todas las firmas o emblemas de Efor, y en los de Efik alternan con las cruces que representan a Efik.

Ubia eritanse kuene boko: nombre que reciben los pequeños óvalos en los símbolos e ideogramas de las dos ramas, Efor y Efik.

Ubia tángoro: acto de despedir el espíritu de un obonekue muerto.

Ubiate: castillo de Mbumán Efor, donde están enterrados los restos del rey del territorio de Efor Gumán, y cerca en el mar, se encuentran los cayos de **Sieke, Kesieke, Tusieke y Musieke.**

Ubio arogobibio: nombre que recibe el tambor de Nkríkamo en el momento de transmitírsele la Voz Divina, (el Espíritu de Ekue).

Ubiobio: el tambor -Ekue- en el momento en que colocado sobre los demás tambores, los sacramenta transmitiéndoles su poder con el sonido que produce el Iyamba.

Ubiobio Ekue arogobiobio: nombre de la primera transmisión de la Voz Divina, del parche del Pez al primer cuero de chivo.

Ubiobo: oye. Momento en que en la constitución de una "tierra" nueva, el Padrino está transmitiendo a un nuevo fundamento.

Ubiogo: nombre que recibe durante la transmisión de la Voz Divina, Ekue o Uyo -el tambor de Mpegó.

Ubioko: ojo de agua en Efik Ubioko.

Ubioko Efik Ekue añangasi: "es un río en el que se hizo una semejanza (¿imitación?) de Ekue".

Ubioko mangurupá akuandiko: ojo de agua (casimba).

¿Ubioko nifó nangurupá akiandikó?: ¿Cómo o dónde nació la religión Abakuá en tierra del blanco? (Cuba). Se responde: **erobé ñanga aborotindé:** en el cuero del chivo nació el primer juego.

Ubiono ibiojko Sese Oru anabioko anabionó Orú?: ¿Qué hicieron en tierra de Orú cuando llegó Nasakó? Respuesta: Sese Orú meko ibiana Orú kunantuibó mokimbán Orú: "cargaron el Sese". (Cargar el Sese se dice al rito que consiste en introducir en este tambor en forma de copa que simboliza al primer Fundamento de Efor, aquellas substancias que los "cargan" de fuerza mágica: tierra de cementerio, huesos humanos, cabeza de gallo, oreja de chivo, pelos de la cabeza de los cuatro jefes y su sangre.)

¿Ubionó mendó mutu achecheré: ¿Qué tributo se pagó por las plumas con que adornaron al Sese? Se responde. **Efión Erombé akuá erombé:** sangre de congo, de un congo que se mató. Literalmente: **Efión-** sangre. **Erombé-** congo. **Akuá-** matar. **Erombé-** congo. Se responde también: **Efión umbriko:** sangre de congo. Es decir, se le tributó sangre de congo a las plumas que simbolizan los espíritus de los Jefes de la Potencia.

Ubrio iro Efor: Nkene oromabia muna ubiare asukua marobia iron sene asukua Nirán Efiméremo Obón Iyamba irioma iriomé Abasi kiñongo: dijo Yambeke Efor dando fe de la consagración en el río Afiaro Efor Barondina Ekue Afiaró aramembia Obane.

Ubiosisi: autorizar.

Udia: comer.

Udián: pescado.

Udibó: sagrado.

Ufia nangandé: pluma de Pavo Real.

Ukamaré: falleció.

Ukanaré: murió (en Otamo). **Unyene mio ukanaré:** mi hijo, un obonekue, murió.

Ukanaré: profeta, hechicero carabalí. "Un Nasakó".

Ukano: palma. Se dice tambien Upanó.

Ukano Bekonsí: Ceiba. Arbol sagrado en que reposa Abasí. Los ñáñigos, como los devotos de todas las sectas africanas en Cuba, creen que los dioses y los espíritus habitan en ella. Antes de comenzar los ritos se saluda a la Ceiba. Los íremes la adoran antes de entrar en el Fambá. Los obonekues, en procesión, van a rendirle pleitesía; el chivo antes de ser sacrificado se presenta a la Ceiba. Los restos de Sikán se sepultaron entre los raigones de la Ceiba.

Ukano Efik: Potencia matancera.

Ukano itón mefé surunansese bironkana: árbol sagrado de cuya madera se hizo el Sese.

Ukano mambré: palma.

Ukano mambré anandibáfisi Baroko nansao: junto a la palma sagrada tuvo lugar el primer Barako nansao -el del "nacimiento", consagración de la Potencia.

Ukano mambró: palma macho.

Ukaná irio muñé: palabras que aluden el momento en que desollaron al chivo para hacer con su cuero el parche del tambor.

Ukobio isá ukobio, obonekue isá ukobio: el güin -yín- considerado como un obonekue porque se unió a Ekue. "Realiza la unión del espíritu y de la materia." El güin, el primer hermano de Ekue.

Ukononé: salió.

Ukorowá arafa nitongó korokó ñene wan: Kerewá mandó a su gente que le arrebataran la tinaja a Sikán.

Ulán kisón ulano kiñón: redes, nasas de pescar.

Umbairán mofé obiañé baroko nansao ntuane Mokongo Iyamba Isué fiansa ngomo sanga Abakuá: ¿Quién signó a Mokongo, Iyamba o Isué? Respuesta: **Mokongo iñón iñón etié kuri nandibá fisi obiañe ndiminuá erieté Iyamba Isué.** Mokongo caminó hasta la orilla del río donde estaba Tanse. Se detuvo y miró al cielo, tomó el yeso y se "rayó" (trazó los símbolos sagrados) en su pecho. Vio a dos hombres en aquel lugar, los llamó, y haciendo que se arrodillaran miró al sol y rayó sus cabezas, pechos y espaldas. **(Ebión ngomo mbara masa**

nifoyú amabombán Taibá ndiminuá akondokawa ntumitiá ebiañé ebión ngomo akurí Mbákara akurí moropó kurí nifoyú apangamaniyé). Y dijo a uno: tú eres Iyamba, y al otro, tú eres Isué". - "Esto es falso", "Mokongo no se rayó a sí mismo". No solamente a Mokongo, sino a todos los abanekues en el origen de la sociedad, los marcó Nasakó. Más tarde fue Mpegó el que trazó los signos de la iniciación en los abanekues. **Binará Bomé** -Mpegó- el Escriba de la Potencia, fue designado para dibujar los signos y símbolos de la sociedad por Nasakó.

Umbarino: Mokongo.

Umbarino iná iná Insún Baibó: ¿Dónde está el espíritu de Sikán? Se responde: **Eseseribó soko betó awana Sese eribó awana Sese yin akurumina elirio momó.** El Espíritu de Sikán está en el Eribó, que representa a Sikán.

Umbarino iná iná Isún Baibó: nombre y apellido de un Mokongo legendario.

Umbarino etá munandibá Mosongo: nombre que se dio en conjunto a los siete plumeros en la consagración de Bekura Mendó. En cada plumero se dibujó el emblema de cada dignatario para reconocerlos cuando éstos muriesen. Hoy se hace lo mismo a la muerte de un dignatario, "pues cada rito es la repetición del que se hizo en el principio".

Umbarino, umbarino Abasí Bomé uná uná: nombre de un Mokongo del pasado.

Umbawé: tabla de palma.

Umbekó yambumbé mokumbán: Ekueñón llama a la Voz Divina.

Umbira: tapa del féretro.

Umbirá: muerto (en Isuama).

Umboto: zorra (en Olugo).

Umboto Boto: un gran Espíritu. Se dice Boto kean Boto botori kianboto kamañe Efor Usagaré ankuaririo kuriñaon sakua antiberó: "Lo supremo o sublime de la tierra de Efor. Espíritu de un gran antepasado.

Umboto eromi nabiaka nandió Ekue Efik agaragá tindé akakibioró Efik agaragá: se llama el espíritu de Umboto Erimí y a los trece espíritus de los Antepasados. "Para llamarlos se pone el Bongó sobre el signo".

Umia: buscar (en Otamo).

Umia Nankuko apapá obane: tierra de la que procedía la jutía, cuya piel Nasakó probó también -sin resultado- para transmitir la Voz de Tanse. La jutía se ofrenda exclusivamente a los muertos.

Umoké: calabaza.

Umokué Efor: los dos espíritus unidos y materializados en el parche del tambor de Mpegó.

Umón: río.

Umón: tribu.

Umón Abasí: agua de Dios. Agua bendita.

Umón Abasí o Umón Akamaroró: agua sagrada, "con ella bautizaron" se consagraron los obones en el río sagrado.

Umón aféafé: caldo de la comida de comunión que se prepara con la sangre, los derechos y la carne del gallo.

Umón afefé: caldo de la comida ritual abakuá.

Umón akuririón: "el agua se metió en el rincón".

Umón ayobibi ñenirén kamaroró: se dice al rociar el Fambá con agua bendita.

Umón dare amolopó sanga apotarenkén: no hay cabeza que lave que no me salga tiñosa.

Umón Ekue Uyo Tanse: en el agua apareció y resonó Tanse, Ekue.

Umón jeré: agua dulce.

Umón kairá: arco iris macho.

Umón ke añene ituá umón keñene itiá mafogoró: Diablito, moja rama (en la tina preparada con las hierbas profilácticas) y rocía el altar.

Umón kende Sierón oden mbakarina mafé mabó: "tu eres más viejo que yo, pero tienes que contar conmigo".

Umón keneri: agua mezclada con sangre.

Umón keñón bira maribá: el día que se lleva al mar a la Virgen de Regla.

Umón nandibá okambo nllorosí: que tu alma llegue fresca al río sagrado de los antiguos como fresca se unió a Ekue. Dice el **Umón umporomeko,** el abanekue, que en el rito fúnebre, derrama el agua que lleva al separarse la procesión del cadáver. Esta lo acompaña hasta un lugar determinado, pues no penetra en el cementerio.

Umón ndike nyuao: el río místico. "El río de la unión", -mística.

Umón Neri mi Akanarán Akuaramina: Madre mía te baño en el río Neri: dijo Koifán lavando a Ekue en el río. Sacrificó un gallo y en presencia de Iram Tenkamá le ofrendó la sangre y se la dio al íreme para que la vertiera en el agua.

Umón nigueré: agua de río.

Umón umporomeko: se llama así el obonekue que en la procesión que acompaña el cadáver de un Monina o hermano de religión, lleva una jícara u otro recipiente lleno de agua para arrojarla cuando se lanza al suelo la tinaja que porta otro obonekue. El agua refresca el espíritu del muerto.

Umorisé: los del río Apapa Umón en Efik.

Umpabio: cazuela mágica, habitáculo de la fuerza sobrenatural que era "propiedad exclusiva de Nasakó". (Nasakó Umpabio). "Con ella Nasakó consagró a Tanse".

Umpabio na yerebión: al cielo no subirás con brujerías.

Umpanwapa: se dice incorrectamente por **Asanga awuapa:** cementerio. Ir al cementerio.

Umpari: laguna.

Umpón Abasí waringuí: Si Dios quiere. Respondiendo al saludo de despedida **newe ri yerekami:** que le vaya a usted bien.

Umpón Aweremi: Anamanguí, el íreme que cuida el arreglo del cadáver del Obonekue y lo custodia. Compañero de los íremes Akusundaria y Awarandaria.

Umporó: divino.

Umporón Mongobión umón nitongó kuna fembé: agua sagrada que guardó Nasakó en la guira de Sikán, para sacramentar a Ekue. Con esta agua se sacramentaron todos los hombres que iban a servir a Ekue. Y con agua de lluvia -"del cielo, purísima"- Nasakó los purificó a todos.

Unán: ruidos. (en Otamo).

Unandabia nombán enemuto ndire monbán ekuerepón: no vaya por mal camino.

Unán yenbeke umón karamelulú: piedra de rayo, agua, albahaca y una escoba.

Unapainene: matar.

Unarasa metán koroma Ekue anamú kabia: dice en el momento en que se pone el Ekue sobre la cabeza del Iyamba, (en su consagración).

Unarobia: "entrar en religión".

Unarobia: poner una pieza sagrada sobre otra. Por ejemplo: cuando se procede a purificar el Fundamento, Nasakó, con Ekueñón y Ekueumbre, que se sitúan a sus lados, toman el Ekue ya limpio y lo colocan sobre el signo Ayonambae, diciendo **Unarobia.** Purifican el Sese, lo colocan sobre Ekue y así sucesivamente, el Mpegó, el Ekueñón y el Nkríkamo.

Unarobia sanga narobia: Palabras que se pronuncian en el momento de la iniciación, al trazar el neófito una cruz con el yeso amarillo utilizado en las ceremonias de "nacimiento", en la parte exterior del parche del tambor Mpegó. "El neófito hace dos firmas: Isué o Mpegó le llevan la mano, y diciéndole **Unarobia,** le hace trazar la cruz en la parte exterior del parche del tambor. Le quita el yeso amarillo sustituyéndolo por otro blanco, le hace firmar en el interior del parche y dice **Sanga Narobia,** significándole que su juramento lo une a la religión lo que dure su vida y hasta más allá de la vida".

Unaya: padre.

Unaya: mi madre, (en Olugo).

Unba: animal, (en Otamo).

Unbarino Abasi Bomé: se dice para tomar del altar el Sese Eribó, que representa al Ser Supremo (Abasí Bomé).

Unbario etá: se llama así cualquiera de los plumeros que adornan los tambores de los Dignatarios que han recibido la Voz Divina, (que Ekue ha emitido su sonido sobre ellos).

Unbiobio Ekue arogo biobio: el Bongó sacramentando a los tambores de una nueva Potencia. "Transmitiendo". "Bautizando".

Un bolán konomi un bolán keneyo: tú eres un caballero por eso te saludo, porque yo lo soy también.

Unbrasi Añemiró: Rey de Otamo.

Unbroko nifó: ojo de agua, manantial de un territorio Efik.

Unchecheré etón efori etón Ngomo: se canta mientras Mpegó marca el plumero de Isunekue.

Unchecheré etón etón Ngomo: se canta mientras Isué traza una cruz pequeñita en la base del plumero de Mokongo.

Uncheché Ubiafetón Ngomo: se canta mientras Isué marca el plumero de Iyamba.

Uncheché uncheché Muna Ekue Ngomo Abasekesongo: dice Mpegó elevando el plumero que adornará su tambor, para marcarlo después con la cruz o Cuatro-Vientos.

Undafia Abasí Abasí Awerewé: Dios vino al mundo y después se marchó.

Undiogo tete munandiaga Efor: el cuero del chivo consagrado y ya listo para forrar el tambor sagrado (Ekue). Consagración del cuero del chivo.

Uné: gallina.

Uneke Atarisún Nkríkamo: primer Nkríkamo de los Efor.

Unembiañé: ojos.

Unembremerí: güira (en Briche).

Unembremerí: calabaza, güira (en Olugo).

Unembremerí Isún: tribu a la que pertenecía Nkóboro, cuyo jefe o gobernador era Unembremerí Orú: tribu a la que pertenecía Erubé, Abasonga de Efik.

Unfagayé: general de Efik.

Unfarán: "unión de una cosa con otra, de la que resulta, en el caso del güin y del cuero, el sonido del Fundamento". Contacto del güin y el cuero del Tambor.

Unfarán Ekue: unido a Ekue.

Unfarán Ekue: espina. El güín, "que es hermano del cuero".

Unfentiana Abasí unbariyén: altar de Dios.

Unfentón: santuario.

Unfiagañé: General. Esta voz se aplica como título de mérito a un iniciado que trabaja mucho y se distingue en la Potencia.

Unfrisá: el cementerio; "el país de los muertos".

Ungobia: medicina.

Unwanemé Obonekue yayó: "respeto de todos". El iniciado, que merece el respeto de los cofrades por haberse unido a Ekue.

Unwanemé unwanemé nketa mañaka manakondo temeñón muraka Nkandemo nitobia atataribarókoúnko ata Bonkó Chimiyá tamarión Usagaré kaitiá mañene kondó Isué ribó nansese Seseribó Nandió yanterere Iyamba akanbambá Abasi: que cese la música, vengan los Obones y los obonekues a comer, que ya Nkandembo, el cocinero, tiene lista la comida, con el favor de Dios.

Ungwaré anerogafia: dice Ekueñón al comenzar a preparar la mokuba.

Unkanuré: hasta mañana.

Unkemeró: bobo.

Unketá kamakuá fitún bariyé: tres piedras en las que se pone la cazuela de la comida en un plante (y todo, absolutamente todo se coloca sobre estas tres piedras en que se montó la güira con Tanse).

Unkorabé Ekue erofeñán: ¿Qué hicieron con la cabeza del congo? Se responde: **Ñaka manaka erenobán akatafián mukabia sisi mukabia erombe suko bakariongo ndike nyuao manga manga tereré:** la colgaron de la punta del bakariongo -estandarte- y desfiló en la procesión. (Se refiere al sacrificio de un congo, cuya sangre se ofrendó a Ekue).

Unkoro jewemio motambékue: palabras que dijo Moruá (Nkríkamo) para invocar el Espíritu en el embarcadero de Usagaré.

Unko unkoro awanaramo unkoko ekoko naramó: la tribu Efor envenenó las aguas del río, y en él pusieron un caimán (embrujado) para que los de Efik no lo cruzasen.

Unlán: ruidos.

Un nene un nene Mamaó: Buenos días, la bendición Mamá.

Un Ñanke kuna ñankue: sólo los muertos descansan.

Unpanwuapán: camposanto.

Unparaní: laguna.

Unpón atamanene unpón awarai tamañón Efiméremo sanga Nkanima Ekue Akoboró: retirada que practicó Efik cuando llegó al río y vio que no podía cruzarlo. "Esto sucedió (idealmente) en Cuba, cuando amenazaron al Isué Andrés Petit de la Potencia Efor, Bakokó, porque les dio el Secreto -inició a los blancos.

Unpón maneri unpón awana tamañón Efiméremo sanga Nkanima Ekue Nkóboro: las gentes de Efiméremo -de Efik- se retiraron cuando vieron que no podían seguir adelante. (Alude a la amenaza que se le hizo al Isué de la Potencia Efor Bakokó, en Cuba).

Unporo mina Abasi: "la Voz Divina que está debajo del parche del tambor."

Un sanga mpó kaniké: que te vaya bien.

¿Un sankemio?: ¿Adónde vas?

Unseberán: adiós.

Un sebrán nkrúkoro: despedirse de todos, adiós todos.

Unseiro mañonoiro un seiro mañono Abasi ubrasi yeregubia ireme Awaririongo: Ireme, ve adentro, al Foekue para que te marquen las plantas de los pies con el yeso, bendito y puedas estar en Plaza. (Actuar en el drama litúrgico).

Unsene mana musón: mono.

Unsene yumba: persignarse con la sangre del chivo sacrificado.

Unsese: poderes sobrenaturales. Las fuerzas que contiene el Sese.

Un sererán: irse. **Momí un sererán:** yo me voy.

Untancho Natacho Naberetacho sere ponpón mundiré Efiméremo ntubiaka akuá erombé nkoyo manián kuna nteme mperepó Erón Efor Erón bibi ukano Sere Abakuá Ekueñón birunkene ororó nyenisón: esto dice Ekueñón al pie de la palma sagrada, sosteniendo al chivo del juramento: "juro por los santos viejos de los **Añene Ekoi**".

Untipón unkoran un Bongó ñoñé natembán mbori: significa que en una Potencia sólo queda una Plaza por desempeñar.

Untomowá: los testículos del chivo.

Unwale Efor: espíritu del primer Mbákara.

Unwá neme un toko un ketá akamakuá fitún bariyé: las tres piedras sobre las que coloca Nkandembo la cazuela de la comida de comunión.

Unwario: la cruz en la frente trazada con sangre.

Unwentón: Fundamento de Obane.

Unwentón Efik: primer Fundamento que recibió Efik, Padre de todos los Bonkó -Ekue de Efik.

Unwetón: primer trazo de Efik.

Unwetón Efik efori kamá maribondá Usagaré nandió: todos los Bonkó -Ekue de tierras de Efik- nacieron de la brujería del Ekue de Efor, en Usagaré Nandió.

Unyenemió: mi hijo.

Uña uña: unión.

Uñé: uñas.

Uñe: ojo (en Olugo).

Uñen bián: ojos.

Upabawé: plumero.

Upano: ceiba.

Upawa apá: cementerio.

Upawa koropó: cementerio.

Upianá: pluma bonita, (para adornar el Sese).

Upianá nachekerón: pluma de pavo real.

Upón: espíritu selvático. Se aloja en el majá. Va a la ceiba, a la palma y a otros palos fuertes.

Urabakuá: calzada.

Urakankuma kankuma Efor barieta Kankomo Ndibó Ekoria Abakuá Esese Eribó nyoao Ekorí Efor situ wana Bekura muñón Ekoi uraba kesongo Isún Dibó maka maka dibó unwaneme obonekue yayó Mpegó Mogobión otindé asaka kuán nkalú ita ndibó maka maka ndibó Efor: oración para la consagración del primer kankomo -tambor- que fue el Mpegó, con el que se autorizó el sacrificio de la Sikanekue y por lo cual se llamó al dignatario **Mpegó unwaname Obonekue yayó.**

Urakisón urakisón boro boroki ñangué eforí Abakuá: sin el sacrificio de un gallo no puede producirse la brujería de los Abakuá.

Urana: pared.

Urana matumbe botobá dikuri: los muchachos quieren saber más que los viejos.

Urefa nbán koroñe: comerciante de fieras.

Ureiró mugó: no engañarse. La vista engaña, cuidado.

Ureuna Akuá abasiriri: reunión de brujos.

Uré uré keantongo newe kubisón akubirán: si tu navaja no corta pelo, no corta palo.

Uria: comida cocinada.

Uria: comer.

Uriabanga muñón: tierra de los carabalí, en el interior.

Uriabón: "la tierra de los caballeros". Aristócratas. Existe aún una Potencia Uriabón Efik, que desciende de la antigua Potencia Obane-Grande.

Uriabón: es un pueblo de Efik, de gente rica. Pertenece a Tafia, Bonkó Efik Abakuá Kendé Maribá, colindante con Efik Barondí kamá Ekunán yuao naberetó.

Uriabón akua erombé Efión kuri munanga sere mawán kuniyo: Uriabón tenía dinero y en Guinea compraba congo para darle sangre al Bongó.

Uriabón Efik: Potencia de la que descienden: Efik Mukabia, Tafia Boko, Efik Barondí. Eran Potencias en Africa y sus nombres se repitieron en Cuba.

Uriabón Efik: Potencia de la ciudad de Matanzas.

Uriabón Ereniyo: nombre y sello de una Potencia Efik, **(Uriabón Efik,** "pueblo de aristócratas").

Uriampo: comida cruda. la que se va a cocinar.

Uriampo niobia Erú mekondó: comida de difuntos.

Uriampo soruna nabe jeyei ewemio Abasí Bomé asere samio akana merurú ntún ndoga aprofaná akameñusa: se refiere a la primera ofrenda que se hizo a Ekue.

Urianabón: embarcadero de Urianabón. Potencia habanera.

Uribe Ntiniabón: la tinaja (la güira sagrada de Sikán "que hoy representa la tinaja").

¿Uribetán Obane newé koro Ndibó: ¿Dónde le dieron el primer título a Obane? (Donde iniciaron a los Efik). Se responde: **Uribetán fokondondibó Usagaré:** en Usagaré en Ibondá, en el río Fokondó. (Fueron iniciados en Ibondá).

¿Urike Efí Urike Efó enewe muna Ekue?: ¿Cuál fue el primer Bongó de Efik? y Efor? Se responde: **Uribe ntiniabón:** la tinaja, (el güiro de Sikán).

Urí urí nankiko urí urí kambori atiyerebá atiyerebá yambembe chi yen ngomo: Ireme, cuidado no pises el yeso que está en el suelo. (Porque toda marca que se hiciere en el íreme, lo anularía).

Urofia: chino.

Urofia akuá mokibó: doble derecho que pagaron a Ekue los Ubioko Efik.

Urofia namberekemia Efiméremo kaúke: título que se otorgó al primer chino que iniciaron los Ubioko Efik Ekue Añangasi.

Urofián afoniké akuaramibondá: el primer Ireme que se apareció en la loma de Ibondá Efik. Mandó el Rey que lo prendieron, pero en vano: el íreme escapó, "no se supo nunca dónde fue a parar".

Urua ápapa: la justicia de Apapa; nombre de una Potencia habanera.

Uru ápapa Ekue nteme soro: el Ekue de los Uru ápapa no es bautizado. Esta Potencia puede ostentar siete bastones porque gobierna siete tribus.

Uruana: nombre de un pueblecito carabalí cuyos habitantes iban a trabajar a Irondó.

Uruápaoa: justicia de Oru.

Urukié: río.

Uruna: pared.

Ururú: espíritu.

Usagabia: nombre del guardiero de la loma de Bakokó. Mostró, a Iyamba el camino de Usagaré cuando volvía con Isué de tierra Oru. Usagabia contempló desde la loma la consagración de Usagaré. Cuando lo vieron los Obones de Usagaré, Nasakó le ordenó a Nkríkamo que lo apresara y lo trajera al Baroko. Trazaron en su cuerpo los signos de la iniciación y fue confirmado por Ekue. Y es que Usagabiano, sin estar ordenado, había presenciado todos los misterios.

Usagaré Akuarobeña: loma o peña donde se hizo el sacrificio, en Usagaré.

Usagaré difón kendo nyegueyé okobio erenobón: príncipe en tierra Usagaré.

Usagaré, Ibondá, Eforinsún: tres caminos del territorio de Efor.

Usagaré kufón ina uyón keno bakribafión Ekue Efor okobio Abakuá: Usagaré de Efor fue la tierra en que se hizo el primer Bonkó -Ekue- que hoy adoramos aquí los Abakuá.

Usagaré kuko iteromo: "no se supo dónde fue a parar". Se refiere al relato acerca del Ireme que apareció en la loma de Ibondá Efor y que escapó.

Usagaré mawán: ricos. Dinero de Usagaré y los ricos de Usagaré.

Usagaré mawán Efor: Potencia de Matanzas.

Usagaré munankebe: nombre de una vieja Potencia habanera. Por haber consagrado y dado a Efik el cuero del chivo (para hacer el tambor sagrado Ekue) se le llamó **Usagaré munankebe Ekue Efor atarorón kaño mañón Usagaré atuerén bara ankoneyó.**

Usagaré Munankebe Ekue Ndeme Efik Ekue Efor ataroró nkaño Mañón Usagaré atuerén Bara Ankoneyo: nombre de la Potencia que "autorizó" a Efik.

Usagaré munankebe kufón anfokó ntemiñón Sanga Abakuá: el primer Embarcadero, el primer santuario origen de la sociedad y de la religión Abakuá fue el de Usagaré.

Usagaré osangui moto: cuando la sangre del gallo comienza a caer sobre el parche del Mosongo (Ekue).

Usere Abakuá muteramé undiogo mutoké anamendó: "soy Ekueñón, **(undiogo mutoké anamendó**", el verdugo.

Usón bayankán ngomo taibó: polvos de yeso blanco, de cascarilla, para trazar en el suelo la cruz correspondiente al obonekue que ha muerto. "La misma cruz que el día de su iniciación se le trazó en la cabeza con yeso amarillo"

Usondio: siete, (en Otamo).

Usón wayaká: cementerio. (En Otamo).

Usón usón bayankán ngomo taibó: tiza blanca hecha con cascarilla de huevo. En la ceremonia fúnebre, sobre la cruz trazada en el suelo con yeso blanco, se coloca la Mokuba que le corresponde al difunto.

Után unameró után unameroró ewemio Abasí Bomé asosó ndimaó: en mi casa, después de Dios, nadie manda más que yo.

Utaria: plumero o Muñón de Ekueñón.

Utiwaró iria kelepé: los intestinos del chivo sacrificado en la ceremonia fúnebre, (ñankue). Son llevados a una loma o a un campo para que sean devorados por el Aura Tiñosa. (Kelepé, o más corrientemente, Ekenepén, el pájaro que contempló la muerte de Sikán. Consultado un viejo abanekue sobre el significado de la palabra **Utiwaró,** dice que lo ignora). Las Auras Tiñosas son pájaros que en general inspiran respeto a todos los negros de Cuba. Con sus huevos "embruja Nasakó, y con un palito que se encuentra en su nido hace amuletos y "resguardos" para buena suerte. Pero es muy difícil encontrar este palito y antes de dar con él hay que sustraer el huevo de la tiñosa.

Uwará bisuñé: conjunto de hierbas, que sin quitarles las raíces se colocan sobe los signos que se trazan en la ceremonia fúnebre. Algunos ñáñigos dicen **Uwawá abesuñé.**

Uyán: pueblo, (en Otamo).

Uyanga: "tierra vecina de Efor Ekoi".

Uyán meroró Abasí Sese kondó: "Abasí consagrando con el Sese en Efikamaró".

Uyo: "Uyo era un prodigio que mujía omo un toro. Pertenecía a los Ekoi. Los Efik lograron conocer su misterio después de muchas disputas con los Efor".

Uyo: "el espíritu que chilló en el río". Sonido misterioso. Ekue.

Uyo: sol.

Uyo: "santo de agua de los ríos del Calabar."

Uyo: sapo. "Un pez muy feo".

Uyo anarogofo orogobiobio Odán Efor wanaribe benkamá: "cuando Nasakó oyó aullar el agua" (el sonido sobrenatural que subía del agua producido por Tanse).

Uyo ataúyo wako: el Ekue sonando débilmente.

¿Uyo berobetán Uyo?: ¿Qué río saltaste para venir a hablar conmigo? **India Ubane Mbemoró Odán sanga maribá mabairán kuri aroropá Usagaré.** "Salí de Ubane hasta llegar al mar de Mbemoró y llegué a Odán en bote por el río, hasta llegar a tierra de Usagaré". (Preguntas que en sentido figurado hacen los altos dignatarios, y que aluden a las Potencias en que han sido iniciados cofrades y sus respuestas).

Uyo ibibio: el misterio (Fundamento o "secreto" de los ibibío).

Uyoko: "un hombre viejo, viejísimo, como Matusalén".

Uyo Mañongo Mpabio Ebión arakitán Antrogofó mako irén Abasí Bomé: se dice al alzar el Bongó para presentarlo al sol, antes de marcarle los signos.

Uyo Uyo yo yo yo Ekue taria Bonkó: Ekue y el Bonkó están conversando.

W

Wamiko: mono.

Wana biga wana biga soso: cuando el río suena trae piedras.

Wana Eribó: sostener el Isué el Eribó o Sese, sobre la cabeza del que se inicia en Abakuá.

Wana kukón: jutía.

Wana luriampomá ampomá serendé: el que no mira adelante atrás se queda.

Wana luriampomá wana lurián un sanganá: en el Fambá llevando el Secreto a su rincón.

Wana Mokoko Efor: Potencia que actualmente sucede al famoso "juego" Bakokó Efor, suprimido por la policía en tiempos de la Colonia. Sus okobios fueron desterrados a Chafarinas.

Waná Mokoko Efor eforisisi ndé mefó: la brujería y todo proviene de Efor.

Wanana: mujer, (en Olugo).

Wanana: dueño.

Wanansoro: fiesta de día, (en Otamo).

Wanantrí fandrugo: Africa, (en Otamo).

Wanañongo ekombre: nombre (secreto) que se le dio al primer Embarcadero de Efik, **(Efietete wanañongo ekombre).**

Wanañongo nantiberó: allá en lo profundo del monte.

Wanarukié o Wanarikise: calzada, camino. Y nombre de una Potencia: **Efik anarakié.**

Wanarupié: carretera.

Wanatón soka panaró: el rey de los mares.

Wani: la noche, (en Otamo).

Wanirán: fiesta que se celebra de noche, (en Otamo).

Waniro nsuá eró o awaniro nsuá eró: muslo derecho del chivo que se sacrifica en las honras fúnebres o "llanto" que se tributa a un dignatario. Le pertenece por derecho a Iyamba.

Wanké awanké momí: hierro no corta hierro.

Wantekón: calle.

Wanwkón: calle.

Wañe wañe-wañe: una persona mal educada, irrespetuosa, mal vestida e inconveniente.

Wañu soso: zumo de la caña y savia de las hierbas.

Waramitón: naranja.

Warandaria: Nkóboro, íreme de Efor.

Waribio, awaribio: pájaro de tierra Mutanga. Con las plumas de este pájaro Nasakó hizo el plumero de Mpegó.

Wario Mendó nansaga ntomiñón muna niloró Ekobiomeñón bira nasanga sensenó yerí Yerí pakuamó munansero kina awana roñafa eñesuá - -aquí se pronuncia el nombre del extinto- **awerí mbori iria isán gabó aborositán inoko akurina pondó:** en la ceremonia fúnebre -Ñankue-Aberiñán o Aberisún le presentan a Ekue el chivo ya despedazado.

Waririongo: lugar secreto en el monte donde tuvieron lugar los Misterios y que hoy representa el Iriongo, Fo-Ekue o Famballín en el cuarto de los misterios o Fambá.

Warokei o Awarokei: pata izquierda del chivo que se sacrifica en el "ñankue" o exequias fúnebres de un dignatario. Le pertenece al Isué.

Wasabengué Efor: "cargadores de muerto".

Wasa gandó maniba: al otro lado del río.

Wasénbengué Efor: última laguna de Usagaré.

Wasanbengué Efor: sepulturero de tierra Efor. Nombre de una Potencia en Africa, filial de Betón. "Betongó creó una Potencia para que le pagaran derecho para enterrar a los muertos. Se quiso hacer en Matanzas; se fundó una tierra de ñáñigos blancos con ese nombre, para cobrar cada vez que moría un ñáñigo, pero los demás juegos no lo permitieron. De esto hará unos cincuenta años".

Wasamewe: territorio que linda con los Efik.

Wasán menwe Efor: los sepultureros.

Wato-wato: frotado.

Wawá meró: un tonto.

Wékere: piojo.

Wenandí: féretro, (en Otamo).

Wembán: brujería.

Weremitén: los ojos.

Wete: carabalí **wete,** una tribu del Calabar de la que vinieron esclavos a Cuba.

We wereme: rodete que se pone en la cabeza para cargar botijas, canastos, etc.

Yabutón: la cola del gallo.

Yafansón nyogo nkiko barankón: el gallo pelea con el diablo en la loma.

Yagasigabón: hasta más allá.

Yagasigabón: "lo profundo; en el sentido de distancia equivale a la expresión "hasta el fin del mundo".

Yakua serisún: "vé y toca el tambor".

Yakusé: murió.

Yamba Akuaramina ñankue sanga Mañón Ekue ntumá akuri chiminikako Mañón Sanga serepó bayankán butuba uriampó afonó kiko mayé Mokuba kiko mayé aweré: se canta en el momento en que se colocan las ofrendas de comida y la Mokuba al obonekue muerto.

Yamba amokinbán bambarán kon: Iyamba, guarda el secreto.

Yamba naubomia: dice Ekueñón entregándole a Iyamba una cazuelita con sangre (la Mokuba).

Yamba tainá nkiko sere fión Bongó saumé ñaña sere: Yamba, dale sangre de gallo al Bongó.

Yambé saibeke maribá wana ñongo Ekombre: el que manda, manda, y cartucho en el cañón.

Yambeke: Príncipe hijo de Aroko Sisi a quien éste, por estar ciego, otorgó poderes para darle Fundamento (consagrar) a Efí Efiguéremo, rey de Obane, quien llevó a tierra Efor el Bongó y demás tambores de la nueva Potencia. Yambeke fue el creador de siete Potencias.

Yambeke Efor: la categoría más alta que correspondió a este príncipe de Efor que creó siete Potencias.

Yambembe Iremetán ¡o! Iremotán Mokongo Nkiko uné enechenefión chene nerí Ekue ereniyó: palabras del canto que en la procesión acompaña al chivo al patíbulo, "como se hizo con Sikanekue."

Yambembe koria bakuá: desaparición, evaporarse.

Yambembe Nkairán: rey del país de los muertos.

Yambembe nkaisún: dueño de las sepulturas.

Yambembé nkanisún: firma para poner la vela del muerto.

Yambembé Wasabengué: el enterrador, que está en Ñangansene -el cementerio- esperando con Yambembe Nkairán y Yambembe Nkaisún el cadáver del abanekue.

Yambumbé Ekueñón ara: Ekueñón sacrificando para atraer la Voz a Ekue.

Yambumbé eritario: la Voz de Ekue en el territorio.

Yambumbé Iremota: uno de los nombres que recibe Anamanguí, el íreme que cuida del abanekue muerto durante las ceremonias fúnebres.

Yambumbé Iremotán o Iremetá Mokongo Nkiko uné echenefión echenemerí Ekue ereniyo mokondó Aberisún keankoneyó: Isunekue llevó a Sikán vendada al lugar donde la sacrificaron. Aberisún la mató. Isunekue tiene el título y el nombre de Sikán, porque la acompañó al sacrificio.

Yambumbé maserimá: voz, (la Voz de Ekue sonando en el Secreto).
Yamoriri Abasi: vas por mal camino.
Yampanó sukoso yaya bekondó: el muerto llora en su tumba.
Yampansún kauko mbori: las cuñas del tambor (Ekue).
Yamperiero, ñamperiero: desaparecido, desaparición.
Yamundo ororó Efor Efik: primero Efor que Efik.
Yamuró amuriri Abasi: vas por mal camino. Reprobación.
Yanfasón: sol.
Yanfasón yugue abarán kono: sol declinando, detrás de la loma.
¡Yan fun!: ¡aprieta duro!
Yangaserepó: fallecer, falleció.
Yankuni: homosexual.
Yansereré yansereré obón Ekue Bongó sangrí jewemio awana kankubia ambía ambía Kune yo: esto dijeron los Efik dirigiéndose a los Efor: "Queremos tener lo mismo que vosotros, aunque nuestro Fundamento no sea Tanse". Y los de Efor les respondieron: **Abalorí munanga mbori Ekue Efik:** "les daremos Ekue de cuero de chivo".
¿Yansese Boko efokonañitén?: ¿Quién le quitó la cabeza al chivo?
Yansi: "estar haciendo algo", -idea de acción.
Yansi anamuto: estoy trabajando.
Yansi yayó: dar la mano.
Yansuga Manatieroró: primer Iyamba o rey de Efor.
Yansún nkiko nkeneri barokó tindé: nombre que recibe la cabeza del gallo en la consagración.
Yarabiá kuná yarabiá: las olas del mar.
Yarina Bondá: la Virgen de la Caridad del Cobre.

Yanirabón okanko suákaraka munia akanirión npana: "el primer santo que se adoró en la religión Abakuá en Africa y en los tiempos más antiguos, que fue Ananabión, rey".

Yarina bon okanko sukuara munia okoririón paná: ¿Cuál fue el "santo que se adoró en la primera iglesia?": Se responde: **Eta bon Ananabión eremabió afanaguión:** Jesucristo y San Juan, según la Potencia de Araokón.

Yasigamá: congratulaciones. Se le dice al indísimo terminada la iniciación cuando recibe las felicitaciones de sus hermanos espirituales -monina- y éstos estrechan su mano.

Yaya itongó: dice el Moruá indicándole al Ireme que reverencie a la Palma.

Yayó: adoración, veneración, venerar.

Yebego: figura.

Yebengó: color, manchas pequeñas de color, pintas.

Yebengó: manchas de la piel del leopardo. "Aunque los criollos hablan de tigres, en el Calabar lo que había eran leopardos".

Yemikó: perro.

Yemikó butubán senune: perro come huevo.

Yená: cuchillo.

Yene, ñene: mujer.

Yene: gente.

Yenebón: mujer, -la Sikanekue.

Yengoró: diablo.

Yeneká yenekemio: amigo del alma.

Yenekibá: mujer que ya no es virgen. (Algunos ñáñigos pretenden que Sikán era virgen: **beleme**).

Yenemío: mi ahijado.

Yenisón, eñenisón: Africano, (iniciado o no).

Yenisón yemi: soy de Africa.

Yeó: dinero.

Yerebán Iboriamba Efik anabekusa Moní Bonkó atongó yoyá: título que le concedieron a Iboriamba en el territorio de Nyemiyá.

Yeremón: se dice al lavado de las piezas sagradas.

Yere ntomiñón uságana Ñampe: "has muerto pero tus hermanos velan por ti. (Canto fúnebre).

Yerimán: caballo.

Yerimán baibo: burro.

Yerimán sankero: mulo.

Yewá: estrella.

Yimikó: equivalente de San Lázaro, el orisha Babalú Ayé de los yoruba.

Yin akuruminangó tere angóngoyá: "yo ando o hablo con los espíritus que adivinan". (Se refiere a la caña de Castilla de la que se posesiona el Espíritu de Sikán).

Yin amanayin Bongó Ekue: haciendo sonar el Ekue con el yin -saekue.

¿Yin nanseré nagarupá ntún?: ¿Qué representa el yín -güin- en la consagración? Respuesta: **Sikanekue amipaó amipaó:** el espíritu de Sikán.

Yin sambeke mutié: "el güin lo mismo es para fiesta de vivos que de muertos".

Yiwa Erumé: camino por el que pasaron los Obones de tierra Efor cuando se reunieron en el río de Mbemoró con los de Barondó -Efik.

Yobia nitén: consagración.

Yoronyé: llaga, tumor.

Yuansa: conversador.

Yuansa: Moruá Yuansa, es un alto consejero de la Potencia, "pero esta dignidad no se creó en el primer Baroko con Munandibó, en Usagaré, sino después en el transcurso del tiempo".

Yuansa Yuansa Ngomo Yuansa Ekue Yuansa kiko Efión arogobiobio Yuansa Boko Yuansa yin anamburambá Boko ibia Abasí situ wana Yuansa abarori ntre Efor Ekue Isún Ekue sankobio Baroko mai Baroko Ekue: La unión con los Espíritus, que se obtiene mediante el sacrificio y los signos que se trazan con yeso.

Yuansa amaberé: la persona que en la Potencia, aunque sea un simple iniciado, un **yuansa amberé,** da consejos sensatos y une y orienta con sus buenas prédicas y ejemplos, a sus moninas.

Yuansa Ngomo: "yeso que conversa". Con el que se trazan los símbolos.

Yuansa sere Yuansa Baroko Ekue Efikondó Bongó meta Baroko kiko kiko mapá erión kiko amana amana Nseniyén barikondó asarorí: oración que pronunció Efor cuando entregó el Fundamento -Ekue- a Efikondó.

Yuansa sere Yuansa naroko ngomo biokoko ebriko naserendé ekón nike fiméremo Ekue Efik eteyenebón Ekue Efor Akaraguaso Eribó Akanirión Abasi Erukamá erukamá ñenekondó Isunekue bambarandán umpón asaroroko Ekue: palabras de salutación y despedida en las que se pregunta por el yeso para el trazado de los símbolos y por la alianza de Efik y de Efor.

Yuate: bendición.

Yuate: la "firma", el signo ya borrado de un abanekue. "Se dice para borrar la firma -la cruz- que trazó en Ekue y en los demás Fundamento el obonekue que ha muerto."

Yufaba: fragayar, hacer sonar el Bongó Ekue.

Yugué: ofrenda -de maní, ajonjolí, jengibre.

Yugüe barankón kiko une Ebión baruka ekobio Usagaré lori kamá ñeñekó: la loma en Usagaré donde los primeros obones le juraron al primer Ekue, en cuya Voz les habló Abasí, cuando el Bongó recibió la sangre del sacrificio.

Yumba: transmisión de la Voz de Tanse. (Transferencia del Espíritu de un tambor a otro; de un Fundamento a otro nuevo que será adorado a su vez, al convertirse en receptáculo del Espíritu).

Yumba: cruz que se traza en la frente mojando el dedo en la sangre del chivo sacrificado que se ha recogido en una cazuela.

Yumba: Bongó.

Yumba: sangre.

Yumba Efión erifonó: sangre caliente recién salida del cuerpo.

Yumba Efor ekobio eñene Efor Abasí nanumbre boko Ekue amana Kiñongo Tansi nirón kué Nasakó Ekue erimabia afoko nanumbre Ibondá Eroko Sisi: cuando Nasakó hizo saber a los obones que Tanse había muerto, éstos se asustaron y le reclamaron la vida del pez. Nasakó recorrió las tribus a fin de lograr revivir a Tanse y no lo consiguió hasta llegar a tierra de Orú.

Yumpangri kiko yufiansá nyugue barakó: el gallo del Diablo está peleando en la loma.

Yunsi: cañada.

Yuyú: "nombre de santo, de Padre Agua y de templo". ("Lo mismo quiere decir Uyo").

Yúyu: religión. **Yúyu awarán temio,** el conjunto de la música, de los tambores, para la religión de **yúyu.**

Yuyuberato ke awarán temio Ekue Uyo anfonó: se creó una religión con lo divino, Uyo.

COLECCIÓN DEL CHICHEREKÚ EN EL EXILIO.
OBRaS DE LYDIA CABRERA
EDICIONES UNIVERSAL

01) REFRANES DE NEGROS VIEJOS
02) FRANCISCO Y FRANCISCA (chascarrillos de negros viejos)
03) POR QUÉ (cuentos negros de Cuba
04) ITINERARIOS DEL INSOMNIO (Trinidad de Cuba)
05) SIETE CARTAS DE GABRIELA MISTRAL A LYDIA CABRERA
06) EL MONTE (Igbo Finda/Ewe Orisha/Vititi Nfinda)
07) AYAPÁ (CUENTOS DE JICOTEA) (cuentos negros)
08) ANAGÓ, VOCABULARIO LUCUMÍ (El Yoruba que se habla en Cuba.)
09) REGLA KIMBISA DEL SANTO CRISTO DEL BUEN VIAJE
10) OTÁN IYEBIYÉ (LAS PIEDRAS PRECIOSAS en la tradición afrocubana)
11) REGLAS DE CONGO. PALO MONTE-MAYOMBE
12) LA SOCIEDAD SECRETA ABAKUÁ, Lydia Cabrera
13) SUPERSTICIONES Y BUENOS CONSEJOS
14) LOS ANIMALES Y EL FOLKLORE DE CUBA
15) LA LENGUA SAGRADA DE LOS ÑÁÑIGOS. (Vocabulario Abakuá)
16) KOEKO IYAWÓ: APRENDE NOVICIA (Pequeño tratado de Regla Lucumí)
17) CONSEJOS, PENSAMIENTOS Y NOTAS DE LYDIA E. PINBAN (ocurrentes y simpáticos dibujos, frases y notas de Lydia Cabrera.) Ed. de Isabel Castellanos
18) CUENTOS NEGROS DE CUBA
19) LA LAGUNA SAGRADA DE SAN JOAQUÍN
20) VOCABULARIO CONGO (EL BANTÚ QUE SE HABLA EN CUBA)(CONGO-ESPAÑOL/ESPAÑOL-CONGO,

21) PÁGINAS SUELTAS, Edición de Isabel Castellanos (antología de escritos inéditos de Lydia Cabrera en periódicos y revistas de Cuba)
22) YEMAYÁ Y OCHÚN (Kariocha, Iyalorichas y Olorichas),
23) MEDICINA POPULAR DE CUBA (médicos de antaño, curanderos, santeros y paleros de hogaño)
24) CUENTOS PARA ADULTOS NIÑOS Y RETRASADOS MENTALES
25) ANAFORUANA (Ritual y simbolos de la iniciacion en la sociedad secreta Abakuá. Con dibujos rituales de la autora)
26) ARERE MAREKÉN / CUENTO NEGRO, Lydia Cabrera / Ilustrado a todo color por Alexandra Exter
(Primera edición facsímil, por la editorial Artes de México, del manuscrito inédito desde 1933, con un cuento de Lydia Cabrera e ilustraciones en colores de su amiga la pintora rusa Alexandra Exter. Prólogo de Isabel Castellanos y estudio de Rosario Hiriart.)

OBRAS SOBRE LYDIA CABRERA:

01) IDAPÓ (sincretismo en cuentos negros L. Cabrera), Hilda Perera
02) AYAPÁ Y OTRAS OTAN IYEBIYÉ DE LYDIA CABRERA, Josefina Inclán
03) HOMENAJE A LYDIA CABRERA (estudio sobre Lydia Cabrera y temas afroamericanos).
Reinaldo Sanchez y José A. Madrigal, editores
04) LOS CUENTOS NEGROS DE LYDIA CABRERA, Mariela Gutiérrez
05) EN TORNO A LYDIA CABRERA (colección de ensayos sobre Lydia Cabrera y temas afroamericanos), Edición de Isabel Castellanos & Josefina Inclán
06) MAGIA E HISTORIA EN LOS "CUENTOS NEGROS", "POR QUÉ" Y "AYAPÁ" DE LYDIA CABRERA, Sara Soto
07) EL COSMOS DE LYDIA CABRERA: Dioses, animales y hombres, Mariela Gutiérrez

www.ingramcontent.com/pod-product-compliance
Lightning Source LLC
Chambersburg PA
CBHW031358290426
44110CB00011B/202